U0631687

周易全書

最新整理珍藏版

学术顾问 汤一介 文怀沙

（二）

中國書店

象传下篇

咸 卦

【原典】

咸，感也。柔上而刚下，二气感应以相与①，止而说，男下女②，是以"亨，利贞"，"取女，吉"也。天地感而万物化生，圣人感人心而天下和平。观其所感而天地万物之情可见矣。

【精注】

①柔上而刚下，二气感应以相与：这是用卦体（即形态结构）来解释卦名及卦辞。相与：共处。②男下女：有两层意义，一是说卦形，少男位于少女之下；二是说少男始终根据传统礼仪，恭娶少女。

【今译】

咸卦，是感动。（艮下兑上，艮刚兑柔），是柔在上而刚在下，阴阳二气相互感应而共处。（艮是止，兑是悦），止而悦。（艮为阳卦，兑为阴卦，是阳在阴下），男在女下，（婚礼男下于女）。因此"亨利贞，取女吉"。（天气下降，地气上升），天地阴阳二气相互感应，而万物化生。圣人用德行来感动人心，而天下和平。观察他们的相感，天地万物的情状就清晰可见了。

【集解】

《象》曰：咸，感也。柔上而刚下，二气感应以才相与。

蜀才曰：此本否卦。

案：六三升上，上九降三，是"柔上而刚下，二气交感以相与"也。

疏 感，阴阳相感也。"咸""感"古今字也。卦自否来。否六三升上，是为"柔上"。上九降三，是为"刚下"。阴阳二气，交而成咸，故"感应以相与"。郑注云"与犹亲也"。

止而说，男下女，是以亨利贞，取女吉也。

王肃曰：山泽以气通，男女以礼感。男而下女，初婚之所以为礼也。通义正，取女之所以为吉也。

疏 艮山为止，兑泽为说，故云"止而说"。艮男在下，兑女在上，故云"男下女"。《乾·文言》曰"同气相求"，《说卦》曰"山泽通气"，故云"山泽以气通"。《春官·大宗伯》："以昏冠之礼亲成男女。"故云"男女以礼感"。《仪礼·士昏礼》凡"纳采、问名、纳吉、纳征、请期、亲迎"诸礼，皆"男下女"之事。《郊特牲》曰"男子亲迎，男先于女，刚柔之义也"，故云"初昏之所以为礼也"。"亨利贞"则通其义而得正，故云"取女之所以为吉也"。

天地感而万物化生。

荀爽曰：乾下感坤，故万物化生于山泽。

陆绩曰：天地因山泽孔窍以通其气，化生万物也。

疏 荀注：否上之三，故云"乾下感坤"。《中庸》言天覆万物，地载万物，而归功于山之广生，水之不测，故云"万物化生于山泽"。

陆注：《说卦》曰"天地定位，山泽通气"，故云"天地因山泽孔窍以通其气"。《说文》"山，宣也。宣气散生万物"。《白虎通》："水位在北方，阴气在黄泉之下，任养万物。"故云"化生万物也"。

愚案：下经首言夫妇，而必推原于天地万物，《象》辞与《序卦》，其义一也。先儒谓下经专明人事，韩氏于《序卦传注》驳之，是矣。

圣人感人心而天下和平。

虞翻曰：乾为圣人，初四易位成既济，坎为心为平，故"圣人感人心而天下和平"，此"保合太和"、"品物流形"也。

疏 "乾为圣人"，谓否五也。初四失正，易位成既济定。

既济有两坎，坎亟心为心，体兑为和，坎水为平，乾五下感坤众，故曰"圣人感人心"。否乾天坤下，兑和坎平，故曰"天下和平"。"保合太和"、"品物流形"，乾坤交而为既济时也，故引《乾·象》以明"天下和平"之义。

观其所感，而天地万物之情可见矣。

虞翻曰：谓四之初，以离日见天，坎月见地，县象著明，万物见离，故"天地万物之情可见"也。

疏 四之初成既济，有离日坎月。坤之乾成离，故"以离日见天"。乾之坤成坎，故"坎月见地"。乾天坤地，此"天地之情可见"也。《系辞上》曰"县象著明，莫大乎日月"。《说卦》曰"离者，明也，万物皆相见"。此"万物之情可见"也。

恒　卦

【原典】

恒，久也。刚上而柔下，雷风相与，巽而动[①]，刚柔皆应[②]，恒。恒"亨无咎，利贞"，久于其道也。天地之道恒久而不已也。"利有攸往"，终则有始也[③]。日月天而能久照[④]，四时变化而能久成。圣人久于其道而天下化成[⑤]。观其所恒，而天地万物之情可见矣。

【精注】

①巽而动：上卦为震，震义为动；下卦为巽，巽义为逊。因而本卦具有谦逊而又敢为的义道。②刚柔皆应：指本卦下卦相对的各爻都是刚柔相应。③高亨说："'天地之道恒久而不已也'一句与'利有攸往，终则有始也'一句当互移其位，盖传写之误。"④天：遵循自然规律。⑤天下化成：教化促成天下昌明。

【今译】

恒卦，就是恒久的意思。阳刚居于上，阴柔居于下。雷厉风行，二者常是相辅相成地运行不息，既能谦逊地顺从，同时又能积极地行动，刚柔相济，所以本卦取名为恒卦。恒卦卦辞说"亨通，没有灾祸，利于坚守正道"，是说必须不懈、毫不动摇地坚持正道。天地的运行法则，就是永恒常久、无时无刻不在运行。"有所往则有利"，是说事物变化发展的规律是周而复始、循环无穷的，到达终点同时就是新的起点的开始。太阳月亮遵循自然规律就能长久地普照万物，春夏秋冬交替变化就能长久地生成万物，圣人坚持不懈、毫不动摇地坚守正道就能达到教化促成天下昌明。通过观察能够反映恒久这一规律的具体实例，我们就很容易掌握天地万物瞬息万变的奥妙了！

【集解】

《彖》曰：恒，久也。刚上而柔下。

王弼曰：刚尊柔卑，得其序也。

疏 孔疏"恒，久也"者，训释卦名也。咸明感应，故"柔上而刚下"，取二气相交也。恒明长久，故"刚上而柔下"，取尊卑得序也。

雷风相与，巽而动。

蜀才曰：此本泰卦。

案：六四降初，初九升四，是严刚上而柔下"也。分乾与坤，雷也。分坤与乾，风也。是"雷风相与，巽而动"也。

疏 卦自泰来，六四降初，是"柔下"也，初九升四，是"刚上"也。分乾之初以与坤，则成震而为雷，分坤之上以与乾，则成巽而为风，是为"雷风相与，巽而动也"。又《乾·文言》曰"同声相应"，虞彼注云"谓震巽也"，"相应"犹"相与"，"与"犹亲也。《口诀义》引褚氏云"雷资风而益远，风假雷而增威"是也。

刚柔皆应，恒。

《九家易》曰：初四、二五虽不正，而刚柔皆应，故"通无咎"矣。

疏 初四、二五位虽不正，而六爻刚柔皆应，故亨通而无咎矣。

恒亨无咎利贞，久于其道也。

荀爽曰：恒，震世也。巽来乘之，阴阳合会，故"通无咎"。长男在上，长女在下，夫妇道正，故"利贞，久于其道也"。

疏 恒，震宫三世卦，故云"震世也"。一世变豫，二世变解。三世而下体变巽，故"巽来乘之"。"阴阳会合"，"杂而不厌"，故亨通无咎。巽内震外，故云"长男在上，长女在下"。得夫妇之正道，故"利贞"。又乾为久、为道。凡事不变则不恒，唯不正者利变之正则久。《系辞下》曰"变则通，通则久"，故司"久于其道也"。

天地之道，恒久而不已也。

虞翻曰：泰，乾坤为天地。谓终则复始，"有亲则可久"也。

疏 泰有乾坤，故"乾坤为天地"。否、泰循环，恒、益反复，故云"终则复始"。"有亲则可久"，《系辞上》文。虞彼注云"阳道成乾为父，震坎艮为子。本乎天者亲上，故有亲"。此终变成益，乾坤历生六子，故云"有亲"。又荀彼注"阴阳相亲，杂而不厌，故可久也"。

利有攸往，终则有始也。

荀爽曰：谓乾气下终，始复升上居四也。坤气上终，始复降下居初者也。

疏 谓泰乾气终于下，始复升于四。坤气终于上，始复降于下。盖初四易位，不合终始之义，故以泰初升四，上降初为"终则有始也"。

案："有"读为又。"利有攸往"者，利初四、二五变之正，终成益。盖恒自泰来，益自否来。否终则泰始，恒与益反覆相循，亦终则又始也。

日月得天而能久照。

虞翻曰：动初成乾为天，至二离为日，至三坎为月，故"日月得天而能久照"也。

疏 恒与益通，益变恒从初始。初动成乾，故为天。变至二成离，故为日。变至三成坎，故为月。以乾照坤，乾为久。故"日月得天而能久照也"。

四时变化而能久成。

虞翻曰：春夏为变，秋冬为化。变至二离夏，至三兑秋，至四震春，至五坎冬，故"四时变化而能久成"，谓乾坤成物也。

疏 春夏阳信为变，秋冬阴诎为化。"至三兑秋，至四震春"误。此益变成恒，当云初已变，至二成离，是《类谋》："夏至日在离。"三四五互体兑，"秋分日在兑"。变至三成震，"春分日在震"。变至五成坎，"冬至日在坎"。故"四时变化而能久成"。"两仪生四象"，四时乃乾坤所生。"乾知大始，坤化成物"，故谓"乾坤成物也"。

圣人久于其道，而天下化成。

虞翻曰：圣人谓乾，乾为道。初二已正，四五复位，成既济定。"乾道变化，各正性命"。有两离象，"重明丽正"，故"化成天下"。

疏 "圣人谓乾"者，即乾三君子也。乾道门，故为道。又可久，故曰久。三不易方，故"久于其道"。以爻变论之。三上得位，三久其道，不与上易，则益"初二已正，四五复位，成既济定"。"乾道变化，各正性命"，所谓"久于其道"也。既济互有两离，"重明丽正，化成天下"，既济之事，明"天下化成"为既济也。

观其所恒，而天地万物之情可见矣。

虞翻曰：以离日照乾，坎月照坤，万物出震，故"天地万物之情可见矣"。与咸同义也。

疏 变初及二，是"以离日照乾"也。变四及五，是以"坎月照坤"也。体震，是"万物出震"也。乾天坤地，震为万物，穷变通久，故曰"观其所恒，而天地万物之情可见矣"。与《咸·象》"观其所感"，同一义也。

遯 卦

【原典】

"遯，亨"，遯而亨也；刚当位而应①，与时行也②。"小利贞"，浸而长也③。遯之时义大矣哉。

【精注】

①刚当位而应：遯卦下艮上乾，刚，指九五爻；当位，指九五爻阳爻居阳位、尊位。②与时行：顺应时势而行。行，这里特指退避。③浸而长：因浸润扩展而成长壮大。浸，浸润。长，增长。

【今译】

遯卦象征退避，"退避，亨通顺利"，意思是必须先行退避尔后方可致亨通顺利；这在卦象上表现为阳刚者处正居尊而能与在下者相互应和，并顺应时势及早退避。"利于柔小者占问"，是由于柔小的阴气正在浸润扩展而成长壮大。可见，退避就是顺应时势，具有重大的意义。

【集解】

《彖》曰：遯亨，遯而亨也。

侯果曰：此本乾卦，阴长刚殒，君子遯避，遯则通也。

疏 此本乾卦，消阳至二。阴长，是小人道长也。刚殒，是君子道消也。小人用事，则君子行遯。《序卦》曰"遯者，退也"。盖进则遇难，退则探身，故"遯则通也"。

刚当位而应，与时行也。

虞翻曰：刚谓五而应二，艮为时，故"与时行"矣。

疏 五阳当位而正应二，故"刚谓五而应二"。《艮·彖》曰"动静不失其时"，故"艮为时"。通临为与，临震为行，故"与时行矣"。

小利贞，浸而长也。

荀爽曰：阴称小，浸而长，则将消阳，故利正居二，与五相应也。

中華藏書

周易全书·最新整理珍藏版

中国书店

四五八

疏　泰曰"小往"，否曰"小来"，故知"阻称小"也。阴消至二，其势浸长，将欲消阳成否。二与五为正应，固志守正，遯不成否，"利贞"之义也。

遯之时义大矣哉。

陆绩曰二谓阳气退，阴气将害，随时遯避，其义大矣。

宋衷曰：太公遯殷，四皓遯秦之时也。

疏　陆注："阳气退"，谓乾消至二也。"朋气将害"，谓消三成否，坤阴为害也。《艮·象》曰"时止则止"，伏坤为义，体乾为大，故云"随时遯避，其义大矣"。

宋注：《孟子》："太公避纣，居东海之滨。"《史记·留侯世家》："上有不能致者，天下有四人。四人者，年老矣，逃匿山中。"是太公遯殷，四皓遯秦之事也。

大壮卦

【原典】

"大壮"，大者壮也①；刚以动，故壮。②"大壮，利贞"，大者正也。③正大，而天地之情可见矣。④

【精注】

①大者壮：刚大者强大盛壮。②刚以动：大壮卦下乾上震，刚，指下卦乾，乾性刚；动，指上卦震，震为动。③大者正：意为刚大者刚大端正。④正大，而天地之情可见：古人认为，天地化生万物不偏不倚，其德既大且正，所以称"正大"可见"天地之情"。

【今译】

大壮卦象征刚大盛壮，而"刚大盛壮"，指的是刚大者声势强大盛壮；拥有刚健而又能奋动的气质，所以称"盛壮"。"刚大盛壮，利于占问"，是由于刚大者刚大端正。只要持守端正刚大的态度，天地化育万物的端正刚大的精神就可以心领神会了！

【集解】

《象》曰：大壮，大者壮也。

侯果曰：此卦本坤。阴柔消弱，刚大长壮，故曰大壮也。

疏 阳息坤，初渐长至四，故云"此卦本坤"。阳息过泰，是阴柔愈弱，阳刚愈壮。阳为大，息至四，故曰"大者壮也"。

刚以动，故壮。

荀爽曰：乾刚震动，阳从下升，阳气大动，故壮也。

疏 乾刚在下，震动在上，是"阳从下升"也。阳气至刚，大动于上，故壮。

大壮利贞，大者正也。

虞翻曰：谓四进之五，乃得正，故"大者正也"。

疏 阳在四为失位，进而之五，乃得乎正。阳为大，故曰"大者正也"。

正大而天地之情可见矣。

虞翻曰："正大"谓四，之五成需，以离日见天，坎月见地，故"天地之情可见也矣"。

疏 阳居五为正为大。四阳之五成需，需自大壮来也。需体坎互离，互乾成离，故云"离日见天"。乾之坤成坎，故云"坎月见地"。"利贞者，性情也"，故"正大而天地之情可见矣"。

晋 卦

【原典】

"晋"，进也，明出地上。①顺而丽乎大明②，柔进而上行③，是以"康侯用锡马蕃庶，昼日三接"也。

【精注】

①明出地上：晋卦下坤上离，明，指上卦离，离为火、为日，所以"明"；地，指下卦坤，坤为地。②顺而丽乎大明：顺，指下卦坤，坤性顺；丽乎大明，指下卦离，因为离既有

中华藏书 第一部 周易原典 中国书店

"附丽"之义，又有"大明"之象。③柔进而上行：柔，指六五爻；上行，指六五爻上进而居尊位。

【今译】

晋卦象征进取，其情状就像太阳一步一步出现在地面上。由于在下者顺从而又附丽于在上者的宏大光明，以柔顺之德不断进长而向上直行并得居尊位，所以才能"象尊贵的公侯得到天子赏赐的众多车马，并在一天之内蒙受三次接见"。

【集解】

《象》曰：晋，进也。明出地上，顺而丽乎大明。

崔憬曰：浑天之义，日从地出而升于天，故曰"明出地上"。坤，臣道也。日，君德也。臣以功进，君以恩接，是以"顺而丽乎大明"。虽以卦名晋而五爻为主，故言"柔进而上行"也。

疏 《晋书·天文志》曰："言天体者有三家。一曰周髀，二曰宣夜，三曰浑天。宣夜之学，绝无师法。周髀行数具存，验之天状，多所违失，故史官不用。唯浑天近得其情。"《浑天仪》曰："天地各成气而立，载水而浮，日月星辰绕地下。"故云"日从地出而升于天"为"明出地上"也。《坤·文言》曰"臣道也"，故云"坤，臣道"。《尸子》曰"日五色，至阳之精，象君德也"，故云"日，君德也"。坤在下，故云"臣以功进"。离在上，故云"君以恩接"。《说卦》曰"坤，顺也"，"离，丽也"，又曰"离也者，明也"，虞彼注云"离为日为火，故明"。坤丽乾为离，乾藏坤为坎，离日坎月，得天而能久照，皆天之明也。阳称大，故乾为大明。"县象著明莫大乎日月"，故白月亦为在明。观五本乾，观四之五，离丽乾，故"丽乎大明"。四进五，五为卦主，故言"柔进而上行"。

柔进而上行。

蜀才曰：此本观卦。

案：九五降四，六四进五，是"柔进而上行"。

疏 此本观五降四，观四进五。四阴为柔，故曰"柔进而上行"也。

是以康侯用锡马蕃庶。

荀爽曰：阴进居五，处用事之位。阳中之阴，侯之象也；阴性安静，故曰"康侯"。马谓四也。五以下群阴锡四也。坤为众，故曰"蕃庶"矣。

疏 以六四阴柔，进居于五，五为卦主，故云"处用事之位"也。五阳位，于爻例为天子。阴，臣象也。以阴处阳，为"阳中之阴"，故云"侯之象也"。阴为地道，其性安静，故曰"康侯"。观四进五，五即退四，故"马谓四也"。"群阴"谓坤五以坤阴锡四。盖坤"利牝马"为马。坤朋众，故曰"蕃庶"。

昼日三接也。

侯果曰：康，美也。四为诸侯，五为天子，坤为众，坎为马。天子至明于上，公侯谦顺于下，美其治物有功，故蕃锡车马，一昼三觌也。《采菽》刺幽王侮诸侯，《诗》曰"虽无与之，路车乘马"。《大行人职》曰"诸公三飨三问三劳，诸侯三飨再问再劳，子男三飨一问一劳"，即天子三接诸侯之礼也。

疏 《礼祭统》"康周公"，注云"康犹襃大也"，故云"康，美也"。王弼亦云"美之名"是也。爻位四为诸侯，五为天子。坤阴为众，坎美脊为马。"天子至明于上"，谓离也。"公侯谦顺于下"，谓坤也。美诸侯有治物之功，故"蕃锡车马，一日三接也"。《采菽》，《小雅》篇名，《序》曰"刺幽王也。侮慢诸侯，诸侯来朝，不能锡命以礼，数徵会之，而无信义。君子见微而思古焉"。《诗》曰"君子来朝，何锡予之？虽无予之，路车乘马"，引之以证康侯锡马之义也。"大行人"，《周礼·秋官》之职也。"诸公"即上公也。孔安国《曲礼注》："奉上谓之享。"《木行人》曰"庙中将币，三享"，臣享君也。臣享君则君接臣，三享故三接也。据此是以三等之接，为三享也。不知三享，即所谓受币之一接，安得以当三接。若劳问则不接，且侯伯子男之劳问并不三。惟据觐礼释之，义尤确也，已具前案。以四丽五，柔进上行，以离接乾，是康侯用锡马于王，昼日三接之象也。

中
華
藏
書

周
易
全
书
·
最
新
整
理
珍
藏
版

中
国
书
店

明夷卦

【原典】

明入地中，明夷。内文明而外柔顺①，以蒙大难②，文王以之③。"利艰贞"，晦其明也。内难而能正其志，箕子以之④。

【精注】

①内文明而外柔顺：本卦内卦为离，为明，外卦为坤，为顺，所以卦的性质为内文明而外柔顺。②蒙：蒙受。③文王：指周文王。④箕子：商纣王的叔父，曾因进谏纣王而被纣王囚禁。

【今译】

太阳隐没于地中是明夷的卦象。本卦的性质为内文明而外柔顺。在蒙受大难时，周文王能做到内文明而外柔顺。"在艰难之中，贤贞守正，就会吉利"，太阳隐没地中，晦其光明。在国内艰难时，能正固其君子之志的例子是商代的箕子。

【集解】

《象》曰：明入地中，明夷。

蜀才曰：此本临卦也。案：夷，灭也。九二升三，六三降二，明入地中也。明入地中，则明灭也。

疏 卦自临来，故云"此本临卦也"。"夷"又训"灭"者，灭于文从戍，坤土也。从火，离火也。火在土下为威。又互坎水，故"夷"训"灭"。临九二升三，六三降二，反晋。互坎为明，入地中也。明入地中，则明灭。

内文明而外柔顺，以蒙大难。

荀爽曰：明在地下，为坤所蔽，大难之象。大难，文王君臣相事，故言大难也。

疏 明入地中，为坤阴所蔽，大难之象也。以文王为臣，遇纣为君，故言大难。

案：坤为文，二五之乾成离为明，故曰"文明"。《杂卦》曰"乾刚坤柔"，《说卦》曰"坤，顺也"，故曰"柔顺"。离在内为文明，坤在外为柔顺，文王有文明柔顺之德，而臣事殷纣，幽囚著《易》，故曰"以蒙大难"。

文王以之。

虞翻曰：以，用也。三喻文王。"大难"谓坤。坤为弑父。迷乱荒淫，若纣杀比干。三幽坎中，象文王之拘羑里。震为诸侯，喻从文王者。纣惧出之，故"以蒙大难"，得身全矣。

疏　"以，用也"，王肃谓文王能用之，是也。三为三公，故喻文王。"大难谓坤"者，坤阴消阳为弑父。比干，纣之诸父，故云"迷乱荒淫，若纣杀比干"也。三互坎为狱，三幽坎狱中，故"象文王拘羑里"也。三又互震为诸侯，《左传·襄公四年》："文王帅殷之叛国以事纣。"故云"喻从文王者"。文王有文明柔顺之德，三分有二以服事殷，纣遂出之。虽蒙大难，得身全矣，故曰"文王以之"。

利艰贞，晦其明也。内艰内能正其志士箕子以之。

虞翻曰：箕子，纣诸父，故称"内艰"。五乾天位，今化为坤，箕子之象。坤为晦。箕子正之，出五成坎，体离重明丽正，坎为志，故"正其志"。"严箕子以之"，而纣奴之矣。

疏　《书·微子篇》称箕子为"父师"，故知其子为"纣诸父"也。同姓之卿，"故称内难"。六五称"箕子之明夷"，故云"五乾天位，今化为坤，箕子之象"也。月三十日灭坤，故"坤为晦"。乾为大明，故"晦其明"。五位不正，箕子以之，故变而成坎为既济。体互两离，重明丽正，坎心为志，位皆得正，故曰"正其志"。箕子以正自守，未出坎险，故以仁人而为纣所囚也。

家人卦

【原典】

家人女正位乎内，男正位乎外，男女正，天地之大义也。家人有严君焉[①]，父母之谓也。父父，子子，兄兄，弟弟，夫夫，妇妇，而家道正，正家而天下定矣。

中华藏书

周易全书·最新整理珍藏版

中国书店

【精注】

①严君：严厉的家长。

【今译】

在家里，女的应该在家内搞好家务，男的应该在家外搞好工作，这是天地间的大原则。家里有严厉的家长，那就是父母。做父亲的要像父亲，做儿子的要像儿子，做哥哥的要像哥哥，做弟弟的要像弟弟，做丈夫的要像丈夫，做妻子的要像妻子，这样家里就会和谐美满，搞好一家天下也就安定了。

【集解】

《彖》曰：家人，女正位乎内，男正位乎外。

王弼曰：谓二五也。家人之义，以内为本者也。故先说女矣。

疏 "女正位乎内"，谓二阴也。"男正位乎外"，谓五阳也。家人之义，始于刑妻，故"以内为本"而"先说女"也。又《易》气从下生，是以《彖传》之例，皆先内而后外。变以卦名家人，故先女而后男也。

男女正，天地之大义也。

虞翻曰：遯乾为天，三动坤为地。男得天正于五，女得地正于二。故"天地之大义也"。

疏 卦自遯来，故遯乾为天，三动成坤为地。五于三才为天道，故"男得天正于五"。二于三才为地。道，故"女得地正于二"。乾天坤地，故曰"天地之大义也"。

家人有严君焉，父母之谓也。

荀爽曰：离、巽之中有乾坤，故曰"父母之谓也"。

王肃曰：凡男女所以能各得其正者，由"家人有严君"也。家人有严君，故父子夫妇各得其正。家家咸正，丽天下之治大定矣。

案：二五相应，为卦之主。五阳在外，主阴在内，父母之谓也。

疏 荀注：坤初之乾成巽，坤二之乾成离，故"离巽之中有乾坤"。《说卦》："乾，天也，故称乎父。坤，地也，故称乎母。"离巽成于乾坤，故曰"父母之谓也"。

王注："乾道成男，坤道成女"，乾坤正于上，则男女正乎下，故男女正，由家有父母为严君也。郑注《礼大传》云"严犹尊也"，君道严威故曰严。"乾以君之"，故曰君。《孝经》曰"亲生之膝下，以养父母曰严"。《泰·象传》曰"后以裁成天地之道"，《复象传》曰"后不省方"，皆指坤。《释诂》曰："后，君也。"故乾父坤母，皆有严君之义。家有严君，则人各得其正。一家正，则家家正，家家正，则天下之治大定矣。

案：二五得位相应，为卦之主。五阳在外，父象也。二阴在内，母象也。故曰"父母之谓也"。母亦谓之君者，犹父之父为王父，父之母为王母，又舅曰君，舅姑曰君姑之义也。

父父子子，兄兄弟弟。

虞翻曰：遯乾为父，艮为子，三五位正，故"父父子子"。三动时，震为兄，艮为弟，初位正，故"兄兄弟弟"。

疏 卦自遯来，故以遯乾五为父，艮三为子。三五位皆得正，故白"父父子子"。家人三动时，震一索得男为兄，艮三索得男为弟。初五位得正。不言五者，蒙上省文也。兄先弟后，故曰"兄兄弟弟"。

夫夫妇妇。

虞翻曰：三动时，震为夫。巽四为妇。初四位正，故"夫夫妇妇"也。

疏 三动时，震一夫之行故为夫。四体巽为妇。初四位皆得正，夫内成，妇外成，故曰"夫夫妇妇"也。

而家道正，正家而天下定矣。

荀爽曰：父谓五，子谓四。兄谓三，弟谓初。夫谓五，妇谓二也。各得其正，故"天下定矣"。

陆绩曰：圣人教先从家始，家正而天下化之，"修己以安百姓"者也。

疏 荀注："父谓五"，乾阳也。"子谓四"。四承五也。兄三弟初，皆阳爻也。"夫谓五"，乾阳也。"妇谓二"，坤阴

中華藏書

周易全书·最新整理珍藏版

中国书房

也。上不得正，故不与。五爻皆得其正，故"天下定矣"。

陆注：《大学》曰"古之欲明明德于天下者，先治其国。欲治其国者，先齐其家"。故"圣人之教，先从家始。家正则天下化之也"。"修己以安百姓"，《论语》文。引之以明"正家而天下定"也。

案：上变则六爻皆正，成既济定，故曰"正家而天下定矣"。

睽 卦

【原典】

睽①，火动而上，泽动而下，二女同居②，其志不同行。说而丽乎明，柔进而上行，得中而应乎刚，是以小事吉。天地睽而其事同也③，男女睽而其志通也，万物睽而其事类也。睽之时用大矣哉。

【精注】

①睽：睽卦上体离卦，离为火，下体兑卦，兑为泽，火在上面焰向上，泽在下面水向下，象征火水相背。②二女：八卦中，兑为少女，离为中女，两者共处一卦之中，好比二女共居一室，但长大后各自成家，志向行为都不相同。③睽：分开，划分。事：功能。

【今译】

隔阂离异，好比火焰炎炎向上，泽水流动向下，又好比二女同居一室，志向不同而行为乖异。不过，态度和悦而依附光明，柔顺上进、处事适中而能应合于刚强，这就是从小事做起可获吉祥的道理。正因为天地阴阳对立，阴阳交感才能生万物；男女异性，才能彼此相慕而成眷属；万物不同，才能有类有合。睽违离隔之时，正是大展宏图的时候啊！

【集解】

《彖》曰：睽，火动而上，泽动而下。

虞翻曰：离火炎上，泽水润下也。

疏 《洪范》曰"火曰炎上，水曰润下"。卦自无妄来，二上之五，体离为火，故云"离火炎上"也。五下之二，体兑为泽，故云"泽水润下也"。

二女同居，其志不同行。

虞翻曰：二女，离、兑也。坎为志。离上兑下。无妄震为行，巽为同，艮为居。二五易位，震巽象坏，故"二女同居，其志不同行"也。

疏 离为中女，兑为少女，故"二女谓离兑也"。互坎为志。离上兑下，睽也。在无妄震足为行，巽震"同声相应"为同，艮门阙为居。二五易位，无妄变睽，震巽象坏，故"二女同居，其志不同行也"。

说而丽乎明，柔进而上行，得中而应乎刚。

虞翻曰：说，兑。丽，离也。明谓乾。当言大明以丽于晋。柔谓五。无妄巽为进，从二之五，故"上行"。刚谓应乾五伏阳，非应二也。与鼎五同义也。

疏 《说卦》："兑，说也。"故云"说，兑"。"离，丽也"，故云"丽，离也"。《乾·象传》曰"大明终始"，故"明谓乾"。《晋，象传》曰"顺而丽乎大明"，故云"当言大明以丽于晋"。"丽"训偶，谓比偶于晋也。柔谓五，五本二也，五从二来。在无妄时，巽进退为进二之五，故曰"上行"。睽与蹇旁通，故五有伏阳，乾伏五下。六五得中而应乾五伏阳，故曰"得中而应乎刚"。二五皆失位，例变之正，五柔应二刚为不义之应，故知"刚谓应乾五伏阳，非应二也"。《鼎·象传》曰"得中而应乎刚"，与屯旁通，刚应伏阳，故"与鼎五同义也"。

是以小事吉。

荀爽曰："小事"者，臣事也。百官异体，四民殊业，故睽而不同。刚者，君也。柔得其中而进于君，故言"小事吉"也。

疏 以"小事"为"臣事"者，阴为小也口百官异体，四民殊业，睽而不同之象也。刚为天德，乾为天、为君，故

中華藏書

第一部 周易原典

中国书店

四六七

"刚者，君也"。五柔得中，变正应乎君位。二变应之，阴利承阳，阴为小，故"小事吉也"。

天地暌而其事同也。

王肃曰：高卑虽异，同育万物。

虞翻曰：五动乾为天，四动坤为地。故"天地暌"。坤为"事"也，五动体同人，故"事同"矣。

疏　王注：天高地卑，势虽暌异，然天地位而万物育，是高卑异而育物之事自同也。

虞注：五动体乾，虞"乾为天"。四动互坤，故"坤为地"。乾上坤下，其象为否，故曰"天地暌"。坤"发于事业"，故"为事"。五动体象同人，故"其事同也"。

男女暌而其志通也。

侯果曰：出处虽殊，情通志合。

虞翻曰：四动艮为男，兑为女，故"男女暌"。坎为志、为通，故"其志通也"。

疏　侯注：男正位外为出，女正位内为处。出处虽暌，而男女之情志则通也。

虞注：四动变艮为少男，体兑为少女。二少相感，男下乎女，其体为咸。今上下易位，故曰"男女暌"。互坎心为志，又为通，故曰"其志通也"。

万物暌而其事类也。

崔憬曰：万物虽暌于形色，而生性事类，言亦同也。

虞翻曰：四动，万物出乎震，区以别矣。旬故"万物暌"。坤为事、为类，故"其事类也"。

疏　崔注：万物并育，形色攸殊。而生性一源，其事相类。故"言亦同也"。

虞注：四动体震。"万物出乎震"，《说卦》文。"区以别矣"，《论语》文。变震为生，体兑为杀，故万物区别而为暌也。坤发事业为事，坤方类聚为类，故曰"其事类也"。

暌之时用大矣哉。

《九家易》曰：乖离之卦，于义不大。而天地事同，共生万物，故曰"用大"。

虞氏曰：不言"义"而言"用"者，明用睽之义至大矣。

疏 《九家》注：乖离之卦，其辞曰"小事吉"，人或以为"于义不大"。不知天地事同，共生万物，其用最大。故特著其时，使人不得小视睽用也。

虞注：诸卦言"时大"者，如颐、解、革，皆但言"时"，如豫、随、遯、姤、旅，皆言"时义"，唯睽与坎、蹇，皆言"时用"。用者，用其义也，故曰"明用睽之义至大矣"。

案：体离为夏，互坎为冬，体兑为秋，四变震为春，故曰"时"。非常之义，故曰"时用"也。

蹇 卦

【原典】

蹇，难也，险在前也。见险而能止，知矣哉①！蹇，利西南，往得中也；不利东北，其道穷也。利见大人，往有功也；当位贞吉，以正邦也②。蹇之时用大矣哉③！

【精注】

①知：通"智"。②正：端正。③蹇之时用大矣哉：感叹美蹇时的济蹇功用之大。

【今译】

蹇，艰难的意思，险境在前面欲行必难。临险而停止，实在是明智之举啊！蹇难之时，利于向西南平地，前往就能合宜适中；不利于向东北山麓，此道必将穷困不通。会见贵族王公则有利，说明前往济蹇必能建功；居得其位以守持正固可获得吉祥，说明这样可解除艰难而使国家得到治理。处蹇难之时而济蹇的功用是多么宏大啊？

【集解】

《彖》曰：蹇，难也，险在前也。见险而能止，知矣哉。

虞翻曰：离见坎险，艮为止。观乾为知，故"知矣哉"。

疏 "前"谓外也。诸爻言"往蹇"，以"险在前也"。外卦互离目，故云"离见"。《坎·象》曰"习坎，重险也"，故云"坎险"。《说卦》："艮，止也。"故云"艮止"。五体观乾也，《系辞上》"乾以易知"，故"为知"。又"夫乾，天下之至健也，德行恒易以知险"，故曰"见险而能止，知矣哉"。六爻皆有蹇象，唯九五当位正邦，余皆利止，见险而止之义也。

蹇利西南，往得中也。

荀爽曰：西南谓坤。乾动往居坤五，故"得中也"。

疏 坤，西南卦也，故"西南谓坤"。乾动往居坤五，故得中，且得位也。

不利东北，其道穷也。

荀爽曰：东北，艮也。艮在坎下。见险而止，故"其道穷也"。

疏 艮，东北卦也，故"东北谓艮"。艮居坎下，坎险艮止，故"见险而止"。消息艮在丑，又"成终成始"。天道穷于东北，故曰"其道穷也"。

利见大人，往有功也。

虞翻曰："大人"谓五。二往应五，"五多功"，故"往有功也"。

疏 五为君位，故"大人谓五"。"往"谓二往应五。"五多功"，《系》下文。二正应五，故"往有功"也。

当位贞吉，以正邦也。

荀爽曰：谓五当尊位正。居是，群阴顺从，故能正邦国。

疏 五当尊位，而又得正，故"贞吉"。坤众为邦，乾来居之，群阴顺从，故能"正邦"。

蹇之时用大矣哉。

虞翻曰：谓坎月生西南而终东北，震象出庚，兑象见丁，乾象盈甲，巽象退辛，艮象消丙，坤象穷乙，丧灭于癸，终则复始，以生万物，故"用大矣"。

疏 此据纳甲言也。坎月生西南而终东北，出庚见丁盈甲，退辛消丙，穷乙灭癸。《参同契》曰"五六三十度，度竟复更始"，故云"终则复始"。终始循环，以生万物，故用大也。

愚案：艮"动静不失其时"，故言"时"。蹇难之时，人小其用，不知"二多功"，五"正邦"，又初变则成既济定，象曰"待时"，故曰"蹇之时用大矣哉"。

解 卦

【原典】

解，险以动，动而免乎险，解①。解，利西南，往得众也；其来复吉，乃得中也；有攸往，夙吉，往有功也②。天地解而雷雨作，雷雨作而百果草木皆甲宅，解之时大矣哉③。

【精注】

①解：下坎为险、上震为动之象，险能动则解难而脱险。②这句话从舒解险难当施益于众、无险即归于适中之道、有险速解可建功三个角度，来解释卦辞"利西南""其来复吉""有攸往，夙吉"的含义。③这句话中上震为雷、下坎为雨之象，以天地舒解、雷雨兴作、草木舒展为例，广喻事物"舒解"之时的情状，揭示"舒解"之时的宏大功效。

【今译】

舒解，遇险而行动，行动了就可以免除危险，这就是舒解。舒解险难，利于西南众庶之地，说明前往解难必将获得众人拥护；返回安居可获吉祥，说明速往解难必能建功。天地舒解雷雨就会兴起，雷雨兴起百果草木就会舒展萌芽生长，舒解之时的功效是多么宏大啊！

【集解】

《象》曰：解，险以动，动而免乎险，解。

虞翻曰：险，坎。动，震。解二月，雷以动之，雨以润之，物咸孚甲，万物生震。震出险上，故"免乎险"也。

疏 "险"谓内坎，"动"谓外震。解于消息，候在二月，《汉书·五行志》："雷以二月出。""雷以动之，雨以润之"，《说卦》文。春分雷动地中，下坎为雨也。《礼·月令》："其日甲乙。"郑注"万物皆解孚甲，自抽轧而出"，故云"物咸孚甲"。《说卦》曰"万物出乎震"，故云"万物生震"。震为出，震动而出险上，坎解为雨，故"免乎险"也。

解利西南，往得众也。

荀爽曰：乾动之坤而得众，西南众之象也。

疏 卦自临来，初阳乾爻，动之四坤，故曰"往得众"。坤位西南，故云"众之象也"。

无所往。

荀爽曰：阴处尊位，阳无所往也。

疏 "阴处尊位"谓五，"阳无所往"谓二也。

其来复吉，乃得中也。

荀爽曰：来复居二，处中成险，故曰"复吉"也。

疏 阳无所往，故"来复居二"。所处得中，虽险亦解，故曰"复吉也"。

有攸往夙吉，往有功也。

荀爽曰：五位无君，二阳又卑，往居之者则吉。据五解难，故"有功也"。

疏 阳实阴虚，五阴位虚，故"无君"。二阳位卑，往居于五，得位则吉。二往据五，坎难已解，"五多功"，故"有功也"。

天地解而雷雨作。

荀爽曰：谓乾坤交通，动而成解。卦坎下震上，故"雷雨作"也。

疏 临初阳之四，是临乾解坤，故谓"乾坤交通，动而成解"也。解坎雨在下，震雷在上，雷动而雨随之，故"雷雨作也"。

雷雨作而百果草木皆甲宅。

荀爽曰：解者，震世也。仲春之月，草木萌芽。雷以动之，雨以润之，日以炬之，故"甲宅"也。

疏 解，震宫二世卦，故云"解者，震世也"。《月令》："仲春之月，雷乃发声。"雷出则万物随之而出，故"仲春之月，草木萌芽"也。震动坎润，互日以炬，故"甲宅也"。

案：乾盈数为"百"，木果为"果"，故曰"百果"。震者木德，又为草莽，故曰"草木"。郑注云："皮曰甲，根曰宅。宅，居也。"《说文》"甲，东方之孟，阳气萌动，从木载孚甲之象。"离刚在外，故为"甲"。艮为居，故为"宅"。万物出乎震，百果草木甲宅之象也。

解之时大矣哉。

王弼曰：无所而不释也。难解之时，非治难时也，故不言用也。体尽于解之名，无有幽隐，故不曰义也。

疏 "所"，注疏本作"圻"，唯毛晋汲古阁本与此同作"所"，是也。言自天地至百果草木，无所不解释也。难已解矣。故"不言用"。体无隐矣，故"不言义"。独言"时大"者，解之时，震时也。万物出乎震，故曰"时大"。

损 卦

【原典】

损，损下益上，其道上行[①]。损而有孚，元吉，无咎，可贞，利有攸往[②]。曷之用？二簋可用享。二簋应有时，损刚益柔有时[③]。损益盈虚，与时偕行[④]。

【精注】

①上艮为阳能止于上，下兑为阴能悦而顺其上，有损下益上之象，其旨在于奉上而行，以释卦名。②"损"、"有孚"之间加"而"字，揭示有信是损道之根本。以释其下"元吉，无咎，可贞，利有攸往"，此"四善"均因"有孚"而得。孚：信。③这两句话说明施行"减损"必须适时，不论以"二

篁淡食"奉上，还是损下之刚以益上之柔，均当顺"时"而不滥为，以解释卦辞"曷之用，二篁可用享"的意思。④总说此卦揭示"损益"之道在适时的意义。

【今译】

减损，是说减损于下而增益于上，其道理是下者要奉献于上者。减损之时能心存诚信，就会吉祥，没有祸害，可以守持正固，利于有所前往。怎样体现减损之道呢？两篁淡食就足以奉献给尊者及神灵。奉献两篁淡食必须应合其时，减损在下之阳刚而增益居上之阴柔也要适时。事物的减损增益或盈满亏虚，都是自然界的普遍规律。

【集解】

《彖》曰：损，损下益上，其道上行。

蜀才曰：此本泰卦。

案：坤之上六，下处乾三，乾之九三，上升坤六，损下益上者也。阳德上行，故曰"其道上行"也。

疏 卦自泰来，故云"此本泰卦"。外坤上六之乾三，内乾九三之坤六，故云"损下益上"。以九居上，故云"阳德上行"。乾为道，震为行，故"其道上行"也。此云三之上，虞云初之上，当从虞义。

损而有孚。

荀爽曰：谓损乾之三，居上孚二阴也。

疏 损乾之三，上居坤六。下孚二阴，故白"有孚"。

元吉无咎。

荀爽曰：居上据阴，故"元吉无咎"。以未得位，嫌于咎也。

疏 以乾初元阳，上居于坤，下据二阴，故"元吉"。未得位，赚于有咎。元吉，故"无咎"也。

可贞。

荀爽曰：少男在上，少女虽年尚幼，必当相承，故曰"可贞"。

疏 少男居少女之上，以女承男，故曰"可贞"。

利有攸往。

荀爽曰：谓阳利往居上。损者，损下益上，故利往居上。

疏 往居上。损下之阳，以益上阴，故"阳利往居上"也。

曷之用？二簋可用享。

荀爽曰："二簋"谓上体二阴也。上为宗庙。簋者，宗庙之器，故可享献也。

疏 阴虚能受，故"二簋谓上体二阴也"。爻位上为宗庙。簋者，宗庙之祭器，故"可用享"也。又王弼注："曷，辞也。曷之用，言何用丰为也。二簋，质薄之器也。行损以信，虽二簋可用享。"

二簋应有时。

虞翻曰："时"谓春秋也。损二之五，震二月，益正月，春也。损七月，兑八月，秋也。谓"春秋祭祀，以时思之"。艮为"时"，震为"应"，故"应有时"也。

疏 "时谓春秋"者，谓春禘秋尝也。损二之五成益内体震，震，四正卦，值春二月，益于消息为正，月卦，故云"春也"。损于消息为七月卦，内体兑，兑，四正卦，值秋八月，故云"秋也"。"春秋祭祀，以时思之"，《孝经》文。《祭义》曰"春禘秋尝，霜露既降，君子履之，必有凄怆之心，春露既濡，君子履之，必有怵惕之心，如将见之"，此"以时思之"之事也。《艮·彖》曰"动静不失其时"，故"为时"。震巽"同声相应"，故"为应"。上之三成既济，六爻有应，故"应有时"也。

损刚益柔有时。

虞翻曰：谓冬夏也。二五已易成益，坤为柔。谓损益上之三成既济，坎冬离夏，故"损刚益柔有时"。

疏 "谓冬夏"者，体成既济也。二五易位，体已成益，益互坤为柔。损上九之刚，益六三之柔，体成既济，坎北属冬，离南属夏，故"损刚益柔有时"也。

损益盈虚，与时偕行。

虞翻曰：乾为"盈"，坤为"虚"，损刚益柔，散"损益盈虚"。谓泰初之上，损二之五，益上之三，变通趋时，故"与时偕行"。

疏 月十五，乾盈于甲，故"乾为盈"。月虚为晦，坤丧乙灭癸，故"坤为虚"。损乾刚以益坤柔，故曰"损益盈虚"。泰初之上成损，损二之五成益，益上之三成既济。《系辞下》曰"变通者，趋时者也"，唯其变通，故"与时偕行"。

益 卦

【原典】

益，损上益下，民说无疆，自上下下①，其道大光。"利有攸往"，中正有庆。"利涉大川"，木道乃行。益动而巽，日进无疆。天施地生，其益无方②。凡益之道，与时偕行。

【精注】

①下下：前一"下"为动词，指深入。后一"下"用作名词，即下层，民间。②无方：指不分种类，不分地域，一视同仁。

【今译】

益卦，高贵上层有所减损，来使卑贱下层有所增益，广大民众内心无比喜悦。恩惠自上而下广泛施向民间，这种体恤下情的精神必定会大放光芒。"利于有所往"，是因为保持中庸之道，采取了不偏不倚的公正态度，所以前去行事必定会带来吉庆安宁。"利于渡河涉水"，就是说借助于舟楫和桥梁的便利，前进的道路将会畅通无阻。增益过程由雷霆般的主动进取与微风般的温和谦让组成，并且与日俱增，没有限量。就好比上天泽润万物，大地生育万物一样，这种增益活动不受地域限制，遍及四面八方。总的来看，减损高贵一方使卑下者受益的关键所在，就是要掌握时机酌情进行。

【集解】

《象》曰：益，损上益下。

蜀才曰：此本否卦。案：乾之上九下处坤初，坤之初六，上升乾四，"损上益下"者也。

疏 卦自否来，故"此本否卦"。否乾上九之坤初，初六升乾四，损上阳以益下阴，故为益。

民说无疆。

虞翻曰：上之初，坤为无疆，震为喜笑。"以贵下贱，大得民"，故"说无疆"矣。

疏 益本否上之初。《坤·象》曰"德合无疆"。否初坤，故"坤为无疆"。震春为喜，震"笑言哑哑"为笑，喜笑故为说。否上之初为"贵下贱"。坤众为民，故"大得民"。明王之道，志在惠下，故"民说无疆"矣。

自上下下，其道大光。

虞翻曰：乾为大明，以乾照坤，故"其道大光"。或以上之三，离为大光矣。

疏 《乾·象》曰"大明终始"，故"乾为大明"。否乾在上坤在下，故曰"以乾照坤"。乾为天道，故曰"其道大光"。三上失位，故"或以上之三"成离，"离为大光"，义亦可通。

愚案：否乾上九下居坤初，自初至五有离象，离日为光，"天道下济而光明"，故曰"自上下下，其道大光"。

利有攸往，中正有庆。

虞翻曰：中正谓五，而二应之，乾为庆也。

疏 五居中得正，故"中正谓五"扩而二以中正应之，故"利有攸往"。阳为庆，五体乾阳，故"乾为庆也"。

利涉大川，木道乃行。

虞翻曰：谓三动成涣，涣，舟楫象，巽木得水，故"木道乃行"也。

疏 三失位，动则成涣，涣有舟楫之象，以巽木而得坎水，又内震行，故曰"木道乃行也"。

益动而巽，日进无疆。

虞翻曰：震三动为离，离为"日"，巽为"进"，坤为"疆"，日与巽俱进，故"日进无疆"也。

疏 震，动也。三失位，动而成离，"离为日"，《说卦》文。巽为进退，故"为进"。"坤为疆"当脱"无"字。坤为地，故"无疆"。以离日与巽俱进，而卦自否来，又本互坤，故"日进无疆也"。

天施地生，其益无方。

虞翻曰：乾下之坤，震为出生，万物出震，故"天施地生"。阳在坤初为无方，"日进无疆？"故"其益无方"也。

疏 乾交坤为施，否乾上下之坤初，故曰"天施"。"帝出乎震"，故为出。震春为生，又月三日"哉生明"，亦为生。"万物出乎震"，《说卦》文。万物资始于乾而资生于坤，故曰"天施地生"也。《坤·文言》曰"至静而德方"，故"阳在坤初为无方"。惟其"日进无疆"，是以"其益无方"。此损上益下，所以为益也。

凡益之道，与时偕行。

虞翻曰：上来益三，四时象正。艮为"时"，震为"行"，与损同义，故"与时偕行"也。

疏 三上易位成既济，故云"上来益三"也。益震为春，损兑为秋，既济坎冬，离夏，故"四时象正"也。艮"动静不失其时"，故"为时"。震作足，故"为行"。"与损同义"者，《损·象》曰"损益盈虚，与时偕行"，虞彼注云"损二之五，益上之三。变通趋时，故与时偕行"，是其义也。

夬 卦

【原典】

夬，决也，刚决柔也，健而悦，决而和。"扬于王庭"，柔乘五刚①也。"孚号有厉"，其危乃光也。"告自邑，不利即戎"，所尚乃穷②也。

【精注】

①柔乘五刚：指卦中一阴位于五阳之上。②所尚乃穷：指上六处在上位的日子快穷尽了。

【今译】

夬，就是决断的意思，是阳刚冲决阴柔。卦的性质为刚健而和悦，虽然决断但能和同。"扬于王庭"，是指一柔阴反居于五刚阳的上面。"孚号有厉"，是说小人得势，暗藏着危机。"告自邑，不利即戎"，是因为柔阴在上位的日子快完了。

【集解】

《彖》曰：夬，决也。刚决柔也。

虞翻曰：乾决坤也。

疏 乾刚决去坤柔也。郑云"以渐消去小人，故谓之决"，是决有去义也。

健而说，决而和。

虞翻曰：健，乾。说，兑也。以乾阳获阴之和，故"决而和"也。

疏 《说卦》："乾，健也"，"兑，说也"。故云"健，乾。说，兑也"。乾阳过刚，获兑阴之和，则刚柔相济，故"决而和也"。

扬于王庭，柔乘五刚也。

王弼曰：刚德齐长，一柔为逆，众所同诛而无忌者也，故可"扬于王庭"。

疏 自初至五皆阳，故云"刚德齐长"。孤阴在上，故云"一柔为逆"。以五阳诛一阴，是"众所同诛"。诛而无忌，"故可扬于王庭"。《正义》云：此因一阴而居五阳之上，释行决之法，言所以得显。然"扬于王庭"者，只谓"柔乘五刚也"。

孚号有厉，其危乃光也。

荀爽曰：信其号令于下，众阳危。去上六，阳乃光明也。

干宝曰:夬九五则"飞龙在天"之爻也。应天顺民,以发号令,故曰"孚号"。以刚决柔,以臣伐君,君子危之,故曰"有厉"。德大而心小,功高而意下,故曰"其危乃光也"。

疏 荀注:"信其号令于下"者,谓五孚众也。阳为阴掩,五统众阳危去上六,阳乃光明,故曰"其危及光也"。

干注:夬九五即乾五也,故云"飞龙在天之爻"。圣人而在天子之位,故云"应天顺民,以发号令"。刚正明信,以宣其令,故曰"孚号"。以刚去柔,犹以臣伐君,如武王伐纣是也,故"君子之危之",而曰"有厉"也。然武王之德既大而心自小,功虽高而志益下,故曰"其危乃光也"。

告自邑。

翟玄曰:坤称邑也。

干宝曰:殷民告周以纣无道。

疏 翟注:旁通剥坤,故称邑。

干注:《书·武成》曰"天休震动,用附我大邑周",故云"殷民告周以纣无道",而云"告自邑"也。

不利即戎,所尚乃穷也。

荀爽曰:不利即尚兵戎,而与阳争必困穷。

疏 夬上即复也,复上六曰"用行师,终有大败"以阳息之卦,阴道而负,故"不利即尚兵戎而与阳争"。争则必困,故曰"所尚乃穷也"。

姤 卦

【原典】

姤,遇也,柔遇刚也。① "勿用取女",不可与长也。②天地相遇,品物咸章也③;刚遇中正,天下大行也。④姤之时义大矣哉!

【精注】

①柔遇刚:姤卦下巽上乾,柔,指初六爻这个阴爻;刚,指二、三、四、五、上这五个阳爻。②不可与长:不可与之长

久相处。③天地：指阴阳二气。品物：各类事物，万物。章：彰显。④刚遇中正：刚，指九五爻，此爻位居上卦之中，阳爻处阳位，所以是遇中处正。

【今译】

姤，指相遇，具体而言，指阴柔遇到阳刚，而相应相合。"不宜娶此女为妻"，是由于不可与行为不端的女子长久相处。然而天地阴阳二气相互遇合毕竟是正常现象，因此只要双方相遇，万物的化育生长就能显现出来，成长壮大；阳刚遇中处正，其理想抱负必将畅行于天下。可见，相遇的时间因素实在是太重要了！

【集解】

《彖》曰：姤，遇也，柔遇刚也。勿用取女。

郑玄曰：姤，遇也。一阴承五阳广女当五男，苟相遇耳，非礼之正，故谓之"姤"。"女壮"如是，壮健以淫，故不可娶，妇人以婉娩为其德也。

疏　《谷梁传》曰"不期而会曰遇"，姤女以不期而会男，故曰"遇也"，夬阴极于上，历乾而生姤阴，故曰"柔遇刚也"。"一阴一阳之谓道"，初为长女，以一阴上承五阳，是以一女而当五男，失乎从一而终之义，故云"苟相遇耳"。遇非其正，故谓之"姤"。"女壮"不守乎礼，是"壮健以淫，故不可娶"也。《内则》曰"女子十年不出，姆教婉娩听从"，郑彼注云"婉谓言语也，娩之言媚也，媚谓容貌"。又郑注《周礼·九嫔》四德"妇容"云"妇容谓婉娩"，故"妇人以婉娩为其德也"。

不可与长也。

王肃曰：女不可取，以其不正，不可与长久也。

疏　以六居初，失位不正。故"女不可取"者，以其始不正，不可与长久也。

天地相遇，品物咸章也。

荀爽曰：谓乾成于巽而舍于离。坤出于离，与乾相遇。南方夏位，万物章明也。

《九家易》曰：谓阳起子，运行至四月，六爻成乾。巽位在巳，故言"乾成于巽"。既成，转舍于离。万物皆盛大，坤从离出，与乾相遇，故言"天地遇"也。

疏 《九家》即申荀说也。一阳起于子，历六爻，至四月成乾。巽巳同宫，故云"巽位在巳"。至巳成乾，故"谓乾成于巽"。乾象既成，一阴复生于午，而为姤。午，南方离位也。故谓"既成，转舍于离"。阳极阴生，故云"坤从离出，与乾相遇"。以坤一阴遇乾五阳，故曰"天地相遇"。姤生于午，正南方，夏位，万物盛大之时。离为明，"万物皆相见"，故"章明也"。

刚遇中正，天下大行也。

翟玄曰：刚谓九五，遇中处正，教化大行于天下也。

疏 五为卦主，以九居五，得中得正，故"刚谓九五，遇中处正"也。巽"申命行事"，乾为天，伏坤为下，伏震为行，故"教化大行于天下也"。

姤之时义大矣哉。

陆绩曰：天地相遇，万物亦然，故其义大也。

疏 天地相遇，而后化育成万物。亦相遇而后生长遂。《谷梁传·庄公二年》曰"独阴不生，独阳不生"，故"姤之时义大矣哉"。姤具四时，故称"时义"。详见下《象辞》"四方"虞注。姤午复子，巽秋震春，即四时也。

萃 卦

【原典】

萃，聚也。顺以说，刚中而应，故聚也。[①]"王假有庙"，致孝享也；"利见大人，亨"，聚以正也[②]，利贞。"用大牲吉，利有攸往"，顺天命也。观其所聚，而天地万物之情可见矣。

【精注】

①顺以说：萃卦下坤上兑，顺，指下卦坤，坤为顺；说，即悦，指上卦兑，兑为悦。刚中：指九五爻阳刚居上卦中位。

②致孝享：向祖先表达孝意和诚心。致，表达。享，奉献。

【今译】

萃，就是聚积的意思。具体而言，指顺应事理，取悦人心，阳刚居尊处上能够持守中道并应合于下，所以就能广聚众物，团结大众。"君王来到宗庙祭祀"，这是对祖先表达孝敬和诚心；"利于大德大才之人出世，亨通顺利"，是由于大德大才之人团结聚积必能持守正道；"用大牲祭祀，必获吉祥，利于前往出行"，是告诫人们聚积必须顺从天命。观察会聚现象，天地万物的情状就可以明白了！

【集解】

《彖》曰：萃，聚也。顺以说，刚中而应，故聚也。

荀爽曰：谓五以刚居中，群阴顺说而从之，故能聚众也。

疏 坤顺兑说，故曰"顺以说"。五以刚居中，二率群阴，顺说而从，故曰"刚中而应"。坤众为聚，故能聚众也。

王假有庙。

陆绩曰：王，五。庙，上也。王者聚百物，以祭其先，诸侯助祭于庙中。假，大也。言五亲奉上矣。

疏 五位天子，故王谓"五"。《乾凿度》曰"上为宗庙"，故庙谓上也。言王者聚物祭先，诸侯助祭，故萃有庙象也。"假，大也"，《释诂》文。五近承上，若言五亲奉上矣。

致孝享也。

虞翻曰：享，享祀也。五至初有观象，谓享坤牛，故致孝享矣。

疏 "享，享祀也"者，祭祀也。五至初有观象，"观，盥而不荐"，明堂郊祀之卦也。郊禘用茧栗，故"享坤牛"。唯圣人为能飨帝，唯孝子为能飨亲，故"致孝享矣"。

利见大人亨，聚以正也。

虞翻曰：坤为聚，坤三之四，故"聚以正也"。

疏 坤众为聚，三四失位，变之正，故"聚以正也"。

利贞。

《九家易》曰：五以正聚阳，故曰"利贞"。

疏 五位得正，阳正则阴聚，故曰"利贞"。

案：诸本《象传》无"利贞"字，唯此本有之。

用大牲吉，利有攸往，顺天命也。

虞翻曰：坤为"顺"，巽为"命"，三往之四，故"顺天命也"。

疏 内坤为"顺"，互巽为"命"，五乾为"天"，三往之四，上承五天，故曰"顺天命也"。

观其所聚，而天地万物之情可见矣。

虞翻曰：三四易位成离坎，坎月离日，日以见天，月以见地，故"天地之情可见矣"。与大壮、咸、恒同义也。

疏 三四易位有离坎象，离日见天，坎月见地。"悬象著明，莫大乎日、月"，"离也者，明也，万物皆相见"，故"天地万物之情可见"。不言"万物"，脱文也。大壮四之五，咸四之初，恒初二已正，四五复位，皆有离坎象，故云"同义也"。

升 卦

【原典】

柔以时升①，巽而顺，刚中而应，是以大"亨"。②"用见大人勿恤"，有庆也③。"南征吉"，志行也。

【精注】

①柔以时升：柔，指上下卦均为阴卦；以，因。②巽而顺：升卦下巽上坤，巽，即逊和，指下卦巽，巽义顺，顺在这里是逊和的意思；顺，指上卦坤，坤义顺。③庆：吉庆，安宁。

【今译】

升在卦象上表现为循沿阴柔之道适时上升，它所昭显的是：逊和而又柔顺，阳刚居中而又能向上应合于尊者，所以最为"亨通"。"利于会见大德大才之人，不必有什么忧虑"，是指将有吉庆的事情出现。"向南方兴兵征战，必获吉祥"，是因为上升的志向可以如愿而行。

【集解】

《彖》曰：柔以时升。

虞翻曰：柔谓五，坤也。升谓二。坤邑无君，二当升五虚。震兑为春秋，二升坎离为冬夏，四时象正，故"柔以时升"也。

疏 乾刚坤柔，故"柔谓坤五也"。二当升，故"升谓二"。坤地称邑，又臣道，故"坤邑无君"。阴实阴虚，故"二升五虚"。六五"贞吉升阶"，阴为阳阶，使二升五，是"柔以时升"之义也。体互震兑，震春兑秋。二升五，体有离坎，离夏坎冬。四时体正，故"柔以时升"。

愚案：升反萃也。萃坤升上为升，故曰"柔以时升"。

巽而顺，刚中而应，是以大亨。

荀爽曰：谓二以刚居中则来应五，故能大亨，上居尊位也。

疏 内体巽，外体坤，《说卦》："坤，顺也。"故曰"巽而顺"。二以刚居下中，上应于五阳为大，故"大亨"。五为尊，故"上居尊位也"。

用见大人勿恤，有庆也。

荀爽曰：大人，天子，谓升居五见为大人。群阴有主，无所复忧，而"有庆也"。

疏 王肃曰"大人，圣人在位之目"，故谓"大人为天子"。二升五位，坤为"用"，离为"见"，故"用见大人"。坤虚无君，二升居之，故"群阴有主"。"勿恤"，故"无所复忧"。阳为"庆"，坤有阳，故"有庆也"。

南征吉，志行也。

虞翻曰：二之五，坎为志，震为行。

疏 二之五变体坎，坎心为"志"，互体震，震足为"行"，故曰"志行也"。

中華藏書　第一部　周易原典　中国书店

中華藏書

周易全书·最新整理珍藏版

中国书房

四八六

困　卦

【原典】

困，刚弇也①。险以说，困而不失其所，"亨"，其唯君子乎！②"贞大人，吉"，以刚中也③。"有言不信"，尚口乃穷也④。

【精注】

①刚弇（yǎn）：困卦下坎上兑，而坎为阳卦，兑为阴卦，阳下而阴上，呈阳刚被遮而不能伸之象。②险以说：险，指下卦坎，坎为险；说即悦，指上卦兑，兑为悦。③刚中：指九二爻和九五爻阳刚居中。④尚口：崇尚多言巧辩。口，指论辩，言说。

【今译】

困，象征困穷，它的卦象是阳刚被阳柔掩压。身处险境而仍然欢快欣悦，说明虽然困穷仍然不失其操守，追求"亨通顺利"的前景，恐怕只有德才兼备的君子才能如此吧！"占问，大德大才之人可获吉祥"，是因为阳刚君子具有居中守正的美德；身处困境"即使有言相说也不被相信"，是因为崇尚多言巧辩不仅于事无补，反而会使自己更加困穷。

【集解】

《彖》曰：困，刚弇也。

荀爽曰：谓二五阴所弇也。

疏　二五皆承柔，故"为阴所弇也"。又否二之上，弇五之刚，故为困。

险以说。

荀爽曰：此本否卦，阳降为险，险升为说也。

疏　卦自否来，上阳降二为坎险，二险升上为兑说，故曰"险以说"。

困而不失其所亨，其唯君子乎。

荀爽曰：谓二虽弇阴陷险，犹不失中，与正阴合，故通也。喻君子虽陷险中，不失中和之行也。

疏 言二虽舁于三险，陷于坎中，犹不失中，上下与二阴合成坎，坎为通，故通也。喻君子虽陷坎险之中，不失中和之行，故亨也。

愚案：坎险故困，兑说故不失所亨。

贞大人吉，以刚中也。

荀爽曰：谓五虽舁于阴，近无所据，远无所应。体刚得中，正居五位，则"吉无咎"也。

疏 言五虽舁于上阴，四阳故"近无所据"，二阳故"远无所应"。九为体刚，五为得中，以九居五为"正居五位"。得中得正，故"吉无咎"。《洪范》所谓"用静吉"也。

有言不信，尚口乃穷也。

虞翻曰：兑为"口"，上变口灭，故"尚口乃穷"。

荀爽曰：阴从二升上六，成兑为"有言"，失中为"不信"。动而乘阳，故曰"尚口乃穷也"。

疏 虞注："兑为口"，《说卦》文。"灭"下当脱"乾"字，否上变成兑口，灭乾信，故"尚口乃穷"，卦穷于上也。

荀注：二阴升上成兑口为"有言"，下失二中为"不信"。动而上乘五阳，故"尚口乃穷也"。

井　卦

【原典】

巽乎水而上水，井[①]；井养而不穷也。"改邑不改井"，乃以刚中也[②]。无丧无得，往来井井。"汔至亦未繘井"，未有功也。"羸其瓶"，是以凶也。

【精注】

①巽乎水而上水：井卦下巽上坎，巽即顺，指下卦巽，巽义顺；水，指上卦坎，坎为水。②刚中：指九二爻和九五爻，此二爻阳刚而分别处于上下卦之中位。

【今译】

井在卦象上表现为顺沿水性向下挖掘而引水向上，开出的便是水井；井以水养人而用之不竭。"邑落改变而水井不能迁移"，是由于君子具有阳刚居中守正的美德；"众人来到井边汲水而水将枯竭也无人淘井"，则无法实现井水养人的功用；"毁坏水瓶"，就没有办法打水，所以是凶险之象。

【集解】

《象》曰：巽乎水而上水，井。

荀爽曰："巽乎水"，谓阴下为巽也。"而上水"，谓阳上为坎也。木入水也，井之象也。

疏　《庄子》："桔槔者，引之则俯，舍之则仰。"巽，入也，俯则巽乎水，仰则上水也。故曰"巽乎水而上水"。泰五之初，故谓"阴下为巽"。初之五，故谓"阳上为坎"。巽为入，故"木入"。坎为通，故"水出"。鹿卢汲水，"井之象也"。

井养而不穷也。

虞翻曰：兑口饮水，坎为通，往来井井，故"养不穷也"。

疏　互兑为口，上承坎水，饮水之象，坎为通，往来不穷，故"往来井井，养不穷也"。《系辞下》曰"井居其所而迁"，韩彼注云"井所居不移，而能迁其施"，故"养不穷也"。

改邑不改井，乃以刚中也。

荀爽曰：刚得中，故为"改邑"。柔不得中，故为"不改井"也。

疏　泰初之五，刚得中位，故为"改邑"。五之初，柔不得中，故"不改井"。惟刚居尊位，故能不失初阳，是以五"改邑"，并及初"不改井"也。

无丧无得。

荀爽曰：阴来居初，有实为"无丧"，失中为"无得也"。

疏　泰五阴来居井初，五阳"有实为无丧"，初阴"失中为无得"。

往来井井。

荀爽曰：此本泰卦，阳往居五，得坎为井，阴来在下亦为井，故曰"往来井井"也。

疏 泰初阳往居于五，成坎为井。五阴来居于初，在下亦为井。阳往阴来，皆有井象，故曰"往来井井"。

案：王弼本《象传》无此二句。

汔至，亦未繘井。

荀爽曰：汔至者，阴来居初，下至汔竟也。繘者，所以出水通井道也。今乃在初，未得应五，故"未繘"也。繘者，綆汲之具也。

疏 汔至者，五阴来居于初，下至尽境，故"下至汔竟也"。繘，所以出水通井。今居初，在五应外，未得应五，故"未繘"也。余已详前《疏》。

未有功也。

虞翻曰：谓二未变应五，故曰"未有功也"。

疏 五多功，二失正，未变应五，故"未有功"。

羸其瓶，是以凶也。

荀爽曰：井谓二，瓶谓初。初欲应五，今为二所拘羸，故凶也。

孔颖达曰：计覆一瓶之水，何足言凶。但取喻人德行不恒，不能善始令终，故就人言之，凶也。

疏 荀注：二应五坎，故"井谓二"。初应四离，故"瓶谓初"。初自五来，故"欲往应五"。初不得位，又为不正之二所拘羸，故凶也。

孔注：即小喻大。故覆一瓶之水，未足言凶。若人之德行不恒，不能善始令终，而有羸瓶之象，则凶也。

案：初二失正，变成既济定。不变则既济之功不成，瓮敝行恻，无王明受福之事，故凶也。

革 卦

【原典】

革。水火相息，二女同居其志不相得，曰革。"己日乃孚"，革而信之。文明以说，大亨以正。革而当，其悔乃亡。天地革而四时成，汤武革命①，顺乎天而应乎人，革之时大矣哉！

【精注】

①汤武革命：汤指商汤，武指周武王。革命，进行变革以应天命，在此指改朝换代。

【今译】

革卦。水火不容而相互克制，二女同居一室，心志不相同而相互克制，所以叫革。"己日乃孚"，是说变革之后而能得到百姓的信任。革卦的性质是文明以悦，所以能以中正之德来保持大为亨通。变革而恰当，就会没有悔吝。天地不断变革而形成四季的气候，汤武伐纣改朝换代，上顺应于天命，下符合人心，变革时机的掌握意义真大啊！

【集解】

《象》曰：革，水火相息。

虞翻曰：息，长也。离为火，兑为水，《系》曰"润之以风雨"，风，巽，雨，兑也。四革之正坎见，故独于此称水也。

疏　乾坤相为消息，故云"息，长也"。"离为火"，《说卦》文。兑坎象半见于上，故"为水"。《周语》："泽，水之所钟也。"故又为泽。"润之以风雨"，《系辞上》文。《说卦》曰"风以散之，雨以润之"。故巽为风，而兑为雨也。此不称泽，称雨者，以四革之正，坎象两见，故称水也。

愚案："息"《说文》作"熄"，马君云"息，灭也"。水火相克，故曰"相息"，义亦可通。

二女同居，其志不相得曰革。

虞翻曰：二女，离兑，体同人象，蒙艮为"居"，故"二女同居"。四变，体两坎象，二女有志，离火志上，兑水志下，故"其志不相得"，坎为"志"也。

疏　离中女，兑少女，故"二女谓离兑"也。初至五体同人，故曰"同"。旁通蒙，蒙外艮，艮门阙为"居"，故"二女同居"。四变正，有两坎象，女各有志，故"二女有志"。火曰炎上，故"离火志上"。水曰润下，故"兑水志下"。上下异志，故"不相得"。坎心，故"为志也"。

己日乃孚，革而信之。

干宝曰：天命已至之日也。乃孚，大信著也。武王陈兵孟津之上，诸侯不期而会者八百国，皆曰"纣可伐矣"，武王曰"尔未知天命，未可也"，还归。二年，纣杀比干，囚箕子，周乃伐之，所谓"己日乃孚，革而信"也。

疏 "己日"者，天命已至之日也。"乃孚"者，大信著于天下也。"武王陈兵"云云，说本《史记》，引之以明"己日孚，革而信也"。举武，所以该汤也。

愚案："己日"谓二，孚谓五。二与四同功，又与五相应。至四已过离日，乃革而反正。五成坎，孚为信，故"革而信之"矣。

文明以说，大亨以正，革而当，其悔乃亡。

虞翻曰："文明"谓离，说，兑也，"大亨"谓乾。四动成既济定，故"大亨以正"。革而当位，故"悔乃亡"也。

疏 坤为文，离中自坤来，故"文"。离向明，故"文明谓离"。"兑以说之"，故"说谓兑"也。"乾元者，始而亨者也"，故"大亨谓乾"。乾四"乾道乃革"，当革而变正，革四动成既济定，六爻皆正，故"大亨以正"。四失位宜悔。动得正，故"革而当位，其悔乃亡也"。

天地革而四时成。

虞翻曰：谓五位成乾为"天"，蒙坤为"地"。震春兑秋，四之正，坎冬离夏，则四时具。坤革而成乾，故"天地革而四时成"也。

疏 五体乾，故"谓五位成乾为天"。旁通蒙，互坤为地。蒙震为春，革兑为秋，四变之正，故"坎冬离夏"，是"四时象具"矣。蒙变而为革，故"坤革而乾成"。乾天坤地，故"天地革而四时成也"。

汤武革命，顺乎天而应乎人。

虞翻曰："汤武"谓乾，乾为圣人。"天"谓五，"人"谓三，四动顺五应三，故"顺天应人"。巽为"命"也。

疏 乾为君，故"汤武谓乾"。五阳得位，故"乾为圣人"。五于三才为天位，故"天谓五"。三于三才为人位，故"人谓三"。四动得正，上承五，阴顺阳为"顺五"，下乘三，以阴应阳为"应三"，故"顺天应人"。巽申命为"命"，谓二至四互体巽也。孔疏云"王者相承，改正易服，皆有变革，而独举汤武者，盖舜禹禅让，犹或因循，汤武干戈，极其损益，故取相变甚者，明人革也"。

革之时大矣哉。

干宝曰：革天地，成四时，诛二叔，除民害，天下定，武功成，故"大矣哉"也。

疏 此承上文，总论革之时大。《彖》言"汤武"，注独言"诛二叔"，举武以该汤也。

鼎 卦

【原典】

鼎①，象也。以木巽火，亨饪也②。圣人亨以享上帝，而大亨以养圣贤。巽而耳目聪明，柔进而上行，得中而应乎刚，是以"元亨"。③

【精注】

①鼎：古代烹煮食物的器具。鼎也象征着国家的权力。②亨：同烹。③高亨说："'元'下当有'吉'字，转写脱去。经文曰：'元吉，亨'，传文亦当曰：'元吉，亨'，明矣。卦辞云'元吉，亨'者，元，大也；亨，通也。此言大吉而亨通也。"

【今译】

鼎卦，是说此卦的形状好像古代烹饪食物的鼎。鼎的内卦为巽，巽下为木；外卦为离，离上为火。木柴被火燃烧，这就是烹饪食物的基本条件。而圣人烹饪食物以祭祀天帝，进而大规模地烹饪食物以供养圣贤，使他们谦顺辅佐君主，而君主就会耳聪目明，继而前进向上，得处中位又能够保持柔顺的美德，其前途必然不可限量，所以就十分亨通。

【集解】

《彖》曰：鼎，象也。以木巽火，亨饪也。

荀爽曰：巽入离下，中有乾象。木火在外，金在其内，鼎镬亨饪之象也。

虞翻曰：六十四卦皆观象系辞，而独于鼎言"象"，何也？"象事知器"，故独言"象"也。

《九家易》曰：鼎言"象"者，卦也木火，互有乾兑。乾金兑泽，泽者，水也。爨以木火，是鼎镬亨饪之象。亦象三公之位，上则调和阴阳，下而抚毓百姓。鼎能孰物养人，故云"象也"。牛鼎受一斛，天子饰以黄金，诸侯白金。三足以象三台，足上皆作鼻目为饰也。羊鼎五斗，天子饰以黄金，诸侯白金，大夫以铜。豕鼎三斗，天子饰以黄金，诸侯白金，大夫铜，士铁。三鼎形同。亨饪，煮肉。上离阴爻为肉也。

疏 荀注：巽木入离火之下，中互乾象。木火在外，乾金在内，鼎镬亨饪之象。《天官·亨人》："掌共鼎镬，以给水火之齐。"是也。

虞注："观象系辞"，《系辞上》文。李彼注云"言文王观六十四卦三百八十四爻之象而系属其辞"。"象事知器"，《系辞下》文。虞彼注云"象事谓坤，二为器。乾五之坤成象，故象事知器"。《书》曰"器非求旧维新"，故于鼎之取新言"象"也。

愚案：《左氏传·宣公三年》曰"铸鼎象物"，故曰"鼎，象也"。

《九家》注："木火互有乾兑"云云，即《郑注》义也。鼎三足，故"亦象三公之位"，谓太师太传太保也。《书·周官》曰"惟兹三公，论道经邦，燮理阴阳"，故"上则调和阴阳，下则抚毓百姓"。鼎有孰物养人之用，故云"象也"。"牛鼎"云云，亦见《郊祀志》。伏坤故象牛鼎，互兑故象羊鼎，伏坎故象豕鼎。亨饪，煮肉也。上体离，阳为骨，阴为肉，故

"阴爻为肉也"。

圣人亨以享上帝，而大亨以养圣贤。

虞翻曰："圣人"谓乾。初四易位体大畜，震为帝，在乾天上，故曰"上帝"。体颐象，三动噬嗑食，故"以享上帝"也。"大亨"谓"天地养万物，圣人养贤，以及万民"。贤之能者称"圣人"矣。

疏　《乾·九五·文言》曰"圣人作而万物睹"，故"圣人谓乾"。六爻惟三得位，馀皆不正，变从初始，故"初四易位则体大畜"。大畜内体乾，互震为"帝"，在乾天上，故曰"上帝"。大畜三至上体颐象，三动体噬嗑食象，故"以享上帝"也。"天地养万物，圣人养贤，以及万民"，《颐·彖传》文。颐之所养者大，故取颐象以明"大亨"也。颐言"养贤"，鼎言"养圣贤"，贤次于圣，故曰"贤之能者称圣人矣"。

巽而耳目聪明。

虞翻曰：谓三也。三在巽上，动成坎离，有两坎两离象，乃称"聪明"。"日月相推而明生焉"，故"巽而耳目聪明"。"眇而视，不足以有明"，"闻言不信，聪不明"，皆有一离一坎象故也。

疏　内体巽。"谓三也"者，三在巽上，动成坎互离，有两坎离象。坎耳主聪，离目主明，故称"聪明"。"日月相推而明生焉"，《系辞下》文。离为日，坎为月，日月往来而明生，故巽上动有"耳目聪明"。"眇而视，不足以有明"，履六三《象传》文。三互离，故言明。不正，故不明。"闻言不信，聪不明"，夬九四《象传》文。四变成坎离，故言聪明。虞彼注云"坎耳离目，折入于兑，故'聪不明'也"。引之以明言聪明者，皆有坎离象故也。

柔进而上行，得中而应乎刚，是以元亨。

虞翻曰："柔"谓五，得上中，应乾五刚。巽为"进"，震为"行"。非谓应二刚，与睽五同义也。

疏　卦有二柔，得中惟五，故"柔谓五"也。得中而不得

中华藏书

周易全书·最新整理珍藏版

中国书店

正，故谓"上中"。与屯旁通，五为伏阳，故云"应乾五刚"。屯巽为"进"，故曰"柔进"，震为"行"，故曰"上行"。三五皆失位，当变之正。五柔应二刚，为不义之应，故知应刚为应屯五乾刚，非应鼎二刚也。睽五应蹇五，故云"与睽五同义"。应乾五刚，"是以元亨"。

震　卦

【原典】

震，亨。"震来虩虩"，恐致福也。"笑言哑哑"，后有则也①。"震惊百里"，惊远而惧迩也。"不丧匕鬯"②，出可以守宗庙社稷，以为祭主也。

【精注】

①后：君王。②不丧匕鬯：朱熹《周易本义》："程子以为'迩也'下脱'不丧匕鬯'四字，今从之。"

【今译】

震卦是讲中兴事业会亨通的。"雷声响起来很可怕，"是因为恐惧天象会得到福祉。"谈笑咿哑自若"，是君王自有原则。"雷声惊动百里以内"，是使远近的人都害怕。"不倾出勺子里的香酒"，出去可以守住宗庙社稷，做祭祀的主人。

【集解】

《象》曰：震亨。震来虩虩，恐致福也。

虞翻曰：惧变，承五应初，故"恐致福也"。

疏　四多惧，又失位，惧而变柔，上承五，下应初，初乾为"福"，故"恐致福也"。

笑言哑哑，后有则也。

虞翻曰：则，法也，坎为"则"也。

疏　《天官·冢宰》："以八则治都鄙。"郑注"则，法也"。《孙卿子》："水主量，必平似法。"故坎为法。亦为"则"，而"则"训法也。初应四，故"后有则也"。

中華藏書

周易全书·最新整理珍藏版

中国书店

震惊百里，惊远而惧迩也。

虞翻曰："远"谓四，"近"谓初，震为"百"。谓四出惊远，初就惧近也。

疏 震以二阳爻为主，四在外，故"远谓四"。初在内，故"近谓初"。震为"百"，即从临二阴为百二十，举大数，故"为百"也。临二互震，震为山，自二出居于四为"惊远"。初本比二，今又之四为敌应，故"惧近也"。

出可以守宗庙社稷，以为祭主也。

虞翻曰：谓五出之正，震为"守"，艮为"宗庙社稷"，长子主祭器，故"以为祭主也"。

干宝曰：周，木德震之正象也，为殷诸侯，殷诸侯之制，其地百里，是以文王"小心翼翼，昭事上帝，聿怀多福，厥德不回，以受方国"，故以百里而臣诸侯也。为诸侯，故主社稷。为长子，而为祭主也。祭礼荐陈甚多，而《经》独言"不丧匕鬯"者，匕牲体，荐鬯酒，人君所自亲也。

疏 虞注："帝出乎震"，故曰"出"。五伏阳失位，出而变之正。震子继乾，世守为"守"。艮为门阙，又为鬼门，故为"宗庙社稷"。长子主器，器，祭器也。震巽相应，震春兑秋，坎冬离夏，春秋享祀，以时思之，故"以为祭主也"。

干注：《家语》："周人以木德王。"故云"周，木德"。震东方为木德，故云"震之正象也"。周受殷封，地方百里。"小心翼翼"以下，《诗·大明》文，引之以明恐惧致福之意。《孟子》曰"文王以百里"，故云"以百里而臣诸侯也"。屯震"利建侯"，故"为诸侯，主社稷"。又长子主器，故"为长子，而为祭主也"。"祭礼荐陈甚多"以下，即前郑义也。

案：王肃云"有灵而尊者，莫若于天，有灵而贵者，莫若于王，有声而威者，莫若于雷，有政而严者，莫若于侯，是以天子当乾，诸侯用震。地不过一同，雷不过百里，政行百里，则匕鬯亦不丧，祭祀，国家大事，不丧，宗庙安矣，处则诸侯执其政，出则长子掌其祀"，义亦可通也。

艮 卦

【原典】

艮，止也。时止则止，时行则行。动静不失其时。其道光明①。艮其止，止其所也。上下敌应，不相与也，是以不获其身，行其庭不见其人，无咎也②。

【精注】

①从"艮"到"其道光明"，揭示出抑止之道要适时而用，才能动静得当，而抑止的道理便因之而光明，用来解释卦名之意思。②止：止息。与：协助。

【今译】

艮，指静止如山。其时应当抑止就抑止，应当前行就前行；或动或静不能违背适当的时机，抑止的道理就能光辉灿烂。止息于应当抑止之处，说明抑止适得其所。上下之间相互敌对，不能相互协助，所以就像不让身体朝向当止的私欲。犹如行走在庭院也两两相背，互不见对方所止的邪恶，这样抑止就不会有灾祸。

【集解】

《彖》曰：艮，止也。

虞翻曰：位穷于上，故止也。

疏 阳穷于上，无所复之，故止也。

时止则止，时行则行。

虞翻曰："时止"谓上阳穷上，故止。"时行"谓三体处震为行也。

疏 艮，物之所成终而成始也，故曰"时"。"时止"者，谓一阳穷于上，故曰"时止"也。"时行"者，三体互震，震为行，故曰"时行"也。

动静不失其时，其道光明。

虞翻曰："动"谓三，"静"谓上。艮止则止，震行则行，故"不失时"。五动成离，故"其道光明"。

中华藏书

第一部 · 周易原典

中国书店

中華藏書

周易全书·最新整理珍藏版

中国书店

疏 自观五之三，故"动谓三"。上不动，故"静谓上"也。艮阳止于上，时止则止，震阳动于下，时行则行，故"动静不失其时"。五动，时行也。动成离，为日为火，故"其道光明"也。

艮其止，止其所也。

虞翻曰：谓两象各止其所。

疏 内外两艮，各止其所而不迁。王氏云"易背曰止，以明背即止也"。

上下敌应，不相与也。

虞翻曰："艮其背"，背也。两象相背，故"不相与"也。

疏 "艮其背"者，谓两象各止其所，相违背也。上下阴阳敌应，是为"两象相背"，故"不相与"。明《传》解"艮其背"也。

是以不获其身，行其庭不见其人，无咎也。

案：其义已见爻辞也。

疏 其义已详爻辞，不再释。

渐 卦

【原典】

渐之进也，女归吉也①。进得位，往有功也。进以正，可以正邦也②。其位刚得中也。止而巽，动不穷也③。

【精注】

①"渐之进也"：朱熹说"之字疑衍。"此句当为"渐，进也。"②自"进得位"至"可以正邦也"，以九五高居尊位之象，说明"渐进"而得位、得正，必可以"建功""正邦"，以释卦辞"利贞"之义。③自"其位"至"动不穷也"，以九五阳刚居中而处尊位之象，及下艮为止、上巽为逊顺之象，说明事物有刚健中和、静止逊顺的美德，即可渐进而获益。

【今译】

渐就是渐进的意思，就像女子出嫁循礼渐行可获吉祥。君子能渐渐行进获得正位，说明前往必能建立功勋；渐渐行进而遵循正道，就可以端正邦国民心。事物能够渐居尊位，往往由于阳刚强健又有中和美德；只要静止不躁而又谦逊和顺，这样逐渐行动就永远不会困穷。

【集解】

《彖》曰：渐之进也，女归吉也。

虞翻曰：三进四得位，阴阳体正，故吉也。

疏　否三进四，各得其位，阴阳体正，坎离交为夫妇，故"女归吉也"。

进得位，往有功也。

虞翻曰："功"谓五，四进承五，故"往有功"，巽为"进"也。

疏　"五多功"，故"功谓五"。否三进四得位，以阴承阳，故"往有功也"。巽为进退，故"为进"也。

进以正，可以正邦也。其位刚得中也。

虞翻曰：谓初已变为家人，四进已正而上不正，三动成坤为邦，上来反三，故"进以正，可以正邦。其位，刚得中"。与家人道正同义。三在外体之中，故称"得中"。《乾·文言》曰"中不在人"，谓三也。此可谓上变既济定者也。

疏初上不正当变，初变成家人。四自三进，其位得正。而上犹未反于正。三动互坤为邦，上与三应，三上易位，是"上来反三"。巽为进，故"进以正，可以正邦也"。三在六爻之中，又居外卦之内，故曰"其位，刚得中也"。家人道正，以三上易位，六爻皆正，而三亦得中，故云"同义"。"三在外体之中"者，言在内也。在内，故得称中。《乾·文言》曰"中不在人"，谓九三也。故知渐三为中也。初已变，待上再变，则六爻正，成既济定矣。

止而巽，动不穷也。

虞翻曰：止，艮也。三变，震为动。上之三据坤，动震成坎，坎为通，故"动不穷"。往来不穷谓之通。

中華藏書

周易全书·最新整理珍藏版

中国书店

五〇〇

中国书店

疏 止，艮象也。"三变，震为动"，谓初已变，故三成震也。三已变互坤，上即之三据坤，则震动成坎矣。"坎为通"，《说卦》文。通，故"动不穷也"。"往来不穷谓之通"，《系辞上》文。引之以明通故不穷之义。

归妹卦

【原典】

归妹，天地之大义也。天地不交，而万物不兴。归妹，人之终始也。说以动，所归妹也[1]。征凶，位不当也。无攸利，柔乘刚也[2]。

【精注】

[1]从"归妹"到"所归妹也"，列举"天地"、"万物"因阴阳结合而繁衍生息的例子，说明归妹的意义宏大，并举下兑为说、上震为动之象，谓因悦而动正可嫁出少女，来解释卦名。[2]从"征凶"到"柔乘刚也"，九二和六五爻均居位不当之象及六三以阴乘阳之象，来解释卦辞"征凶，无攸利"的意思。

【今译】

嫁出少女，是天地阴阳的宏大意义。天地阴阳不相交，万物就不能生育繁殖；嫁出少女，是人类得以繁衍的起点。欣悦而能动，说明可以嫁出少女。往前进发将有凶险，说明置身处位不妥当；无所利益，说明阴柔乘凌阳刚之上。

【集解】

《象》曰：归妹，天地之大义也。

虞翻曰：乾天坤地，三之四，天地交，以离日坎月战阴阳，"阴阳之义配日月"，则万物兴，故"天地之大义"。乾主壬，坤主癸，日月会北。震为玄黄，天地之杂。震东兑西，离南坎北。六十四卦，此象最备四时正卦，故"天地之大义也"。

疏 泰内乾天，外坤地，三四易位，是"天地交"也。互离日坎月，会于壬癸，故"战阴阳"也。坤阴乾阳，其义配乎日月。《郊特牲》："天地合而后万物兴焉。"故曰"天地之大义也"。乾纳甲壬，故"主壬"。坤纳乙癸，故"主癸"。壬癸水，位北方，日月合朔于壬，故"日月会北"。《坤·文言》："玄黄者，天地之杂也，天玄而地黄。"《说卦》曰"震为玄黄"，盖乾坤会而生震，故云"震为玄黄，天地之杂"也。震东兑西，离南坎北，四五方伯之卦，六十四卦，唯归妹备四时正卦之象，故曰"天地之大义也"。

天地不交，而万物不兴。

虞翻曰：乾三之四，震为"兴"，天地以离坎交阴阳，故"天地不交则万物不兴"矣。

王肃曰：男女交而后人民蕃，天地交然后万物兴，故归妹以及天地交之义也。

疏 虞注：泰乾三之坤四成震。《释言》："兴，起也。"《杂卦》："震，起也。"故"震为兴"。乾阳交坤为坎，坤阴交乾为离。"万物出乎震"，乾初交坤为震，故天地交则万物兴起，不交则不兴也。

王注："男女交而后人民蕃"，所谓"男女构精，万物化生"是也。"天地交然后万物兴"，所谓"天地壹壹，万物化醇"是也。释归妹男女交之义，因及天地交之义也。

归妹，人之终始也。

虞翻曰：人始生乾而终于坤，故"人之终始"。《杂卦》曰"归妹女之终"，谓阴终坤癸，则乾始震庚也。

干宝曰：归妹者，衰落之女也。父既没矣，兄主其礼，子续父业，人道所以相终始也。

疏 虞注：《乾·象传》曰"大哉乾元，万物资始"，故云"人始生乾"。《坤·文言》曰"地道无成而代有终也"，故云"而终于坤"。乾始坤终，故曰"人之终始"。《杂卦》但曰"归妹女之终"，而此言"人之终始"。坤纳癸，二十九日，月灭于癸为死魄，故云"阴终坤癸"。震纳庚，月三日魄生于庚，乾阳初动，故云"乾始震庚"。观坤终即知乾始，故合终始言之也。

干注：兑为少女，其父已老，故"归妹者，衰落之女也"。泰乾已毁，故云"父既没矣"。震象已成，故云"兄主其礼"。兑，妹也。震，归妹者也。以震子续乾父之业，乾终震始，故云"人道所以相终始也"。

说以动，所归妹也。

虞翻曰：说，兑。动，震也。谓震嫁兑，所归必妹也。

疏 说谓兑也，动谓震也。女"说而动"，嫁象也。以震兄嫁女，故知"所归必妹也"。

征凶，位不当也。

崔憬曰：中四爻皆失位，以象归妹非正嫡，故"征凶"也。

疏 中四爻皆失阴阳正位。《公羊传·庄公十九年》"诸侯一聘九女"，兑非长女，取象归妹，妾媵而已，非正嫡也，故"征凶"。

无攸利，柔乘刚也。

王肃曰：以征则有不正之凶，以处则有乘刚之逆也，故"无所利"矣。

疏 以柔居三，承乘皆不正之刚，故征则承凶，处则乘逆，"无所利"也。

丰　卦

【原典】

丰，大也。明以动，故丰①。王假之，尚大也。勿忧宜日中，宜照天下也②。日中则昃，月盈则食。天地盈虚，与时消息，而况于人乎？况于鬼神乎③？

【精注】

①从"丰"到"故丰"是讲光明之德而动必可获致"丰大"，用来释卦名。②"王假之"句讲的是"丰"之所尚在于美德宏大，并谓即获"丰"之所尚在于美德宏大，并谓即获"丰大"者当以其德照临天下，来解释卦辞"王假之，勿忧，

宜日中”的意思。③从“日中则昃”到句末，广引天地、日月盈盛必亏的现象，揭明“丰”极必衰，处“丰”不可过“中”的道理。

【今译】

丰，指丰大的意思。人能洞察事物之理而后付诸行动，所以能获丰大成果。譬如有德君王可以达到丰大的境界，这是崇尚宏大的道德；不要担忧，也像太阳正居中天一样保持充盈的光辉，说明宜于让盛德之光遍照天下。太阳当顶必将开始西斜，月亮圆满盈盛必将开始亏缺；天地有盈满也有亏虚，无不伴随着时运更替着消亡与生息，又何况人呢？何况鬼神呢？

【集解】

《彖》曰：丰，大也。明以动，故丰。

崔憬曰：离下震上，“明以动”之象。明则见微，动则成务，故能大矣。

疏　离在下为“明”，震在上为“动”，“明以动之象”也。离明则见万物之微，震动则成天下之务，丰所以能大也。

案：四阳失位，动则五成离为明，阳为大，阳动故王假，是以大也。

王假之，尚大也。

姚信曰：四体震王。假，大也。四上之五，得其盛位谓之“大”。

疏　四体震，“帝出乎震”，故为“王”。“假，大也”，《释诂》文。四不正，之五得正，五为王位，故“得其盛位谓之大”。

案：尚，上也。大，阳也。五本尊位，四阳上之，故曰“王假之，尚大也”。

勿忧，宜日中。

《九家易》曰：震帝而上，故“勿忧”也。“日”者君，“中”者五，君宜居五也。谓阴处五日中之位，当倾昃矣。

疏　四失位当忧，动而上五，故“勿忧”也。“日”者君象，“中”者五位，谓离日当居五位。今阴处五爻，当日中之位，宜有倾昃之忧。若四阳升五，得位得中，故"勿忧宜日中"也。

宜照天下也。

虞翻曰：五动成乾，乾为天，四动成两离，重明丽正，故"宜照天下"，谓"化成天下"也。

疏　五阳自动成乾，乾为天。四动成两离，离为日，即《离·象》"重明以丽乎正"也。"宜照天下"，即《离·象》"化成天下"也。六爻皆正，成既济定，故"化成天下也"。

日中则昃。

荀爽曰：丰者，至盛，故"日中"。下居四，日昃之象也。

疏　丰者，至盛之象，故曰"日中"。离下居四，故曰日昃也。案：四五正，重离，故为"日中"。上变成家人，离变巽。巽，入也。日入，故昃也。

月盈则食。

虞翻曰：月之行，生震见兑，盈于乾甲。五动成乾，故"月盈"。四变，体噬嗑食，故"则食"。此"丰其屋，蔀其家"也。

疏　坎为月，月之行，三日生于震庚，七日见于兑丁，十五日盈于乾甲。五动成乾，故"月盈"也。上已变，四复变，体噬嗑食象，故食。唐傅仁均《三大三小历》："日食常在朔，月食常在望。"故月盈乾甲则食。上变成家人，故上六曰"丰其屋，蔀其家"也。

天地盈虚，与时消息。而况于人乎！况于鬼神乎！

虞翻曰：五息成乾为盈，四消入坤为虚，故"天地盈虚"也。丰之既济，四时象具。乾为神人，坤为鬼。鬼神与人，亦随时消息，谓"人谋鬼谋，百姓与能"，"与时消息"。

疏　阳息五成乾，乾盈甲为盈。阴消四入坤，坤阴虚为虚。故曰"天地盈虚"。丰震春兑秋，既济坎冬离夏，故"丰之既济，四时象具"。阳之信为神，得阳以生为人，故"乾为神人"。阴之离诎为鬼，故"坤为鬼"。人谓三。乾由上之三为神。鬼谓上。坤变之巽，皆二与时消息者也。"人谋鬼谋，百姓与能"，《系辞下》文。义详彼注。《史记·历书》："皇帝考定星历，建立五行，起消息。"皇侃注"乾者阳生为息，坤者阴死为消"，故以乾盈坤虚为消息。"与时消息"，谓十二月消息也。

旅 卦

【原典】

旅，小亨，柔得中乎外①，而顺乎刚②。止而丽乎明，是以"小亨，旅贞吉"也。旅之时义大矣哉。

【精注】

①柔得中乎外：指六五爻以阴居于外卦的中位。喻旅行在外的人，能够依正道来行事。②顺乎刚：指六五顺承于上九。喻旅行在外的人依托于强者的庇护。

【今译】

旅卦，有稍见亨通的意思，是因为阴柔居于外卦的中位，而顺承于阳刚。如高山的正直处在阳光普照之中，所以"小亨，旅贞吉"。旅的时用意义真大啊！

【集解】

《彖》曰：旅，小亨。

姚信曰：此本否卦，三五交易，去其本体，故曰客旅。

苟爽曰：谓阴升居五，与阳通者也。

疏 姚注：三阴三阳之卦自否来，三五易位。五本乾，之三仍乾，是去本体而客他所，故独取象客旅。

苟注：否三阴为小，升居于五，五阳降居于三，阴与阳通，故亨。

愚案：震主器，震阳在内为主，故艮阳在外为旅。离者，丽也。阳在外而得所丽，故其卦为旅也。否象不通。三阴为小，上通于五，故"小亨"也。

柔得中乎外而顺乎刚。止而丽乎明，是以小亨旅贞吉也。

蜀才曰：否三升五，柔得中于外，上顺于刚。九五降三，

中華藏書

第一部 周易原典

中国书店

五〇五

降不失正。止而丽乎明，所以"小亨，旅贞吉"也。

疏 否三阴升五，五为中，是"柔得中于外卦"。以阴承阳，是"上顺于九刚"。九五降居于三，仍不失正。艮为止，离为丽，又为顺，故"止而丽乎明"。丽明，故"小亨"。止而不失其正，故"旅贞吉"也。

旅之时义大矣哉。

虞翻曰：以离日丽天，"县象著明，莫大日月"，故"义大"也。

王弼曰：旅者，物失其所居之时也。物失所居，则咸愿有附，岂非智者有为之时，故曰"旅之时义大矣哉"。

疏 虞注：《系辞上》曰"县象著明，莫大乎日月"。离日丽天，顺莫大焉，故"义大"也。贲震春，坎冬，旅兑秋，离夏，故曰"时义大"也。

王注：孔疏此叹美寄旅之时。屋皆失其所居，若能与物为附，使旅者获安，非小才可济，惟大智能然，故曰"旅之时义大矣哉"。

巽 卦

【原典】

重巽以申命[①]。刚巽乎中正而志行[②]。柔皆顺乎刚[③]，是以"小亨。利有攸往，利见大人。"

【精注】

①重巽：两巽相重。申，申述，表明。命，意旨。②刚巽乎中正：本卦九二、九五阳爻，为刚，分别居于下卦与上卦的中位，所以说"刚巽乎中正"。表明行为合乎正道，表得意行。③柔皆顺乎刚：本卦初六，六四阴爻，为柔，分别居于二阳爻之下，是阴柔俯顺于阳刚之象。像臣民俯顺于君上，所以为"小亨"之兆。

【今译】

两个巽卦相重叠，意在重申上面的意旨。阳刚者行为合乎正道，人人顺从，他的志向和抱负才能实现，而阴柔者能以谦柔去顺应阳刚，所以说"稍见亨通，利于出利，利于会见王公大人"。

【集解】

《彖》曰：重巽以申命。

陆绩曰：巽为命令。重命令者，欲丁宁也。

疏 "乾道变化，各正性命"，谓阳为乾性，阴为坤命。巽坤元，故为命。又震巽同声相应，阴宣阳命，故"巽为命令"。《书·尧典》："申命羲叔。"孔传"申，重也"。重故申。重申者，丁宁之意。《后汉书·郎顗传》："丁宁再三，留神于此。"彼此相属之谓也。

刚巽乎中正而志行。

陆绩曰：二得中，五得正，体两巽，故曰"刚巽乎中正"也。皆据阴，故"志行"也。

虞翻曰：刚中正，谓五也。二失位，动成坎，坎为志。终变成震，震为行也。

疏 陆注：二虽不正得中，五得中得正。内外两巽，巽者，入也。刚入乎二五，故曰"刚巽乎中正也"。初四皆阴，二五据之，故"志行也"。

虞注：五阳得中得正，故"刚中正谓五也"。二失位，当变应五，故"动成坎离"。坎心为志。"其究为躁卦"，故"终变成震"。震足为行，故"志行"也。

柔皆顺乎刚，是以小亨。

陆绩曰：阴为卦主，故"小亨"。

疏 乾体而坤阴入之为巽，故"阴为卦主"。阳大阴小，故"小利有攸往，利见大人。"

案：其义已见爻辞。

疏 虞义已详，不再释。

中華藏書

周易全书·最新整理珍藏版

中国书店

兑　卦

【原典】

"兑"，说也。① 刚中而柔外，说以"利贞"，是以顺乎天而应乎人。② 说以先民，民忘其劳；说以犯难，民忘其死。③ 说之大，民劝矣哉！④

【精注】

① 说：通"悦"，欣悦，欢乐。下同。② 刚中而柔外：兑卦下兑上兑，这里的刚中，指九二爻和九五爻，此二爻阳刚居中；柔外，指六三爻和上六爻，此二爻阴柔处外。此卦象显示君子内有刚健之德，外有柔和之姿。③ 先民：这里蒙后省略一"劳"字，完整的说法应为"先于民而劳"。犯难：即赴难。劝：劝勉，努力。

【今译】

兑就是欢乐、高兴，愉悦的意思。卦中阳刚居中而阴柔处外，令人欢乐、欣悦而"利于占问"，所以正当的欢乐、欣悦能够顺乎天意而合乎民心。阳刚君子在欢乐、欣悦之时只要勇于身先民众承受劳苦，民众必能任劳忘苦；只要勇于奔赴危难不避艰险，百姓必能舍生忘死。可见，欢乐、欣悦的意义十分宏大，可以使民众都劝勉奋进！

【集解】

《象》曰：兑，说也。

虞翻曰：兑口，故说也。

疏　兑为口，故"为说"。刘勰《文心雕龙》曰"说者，悦也。兑为口舌，故言咨悦怿。过说必伪，故舜惊谗说"，是"说""悦"同义，故谓兑为口说也。

刚中而柔外，说以利贞。

虞翻曰："刚中"谓二五，"柔外"谓三上也。二三四利之正，故"说以利贞"也。

疏　二五皆刚，故"刚中"。三上皆柔，故"柔外"。三在二外，上在五外也。二三四不正，利变之正，故"说以利贞"。

是以顺乎天而应乎人。

虞翻曰：大壮乾为"天"，谓五也，"人"谓三矣。二变顺五承三，故"顺乎天，应乎人"，坤为"顺"也。

疏 大壮内乾为天，三上之五，五于三才为天位，故"天谓五也"。五下之三，三为人位，故"人谓三矣"。三正，则乾三君子也。二变正，上顺五，近承三，动正，故曰"顺乎天，应乎人"。二四变互坤，故"为顺"。

说以先民，民忘其劳。

虞翻曰：谓二四已变成屯，坎为"劳"，震喜兑说，坤为"民"，坎为心，民心喜说，有顺比象，故"忘其劳"也。

疏 二四失位，变成屯体，屯外坎劳卦为"劳"，内震春阳为喜，体兑为"说"，屯互坤众为"民"，又坎亟心为心，屯二至上有比象，《比·象传》曰"下顺从也"，是"民心喜说，有顺比之象"。故"民忘其劳也"。

说以犯难，民忘其死。

虞翻曰：体屯，故难也。三至上体大过死，变成屯，民说无疆，故"民忘其死"。坎心为"忘"，或以坤为"死"也。

疏 《屯·象传》曰"刚柔始交而难生"，二四变，故体屯为难也。三至上体大过棺椁死象，变屯互坤，坤曰"应地无疆"，是"民说无疆"，故"忘其死"也。坎为心，故"为忘"。坤丧于乙，死魄为"死"，故"或以坤为死也"。

说之大，民劝矣哉。

虞翻曰：体比顺象，故劳而不怨。震为喜笑，故人劝也。

疏 屯二至上体比，《比·象传》曰"下顺从也"，故有顺象。顺，故"劳而不怨"。震春，阳为喜笑，故"人劝也"。

涣 卦

【原典】

涣，"亨"，刚来而不穷，柔得位乎外而上同。"王假有庙"，王乃在中也①；"利涉大川"，乘木有功也。②

【精注】

①王乃在中：王，喻九五爻居位正中，处九五尊位。②乘木有功：乘木，指上卦巽，巽为木，和下卦坎，坎为水，上巽下坎如木舟行于水上；有功，以"乘木"即木舟行于水上喻聚合人力共渡险难。

【今译】

涣卦象征涣散，意思是江河之冰到了春天又化为水，此卦有亨通之象，是由于阳刚者前来居处于阴柔之中而自身却未陷入困穷，而阴柔者则在外获得正位，并向上与阳刚者心志协同，从而使阴阳二气虽然涣散却心聚神通。"举行祭祀大典，君王亲自来到宗庙祭祀祖先"，是由于君王聚合人心居正处中；"利于涉水渡河"，是由于乘坐木舟渡河能够同心协力、破浪穿行、涉越险难，从而获得成功。

【集解】

《彖》曰：涣亨，刚来而不穷，柔得位乎外而上同。

卢氏曰：此本否卦，乾之九四，来居坤中，刚来成坎，水流而不穷也。坤之六二，上升乾四，"柔得位乎外"，上承贵王，与上同也。

疏 否乾九四，刚也。自外曰"来"，在二为"居坤中"。来成坎水，流而不穷。又坎为通，"往来不穷谓之通"。通，故不穷也。六二自内上升于四。以柔居四为"得位乎外"，上承五贵为王，故曰"上同"。孔疏引先儒云"刚来而不穷释亨德，柔得位乎外释利贞"是也。

王假有庙，王乃在中也。

荀爽曰：谓阳来居二，在坤之中为立庙。"假，大也"。言受命之王，居五大位，上体之中，上享天帝，下立宗庙也。

疏 四阳来居于二，在坤之中，体象观艮，故"为立庙"。"假，大也"，《释诂》文。乾为君，故言"受命之王"。五阳为大，故言"居五大位"。荀意以阳在二为立庙，阳在五为在中，故曰"上体之中，上享天帝，下立宗庙也"。

利涉大川，乘木有功也。

虞翻曰：巽为木，坎为水，故"乘木有功也"。

疏巽在上为木，坎在下为水。巽木下应坎二，五多功，故"乘木有功"。谓圣人作舟楫，取诸涣也。

节　卦

【原典】

节，"亨"，刚柔分而刚得中。[①]"苦节，不可贞"，其道穷也。[②]说以行险，当位以节，中正以通。[③]天地节而四时成，节以制度，不伤财，不害民。[④]

【精注】

[①]刚柔分而刚得中：节卦下兑上坎，这里的刚指上卦坎，坎为阳卦；柔指下卦兑，兑为阴卦；刚得中，指九二爻和九五爻，这两个阳爻分别居于上下卦之中。[②]其道穷：指上九爻穷极于上。[③]"说以行险"句：说，即"悦"，指下卦兑，兑为悦；险，指上卦坎，坎为险；当位，指六四爻和九五爻，此二爻阴得阴位、阳得阳位，所以称"得位"；中正，指九五爻，此爻阳居阳位且在上卦之中，因而居中处正，所以称"中正"。[④]制度：本义为典章制度，这里的意思为尺度，分寸。

【今译】

节卦象征节制，此卦有亨通之象，是由于阳刚与阴柔分别居于上下而区分得非常清楚，且阳刚又获得中正之道。"举行祭祀大典，如果以节制为苦事因而不肯节制，则不可占问"，因为节制之道至此已经穷极不通了。穷极不通便有险难。如果能够欢乐欣悦地趋险赴难，并持守中正、遵守礼义，也能达到

中華藏書　第一部　周易原典　中国书店

畅通无阻的境地。天地的运行正是由于有一定的节制，四季才得以形成并严整有序；而节制又要有法度，这样才能既不浪费资财，又不伤害百姓。

【集解】

《彖》曰：节亨，刚柔分而刚得中。

卢氏曰：此本泰卦。分乾九三升坤五，分坤六五下处乾三，是"刚柔分而刚得中"也。

疏 泰卦上坤下乾，三五易位，是"刚柔分"而"天地交"也。二五皆刚得中，而五尤得正也。

苦节不可贞，其道穷也。

虞翻曰：位极于上，乘阳，故"穷也"。疏上六位及于上，下乘五阳，泰时已极，故"道穷也"。

说以行险。

虞翻曰：兑说坎险，震为行，故"说以行险"也。

疏 内兑为说，外坎为险，互震为行，故"说以行险也"。

当位以节，中正以通。

虞翻曰：中正谓五，坎为通也。疏五得中得正，故"中正谓五"。五体坎为通，故"中正以通"。

天地节而四时成。

虞翻曰：泰乾天坤地。震春兑秋坎冬，三动离为夏。故"天地节而四时成"也。

疏 泰乾为天，坤为地。泰、节皆互震为春。节兑为秋，坎为冬，三变离为夏。天地之数以六十为节，故《易》卦至六十而为节。月有中气，有节气，节以损其过而归之中，故"天地节而四时成也"。

节以制度，不伤财，不害民。

虞翻曰：艮手称"制"，坤数十为"度"。坤又为"害"为"民"为"财"，二动体剥，剥为"伤"。三出复位成既济定，坤剥不见，故"节以制度，不伤财，不害民"。

疏 《说文》："制，裁也。"裁物以手，体互艮为手，故

"艮手称'制'"。《舜典》:"同律度量衡。"孔传"度,丈尺也"。十寸为尺,十尺为丈。坤癸数十,故为"度"。又坤阴应为害,众为民,富有为财。二动至五体象剥,故为"伤"。三阳出,复正位,成既济定,坤害剥伤,毁灭不见,故"节以制度,不伤财,不害民"。三所以"嗟若无咎"也。郑氏云"空府藏则伤财,力役繁则害民。二者奢泰之所致"。故"节以制度",则无伤财害民之事矣。

中孚卦

【原典】

中孚,柔在内而刚得中,说而巽,孚,乃化邦也。① "豚鱼吉",信及豚鱼也; "利涉大川",乘木舟虚也;中孚以"利贞",乃应乎天也。②

【精注】

①柔在内而刚在中:中孚卦下兑上巽,这里的柔指六三爻和六四爻;刚指九二爻和九五爻。孚:诚信。化:教化。②乘木舟虚:木舟,指上卦巽,巽为木,而木可以造舟。中孚:内心诚信。

【今译】

中孚象征内心诚信,在卦象上表现为内在柔顺而谦虚至诚,外在刚健而中实有信;遂使在下者欢乐欣悦,在上温文和顺,共同以诚信之德教化家邦。"用豚和鱼祭祀祖先,可以大吉大利",是说诚信之德已经达到豚和鱼身上,连它们也具有诚信之德; "利于涉水渡河",说明只要持守诚信之德,无论遇到什么危难,都能像乘坐木舟涉越江河那样畅行无阻;只要内心诚信"占问便有利",是因为能够与天道的中正美德相符合。

【集解】

《彖》曰:中孚,柔在内而刚得中。说而巽,孚。

王肃曰:三四在内,二五得中,兑说而巽顺,故孚也。

疏 "柔在内",谓三四在内也。"刚得中",谓二五得中也。内兑说而外巽顺，故孚也。

案：刚柔皆谓二也。二变应五，故"柔在内"。四外体，不得云"四在内也"。兑说谓二，巽孚谓五，故"乃化邦也"。

乃化邦也。

虞翻曰：二化应五成坤，坤为邦，故"化邦也"。

疏 二变应五，互三四成坤，坤土为邦，又"坤化成物"，故"化邦也。"

豚鱼吉，信及豚鱼也。

荀爽曰：豚鱼谓四三也。四为山陆，豚所处。三为兑泽，鱼所在。豚者卑贱，鱼者幽隐。中信之道，皆及之矣。

疏 "豚鱼谓三四也"者，四互艮为山陆，山，豚所处也，故豚谓四。三体为兑泽，泽，鱼所在也，故鱼谓三。豚者，兽之卑贱。鱼者，虫之幽隐。王氏云"争竞之道不兴，中信之德淳著。则虽幽隐之物，信皆及之"矣。

利涉大川，乘木舟虚也。

王肃曰：中孚之象，外实内虚，有似可乘，虚木之舟也。

疏 中孚之象，四阳在外为实，二阴在内为虚，有舟象焉，故曰"有似可乘，虚木之舟也"。盖三出体涣，故象舟楫，而曰"乘木舟虚也"。

中孚以利贞，乃应乎天也。

虞翻曰：讼乾为天，二动应乾，故"乃应乎天也"。

疏 讼乾五为天，二动之正，上应乎乾为应天，故曰"乃应乎天也"。

小过卦

【原典】

小过，小者过而亨也。过以利贞，与时行也。柔得中①，是以"小事吉"也。刚失位而不中②，是以"不可大事"也。有飞鸟之象焉。"飞鸟遗之音，不宜上，宜下，大吉"，上逆而下顺也③。

【精注】

①柔得中：指六二居于下艮中间，六五居于上震中间，是得中说。②刚失位而不中：指阳爻九居于阴位四，而且不居于上震中间，是一般爻位说结合得中说。③上逆而下顺：六五在九四上面，以柔乘刚，是逆；由于出现在上震，是为"上逆"。六二在九三下面，以柔承刚，是顺；由于出现在下艮，就是"下顺"。这些都表明一种关系。

【今译】

小过是小事错误，无碍大局。此卦有亨通之象。凭着合于正道得到好处而超过，是随着时机发展的。柔爻居于上下卦中间，因此小事情吉利。刚爻失去应有位置又不居于上下卦中间，因此图谋大事就不会成功。说"飞鸟遗之音，不宜上，宜下，大吉"，是由于六五在九五之上，以柔乘刚而逆于上，六二在九三之下，以柔承刚而顺于下的缘故。

【集解】

《彖》曰：小过，小者过而亨也。过以利贞，与时行也。

荀爽曰：阴称"小"。谓四应初，过二而去，三应上，过五而去，五处中，见过不见应，故曰"小者过而亨也"。

疏　阳大阴小，故"阴称小"。四应初，阴过二而去，三应上，阴过五而去，五处上中，见阴之过而不见阳之应，故曰"小者过而亨也"。

案：小阴谓五，五过乎阳而应乾刚，故"过而亨"。艮为"时"，震为"行"，过五利变之正成咸，泰、否相反，"终则有始"，"与时偕行"，故"过以利贞，与时行也"。

柔得中，是以小事吉也。

虞翻曰：谓五也。阴称"小"，故"小事吉也"。

疏　五柔得正，故"谓五也"。阴柔称"小"，柔而得中，故"小事吉也"。

刚失位而不中，是以不可大事也。

虞翻曰：谓四也。阳称"大"，故"不可大事也"。

疏 刚失位，谓四也。阳刚称"大"，失位不中，故"不可大事也"。

有飞鸟之象焉，飞鸟遗之音。

宋衷曰：二阳在内，上下各阴，有似飞鸟舒翮之象，故曰"飞鸟"。震为声音，飞而且鸣，鸟去而音止，故曰"遗之音"也。

疏 二阳在内，象鸟之身。四阴在外，象翅与足。有似飞鸟舒翮之象，故曰"飞鸟"。此即虞君所谓"俗说"也。震音鸣为"声音"，"飞而且鸣"谓震。鸟去而音止谓艮，故曰"遗之音"。

不宜上宜下大吉，上逆而下顺也。

王肃曰：四五失位，故曰"上逆"。二三得正，故曰"下顺也"。

疏 四阳五阴为"失位"，四五在上，故曰"上逆"。二阴三阳为得正，二三在下，故曰"下顺也"。

案：阴在阳上为逆，故五宜正。阴在阳下为顺，故二不变。

既济卦

【原典】

既济，亨，小者亨也。利贞，刚柔正而位当①也。初吉，柔得中也②。终止则乱，其道穷也③。

【精注】

①刚柔正而位当：正而位当，象征君臣上下各在其位，各尽其职，共同追求事业成功。②初吉，柔得中也：柔，具体指阴爻六二居下卦中间，象征臣下公正而又不偏激、片面。既济以内卦即下卦为主，初、二两爻均代表成功的初期。③其道穷也：喻臣子权势太盛，终于陷入穷困的境地。

【今译】

既济卦象征成功，亨通，连小者也会亨通。利于坚守正道，是由于刚柔各正其位，各当其职。初期吉利，说明阴柔也能守正不偏。终期停止前进将会出现动乱，说明前进的道路已经无法继续进行了。

【集解】

《象》曰：既济亨，小者亨也。

荀爽曰：天地既交，阳升阴降，故"小者亨也"。

疏 泰本天地交也，既济则阴阳又交，二阳升于五，五阴降于二，二阴得正，故称"小者"。交故通，通故亨也。

利贞，刚柔正而位当也。

侯果曰：此本泰卦，六五降二，九二升五，是刚柔正当位也。

疏 卦自泰来，五降二升，是刚柔各正，而阴阳位当也。

初吉，柔得中也。

虞翻曰："中"谓二。

疏 二在下中，故"中谓二"也。

终止则乱，其道穷也。

虞翻曰：反否终坤，故"其道穷也"。

侯果曰：刚得正，柔得中，故"初吉"也。正有终极，济有息止，止则穷乱，故曰"终止则乱，其道穷也"。一曰殷亡周兴之卦也。成汤应天，"初吉"也。商辛毒痛，"终止"也。由止，故物乱而穷也。物不可穷，穷则复始，周受其未济而兴焉。《乾凿度》曰"既济、未济者，所以明戒慎，全王道"也。

疏 虞注：泰极反否，终成坤乱。乾为"道"，坤为"穷"，乾极反坤，故"其道穷也"。

侯注：刚皆得正，二柔得中，故"初吉"。正极必反，故"正有终极"。济极必衰，故"济有息止"。济止则穷乱生焉，故曰"终止则乱，其道穷也"。谓"殷亡周兴之卦也"者，成汤奉若天命，是"初吉"也。商辛毒痛四海，是"终止"也。终止则物乱而道穷也。济极必穷，穷极复始。否、泰循环，自然之运。周承殷后，受其未济而兴焉。《乾凿度》曰"既济、未济为最终者，所以明戒慎而存王道"，郑彼注云"夫物不可穷，理不可极。故王者亦常则天而行，与时消息。不可安而忘危，存而忘亡。未济亦无穷极之谓者也"。

未济卦

【原典】

未济"亨"，柔得中也①。"小狐汔济"，未出中也②。"濡其尾，无攸利"，不续终也。虽不当位，刚柔应也③。

【精注】

①柔得中：本卦六五之爻为阴爻，为柔，居上卦中位，是阴柔得位。②未出中：指所行不合事理。③虽不当位，刚柔应也：本卦初六、六三、六五均为阴爻，而居阳位，是"不当位"。但是九二、九四、上九均为阳爻，为刚，与三阴爻相互呼应，所以说"刚柔应"。

【今译】

未济卦，有亨通之象，柔弱者善于顺从并能居于中位不偏不倚。"小狐狸快要渡过河，"但还在水里，处在危险之中。"小狐狸的尾巴被河水浸湿了，所行无所利"，说明虽然经过努力想促使事情成功，但不能持续下去，最终没有什么好的结果。未济卦的全部爻位都不正当，但若能使刚柔相济，则还是能够成功的。

【集解】

《象》曰：未济，亨，柔得中也。

荀爽曰：柔上居五，与阳合同，故亨也。

疏　否二柔上居五，五阳位，故"与阳合同"。天地交，故亨也。

小狐汔济，未出中也。

虞翻曰：谓二未变，在坎中也。

干宝曰：狐，野兽之妖者，以喻禄父。"中"谓二也。困而犹处中故也。此以托纣虽亡国，禄父犹得卦矣。

疏 虞注：二以上体既济，故几济也。二未变，在坎中，故曰"未出中也"。

干注：《说文》："狐，妖兽也。"故云"狐，野兽之妖者"。禄父，纣子。其位不正，故"以喻禄父"。二在下中，故"中谓二也"。困而处中，故"未出中也"。《史记·殷世家》："武王已克殷，复以殷余民封纣子武庚禄父，此诸侯，以奉其先祀。"故云"此以托纣虽亡国，禄父犹得封矣"。

濡其尾，无攸利，不续终也。

虞翻曰：否阴消阳，至剥终坤，"终止则乱，其道穷也"。乾五之二，坤杀不行，故"不续终也"。

干宝曰：言禄父不能敬奉天命，以续既终之礼，谓叛而被诛也。

疏 虞注：否，阴消卦也。阴之消阳，至剥而阴盛，终坤而乱成。《既济·象传》曰"终止则乱，其道穷也"。即反否终坤之谓也。坤弑为杀。否乾五之坤二，坤象不见，故"坤杀不行"，而曰"不续终也"。《战国策》："《易》曰'狐濡其尾'，此言始之易，终之难也。"坤终不见，故"不续终也"。

案：《序卦》曰"受之以未济终焉"，《既济》卦辞曰"初吉终乱"，终谓上也。既济自以濡首终，未济自以濡尾终。不相续，故曰"不续终也"。

干注：禄父，纣子也。受周之封，不能敬奉天命，以续商家既终之祀，宜其叛而被诛，"无攸利"也。

虽不当位，刚柔应也。

荀爽曰：虽刚柔相应而不以正，由未能济也。

干宝曰：六爻皆相应，故微子更得为客也。

疏 荀注：刚柔虽应而爻皆不正，不义之应，由未能济，重释未济之义也。

干注：未济之世，义不续终。然六爻阴阳皆应，虽不当位，犹有终而复续之理。《书序》："成王既黜殷命，杀武庚，命微子启代殷后，作《微子之命》。"《诗序》："《有客》，微子来见庙也。"故云"微子更得为客也"。

第二章 象传①

《象传》随上下经分为上下篇，主要阐释六十四卦的卦象及各爻的爻象。释卦象者称为"大象传"，释爻象者称为"小象传"。

象传上篇

乾 卦

【原典】

天行健，君子以自强不息。

"潜龙勿用"，阳在下也。

"见龙在田"，德施普也。

"终日乾乾"，反复道也②。

"或跃在渊"，进"无咎"也。

"飞龙在天"，"大人"造也③。

"亢龙有悔"，盈不可久也。

"用九"，天德不可为首也④。

【精注】

①《象传》：《易传》之一。随上下经分为上下两篇，是用来解释卦象及爻象的。又分为《大象传》和《小象传》。②反复道：反复行道。③造：为，作。④天德：阳刚之德。不可为首：不可以有终极之时，否则便会刚去柔来。首，终。

【今译】

天道运行周而复始，永无止息，无人能阻挡，君子具有高天的美德，因此能够奋发自强，健行不息。

"巨龙潜伏在深渊，暂时不宜施展才能"，表明阳气初生居位低下，目前还无力进取。

"巨龙出现在田野"，表明德业昭著，恩惠普施天下。

"终日健行不息"，表明反复行道以求进而上升。

"龙有时腾跃而起，有时退处深渊"，因为能审时度势，所以"不会有灾祸"。

"巨龙飞上云天"，表明"大德大才之人"已经振作奋起，大展雄才。

"巨龙飞升至极顶，必遭困厄"，表明事物发展到了穷极之处，不可能长久存在下去。

"用九之数"，表明高天的德业不可以有终极之时。

【集解】

天行健。

何妥曰：天体不健，能行之德健也。犹如地体不顺，承弱之势顺也。所以乾卦独变名为"健"者。

宋衷曰：昼夜不懈，以健详其名。余卦各当名，不假于详矣。

疏 《剥·彖传》曰："君子尚消息盈虚，天行也。"《复·象》曰："反复其道，七日来复，天行也。"盖乾之一阳，从艮入坤而剥尽，复从坤出震而复来，皆天之一阳行乎其间，故《乾·象》曰"天行"。《说卦》曰"乾，健也"，故曰"天行健"。天地之健顺，以理不以形，故云"天体不健，能行之德健也。犹如地体不顺，承弱之势顺也"。"乾卦独名'健'者"，天一昼一夜过周一度，故宋氏云"昼夜不懈，以'健'详其名"也。云"余卦当名，不假于详"者，孔氏谓"所以尊乾异于他卦"也。

君子以自强不息。

虞翻曰：君子谓三。乾健，故强。天一日一夜过周一度，故"自强不息"。《老子》曰："自胜者强。"

干宝曰：言"君子"，通之于贤也。凡勉强以进德，不必须在位也。故尧舜一日万几，文王日昃不暇食，仲尼终夜不寝，颜子欲罢不能。自此以下，莫敢淫心舍力，故曰"自强不

中
华
藏
书

周
易
全
书
·
最
新
整
理
珍
藏
版

息"矣。

疏　虞注："君子谓三"者，以三为人道。体天而爻言"君子"，有"终日乾乾"之德也。虞注《说卦》云"精刚自胜，动行不休"，是"乾健故强"也。周天三百六十五度四分度之一，日行一昼一夜，不及天一度，故曰"天一日一夜过周一度"也。天惟健故"强"，强故"不息"。"自胜者强"，《老子·道经》文。又《史记·商君传》"自胜之谓强"，亦此义也。

干注："君子"通上下言之。凡勉强学问之事，在德不在位也。《皋陶谟》曰"兢兢业业，一日二日万几"，谓尧舜也。《无逸》曰"自朝至于日中昃，不遑暇食"，谓文王也。《论语》曰"吾尝终日不食，终夜不寝以思"，谓仲尼也。又曰"欲罢不能，既竭吾才，如有所立卓尔"，谓颜子也。此皆大圣大贤，"自强不息"之事。"自此以下"，谓庶人农工之属，皆莫敢淫心舍力，以期于"自强不息"，庶足以法天行而成君子也。《乐记》曰："著不息者，天也。"《中庸》曰："至诚无息。"君子法天之行，庄敬日强，故能"自强不息"，亦如天也。

潜龙勿用，阳在下也。

荀爽曰：气微位卑，虽有阳德，潜藏在下，故曰"勿用"也。

疏　一阳初动，故"气微"。其爻在下，故"位卑"。《系辞下》曰"龙蛇之蛰以存身"，有复象焉。虽有阳气，潜藏在下，隐而未见，故"勿用"也。

见龙在田，德施普也。

荀爽曰：见者，见居其位。"田"谓坤也。二当升坤五，故曰"见龙在田"。"大人"谓天子，见据尊位。临长群阴，德施于下，故曰"德施普也"。

疏　位，二也。谓阳见诸二位也。二在地上称"田"。阳息至二，故"田谓坤也"。荀氏说《易》，多主乾升坤降之义。盖乾主阳，阳动而进故升。坤主阴，阴动而退故降。二得中，有君德，当升居坤五。升自二田，故曰"见龙在田"也。五为君位，故"大人谓天子，见据尊位"者也。以二阳升居五位，临长群阴，有比"亲万国"之象焉。《益·象传》曰"阳施阴生"，阳主施，又为德，故有"德施于下"之象。下《传》曰"善世而不伐，德博而化"，故曰"德施普也"。

终日乾乾，反复道也。

虞翻曰：至三体复，故"反复道"，谓"否、泰反其类也"。

疏 乾阳息三，至上体复。其卦为泰，泰反则为否矣。惟以乾承乾，则复体在焉，故能反乎复道，常泰而不否也。"否、泰反其类也"，《杂卦传》文。

或跃在渊，进无咎也。

荀爽曰：乾者，君卦。四者，阴位。故上跃居五者，欲下居坤初，求阳之正。地下称"渊"也。阳道乐进，故曰"进无咎也"。

疏 《说卦》曰"乾以君之"，故"乾为君卦"。《系辞上》曰"天二地四"，故"四为阴位"。四承五，故将"上跃居五"。四应初，又"欲下居坤初"。盖四阳不正，初五皆正，故云"求阳之正"也。《乾凿度》曰"阳动而进"，故"阳道乐进"。进得位得中，故"无咎"也。

飞龙在天，大人造也。

荀爽曰：飞者，喻无所拘。天者，首事造制。大人造法，见居天位。"圣人作而万物睹"，是其义也。

疏 初与三得位而不中，二中而不正，四上不中不正，皆有所拘也。五得位得中，故"无所拘"而称"飞"也。万事皆造始于天，故云"天者，首事造制"。圣人宪天以创法，故云"大人造法"，《系辞上》曰"天垂象，圣人则之"是也。"天位"谓五。"见居天位"者，圣人也。《文言》曰："圣人作而万物睹。"《释诂》云"作，造，为也"，是"作""造"同义。"作"谓伏羲造作八卦。"圣人作"即"大人造"也。"万物睹"即"利见大人"也，故云"是其义也"。

亢龙有悔，盈不可久也。

《九家易》曰：阳当居五，今乃居上，故曰"盈"也。亢极失位，当下之坤三，故曰"盈不可久"，若太上皇者也。下之坤三，屈为诸侯，故曰"悔"者也。

疏 阳居五为得中得位，进而居上则亢，故曰"盈"也。以九居上为"亢极"，以阳居阴为"失位"。上与三应，亢极故"当下之坤三"。以纳甲言之。月至十五，乾盈于甲，十六退辛，故曰"盈不可久也"。失位在上，故云"若太上皇者也"。爻位三为三公，公与侯等，且上降坤三，互震为侯，故云"屈为诸侯"。"盈不可久"，故"有悔"也。

用九。天德不可为首也。

宋衷曰："用九"，六位皆九，故曰"见群龙"。纯阳则天德也。万物之始，莫能先之，"不可为首"。先之者凶，随之者吉，故曰"无首，吉"。

疏 六爻皆九，故"用九"。六位皆取龙象，故曰"见群龙"。乾纯阳为刚，《春秋传》曰"刚为天德"，故云"则天德也"。《文言》曰"乾元用九"，"天德"即"乾元"也。"大哉乾元，万物资始"，故云"万物之始，莫能先之"。阳唱而阴和，男行而女随，此乾、坤二用之大义，所以"不可为首"也。先则过刚，故凶。随则柔以济刚，故吉。

案：乾、坤之妙，存乎二用。惟天道变化，莫测其端，故"不可为首也"。

坤 卦

【原典】

地势坤①，君子以厚德载物。

"履霜坚冰"，阴始凝也；驯致②其道③，至"坚冰"也。

"六二"之动，"直"以"方"也④；"不习无不利"，地道光也。

"含章可贞"，以时发也⑤；"或从王事"，知光大也。

"括囊无咎"，慎不害也。

"黄裳元吉"，文在中也⑥。

"龙战于野"，其道穷也。

"用六永贞"，以大终也。

【精注】

①坤：顺。②致驯：犹顺推。③道：指自然之道。④直、方：指人的行为耿直大方。⑤发：发扬，发现。⑥文：纹，文采。

【今译】

大地的气势平坦舒展，顺承天道。君子有鉴于此，效法大地，胸怀宽广，包容万物。

"当踏在寒霜之上，表明结冰的季节就要到来。"说明这是阴气开始凝结了。顺着自然规律的发展，有了霜，冰雪很快就会到来。

对于人来说，按六二的道理去行动，必然胸怀坦荡，规矩守法。"即使不加修习也不会有什么不利"，这是大地的德性发扬光大的结果。

所以说，"胸怀才华而不露，就可保持纯正"，美好的东西总会有机会展示出来。"如果辅佐君王从事政务"，将会大显身手，一展抱负。

"缄口不语，必无损失"是以此比喻为人做事要注意收敛，不张扬，谨慎行事，才不会出现灾祸。

"黄色的衣裙，最为大吉大利"，是因为黄色示中，而把有文采的内衣藏在里面，是为人谦逊的一种表现。

"阴气极盛，与阳气相战于郊外"，表明阴气已经发展到尽头。

"用六之数，利于占卜长久之吉凶"，说明为人要永远正直，就会实现远大的目标。

【集解】

《**象**》曰：**地势坤**。

王弼曰：地形不顺，其势顺。

宋衷曰：地有上下九等之差，故以形势言其性也。

疏 王注：孔疏云"地形方直，是'不顺'也。其势承天，是其'顺'也。"

愚案：《坎·象辞》曰"山川丘陵，地险也"，"不顺"甚矣。由西北而趋东南，其势则"顺"也。

宋注："地有上下九等之差"者，《汉书·叙·赞》"坤作坠势，离下九则"，刘德注"谓九州土田，上中下九等"是也。其详具于《禹贡》。性不可见故"据形势以言其性也"。

君子以厚德载物。

虞翻曰：势，力也。"君子"谓乾。阳为"德"，动在坤下。君子之德车，故"厚德载物"。《老子》曰"胜人者有力"也。

疏 《鬼谷子》曰"以阳求阴，苞以德也。以阴结阳，施以力也"。"势"训"力"者，言地以势力凝乾也。与"乾"旁通，故"君子谓乾"。乾阳积善，故"为德"。初变为震，故云"动在坤下"。《礼运》曰"天子以德为车"，故云"君子之德车"。《说卦》曰"坤为大举"，取其能载。言君子之德，法坤之厚，君子之德车，即法坤之厚以载物。《中庸》曰"博厚所以载物"，即其义也。"胜人者有力"，《老子·道经》文。引此以明地有胜人之势，故"势"训"力"也。

《象》曰：履霜坚冰，阴始凝也。驯致其道，至坚冰也。

《九家易》曰：霜者，乾之命也。坚冰者，阴功成也。谓坤初六之乾四，履乾命令而成"坚冰"也。此卦本乾，阴始消阳，起于此爻，故"履霜"也。"驯"犹"顺"也。言阳顺阴之性，成"坚冰"矣。初六始姤。姤为五月盛夏而言"坚冰"，五月阴气始生地中，言始于微霜，终至坚冰，以明渐顺至也。

疏 《五经通义》曰"寒气凝以为霜，从地升也"。《说卦》曰"乾为寒"，盖乾居西北而主立冬已后，冬至已前，故为寒。寒凝为霜，是乾气加坤，故云"霜者，乾之命也"。《韩诗外传》："冰者，穷谷阴气所聚，不泄则结为伏阴。"故云"坚冰者，阴功成也"。乾、坤旁通，初与四应，故"坤初六之乾四"。霜凝于寒，为"乾之命令"，乾为冰，驯至坚冰而阴功始成，故云"履乾命令而成坚冰也"。阴消乾阳而成坤，故云

"此卦本乾"。阴之消阳自初始，故云"阴始消阳，起于此爻"。以阴消阳，渐有阴胜之势，故曰"履霜"。《说文》："驯，马顺也。"故云"驯犹顺也"。阴消阳，阳遂顺之而成阴，故云"阳顺阴之性，成坚冰矣"。初阴为姤。"姤当五月盛夏而言坚冰"者，盖五月一阴初生，至九月阴气始凝而肃霜，十月阴道驯至而坚冰，以明渐不可长也。《系辞下》曰"其初难知"，惟圣人能见微而知著，故取象如此，以示戒焉。

《象》曰：六二之动，直以方也。

《九家易》曰：谓阳，下动应之，则直而行，布阳气于四方也。

疏 "谓阳"者，谓乾五阳直也。二动于下，应阳之直，故"直而行"。应五居中，以布阳气于四方，故曰"六二之动，直以方也"。

不习无不利，地道光也。

干宝曰：女德光于夫，士德光于国也。

疏 女躬四教，故"女德光于夫"。士该九德，故"士德光于国也"。

愚案：坤秉乾直，以成坤方，故曰"六二之动，直以方也"。地育万物，生长收成，听其自然而无所造作，阳动至二，万物化光，故曰"不习无不利，地道光也"。乾五坤二，得天地之中和，故乾九五曰"天德"，坤六二曰"地道"。坤二之乾成离，离为日，为火，为光，故曰"地道光也"。

《象》曰：含章可贞，以时发也。

崔憬曰：阳命则"发"。非时则"含"也。

疏 京房云"静为悔，发为贞"。凡《象》辞言"发"者，皆谓发得正也。《说卦》曰"发挥于刚柔而生爻"，虞训"发"为"动"。三为阳位，六阴含之，六禀阳命而动，则得其正。三动，艮为"时"。变动有时，故"以时发"。苟非其时，则"含"而不发也。

或从王事，知光大也。

干宝曰：位弥高，德弥广也。

中华藏书

周易全书·最新整理珍藏版

疏 三处下之上，上从王事，故云"位弥高"。"发于事业"故"光大"，光大故"德弥广"也。又孔疏云"'或从王事，知光大'者，释'无成有终'也。既随从王事，不敢主成物始，但奉终而行，是知虑光大，不自擅其美，唯奉于王"，义亦通也。

愚案： 三动互坎心为"知"，伏离日为"光"，坤"富有之谓大业"为"大"，故曰"知光大"也。《孟子》曰"惟知者能以小事大"，"以小事大者，畏天者也"，"畏天者保其国"，即"从王事，知光大"之义也。

《象》曰：括囊无咎，慎不害也。

虞氏曰：慎言，则无咎也。

疏 虞注《谦·象传》云"坤为鬼害"，是坤有"害"义也。四变，震善鸣为言。又互艮以止之，艮阳小为"慎"。《系辞上》曰："乱之所生也，则言语以为阶。君不密则失臣，臣不密则失身，几事不密则害成，是以君子慎密而不出也。"故云"慎言则无咎也"。

《象》曰：黄裳元吉，文在中也。

王肃曰：坤为"文"，五在中，故曰"文在中也"。

干宝曰：当总已之任，处疑僭之间，而能终元吉之福者，由文德在中也。

疏 王注："坤为文"，《说卦》文。《楚语》曰"地事文"，韦昭注云"地质柔顺，故文"。五居上中，《文言》曰"美在其中"，故曰"文在中也"。

干注：言周公、霍光以臣摄君，迹疑于僭，而终能获元吉之福者，由文德在中也。"文德"者，柔顺之德也。

《象》曰：龙战于野，其道穷也。

干宝曰：天道穷，至于阴阳相薄也。君德穷，至于攻战受诛也。柔顺穷，至于用权变矣。

疏 "天道穷，至于阴阳相薄"者，"战乎乾"是也。"君德穷，至于攻战受诛"者，会于牧野是也。"柔顺穷，至于用权变"者，揖让变为征诛是也。

案：《后汉书》朱穆奏记曰"《易经》龙战之会，其文曰'龙战于野，其道穷也'，谓阳道将胜而阴道负也"。盖"易穷则变"，阴尽阳生。阴穷于上，故云负，阳复于下，故云胜，此终亥出子之义也，

《象》曰：用六永贞，以大终也。

侯果曰：用六"妻道也，臣道也"，利在长正矣。不长正，则不能大终阳事也。

疏 "用六，妻道也，臣道也"者，用其永久也。柔不能久，故"利在长正"。阳为大，六变为阳，是用阳之大以终阳之事。所谓"地道无成而代有终也"，故曰"用六永贞，以大终也"。若不能用阳之刚，则不能长正，不能长正，则不能大终阳事矣。

愚案：乾"无首"者，循之不见其端，坤"大终"者，推之不见其委。循环迭运之道，于乾、坤二用见之矣。

屯　卦

【原典】

云雷屯，君子以经论①。

虽"盘桓"，志行正也；以贵下贱，大得民也②。

"六二"之难，乘刚也；"十年乃字"，反常也③。

"即鹿无虞"，以从禽也；"君子舍"之，"往吝"，穷也④。

"求"而"往"，明也。

"屯其膏"，施未光也。⑤

"泣血涟如"，何可长也？

【精注】

①经论：引申为治理国家。②以贵下贱：以尊贵的身份下降到贫贱的环境中去。③乘刚：乘是凌驾之义。乘刚就是柔在刚之上。这是以六二的爻位而言的。六二是阴爻，可下面的初九是阳爻，故言乘刚。④从禽：从，通作纵，放纵。禽，指鹿。古代飞禽走兽均可称禽。⑤施光：施，施展。光，光大，广大。

【今译】

云和雷在空中结合，虽未下雨，这就形成了屯卦。有地位的人有鉴于此，以雷的威严、雨的恩泽，投入到治理国家的事业中去。

虽然徘徊不前，但志向和行为端正。在困难的时刻，能把自己尊贵的身份下降到贫贱的环境中去，就可大得民心。

六二卦之所以出现困难，是因为柔盛于刚，所以女子不宜出嫁，"要待十年之后才能出嫁"，这就成了反常的现象了。

"追猎山鹿没有看林人引导"，就只有把鹿放掉。聪明人所以舍鹿不追，因为一意追逐，行进困难，必遭险恶。

"为求婚而积极地去追求"，是一种明智的举动。

"只顾自己囤积财富，而不帮助别人"，是喻其为人悭吝，无人帮助，所以他的发展前景也不大光明。

"泪水涟涟，伤心而归"，这种情况怎么可能长久呢？

【集解】

《象》曰：云雷屯。

《九家易》曰：雷雨者，兴养万物。今言"屯"者，十二月雷伏藏地中，未得动出。虽有云雨，非时长育，故言"屯"也。

疏 "雨以润之"者，坎也。惟云行则雨施，故云从雨，而坎亦为云，所谓"上坎为云"是也。《象》言"雷雨"者，以"满形"言也。《象》言"云雷"者，以屯时云在上而未成雨也。坎成雨则为雷雨解矣。震为雷，"雷以动之"则兴，"雨以润之"则养，故云"雷雨者，兴养万物"也。屯消息十二月卦也，是时雷藏地中，虽有雷雨，尚无养育之功，万物难生，故曰"云雷屯"。

君子以经论。

荀爽曰：屯难之代，万事失正。经者，常也。论者，理也。"君子以经论"，不失常道也。

姚信曰：经，纬也。时在屯难，是天地经论之日，故君子法之，须经论艰难也。

疏 荀注：当屯难之代，三阴失正，则不能成既济定，故"万事失正"矣。《书·酒诰》："经德秉哲。"孔传云"能常德持智"，故云"经者，常也"。《释名》："论，伦也，有伦理也。"故云"论者，理也"。当万物冥昧之时，君子宜法云雷之动物而经论之，则不失天地之常道也。

姚注：《天官·冢宰》："体国经野。"疏云"南北道谓之经，东西之道谓之纬"。经纬者，纵横之名。《释名》："纬，围也，反覆围绕以为经。"故云"经，纬也"。孔疏"经谓经纬，论谓纲也。以织综经纬"，皆以"经论"为经纬也。屯难在十二月之时，三动在临则成泰，在屯则成既济，泰则屯解矣。唐史征《口诀义》引李氏云："云，阴也。雷，阳也。阴阳二气，相激薄而未通感，情不相得，故难生也。君子处屯难之时，不得安然无事，经营纪理，以辅屯难。"义亦通也。

《象》曰：虽盘桓，志行正也。

荀爽曰："盘桓"者，动而退也。谓阳从二动而退居初，虽盘桓，得其正也。

疏 "动而退"者，盘桓之象也。谓坎阳从二爻动而退居于初，虽有盘桓难进之象，然所居实得其正。上应坎为"志"，震为"行"，故曰"志行正也"。

以贵下贱，大得民也。

荀爽曰：阳贵而阴贱，是从二来，是"以贵下贱"，所以得民也。

疏 "阳贵而阳贱"，《汉书·董仲舒传》文。阳贵为君，阴贱为民，阳从坎二来居于初，是"以贵下贱"也。坤为"民"，所以"得民"也。《左传·宣公十二年》曰"其君能下人，必能信用其民矣"，是其义也。初阳为"大"，故曰"大得民也"。

《象》曰：六二之难，乘刚也。

崔觐曰：下乘初九，故为之难也。

疏 屯如、邅如、班如，皆难进之象，故曰"六二之难"。以下乘初九之刚，为二之难，故曰"乘刚也"。

十年乃字，反常也。

《九家易》曰：阴出于坤，今还为坤，故曰"反常也"。阴出于坤，谓乾再索而得坎。今变成震，中有坤体，故言"有出于坤，今还于坤"。谓二从初即逆，应五顺也，去逆就顺，阴阳道正，乃能长养，故曰"十年乃字"。

疏　"阴出于坤"，谓震坎之阴，皆出于坤也。乾再索而得坎，坎二之初变震，中互体坤，是"阴出于坤，今还于坤"，故曰"反常也"。但从初为逆，应五为顺，去初之逆，就五之顺，则二阴五阳，得中得正，反归常道，乃能长养，故曰"十年乃字，反常也"。

愚案：震反生为"反"，世守为"常"。历坤十年，乃字于五，阴阳正应，故反归常道也。

《象》曰：即鹿无虞，以从禽也。

案：《白虎通》云"禽者何？鸟兽之总名，为人所禽制也"。即比卦九五爻辞"王用三驱，失前禽"，是其义也。

疏　《释鸟》："二足而羽谓之禽，四足而毛谓之兽。"此以"禽""兽"分言也。《白虎通》曰"禽，鸟兽总名，言为人禽制也"，此言"禽"以该"兽"也。比九五曰"王用三驱，失前禽"，亦言"禽"而"兽"在其中也。他如《大司马》"大兽公之，小禽私之"，"禽""兽"互言也。《大宗伯》"以禽作六挚，卿执羔，大夫执雁"，《曲礼》"猩猩能言，不离禽兽"，《月令》"戮禽祭禽"，旷禽"兽"通言也。以"无虞"而求上，是"从禽"也，非初之行正也。

案：郭京《周易举正》作"何以从禽也"，义亦通。

君子舍之，往吝穷也。

崔憬曰：见动之微，逆知无虞，则不如舍勿往，往必吝穷也。

疏　《系辞下》曰"几者，动之微"，"君子见几"，即逆知无虞。盖三与上非正应，故舍而不往，以往必吝穷也。

《象》曰：求而往，明也。

虞翻曰：之外称"往"。体离，故"明也"。

疏 "之外称往"，谓之五也。五来求四，是亲迎也，而四往焉，是往之女家也。三已变正，体离故"明"，谓明于婚礼也。

《象》曰：屯其膏，施未光也。

虞翻曰：阳陷阴中，故"未光也"。

疏 坎阳陷于阴中，阳为阴弇，故"未光"。

愚案：天施地生，五阴主施，为艮所止，故"屯其膏"。离明为"光"，伏于坎下，坎成离毁，故"未光也"。

《象》曰：泣血涟如，何可长也。

虞翻曰：谓三变时，离为目。坎为血，震为出，血流出目，故"泣血涟如"。柔乘于刚，故不可长也。

疏 上与三应，三变正时，离为目也。坎血卦为"血"，万物出震为出。血流出目，故曰"泣血涟如"。坤用六"利永贞"，柔乘刚故"永"。今柔乘刚，上无所承，故"不可长也"。

蒙 卦

【原典】

山下出泉，蒙。君子以果行育德①。

"利用刑人"，以正法也。

"子克家"，刚柔节也②。

"勿用取女"，行不顺也③。

"困蒙"之"吝"，独远实也④。

"童蒙"之"吉"，顺以巽也⑤。

"利"用"御寇"，上下顺也。

【精注】

①山下出泉：这是从蒙卦的卦象来说的。蒙卦上艮为山，下坎为水之象，泉流出山必渐汇成江河，正如"蒙稚"渐启；果：坚决。果，用作动词。"果行"犹言果决其行，含"百折不挠"之意。②刚柔节：这是以九二的爻位而言的。九二阳刚，有"子"能治家，下者为尊者师之象；六五阴柔，有尊者

下求贤师，虚心受教之象。二、五应合，故称"刚柔节"。③行不顺：这是指六三阴居阳位，下乘九二。④独远实：阳实阴虚，四独远九二，所以这样说。⑤顺以巽：巽（xùn），服从，谦逊。以，连词，犹"而"，犹言谦逊。

【今译】

如同"山下溢出泉水"，这就是蒙卦的象征。但要发掘甘泉意喻启蒙教育，就要坚持不懈地采取果断的行动去培养优秀的品德。

用树立典型的办法进行启蒙教育，是为了确立法度，以便遵循。

"儿辈已成家室"，表明阴阳配合，刚柔相济，故成家室。

"不能娶这样的女人为妻"，是因为这样的女人启蒙教育不良，行为不合常规礼仪。

处于困境之中的年幼无知的人，是因为他困居独处，离现实生活太远了。

"年幼无知的儿童之所以吉祥"，是因为他们能够恭顺地对待蒙师，容易接受教导。

发现缺点，要以御寇的手段来教育蒙昧的人，这样施教才可能使上下顺应，同心和谐。

【集解】

《象》曰：山下出泉，蒙。

虞翻曰：艮为"山"，震为"出"，坎泉流出，故"山下出泉"。

疏 "艮为山"，《说卦》文。"帝出乎震"，故"震为出"。坎为水，故为"泉"。坎泉流出于山下，故曰"山下出泉"。王氏云"山下出泉，未知所适，蒙之象也"。

案：《礼纬斗威仪》曰"君乘土而王，其政太平，则蒙水出于山"，宋均彼注云"蒙，小水也。出可为灌注，无不植也"。小水可以灌注，犹童蒙可以作圣，是其义也。

君子以果行育德。

虞翻曰："君子"谓二，艮为"果"，震为"行"。育，养也。二至上有颐养象，故"以果行育德"也。

疏　"君子谓二"，二刚中也。《说卦》曰"艮为果蓏"，故"艮为果"。又为坚多节，《传》曰"致果为毅"，亦取其坚也。震作足为"行"。"育，养也"，《释诂》文。蒙似颐体，故象养。"果行育德"，所以养正也。

《象》曰：利用刑人，以正法也。

虞翻曰：坎为"法"，初发之正，故"正法"也。

干宝曰：初六戊寅，平明之时，天光始照，故曰"发蒙"。此成王始觉周公至诚之象也。坎为法律，寅为贞廉，以贞用刑，故"利用刑人"矣，此成王将正四国之象也。说，解也。正四国之罪，宜释周公之党，故曰"用说桎梏"。既感《金滕》之文，追恨昭德之晚，故曰"以往吝"。初二失位，吝之由也。

疏　虞注：《九家·说卦》曰"坎为律"。《尔雅·释言》曰"坎，律铨也"，樊光彼注云"坎卦水，水性平，律亦平，铨亦平"也。坎为水，故古刑法议灋之字皆从水，法律同义，法平如水，故云"坎为法"。初阴失位，发动得正，故曰"以正法也"。

干注：此《火珠林》法也。蒙内体坎，坎初纳戊寅，故云"初六戊寅"也。《说文》注云"寅，东方之神"，《祭义》曰"日出于东"，是日出寅方，正"平明之时"。天光始照，万物皆见，昧者悉明，故曰"发蒙"。《书·金滕》："王执书以泣曰，其勿穆卜。昔公勤劳于王家，惟予冲人弗及知，今天动威以彰周公之德。"与"发蒙"之义相符，故云"此成王始觉周公至诚之象也"。"坎为法律"，释已见上。"寅为贞廉"者，《前汉书·翼奉传》曰"南方之情恶也，恶行廉贞，寅午主之"，孟康彼注云"南方火，火生于寅，盛于午。火性炎猛无所容受，故为廉贞"，奉又曰"情得公正贞廉"，张晏彼注云"戌为公正，寅午为贞廉"，是其义也。《传》与注并前作"廉贞"，后作"贞廉"。今术家作"廉贞"，此注作"贞廉"，文异义同也。贞，正也，以正用刑，故"利用刑人"。《金滕》

中華藏書

周易全书

·最新整理珍藏版

中国书房

五三六

曰"周公居东二年，则罪人斯得"，与"以贞用刑"之象相符，故云"此成王将正四国之象也"。《说文》"解，挩也"，挩亦作说，通作脱，故云"说，解也"。"正四国之罪"者，正四国流言之罪。"释周公之党"者，释周公辟东之党，与"用说桎梏"之意相符，故云"用说桎梏"。"既感《金縢》之文"者，《书·金縢》"王与大夫尽弁，以启金縢之书，乃得周公所自以为功，代武王之说"是也。"追恨昭德之晚"者，即"昔公勤劳王家，惟予冲人弗及知"是也。已往多咎，故曰"以往吝"。初阴二阳，皆失正位，致吝之由也。

《象》曰：子克家，刚柔接也。

虞翻曰：坤为"包"，应五据初，初与三四同体，包养四阴，故"包蒙吉"。震刚为夫，伏巽为"妇"，二以刚接柔，故"纳妇吉"。二称"家"，震长子，主器者，纳妇成初，故有"子克家"也。

疏 "包"从勹从巳，《说文》"包，象人怀妊，巳在其中，象子未成形也"。二变成坤，《说卦》曰"坤为母为腹"。巳为母腹包藏，故"坤为包"。二上应五，下据初，初与三四同为阴体。二本刚中，过刚则无包涵之量，变阴济阳，故能"包养四阴"，是宽柔以教，而获"包蒙之吉"也。震刚长男为夫，伏巽长女为"妇"，盖蒙旁通革，革坤成乾，二巽姤下，由蒙二接之，故九二有伏巽为震妇也。二以震刚接巽柔，故"纳妇吉"也。"二称家"者，《乾凿度》曰"二为大夫"，郑注《礼记》云"大夫称家"，又在内，《杂卦》曰"家人，内也"，故知"二称家"。震为长子，主器者也。"纳妇成初"者，谓初已发，成阳之正，二伏巽出，成阴得正，使初成震为子，故曰"子克家"。"《象》曰刚柔接也"者，明二纳巽初，乃成震也。

《象》曰：勿用娶女，行不顺也。

虞翻曰：失位乘刚，故"行不顺"也。

疏 六居三阳为"失位"，三乘二阳为"乘刚"。震为"行"，坤为"顺"。三逆从二，行不应上，故曰"行不顺”也。

《象》曰：困蒙之吝，独远实也。

王弼曰：阳称“实”也。独远于阳，处两阴之中，暗莫之发，故曰“困蒙”也。困于蒙昧，不能比贤以发其志，亦鄙矣，故曰“吝”。

疏 阳实阴虚，故“阳称实也”。阳实谓二，有刚中之德。四独远之，处于三五两阴之间，又初无正应，故“暗莫之发”，所以为“困蒙”也。困于蒙昧之中，不能比于二贤，以发动其志，鄙吝之甚也。《论语》曰“困而不学，民斯为下矣”，是其义也。又艮伏兑，兑上坎下，其体为困，故曰“困蒙”。柔之为道，不利远者，四独远阳，故困也。

《象》曰：童蒙之吉，顺以巽也。

荀爽曰：顺于上，巽于二，有似成王任用周召也。

疏 互坤为顺以承上，故曰“顺于上”。变而为巽以应二，故曰“巽于二”。五艮以童稚之年，居于尊位，委任于二，君师于臣，反蒙为圣，故曰“有似成王任用周召也”。

《象》曰：利用御寇，上下顺也。

虞翻曰：自上御下，故“顺”也。

疏 自上御下，中历坤顺，故曰“上下顺也”。

需　卦

【原典】

云上于天，需。君子以饮食宴乐。①

“需于郊”，不犯难行也；“利用恒无咎”，未失常也。②

“需于沙”，衍在中也；虽“小有言”，以“终”“吉”也。③

“需于泥”，灾在外也；自我“致寇”，敬慎不败也。④

“需于血”，顺以听也。⑤

“酒食贞吉”，以中正也。⑥

“不速之客来，敬之终吉”，虽不当位，未大失也。⑦

【精注】

①云上于天，需：需卦上卦为坎，坎为云，云生雨，雨即水；下卦为乾，乾为天。云集于天，待时降雨，所以坎、乾为"需"。宴乐：安乐。②未失常：未曾违背常理。③衍在中：此句是说九二爻阳刚居中，犹如水流在河中漫延，不可躁进。衍，漫延。④灾在外：指九三爻尚有险难在身外。⑤顺以听："听"与"顺"义近互文。此句是说六四爻柔，能顺而听命以上行。⑥中正：指九五爻阳爻居于阳位而居中处正。⑦位不当：上六爻阴爻居阴位，本当其位，但由于已经上达极顶，遂致进退无路，使之虽居于最高位，却等于无位，所以称"位不当"。

【今译】

阴云聚于高天而待时降雨，象征"等待"。君子观此卦象和卦名，饮食颐养身体，安乐陶冶性情，以等待时机积蓄力量。

"在郊野中等待"，表明不向险难之地贸然前行；"宜于持之以恒，不会有什么灾祸"，是由于这样没有违背常理。

"在沙滩上等待"，是由于水流在沙滩中漫延，不可躁急轻进；尽管"略有口舌是非"，但是持之以恒也能获得"吉祥"。

"在泥泞中等待"，是由于尚有灾祸在身外；自己不小心"招致贼寇到来"，就会自取其咎，表明处于此时此地要处处小心谨慎才能避开危险。

"在血泊中等待"，是说应当顺处静候，听命于时势的安排。

"在酒食宴享中等待，占问会获吉祥"，是由于居中得正。

"不速之客来访，对他们恭敬热情地招待，最终将获吉祥"，表明尽管处位不当，却不一定会遭受重大损失。

【集解】

《象》曰："云上于天，需。"

宋衷曰："云上于天"，须时而降也。

疏 上坎为"云"，乾为"天"，六四曰"出于穴"，是"云上于天"之象也。上六"入于穴"，是待时而降为雨也。

君子以饮食宴乐。

虞翻曰："君子"谓乾。坎水兑口。水流入口为"饮"，二失位变，体噬嗑为"食"，故以"饮食"。阳在内称"宴"。大壮震为"乐"，故"宴乐"也。

疏 "君子谓乾"者，乾阳为"君子"也。外坎为水，互兑为口，水流人口，饮象也，故曰"饮"。二失位，变之正，初至五体象噬嗑，《杂卦》曰"噬嗑，食也"，故曰"食"。于文日在安内称"宴"，故云"阳在内称宴"，今乾阳在内，故曰"宴"也。卦自"大壮"来，"大壮"震阳，和阳象春，故知"震为乐"。天须云降为雨以养物，人需饮食宴乐以养身，故曰"云上于天，需，君子以饮食宴乐"。

《象》曰：**需于郊，不犯难行也。利用恒无咎，未失常也**。

王弼曰：居需之时，最远于险；能抑其进，"不犯难行"；虽不应几，可以保常，故"无咎"。

疏 需初最远于难，"需于郊"，是"能抑其进，不犯难而行也"。虽非应几，亦可保常，故"无咎"。

愚案：坎之难在五，初需于四而不进，是"不犯难行也"。初变失位是失常，宜有咎，然上居于四为得位，是未失常道，故"无咎"。《说文》："恒，常也。"故《经》言"恒"，《传》言"常"也。

《象》曰：**需于沙，衍在中也**。

虞翻曰：衍，流也，"中"谓五也。

荀爽曰：二应于五，水中之刚，故曰"沙"。知前有沙漠，而不进也。体乾处和，美德优衍在中而不进也。

疏 虞注：《说文》："衍，水朝宗于海也。从水从行。"故云"衍，流也"。二与五应，故"中谓五也"。谓五有中德，流泽于二也。

愚案：《穆天子传》："天子乃遂东征，南绝沙衍。"水中有沙者曰"沙衍"。"需于沙"者，以沙衍在五中也。

荀注：二与五应，坎五在中，其刚象沙，故曰"沙"。"需于沙"者，"知前有沙漠而不进也"。内体为乾，处中为"和"，是"美德优衍在中"，不进之象也。"优衍"与"游衍"同。《诗·大雅》："昊天曰旦，及尔游衍。"游衍，自恣之意也。

虽小有言，以吉终也。

荀爽曰："二与四同功"，而三据之，故"小有言"。乾虽在下，终当升上，二当居五，故"终吉"也。

疏 "二与四同功"，《系辞下》文，韩彼注云"同阴功也"。四兑为口舌而三据其间，四阴称"小"，故"小有言"。"乾虽在下，终当升上"者，阳主升也。二虽得中，其位不正，升居于五，则中且正矣，故"终吉"也。

《象》曰：需于泥，灾在外也。

崔憬曰：泥，近乎外者也。三逼于坎，坎为险盗，故"致寇至"，是"灾在外也"。

疏 "泥"在外卦而近乎三者也。三与坎逼，坎为险，又为盗，故有"致寇至"之象。又虞义坎为"灾"，坎在外，故曰"灾在外也"。

自我致寇，敬慎不败也。

虞翻曰：离为戎，乾为敬。阴消至五遯，臣将杀君，四上壮坤，故"敬慎不败"。

疏 《释文》："郑本、王肃本'寇'作'戎'。"虞云"离为戎"，知虞本亦作"戎"也。《说卦》："离为甲冑、为戈兵。"故"为戎"。乾阳刚之德且惕厉，故"为敬"。"阴消至五遯，臣将杀君"者，消息之卦，遯反大壮，大壮乾四失位，为阴所伤，遂进不需，则阴消至五而反遯，故有臣杀君之象也。"四上壮坤"者，四上之五，折坤为坎，"壮于大舆之腹"，则不反遯也。三居乾上，即乾三"君子终日乾乾，夕惕若，厉，无咎"，故"敬慎不败也"。

《象》曰：需于血，顺以听也。

王弼曰：穴者，阴之路也。四处坎始，居穴者也。九三刚进，四不能距，见侵则避，顺以听命也。

《九家易》曰：云欲升天，须时当降，顺以听五，五为

中華藏書

周易全书·最新整理珍藏版

中国书店

天也。

疏　王注：孔疏："凡孔穴穿道，皆是幽隐，故云'阴之路也'。"又云"处坎之始，是穴居者也。三来逼已，四不能距，故出此所居之穴以避之，但顺以听命而得免咎也，故《象》曰'需于血'，顺以听命也"。

《九家》注：云"出自穴"，已有升天之势，须时即降，当有为雨之期。然"需于血"，则柔顺而听命于五，升不遽升也。"五为天"者，五为天位也。乾入坤成坎。顺者，坤之阴也。听者，坎为耳也。

《象》曰：酒食贞吉，以中正也。

《九家易》曰：谓乾二当升五，正位者也。

虞氏曰：沈湎则凶，中正则吉也。

疏　《九家》注：二应五，故升居于五。五惟中正，故二变应之也。

虞注：《书·泰誓》"沈湎冒色"，"沈湎"谓溺于酒也。溺于酒则凶，得乎中正则吉也。

《象》曰：不速之客来，敬之终吉。虽不当位，未大失也。

荀爽曰：上降居三，"虽不当位"，承阳有实，故"终吉"，无"大失矣"。

疏　"上降居三"。是阴居阳也，故"不当位"。然上之三，则三亦之上矣。九之上，六承之，是能敬上者也。阳实阴虚，故云"承阳有实"。不当位宜有失，承阳能敬，则无大失矣。《论语》曰"君子敬而无失"，是其义也。

讼　卦

【原典】

天与水违行，讼。君子以作事谋始。①

"不永所事"，讼不可长也；虽"小有言"，其辩明也。

"不克讼"，归逋窜也；自下讼上，患至掇也。②

"食旧德"，从上"吉"也。③

中华藏书

周易全书·最新整理珍藏版

"复即命，渝"，"安贞吉"，不失也。

"讼元吉"，以中正也。

以讼受服，亦不足敬也。④

【精注】

①天与水违行，讼：讼卦上卦为乾，乾为天；下卦为坎，坎为水。②窒：伏窒，躲藏。自下讼上，患至掇：下，指九二爻；上，指九五爻。此二爻不相应，所以有争讼之象。患至掇，指九二爻"患至"是咎由自取。掇，拾，这里引申为"自取"。③从上：指六二爻阴柔承乾卦阳刚。④以：因。

【今译】

天向西转，水往东流，二者相互背道而行，象征人们由于意见不合而引起争讼。君子观此卦象和卦名，悟出做事应当预谋其初，以杜绝引起争讼的源头。

"不为争斗之事纠缠不休"，是说争斗不可长久持续下去；尽管"略有口舌是非"，但是通过摆事实，讲道理最终可以明辨是非。

"争讼失利，返回以后就应当逃避"，这是为了躲藏起来；卑下者与尊上者争斗，祸患临头完全是咎由自取。

"安享旧日俸禄"，表明只有顺从尊上就可获吉祥。

"回心归于正理，改变争讼的初衷"，"安守正道"，就没有什么损失了。

"审断争讼得到公正的判决，大吉大利"，是由于尊上者断案持中守正。

此爻表明因争讼而得到赏赐，并没有什么值得尊敬的。

【集解】

《象》曰：天与水违行，讼。

荀爽曰：天自西转，水自东流，上下违行，成讼之象也。

疏 王充《论衡》曰"天门在西北"，又"日月星辰随天而西移行迟天耳"，故云"天自西转"。孙卿子曰"孔子见大水必观焉，曰'发源必东似志'"，故云"水自东流"。上乾下坎，东西违行，犹人彼此乖违，故云"成讼之象也"。

君子以作事谋始。

虞翻曰："君子"谓乾三。来变坤为"作事"，坎为"谋"，"乾知大始"，故以"作事谋始"。

干宝曰：省民之情，以制作也。武王故先观兵孟津，盖以卜天下之心，故曰"作事谋始"也。

疏 虞注："君子谓乾三"者，遯不消否，而三阳之二成讼，盖艮三自乾来也。"来变坤为作事"者，变遯成坤，坤为事，故"以作事"。"坎为谋"者，《洪范》谋属水，坎为水，又为心，故"为谋"。"乾知大始"，《系辞下》文。"故以作事谋始"者，始以乾健与坎险违行，所以有讼。若以坎之险变而为"谋"，乾之健变而知"始"，则由西而北，乾坎顺行，故"作事谋始"，则讼端自绝。坎则止之于中亦吉，若成之于终则凶矣。

干注：察民情之向背，以定制作，言慎始也。复引武王之事以明之者，即大刑用甲兵之意也。武王将伐商纣，先观兵于孟津，以卜天下之心，诸侯不期而会者八百国，然后陈师牧野，是"作事谋始"之大者也。

《象》曰：不永所事，讼不可长也。虽小有言，其辩明也。

卢氏曰：初欲应四，而二据之，暂争，事不至永。虽有小讼，讼必辩明，故"终吉"。

疏 初与四为正应，而二据之，与四暂争，事不至永，故曰"讼不可长也"。坤初曰"由辩之不早辩也"，虽小有讼，初变兑口能辩，四互离为"明"，故曰"其辩明也"。辩之早且明，故"终吉"矣。

《象》曰：不克讼，归逋窜也。

荀爽曰：三不克讼，故逋而归。坤称"邑"，二者，邑中之阳人。逋，逃也，谓逃失邑中之阳人。

疏 三失位，故"不克讼，逋而归"也。坤为地，故称"邑"。乾阳为人，二坎阳自乾来，故为"邑中之阳人"。《泰誓》："多罪逋逃。"《左传·文公六年》："董逋逃。"皆"逋逃"连文，故云"逋，逃也"。变坤成阴，则"逃失邑中之阳人"矣，故曰"归逋窜也"。

中華藏書 第一部 周易原典 中国书房

自下讼上，患至掇也。

荀爽曰：下与上争，即取患害，如拾掇小物而不失也。坤有三爻，故云"三百户，无眚"。二者，下体之君。君不争，则百姓无害也。

疏　以下讼上，尊卑失序，其取患害，如掇小物，言至易也。"坤有三爻，故云三百户"者，坤为"邑"，且为"户"也。二主下体，主不争于上，则邑民不争于下也。

《象》曰：食旧德，从上吉也。

侯果曰：虽失其位，专心应上，故能保全旧恩，"食旧德"者也。处两刚之间，而皆近不相得，乘二负四，正之危也。刚不能侵，故"终吉"也。

疏　以阴居阳，三虽失位，然与上为正应，专心从上，故"能保全旧恩而食旧德也"。处二四两刚之间，位相逼而不相投，下乘上负，势亦危矣。然正应于上，故云"正之危也"。上有正应，二四两刚，自不能侵，故"终吉"也。

《象》曰：复即命渝。安贞吉。不失也。

侯果曰：初既辩明，四讼妄也。讼既不克，当反就前理，变其诏命，则安静贞吉，而不失初也。

疏　四与初讼，初既辩明，则知四之讼为妄也。既不克讼，即当反就未讼之理，变其已讼之命，所以安静贞吉，而与初不相失也。且变而得位，亦不失乎正也。《说文》："诏，告也。"《左传·成公二年》："栾伯曰：'燮之诏也，书何力之有焉。'"，杜注云"告也"。盖诏者，上下通用之辞，故讼亦称"诏命"也。

《象》曰：讼元吉，以中正也。

王肃曰：以中正之德，齐乖争之俗，"元吉"者也。

王弼曰：处得尊位，为讼之主。用其中正，以断枉直，"中"则不过，"正"则不邪，刚则无所溺，公则无所偏，故"讼，元吉"。

疏　王注：上下五爻皆不得位，惟九五既中且正，故以九五中正之德，齐上下乖争之俗，是以"元吉"也。

王注：以九处五，是得尊位，而为听讼之主者也。用其中正之德，以断枉直之情，"中"则无过差，"正"则无邪曲。复言"刚"与"公"者，九为阳刚，与六二言中正得殊也，故云"刚则不溺"也。《史记·吕后纪》"未敢讼言诛之"，注云"讼，公也"，盖于公文言为"讼"，知听讼贵公也，故云"公则不偏"。有是四德，故"讼元吉"也。

《象》曰：以讼受服，亦不足敬也。

虞翻曰："谓鞶带"。终朝见抢，乾象毁坏，故"不足敬"。

《九家易》曰：初二三四皆不正，以不正相讼，而得其服，故"不足敬也"。

疏 虞注：鞶带，所以饰服者也，故"服谓鞶带"。"以讼受服"，终朝见抢，以好讼不足敬也。上变为兑，兑为毁折，乾为"敬"。乾象毁，故不足敬。

《九家》注：初二、三、四与上，皆不正也，以不正相讼，而上独受服，何足敬乎。

师 卦

【原典】

地中有水，师。君子以容民畜众。①

"师出以律"，失律凶也。

"在师中吉"，承天宠也；"王三锡命"，怀万邦也。②

"师或舆尸"，大无功也。

"左次无咎"，未失常也。

"长子帅师"，以中行也；"弟子舆尸"，使不当也。

"大君有命"，以正功也；"小人勿用"，必乱邦也。③

【精注】

①地中有水，师：师卦上卦为坤，坤为地；下卦为坎，坎为水，所以称"师"为"地中有水"。师，众的意思。古人认为

地中最"众"之物为水，所以用"水"解释师卦卦义。②承天宠：指九二爻与六五爻有应。天，指六五爻。③正：定，评定。

【今译】

大地之中蕴藏着丰富的水源，象征军队；君子观此卦象和卦名，便广泛地招见人才蓄养民众。

"军队出征，必须要有严明的纪律"，因为军纪败坏必有凶险。

"统率军队出征打仗，持守中道而不偏不倚，可获吉祥"，是因为这样可以受到君王的宠爱；"君王多次颁布诏命，奖赏其功"，说明君王怀有治国平天下的宏大志向。

"士兵时而用大车载运尸体归来"，说明不能知己知彼，结果战败，也就没有任何功绩可言了。

"军队驻扎在左方准备随时撤退，可以免遭灾祸"，因为这样做没有违背用兵的通常之道。

"长子率师征战"，表明做事居中不偏；"次子用大车载尸而归"，这是因为用人失策。

"天子颁布诏命"，是为了论功行赏；"不要重用小人"，因为一旦如此必将使国家陷入战乱之中。

【集解】

《象》曰：地中有水，师。

陆绩曰：坎在坤内，故曰"地中有水"。"师"，众也。坤中众者，莫过于水。

疏　坎为水，坤为地，坎之一阳，本在坤中，又居坤内，是"地中有水"之象也。"师，众也"，《彖传》文。《说卦》曰"坤为众"。《晋语》曰"坎，水也，众也"，是坎亦为众也。《玄中记》曰"天下之多者水焉，浮天载地，高下无不至，万物无不润"，故云"坤中众者，莫过于水"。

愚案：坤之众，以散为众者也。水之众，以聚为众者也。水聚于地中而为众，犹兵众于民中而为师。此"地中有水"，所以取象于"师"也。

君子以容民畜众。

虞翻曰："君子"谓二。"容，宽也"。坤为"民众"，又畜养也。阳在二，"宽以居之"，五变"执言"时，有颐养象，故"以容民畜众"矣。

疏 "君子谓二"者，以二阳为卦主也。"容，宽也"，《洪范·五行传》文。"坤为民众"者，《说卦》曰"坤为众"，虞彼注云"物三称群，阴为民，三阴相随，故为众"，即"为民众"之义也。"又畜养也"者，《诗·日月》曰"畜我不卒"，毛传"畜，养也"。《说卦》曰"坤也者，地也，万物皆致养焉"，故坤又为"畜养"也。"阳在二，宽以居之"者，谓乾九二也，坎之二自乾来，故"容"训为"宽"，与乾二同物也。"五变执言时，有颐象"者，五已变，二至五有颐象，《序卦》曰"颐者，养也"是也。"故以容民畜众矣"者，坤虽有畜象，既为民众，不得又取养，故"容畜"有取于五体颐，以颐有养义也。

愚案：全体为坤，二变坎为师。坤广故"容"，养故"畜"。外坤阴为"民"，内坎水为"众"，故为师。民则宽以养之，众则聚以畜之。《周礼·地官》大司徒之职"以保息六养万民，以本俗六安万民"，是"容民"也。小司徒之职，"乃会万民之卒伍而用之，五人为伍，五伍为两，五两为卒，五卒为旅，五旅为师，五师为军"，是"畜众"也。而皆属《地官》者，以坤为地也。又《春官·大宗伯》："以军礼同邦国，大师之礼用众也，大均之礼恤众也，大田之礼简众也，大役之礼任众也，大封之礼合众也。"故知"众"即为"师"，而用众、恤众、简众、任众、合众者，即"畜众"之义也。

《象》曰：师出以律，失律凶也。

案：初六以阴居阳，履失其位。位既匪正，虽令不从。以斯行师，失律者也。凡者率师，出必以律，若不以律，虽臧亦凶，故曰"师出以律，失律凶也"。

《九家易》曰：坎为法律也。

疏 案：阴居阳位非正，虽有号令，众必不从，是"行师而失律者也"。初居师首，承二互震为"出"，言"师出以律"，则慎终于始，何凶之有。今阴柔失位，不能以律则为

中華藏書

周易全书·最新整理珍藏版

中国书房

"否"，否则虽臧亦凶。

《象》言"失律"，谓失位也。《释诂》："臧，善也。"《宣十二年·左传》说此爻云"执事顺成为臧，逆为否"。初失位，故"否臧凶"也。

《九家》注：《九家·说卦》曰"坎为律"，故云"坎为法律也"。

古者律度量衡之法，皆起于黄钟之九寸。黄钟，坎位也。《释言》曰"坎，律铨也"，然则以坎为律者，乐律也，非法律也。《周礼·太师》"执同律，以听军声而诏吉凶"，又"若师有功，则左执律，右秉钺，以先恺乐"，是古者出师，皆执律以从。《左传》称师旷知南风之不竞，《吴越春秋》载大夫皋如之言曰"审声则可以战"，皆其道法。逮后《史记·律书》，独拳拳于兵械，而《索隐》即援《易》文"师出以律"释之，得其旨矣。《律书》曰："六律为万事根本，其于兵械，尤所重焉。故云望敌知吉凶，闻声效胜负，百王不易之道也。

武王伐纣，吹律听声，推孟春以至于季冬，杀气相并，而音尚宫，同声相从，物之自然也。"又《兵书》云："太师吹律，合商则战胜，军士强。角则军扰，多变失志。宫则军和，士卒同心。征则将急数怒，军士劳。习则兵弱少威。"此皆"师出以律"之明证也。

王三锡命，怀万邦也。

荀爽曰："王谓二也。三者，阳德成也。德纯道盛，故能上居王位而行锡命，群阴归之，故曰'王三锡命，怀万邦也'。"

案：二互体震，震木数三，"王三锡命"之象。《周礼》云"一命受职，再命受服，三命受位"，是其义也。

疏 荀注：二当升五，故"王谓二也"。《春秋元命苞》曰"阳成于三"，故云"三者，阳德成也"。"德纯道盛"，谓有中和之德也。上居王位而行锡命，故曰"王三锡命"。坤土为"邦"，坤众为"万"，坎心为"怀"，群阴归之，故曰"怀万邦也"。《乾凿度》说此爻云"师者，众也。言有盛德，行中和，顺民心，天下归往之，莫不美命为王也。行师以除民害，锡命以长世，德之盛"，是其义也。

案：二阳互震，震，东方木也，"天三生木"，木数为三，故曰"三锡"。《周礼·春官·大宗伯》："以九仪之命，正邦国之位。壹命受职，再命受服，三命受位。"郑注"王之下士，与公、侯、伯之士，子、男之大夫，皆一命受职，谓始受职事。王之中士，与公、侯伯之大夫，子、男之卿，皆再命受服，谓元冕之服。王之上士，与公、侯、伯之卿，皆三命受位，谓王乾之位"，此"王三锡命"之义也。

愚案：旁通同人，同人乾为天，承天命而在师中，故曰"承天宠也"。全体坤，坤为万邦，以众正而受锡命，故曰"怀万邦也"。

《象》曰：师或舆尸，大无功也。

虞氏曰：失位乘刚，内外无应，以此帅师必大败，故有"舆尸"之凶，功业大丧也。

疏 失位乘刚，内外无应。三无上应，则为"小人"。三丧五功，则为"弟子"。以小人而用师，师必大败。以弟子而从师，师必"舆尸"。五多功，三多凶，三失位乘刚无应，而五"使不当"，功业大丧，故"大无功也"。

《象》曰：左次无咎，未失常也。

崔觐曰：偏将军居左。"左次"，常备师也。师顺用柔，与险无应，进取不可，次舍无咎，得位故也。

疏 《少仪》曰"军尚左"，故古者"偏将军居左"。"师左次"者，常备不虞也。"师顺用柔"者，四居坤初也。"与险无应"者，与坎初无正应也。"进取不可"者，以己柔顺，才难克敌，而又无正应，故不敢轻进也。"次舍无咎，得位故也"者，阴居四为"得位"，次舍于左，观变以为进退，故无咎也。

案：震世守为常，故曰"未失常也"。

《象》曰：长子帅师，以中行也。

荀爽曰："长子"谓九二也。五处中应二，二受任帅师，当上升五。故曰"长子帅师，以中行也"。

疏 "长子"谓九二震也。五得中，而与二为正应，二受五命帅师，阳当升五，震又为"行"，故曰"长子帅师，以中行也"。

弟子舆尸，使不当也。

宋衷曰："弟子"谓六三也。失位乘阳，处非所据，众不听从，师人分北，或败绩死亡，舆尸而还，故曰"弟子舆尸"，谓使不当其职也。

疏 "弟子谓六三"者，三在坎也。三失正位，下乘二阳，处非所据，不能统领群阴，故坤众皆不听命，以致师人分北，败绩死亡，而有舆尸之凶。然弟子舆尸，咎在六三，而使不当职，则凶在六五也。

《象》曰：大君有命，以正功也。

虞翻曰：谓"五多功"。五动正位，故"正功也"。干宝曰：汤武之事。

疏 虞注："五多功"，《系辞下》文。五动成阳得正，故曰"正功"。

愚案：三阴失位，故无功。上阴得正，故"正功"。

干注：汤、武皆以征诛而有天下，故云"汤、武之事"。如《诗·商颂》"帝命武汤，正域彼四方"，是汤之事也。《周颂》"嗣武受之，胜殷遏刘，耆定尔功"，是武之事也。

小人勿用，必乱邦也。

虞翻曰：坤反君道，故"乱邦也"。

干宝曰：楚灵、齐闵，穷兵之祸也。

疏 虞注：复上六《象》曰"迷复之凶，反君道也"，故曰"乱邦"。

干注：《左传·昭公十二年》"楚子使荡侯潘子、司马督嚣尹午、陵尹喜帅师围徐以惧吴，次于乾溪，以为之援"，十三年"楚公子比、公子黑肱、公子弃疾、蔓成然蔡朝吴师陈蔡不羹许叶之师，因四族之徒以入楚。公子弃疾为司马，先除王宫，使观从从师于乾溪而遂告之。师及訾梁而溃。夏五月癸亥，王缢于芊尹申亥氏"，此楚灵王穷兵之祸也。《战国策·齐策》："负郭之民有狐咺者正议，闵王斮之檀衢，百姓不附。

齐孙室子陈举直言，杀之东闾，宗室离心。司马穰苴，为政者也，杀之，大臣不亲。以故燕举兵，使昌国君将而击之，齐使向子将而应之。齐军破，王奔吕，淖齿数之，于是杀闵王于鼓里。"此齐闵王穷兵之祸也。

愚案：五用二，故多功。"正功"者，正二五之功也。坤为"邦"。乱坤邦者三，故勿用以防乱也。

比 卦

【原典】

地上有水，比。先王以建万国，亲诸侯①。

比之"初六"，有它吉也②。

"比之自内"，不自失也。

"比之匪人"，不亦伤乎③！

外比于贤，以从上也。

显比之吉，位正中也。舍逆取顺，失前禽也。邑人不诫，上使中也。④

比之无首，无所终也⑤。

【精注】

①"地上有水"句，揭示比卦下坤为地、上坎为水之象，谓水居地面正为"亲比"之象征，推阐出先王效法此象，建国封侯以相亲比的道理。②"比之初六，有它吉也"，为《比》卦初六爻的《小象传》。解说比初六爻辞"有它，吉"之义。③"比之匪人"句，解说比六三爻辞"比之匪人"的象征内涵。④"显比之吉，位正中也；舍逆取顺，失前禽也；邑人不诫，上使中也"，为《比》卦九五爻的《小象传》。以解说九五爻辞"显比，王用三驱，失前禽，邑人不诫"的象征内涵。⑤"比之无首，无所终也"，为比卦上六爻的《小象传》。以解说比上六爻辞"比之无首"的象征内涵。

【今译】

地上的水与地亲密无间，象征亲密团结、相互依存；先王因此而封邦建各国，并亲近诸侯。

中華藏書

第一部 周易原典

中国书店

五五一

《比》卦的初六爻，说明九五广应于他方必获吉祥。

从内部亲密比辅于君主，说明六二不曾自失正道。

亲密比辅于行为不正当的人，岂不是可悲的事？

在外亲密比辅于贤君，六四顺从于尊上。

光明无私地与众人亲比而获吉祥，九五居中而刚正；田猎时舍弃违逆者取其顺从者，正如听任前方的禽兽走失；属于邑人也不相警备，这是君上使下属保持适中之道。

和众人亲密团结、互相依存但自己却不处于领导地位，将会有凶险。

【集解】

《象》曰：地上有水，比。

何晏曰：水性润下，今在地上，更相浸润，比之义也。

疏 《洪范》："水曰润下。"水有顺下之性，今行于地上，渐相浸润，雨以润之，即坤以藏之，比之象也。

先王以建万国，亲诸侯。

虞翻曰："先王"谓五。初阳已复。震为"建"、为"诸侯"，坤为"万国"、为腹，坎为心，腹心亲比，故"以建万国，亲诸侯"。《诗》曰"公侯腹心"，是其义也。

疏 五为天子，乾灭坤中，故曰"先王"。比之一阳自复来，故云"初阳已复"。初刚难拔，故云"震为建"。震长子主器，故"为诸侯"。地有九州，故"坤为万国"。《说卦》谓"坤为腹"，"坎为心"。心在上，腹在下，是腹心亲比之象。故曰"先王以建万国，亲诸侯"。"公侯腹心"，《诗·周南》文，合坎心坤腹之义，故引以明诸侯亲比之意。

案：比于消息为四月，九卿值月之卦，内为卿，即外为侯也。建国亲侯在四月者，《明堂·月令》曰"立夏之日，天子亲帅三公、九卿、大夫，以迎夏于南郊。还反，赏封诸侯"，《白虎通》曰"封诸侯以夏何？阳气盛养，故封诸侯，盛养贤也"，《左传·襄公二十六年》曰"赏以春夏"，是庆赏封建皆在于夏。故建国亲侯，有取于比也。

《象》曰：比之初六，有它吉也。

荀爽曰：缶者应内，以喻中国。孚既盈满中国，终来及初，非应，故曰"它"也。《象》云"有它吉"者，谓信及非应，然后吉也。

疏 "应内"谓二，"比之自内"也。坤土为国，"缶"为土器，故"以喻中国"也。九五之信，既已及二，盈满中国，初六在二外，不与五应，而五之诚信，足以及乎殊俗，故云"终来及初"。《谷梁传·庄公二十七年》："来者，接内也。"五来初，故称"终来"。初正应四而远应五，故云"非应"，《子夏传》"非应称它"是也。《后汉书·鲁恭传》："和帝初立，议遣车骑将军窦宪击匈奴。恭上疏谏曰：'人道父于下，则阴阳和于上，祥风时雨，覆初远方，夷狄重译而至矣。《易》曰有孚盈缶，终来有它，吉。言甘雨满我之缶，诚来自有它吉矣。'"故云"信及非应，然后吉也"。

《象》曰：比之自内，不自失也。

崔憬曰：自内而比，不失己亲也。

疏 自内而比于五，不失己可亲之人也。《论语》曰"因不失其亲，亦可宗也"，是其义也。又二比自内，得中得正，内不失己者也。坤身为自，故曰"不自失也"。

《象》曰：比之匪人，不亦伤乎。

干宝曰：六三乙卯，坤之鬼吏，在比之家，有土之君也。周为木德，卯为木辰，同姓之国也。爻失其位，辰体阴贼，管蔡之象也。比建万国，唯去此人，故曰"比之匪人"，不亦伤王政也。

疏 坤六三纳乙卯，木干也。比者，坤宫归魂卦，坤为土，土以木为官，木克土，故云"坤之鬼吏"。此《火珠林》法也。鬼吏，故称"匪人"。坤为土，坤在比家，故为"有土之君"。《家语》："周以木德王。"故云"周为木德"。孟康云"木生于亥，盛于卯"，故云"卯为木辰"。木德木辰，故云"同姓之国"。三阴失位，故云"爻失其位"。卯主东方，《翼奉传》曰"东方之情怒也，怒行阴贼"，孟康云"木性受水气

中華藏書

周易全书·最新整理珍藏版

中国书店

五五四

中国书店

而生，贯地而出，以阴气贼害土，故云阴贼"。木辰之体，为坤阴贼，故云"管蔡之象也"。比建万国，而有同姓匪人以伤王政，必去其人，然后无弑父弑君之忧矣，否则伤之者至矣，故曰"比之匪人，不亦伤乎"。

《象》曰：外比于贤，以从上也。

干宝曰：四为三公，在比之家，而得其位，上比圣主，下御列国，方伯之象也。能外亲九服贤德之君，务宣上志，绥万邦也，故曰"外比于贤，以从上也"。

疏 四为三公，四近五也。四在比家，而得三公之位。上比圣主，谓乾五也。下御列国，谓坤三爻也。以三公而得正位，故为"方伯之象"。能外亲九服贤德之君，故曰"外比于贤"。宣上志，谓五坎为"志"也。绥万邦，谓坤上为"邦"也。从五而得外比于贤，五在四上，故曰"以从上也"。

愚案：干谓"外比"为"亲九服贤德之君"者，以"贤"不足以当五也。不知《系辞上》曰"可大则贤人之德"，姚信彼注亦谓"乾五"，是乾五称"贤"，正应经义。"外"即"上"也，"上"即五也，"外比于贤"，即"从上"也。

《象》曰：显比之吉，位正中也。

虞翻曰：谓离象明。正上中也。

疏 初三已变体重明，故"谓离象明"。五在上，得位居中，故正上中也。

舍逆取顺，失前禽也。

虞翻曰：背上六，故"舍逆"。据三阴，故"取顺"。不及初，故"失前禽"。

疏，上在五后，互畏为背，故称"背"。上六逆乘五阳，故称"逆"。五舍上应二，故曰"舍逆"。四、三、二皆顺，承阳而五据之，故曰"取顺"。初在应外，五不及初，故曰"失前禽也"。

邑人不戒，上使中也。

虞翻曰：谓二，使师二上居五中。

疏 师震为"邑人"，故云"谓二"。不戒而孚于五，居中得正，故云"使师二上居五中"也。

《象》曰：比之无首，无所终也。

虞翻曰：迷失道，故"无所终也"。

疏 自比师来，师二至上体复，复上六日"迷复"，上为终。坤承乾而代终，以乾为首故也。今迷失乾道，故"无首"。无首，则"无所终也"。

小畜卦

【原典】

风行天上，小畜。君子以懿文德[①]。

复自道，其义吉也[②]。

牵复在中，亦不自失也[③]。

夫妻反目，不能正室也[④]。

有孚惕出，上合志也[⑤]。

有孚挛如，不独富也。

既雨既处，德积载也。君子征凶，有所疑也[⑥]。

【精注】

①"风行天上，小畜。君子以懿文德"，为小畜卦的《大象传》。懿，指德行美好。②义犹言"宜"，即不悖理。③中，谓九二阳刚居中，不失阳德。④"夫妻反目，不能正室也"，为小畜卦九二爻的《小象传》。正，用作动词，犹言"规正"；室，谓妻室。⑤上合志，指六四上承九五。⑥疑，通"凝"；指上九处"小畜"至极之时，阴气畜阳盛盈，若上九不抑止被"畜"，而沿此以往，其阳必被阴气所凝聚统化，故爻辞有"征凶"之戒。

【今译】

风在天上吹，象征小有积蓄。君子面对这种情况，修养美好的品德，用心做好文章等待时机。

复返自身的阳道，初九行为合宜可获吉祥。被牵连复返阳刚之道而居守中位，九二也能不自失阳德。

结发夫妻反目离异，九三不能规正妻室。

阳刚施予诚信，于是脱出惕惧，说明六四与阳刚尊上意志相合。

心怀诚信而牵系群阳共信一阴，九五不独享自身的阳刚富实。

密云已经降雨、阳刚已被畜止，此时阳德被阴气积聚满载；君子若一意孤行必遭凶险，往前将使阳质被阴气凝聚统化。

【集解】

《象》曰：风行天上，小畜。

《九家易》曰：风者，天之命令也。今行天上，则是令未下行。畜而未下，小畜之义也。

疏　《说卦》曰"巽为风"，《巽·象传》曰"重巽以申命"，故云"风者，天之命令也"。今风行于上，则是天之命令，未行于下。畜于上而不行于下，故云"小畜之义也"。

愚案：以外巽畜内乾，畜也。以一阴畜五阳，亦畜也。皆以小畜大，故曰"小畜"。

君子以懿文德。

虞翻曰："君子"谓乾。懿，美也。豫坤为"文"。乾为"德"，离为明，初至四体夬为书契，乾离照坤，故"懿文德"也。

疏　"君子谓乾"者，内乾也。《说文》"懿，专一而美也。"故云"懿，美也"。"坤为文"，《说卦》文，谓旁通豫坤也。"乾为德"者，乾有四德也。"离为明"者，互离日也。初至四体象夬，《系辞下》曰"易之以书契，盖取诸夬"，故"夬为书契"也。乾互离日照豫坤文，豫伏坤文即出畜乾德，故"懿文德"也。

愚案：内乾为"德"，伏坤为"文"，故曰"文德"。《逸书·谥法》："温柔圣善曰懿。"巽阴为柔，故曰"以懿文德"。《书·洪范》："六三德，曰高明柔克"，高明象乾，柔克象巽，是其义也。

《象》曰：牵复在中，亦不自失也。

虞翻曰：变应五，故"不自失"，与比二同义也。

疏　二变应五，虽牵复于四，而其位得中，故"不自失"。初得正，二得中，故"亦不自失"。亦，亦初也。比二《象》曰"比之自内，不自失也"，今云"与比二同义"，是亦比也。

《象》曰：夫妻反目，不能正室也。

《九家易》曰：四互体离，离为"目"也。离既不正，五引而上，三引而下，故"反目"也。舆以轮成车，夫以妻成室，今以妻乘夫，其道逆，故"不能正室"。

疏　四互三五为离，离象为"目"。离非居上居下，而互于上下之间，故云"不正"。互上则五引而上，互下则三引而下，故有"反目"之象。"舆以轮成车，夫以妻成室"者，《考工记》："舆人为车。"注云"车以舆为主也"。舆为主。故象夫。輮与辐通，《说文》："有辐曰轮。""舆人"郑注"载物为舆，行地为轮"。舆非轮不行，故象妻。《左传·桓公十八年》曰"女有家，男有室"，是"夫以妻为室"也。家人曰："男正位乎外，女正位乎内，天地之大义也。"今豫震夫在内，小畜巽妻在外，反乎居室之道，是"以妻乘夫，其道逆"也，故曰"不能正室"。

《象》曰：有孚惕出，上合志也。

荀爽曰：血以喻阴，四阴臣象，有信顺五。惕，疾也。四当去初，疾出从五，故曰"上合志也"。

疏　血阴类，故云"血以喻阴"。五阳为君，故云"四阴为臣象"。四"有孚"，五亦"有孚"，孚，信也，故云"有信顺五"。《吴语》："一日惕。"韦注云"疾也"，疾速之疾，故云"惕，疾也"。四与初为正应，畜所当畜者也，四于五为臣道，畜不易畜者也，故"四当去初，疾出从五"，则四五交孚，五刚畜而群刚皆畜，故曰"上合志也"。豫坎为"志"，《象传》曰"刚中而志行乃亨"，"刚中"谓五，四五相孚，乃能畜乾，故曰"合志"。

中華藏書

第一部　周易原典

中国书房

五五七

中华藏书

周易全书·最新整理珍藏版

中国书房

《象》曰：有孚挛如，不独富也。

《九家易》曰：有信，下三爻也。体巽，故"挛如"，如谓连接其邻，"邻"谓四也。五以四阴作财，与下三阳其之，故曰"不独富也"。

疏 孚，信也。"有孚"者，谓孚下三阳爻也。体巽为绳，故"挛如"。马云"挛，连也"，连下三阳，故称"挛"。《释名》曰"邻，连也，相接连也"，故云"如谓连接其邻"也。四与五近，故"邻谓四也"。"五以四阴作财"者，《火珠林》巽属木，六四纳辛未土，以木克土成财爻，故四为巽之财也。四为五财，与下三阳共之，则三阳皆接连而富矣，故曰"不独富也"。

《象》曰：既雨既处，得积载也。

虞翻曰：巽消承坎，故"得积载"，坎习为积也。

疏 "承"当作"成"，言巽阳消而成坎也。坎为舆，故"得积载也"。习坎，重坎也，故"习坎为积也"。"积"有畜义，是畜道已成之象也。

君子征凶，有所疑也。

虞翻曰：变坎为盗，故"有所疑也。"

疏 "坎为盗"，《说卦》文。变坎为盗，是以疑而不敢征也。又坎心为"疑"，故曰"有所疑"也。

履　卦

【原典】

上天下泽，履。君子以辩上下，定民志①。

素履之往，独行愿也②。

幽人贞吉，中不自乱也③。

眇能视，不足以有明也。跛能履，不足以与行也。咥人之凶，位不当也。武人为于大君，志刚也。④

愬愬终吉，志行也。

夬履贞厉，位正当也。

元吉在上，大有庆也⑤。

【精注】

①"上天下泽"句，揭示履卦上乾为天，下兑为泽之象，谓天、泽尊卑有别，正为循礼"小心行走"的象征。②本句是指初九心态端正、行事刚正无邪念。③"幽人贞吉，中不自乱也"，为履卦九二爻的《小象传》。解说九二爻辞"幽人贞吉"的象征内涵。④从"眇能视"到"志刚也"，解说履六三爻辞"眇能视，跛能履，履虎尾咥人，凶，武人为于大君"的象征内涵。⑤"元吉在上，大有庆也"，为履卦上九爻的《小象传》。以解说履上九爻辞"元吉"的象征内涵。谓上九之时"履道"大成，故上下皆有福庆。

【今译】

上有天，下有泽，象征"小心行走"。君子因此处事明理，辨别上下名分，端正百姓循礼的意志。

朴素无华、小心行走而有所前往，初九专心奉行循礼的意愿。

幽静安恬的人守持正固可获吉祥，九二不自我淆乱心中的循礼信念。

目眇而强视，不足以踏上征程；猛虎咬人的凶险，六三居位不适当，勇武的人要效力于大人君主，说明六三志向刚强。

保持恐惧谨慎将获得吉祥，说明九四奉行小心循礼的志愿。

刚断果决而小心行走，守持正固以防危险。说明九五居位正当。

至为吉祥而高居上位，从而在建功立业的道路上越走越好。

【集解】

《象》曰：上天下泽，履。君子以辩上下，定民志。

虞翻曰："君子"谓乾。辩，别也。乾天为"上"，兑泽为"下"，谦坤为"民"，坎为"志"，谦时坤在乾上，变而为履，故"辩上下，定民志"也。

疏 礼有定分，故"上天下泽"为"履"。辩，《说文》

训"判"，又"判"与"别"皆训"分"，故云"辩，别也"，谓分别也。乾天在上，兑泽在下，故言"上下"。谦坤众为"民"，坎心为"志"，故言"民志"。谦时坤在乾上，则上下未辩，变而为履，故"辩上下而定民志也"。

案：《乐记》曰"天高地下，万物散殊，而礼制行矣"。乾为天，兑为泽，礼以地制，泽又卑于地，故君子法之以制礼。天高地下，礼者，天地之别也，故以"辩上下"。万物散殊而未定，礼节民心，故以"定民志"。又伏坤，故言"民"。伏坎，故言"志"。互离为明，明故"辩"。伏艮为止，止故"定"。

《象》曰：素履之往，独行愿也。

荀爽曰：初九者，潜位。"隐而未见，行而未成"。素履者，谓布衣之士，未得居位。独行礼义，不失其正，故"无咎"也。

疏 乾初九曰"潜龙勿用"，故谓"初九为潜位"。"隐而未见，行而未成"，乾初《文言》文。素履者，谓布衣之士，未得居位，与乾初九同占，故潜藏不见，独善其身。初震为"行"，故"独行义礼"。以阳居阳，故"不失其正"。"素位而行，不愿乎处"，故"无咎也"。

《象》曰：幽人贞吉，中不自乱也。

虞翻曰：虽幽讼狱中，终辩得正，故"不自乱"。

疏 虽幽系讼狱之中，变震为言，故云"终辩得正"。得正，故"不自乱"。

愚案：坎险为"乱"。今变正获吉，上应乎五，正而且中，故曰"中不自乱也"。

《象》曰：眇而视，不足以有明也。跛而履，不足以与行也。

侯果曰：六三，兑也，互有离巽。离为目，巽为股，体俱非正。虽能视，眇目者也。虽能履，跛足者也。故曰"眇能视，不足以有明。跛能履，不足以与行"，是其义也。

疏 六三体兑，内互离，外互巽。"离为目"，"巽为股"，《说卦》文。互体，故云"俱非正"。虽能视能履，而视为眇目，履为跛足也。两离称"明"，今互一离，故"不足以有

中華藏書

第一部 周易原典

中国书店

明"，而为"眇能视"者也。伏震为"行"，今震象不见，故"不足以与行"，而为"跛能履"者也。

咥人之凶，位不当也。

案：六三为履卦之主，体说应乾，下柔上刚，尊卑合道，是以"履虎尾，不咥人，亨"。今于当爻，以阴处阳，履非其位，互体离兑，水火相刑，故独唯三被咥凶矣。

疏 一阴为成卦之主，故"三为履主"也。内兑，故"体说"。外乾，故"应乾"。六居三，故"下柔"。乾在上，故"上刚"。尊卑合道，则上下辩而礼制行。有礼则安，是以"履虎尾，不咥人，亨"。此以全卦言也。"今于当爻"者，谓六三也。三以阴爻处阳位，履非其正，爻不当位者也。互体离为火，内体兑为泽，水火相刑，故有被咥之凶矣。

武人为于大君，志刚也。

案：以阴居阳，"武人"者也。三互离爻，离为"向明"，"为于大君"，南面之象。与乾上应，故曰"志刚"。

疏 《乐记》："始奏以文，复乱以武。"郑注"文谓鼓，武谓金"，疏云"金属西方，可为兵刃，故为武"。兑，西方金也，又属阴。三位阳为"人"，六爻阴为"武"，以阴爻居阳位，且兑金为武，故云"武人者也"。《说卦》："圣人南面而听天下，向明而治，盖取诸离。"三互离，为"向明"，"为于大君"，则南面之象也。伏坎为"志"，乾上为"刚"，三与上应，故曰"志刚"。

《象》曰：愬愬终吉，志行也。

侯果曰：愬愬，恐惧也。履乎兑主，"履虎尾"也。逼近至尊，故恐惧。以其恐惧，故"终吉"也。执乎枢密，故"志行也"。

疏 "愬愬，恐惧"，本《子夏传》。兑主，三也，下近乎三，故以"履乎兑主"为"履虎尾"也。"至尊"谓五，上近于五，故"恐惧"也。《震·象》曰"震来虩虩，恐致福也"，故恐惧则"终吉"，即敬胜则吉之义也。伏坎为"志"，变震为"行"，志在枢密，下应乎初，故"志行也"。

《象》曰：夬履贞厉，位正当也。

于宝曰：夬，决也。居中履正为"履"。贵主万方，所履一决于前，恐夬失正，恒惧危厉，故曰"夬履贞厉，位正当也"。

疏 "夬，决也"，《夬·象传》文。五居中，刚履正，故"为履"。"履帝位"，故云"贵主万方"。凡所践履，一决于前，恐过夬而失其正，是以"恒惧危厉"。然则"夬履贞厉"者，以位虽正而亦厉，所当厉也。

《象》曰：元吉在上，大有庆也。

卢氏曰：王者履礼于上，则万方有庆于下。

疏 《书·周官》："宗伯掌邦礼，治神人，和上下。"故"王者履礼于上，则万方有庆于下"也。履继以泰，其在上九乎？

泰 卦

【原典】

天地交，泰。后以财成天地之道，辅相天地之宜，以左右民。①

"拔茅征吉"，志在外也。②

"包荒得尚于中行"，以光大也。

"无平不陂"，天地际也。

"翩翩不富"，皆失实也；"不戒以孚"，中心愿也。③

"以祉元吉"，中以行愿也。

"城复于隍"，其命乱也。

【精注】

①天地交，泰：泰卦上卦为坤，坤为地；下卦为乾，乾为天。天地上下颠倒，形不可交而气可交，呈通泰之象，所以用"天地交"解释泰卦卦名。后：君王。财：通"裁"，裁制。左右：治理。②志在外：志在上进。③失实：不富有。实，富实。

【今译】

高天与大地相互交合，阴阳二气沟通无碍，象征"天下顺畅亨达"；君王应该效仿此道，得出天地交通之道，协理天地化生之事，以治理天下百姓。

"拔除茅草，兴兵征战可获吉祥"，表明志在向外进取。

"具有包容河川的宽广胸怀"，"能够辅佐持中不偏的君王"，是由于德行光明正大。

"不能总是向上而不复返"，因为处在天地交接之际，转化不可逆。

"往来翩翩，举止轻浮，不会殷实富有"，表明上卦都失去了富实；"互相没有戒心，彼此以诚相待"，表明这样才能实现内心的愿望。

"因居此位而获得福泽，大吉大利"，是由于有居中不偏并将去应下的意愿。

"城墙倾斜在城河之中"，表明发展前景已经错乱，将会向不利方面转化。

【集解】

《象》曰：天地交，泰。

荀爽曰：坤气上升，以成天道。乾气下降，以成地道。天地二气，若时不交，则为闭塞，今既相交，乃通泰。

疏　地本在下，今坤气上升，即"地气上胜"是也。"以成天道"者，阴济阳也。天本在上，今乾气下降，即"天气下降"是也。"以成地道"者，阳济阴也。若二气不交，则闭塞不通矣。惟交故通，通故曰泰。

后以财成天地之道。

虞翻曰：后，君也。阴升乾位，坤女主，故称"后"。坤富称"财"，守位以人，聚人以财，故曰"成天地之道"。

疏　"后，君也"，《释诂》文。"阴升乾位，坤女主，故称后"者，《曲礼》"天子有后"，疏云"后，后也，言其后于天子，亦以广后胤也"，《白虎通》："商以前皆曰妃，周始立后，正嫡曰王后。"盖古者君称"后"，后世君称王，妃遂称后，故以"坤为女主称后"。地生万物，故"坤富称财"。五为天位，乾为人，坤为财，坤居五位，尚二中行，是"守位以人，聚人以财，故日成天地之道”也。

愚案："后"本君称，兹不称天子，王者，以坤为后土，杜预《左传注》云"土为群物主，故称后"是也，非女主称后也。财，《释文》云"苟作裁"，《释言》疏云"财裁音义同"，《史记·封禅书》"民里社，各自财以祠"，《汉书·郊祀志》作"自裁"是也。《系辞上》日"坤化成物"，故日"财成"，道有偏阴偏阳，则财而成之，如《周官》所云"燮理阴阳"是也。

辅相天地之宜，以左右民。

虞翻日：相，赞。左右，助之。震为"左"，兑为"右"，坤为"民"，谓以阴辅阳，《诗》日"宜民宜人，受禄于天"。

郑玄日：财，节也。辅相，左右助也。以者，取其顺阴阳之节，为出内之政。春崇宽仁，夏以长养，秋教收敛，冬敕盖藏，皆可以成物助民也。

疏 虞注："相"训"赞"者，《释诂》日"相，导也"，注谓"赞勉"是也。又日"左右，助勱也"，故云"左右，助之"也。震春为"左"，兑秋为"右"，坤众为"民"，以六居五，故"谓以阴转阳"也。"宜民宜人，受禄于天"，《诗·假乐》文，引此言坤承乾命，以地辅相于天而宜民也。

愚案："天地之宜"，如《考工记》"天有时，地有利"是也。"辅相"则因天时，顺地利也。

郑注：《节·象》日"节以制度，不伤财"，故云"财，节也"。《诗·小雅》："无弃尔辅。"注云"辅以佐助""左右"为"助"，见《尔雅》，故云"辅相，左右，助也"。"以者"，释"后以"也。"取其顺阴阳之节"者，释"财成天地之道"，"为出内之政"者，释"辅相天地之宜"也。体互震兑，震春兑秋；故"春崇宽仁，秋教收敛"。二五易位成既济，离夏坎冬，故"夏以长养，冬敕盖藏"。云"皆可以成物助民"者，释"以左右民"也。

愚案：天道尚左，地道尚右，天左故称"佐"，地右故称"佑"，《皋陶谟》日"予欲左右有民"，是其义也。

《象》曰：拔茅征吉，志在外也。

虞翻曰："否、泰反其类"，否巽为"茅"，茹，茅根，艮为手。汇，类也。初应四，故"拔茅茹以汇"。震为"征"，得位应四，"征吉"，"外"谓四也。

疏 "否、泰反其类"，《杂卦》文，"反类"即旁通也。否三互巽，巽为草木，刚爻为木，柔爻为草，又巽为白，柔白，故"为茅"也。否初应四，与四同体，在地中，故"茹为茅根"也。"艮为手"，《说卦》文。艮在否四，拔茅以手也。乾初无正应，确乎不拔，言难拔也，泰初与四正应，"拔茅茹"，言易拔也。"汇，类也"，本郑注，谓乾三阳为类也。四拔初，初即应四，故曰"拔茅茹以汇"也。阳息初，震行为"征"。初得位，与四正应，故"征吉"也。四应初，既济定四体坎为"志"，故"外谓四也"。

案：初动成巽，亦为茅。

《象》曰：包荒得尚于中行，以光大也。

虞翻曰：在中称"包"。荒，大川也。冯河，涉河。遐，远。遗，亡也。失位，变得正，体坎，坎为大川、为"河"，震为足，故"用冯河"。乾为远，故"不遐遗"，兑为"朋"，坤虚无君，欲使二上，故"朋亡"。二与五易位，故"得尚于中行"。震为"行"，故"光大也"。

疏 二在中，为上下所包，故"称包"。"荒"从巛，巛川本字也，《说文》："荒，水广也。"故云"荒，大川"。《释训》："冯河，徒涉也。"故"冯河"云"涉河"。"遐，远"，《释诂》文。"遗，亡也"，《说文》文。二阳失位，变阴得正，其体为坎，坎为水，故"为大川"而称"荒"也。《九家·说卦》："坎为河。"今作"可"者，磨灭之余也。互震为足，以震足涉坎水，故"用冯河"。《左传·昭公十八年》曰"天道远"，故"乾为远"。虽远不亡，故曰"不遐遗"。《兑·象》曰"君子以朋友讲习"，故"兑为朋"。坤阴居五，故"坤虚无君"。二上居五则兑毁，故曰"朋亡"。"尚"与"上"通。二五易位，则二"得尚于中行"，震足为"行"。五下二成离，離为"光"，乾为"大"，故"光大也"。

《象》曰：无平不陂，天地际也。

宋衷曰：位在乾极，应在坤极，天地之际也。地平极则险陂，天行极则还复，故曰"无平不陂，无往不复"也。

疏　三在乾上，故云"位在乾极"。三与上应，故云"应在坤极"。《小尔雅》曰"际，接也"，坤与乾接，故云"天地际也"。地以形言，故云"平极则险陂"。天以气言，故云"行极则远复"。乾尽坤接，则平必陂，往必复，故曰"无平不陂，无往不复"也。

《象》曰：翩翩不富，皆失实也。

宋衷曰：四互体震，翩翩之象也。阴虚阳实，坤今居上，故言"失实也"。

疏　四在震，震惊，故为"翩翩之象"。阳实阴虚，坤三爻皆阴，故"皆失实也"。

不戒以孚，中心愿也。

《九家易》曰：乾升坤降，各得其正。阴得承阳，皆阴心之所愿也。

疏　乾二升居五，坤五降居二，故云"乾升坤降，各得其正"。《乾凿度》曰"阴性欲承"，故云"阴得承阳"，承五也。五坎为"心"，四阴承之。故云"皆阴心之所愿也"。

《象》曰：以祉元吉，中以行愿也。

《九家易》曰：五下于二而得中正，故言"中以行愿也"。

疏　五阴下居于二，中而且正。互震足为行，坎心为愿，是得中以行其愿，故曰"中以行愿也"。

《象》曰：城复于隍，其命乱也。

《九家易》曰：乾当来上，不可用师而拒之也。"自邑"者，谓从坤性而降也。"告命"者，谓下为巽，宣布君之命令也。三阴自相告语，俱下服顺承乾也。"城复于隍"，国政崩也。坤为乱，否巽为命，交在泰上，故"其命乱也"。

疏　言否时"乾当来上"，非坤众所能拒也。坤为"邑"，阴性降，故"自邑"为"从坤性而降也"。否巽为"命"，故"告命"，"谓下为巽"。应在乾上，"乾为君"，故"宣布君之命令也"。否三互巽为"命"，坤身为"自"，故云"三阴自相告语。上阴降则四五俱降，故云"俱下服顺承乾也"。坤阴为乱而互否巽，三交于上，故曰"其命乱也。"《既济·象》曰"初吉终乱"，《传》谓"终止则乱，其道穷也"，即"命乱"之义也。

否　卦

【原典】

天地不交，否。君子以俭德辟难，不可营以禄。①

"拔茅贞吉"，志在君也。

"大人否亨"，不乱群也。②

"包羞"，位不当也。③

"有命无咎"，志行也。

"大人"之"吉"，位正当也。

"否"终则"倾"，何可长也。

【精注】

①天地不交，否：否卦上卦为乾，乾为天；下卦为坤，坤为地。天在上而地在下，在《易经》作者看来属异常，所以称"天地不交"，并此解释否卦卦义。辟：通"避"。②不乱群：指九五爻不可应六二爻，不然便陷入小人之群而导致正邪混乱，群，这里指群小。③位不当：处位不当。

【今译】

高天与大地不相交合，阴阳二气阻隔不通，象征闭塞不通；君子观此卦象和卦名，便以节俭美德躲避危难，不以利禄为荣。

"拔除茅草，占得此爻是吉利的"，是因为志在辅佐君王，为国尽忠。

"大德大才之人反其道而行之，亨通顺利"，是由于不为群小所惑乱。

"被包容而居下，终将招致羞辱"，是由于居位不当，才德不称其位。

"君王颁布诏命，必无灾祸"，表明志向可以施行。

"大德大才之人""可获吉祥"，是由于才德正当其位。

"闭塞"终极必然导致"开通"，是因为闭塞的状态不会持久保持下去。

【集解】

《象》曰：天地不交，否。

宋衷曰："天地不交"，犹君臣不接。天气上升而不下降，地气沉下又不上升，二气特隔，故云"否"也。

疏　"乾为天为君"，"坤为地"，为臣，故"天地不交犹君臣不接"。阳性本升，今又在上，故云"天气上升而不下降"。阴性本降，今又在下，故云"地气沈下又不上升"。二气相隔，其象为否。否者，闭塞不通也。即《月令》"天气上腾，地气下降，天地不通"之义也。但否于消息为七月卦，《月令》举于孟冬者，七月否之始，孟冬否之成也。

君子以俭德辟难，不可荣以禄。

虞翻曰："君子"谓乾。坤为"营"，乾为"禄"。"难"谓坤为弑君，故"以俭德辟难"。巽为人，伏乾为远，"艮为山"。体遯象谓辟难，远遯人山，故"不可营以禄"。"营"或作"荣"，"俭"或作"险"。

孔颖达曰：言君子于此否时，以节俭为德，辟其危难。不可荣华其身，以居禄位。若据诸侯公卿而言，是辟时群小难，不可重受官爵也。若据王者言之，谓节俭为德，辟阴阳厄运之难，不可自重荣贵而骄逸也。

疏　虞注：阳为君子，故"君子谓乾"。营求，阴道也，故"坤为营"。《曲礼》"士曰不禄"，谓其死也。生则禄，死则不禄。乾阳为生，故"乾为禄"。阴消至否，坤臣弑君，故"难谓坤为弑君"。险，约也。艮为慎，乾为敬，故曰"俭德"。"危邦不入，乱邦不居"，故"以俭德辟难"。"巽，入也"，三互巽，故"为入"。天道远，故坤"伏乾为远"。互艮为山，二至上象遯，故为"辟难"，当"远遯入山"。坤消乾禄，故"不营以禄"。"营或作荣"，今王弼本是也。"俭或作险"。《释文》亦未详。

孔注：士君子伏处草野，有道则见，无道则隐，进退可以自如。若身据王侯公卿之贵，不幸而遭否厄，亦必节俭为德，遵养时晦，以俟休明。在公卿则辟时群小之难，不可重受官爵。在王者则辟阴阳厄运之难，不可自重荣贵而骄逸。位既不同，义亦攸别。《疏》特推广其说，以备占者之用。庶几贵贱咸宜，而经无滞旨矣。

《象》曰：拔茅贞吉，志在君也。

《九家易》曰：阴志在下，欲承君也。

案：初六巽爻。巽为草木，阳爻为木，阴爻为草。初六阴爻，草茅之象也。

疏　《九家》注：初应四，四变应初，体坎，故为"志"。"乾为君"，卦五为君位。坤性承乾，初应四是承乾君也。二承五，初与三以其阴类在下，同承五君，故曰"志在君也"。

案：阴消自巽始，媾初是也，故以"初六"为"巽爻"。"巽为木"，谓阳爻，其阴爻则草也，故以"初六阴爻"为"草茅之象"。

《象》曰：大人否亨，不乱群也。

虞翻曰：否，不也。物三称"群"，谓坤三。阴乱弑君，大人不从，故"不乱群也"。

疏　"否，不也"，《说文》文。《诗·小雅》："或群或友。"毛传"兽三称群"，故云"物三称群"。坤三爻，故"称群"。坤阴为乱，有弑君之象。时虽否隔，大人居五以中正感之，不为群阴所乱，故曰"不乱群也"。

《象》曰：有命无咎，志行也。

荀爽曰：谓志行于群阴也。

疏　四承五命，下据三阴，而阴类皆离其福，是四之志得行于群阴也。

《象》曰：大人之吉，位正当也。

崔憬曰：得位居中也。

疏 九为得位，五为居中。得位居中，则阴不能消，故"大人吉"也。

《象》曰：否终则倾，何可长也。

虞翻曰："否终必倾，盈不可久"，故"先否"。下反于初，成益体震。"民说无疆"，故"后喜"。以阴剥阳，故"不可久也"。

疏 高诱《淮南注》云"倾，犹下也"。上反初为"倾否"，故曰"否终则倾"。《谦·象传》曰"地道变盈而流谦"，故云"盈不可久"。卦体下为"先"，上为"后"。上应在三，否成于三，故"先否"。益自否来，故云"下反于初"。成益，下体震，震阳为"喜"。"民说无疆"，《益·象传》文。成益则说，说故"后喜"。上不益下则消成剥，以阴剥阳，剥极必复，故"不可久也"。

同人卦

【原典】

天与火，同人。君子以类族辨物。[①]

出门"同人"，又谁"咎"也。

"同人于宗"，"吝"道也。

"伏戎于莽"，敌刚也；"三岁不兴"，安行也？

"乘其墉"，义"弗克"也；其"吉"，则困而反则也。[②]

"同人"之"先"，以中直也；　"大师相遇"，言相"克"也。

"同人于郊"，志未得也。

【精注】

①与，亲和。类族："类"和"族"都是同类的意思，"类"用作动词，意为归类、分析、区别。②义：通"宜"。反则：复返正道。反，返。则，法则。

【今译】

高天在上，烈火在地上熊熊向上燃烧，双方相互亲和，象征上下和同；君子观此卦象和卦名，便依类认识人类群体，辨析宇宙万物，辨明情状。

刚走出大门就能"与人亲近和同"，谁又会遭受灾祸呢。

"与宗族内部的人亲近和同"，这是狭隘的宗法原则。

"在林莽之中预设伏兵"，是由于前面有强敌；"三年也不敢兴兵出战"，是由于不能贸然行动。

"高据城头之上"，是由于此时宜与敌方亲近和同，因而不能发动进攻；"可获吉祥"，则是由于困穷不通时能够复归正道。

"与人亲近和同"，"起先失声痛哭"，表明中正坦直；"大军出征告捷，各路兵马相遇会师"，因为打了大胜仗。

"在城邑郊外与人亲近和同"，表明与人亲近和同的志向最终未能实现。

【集解】

《象》曰：天与火，同人。

荀爽曰：乾舍于离，相与同居，故曰"同人"也。

疏 乾居离上，故云"乾舍于离"。乾亲上，离炎上，故云"相与同居"。《系辞下》曰"中心疑者其辞枝"，虞注云"离人之辞也"。又曰"诬善之人其辞游"，注云"乾为善人"。乾离皆称人而又同居，故曰"同人"。

君子以类族辩物。

虞翻曰："君子"谓乾。师坤为"类"，乾为"族"。辩，别也。乾，阳物，坤，阴物。体媾，"天地相遇，品物咸章"。以乾照坤，故"以类族辩物"。谓"方以类聚，物以群分"。孔子曰"君子和而不同"，故于《同人·象》见以"类族辩物"也。

疏 "君子谓乾"者，谓乾五也。伏师体坤，坤方类聚，故"为类"。上体乾，人本乎天。又族有九，与圖则九重同义，故"乾为族"。《说文》："辩，判也"，故"辩"训"别"。"乾阳物，坤阴物"，本《系辞下》文。阳物以族辩，三也。阴物以类辩，四也。自二至上体媾。"天地相遇，品物咸章"，《媾·象传》文。"天地遇而品物章"者，二应五也。上体乾，伏体坤，下离为照，故云"以乾照坤"。照则物无不明，故以乾坤类族，辩其阴物阳物。"方以类聚，物以群分"，《系辞上》文。又《礼·乐记》曰："方以类聚，物以群分，则性命不同矣。"故引之以明"类族辩物"之意也。"君子和而不同"，《论语》文。和，中和也。谓二五。"不同"谓"类族辩物"也。于同人家言"类族辩物"，则统同而辨异在其中矣。

《象》曰：出门同人，又谁咎也。

崔憬曰：刚而无应，比二以柔，近同于人，"出门"之象，又谁咎矣。

案：初九震爻，"帝出乎震"，震为大涂，又为日门，"出门"之象也。

疏 崔注：初体刚而即亦刚，是"无应"也。柔在二，而近初，初比二以刚，是"近同于人"，而为"出门之象"。以阳承阴，刚柔相得，"又谁咎也"。

案：初九，震之一阳也。"帝出乎震"，"震为大涂"，皆《说卦》文。日出东方震，故"又为日门"，所以取象于"出门"也。

愚案：二三艮象半见，故为门。初二震象半见，故为出。所同者二，二阴为偶象同人，故曰"出门同人"。三爻皆刚柔当位，故曰"又谁咎"也。

《象》曰：同人于宗，吝道也。

侯果曰："宗"谓五也。二为同人之主，和同者之所仰也。有应在五，唯同于五。过五则否，不能大同于人，则为主之德吝狭矣。所同虽吝，亦妻臣之道也。

疏 五为卦主，故"宗谓五也"。二为成卦之主，故云"二为同人之主"。二为和同者所共宗仰，乃五为正应而二唯同于五焉。非五则不同，是不能如"于野"者之大同于人矣。为主之德，其吝狭可知也。然所同虽吝，得中得位，五为正应，亦妻道臣道之常也。

《象》曰：伏戎于莽，敌刚也。三岁不兴，安行也。

崔憬曰：与二相比，欲同人焉。盗憎其主而忌于五，所以

隐兵于野，将以袭之，故曰"伏戎于莽"。五既居上，故曰
"升其高陵"。一爻为一年。自三至五，频遇刚敌。故"三岁不
兴"，安可行也。

案：三互离巽，巽为草木，离为戈兵，"伏戎于莽"之
象也。

疏 以阳比阴，故云"与二相比"。阴阳和合，故云"欲
同人焉"。《左传·成公十五年》曰"盗憎主人"。盗谓三，主
谓二也。"而忌于五"者，谓五与二应也。欲同二而忌五，所
以隐兵于三，将以袭五，故曰"伏戎于莽"。五居上，故"升
其高陵"以敌之。自三至五，一爻为一岁。四五皆刚，故"频
遇刚敌"。历三岁而不能兴起，则安可行也。

案：三体离互巽。巽为草木故为莽，离为戈兵故为戎，所
以有"伏戎于莽"之象也。

愚案：三与上应，以阳应阳，所以"伏戎于莽"者，隐以
备之，防其亢也，故曰"敌刚"。以正应不正，所以"三岁不
兴"者，徐以俟之，冀其正也，故曰"安行"。

《象》曰：乘其墉，义弗克也。其吉，则困而反则也。

王弼曰：处上攻下，力能乘墉者也。履非其位，与三争二。
二自应五，三非犯己。攻三求二，尤而效之。违义伤礼，众所不
与。势虽乘墉，义终弗克。而得吉者，以困而反正则也。

疏 以阳处四，力能显亢，故乘高墉欲攻于三。但所履非
正，而妄与人争。二与五为正应。三得位，非犯己，三欲求
二，其事已非，四又效之以求二，违义伤礼，故为众人所不
与。虽欲乘墉攻三，必不克也。不克攻则反，反则吉。其所以
吉者，以困不能攻，故反自思惟，以从法则也。

案：四乘墉，欲攻初也。初正四不正，故曰"义弗克也"。
《谷梁传·文公十四年》曰"弗克纳，弗克其义也"。范宁彼
注云"非力不足，义不可胜"。与《传》义同也。《释诂》
"则，法也"。韦昭《晋语》注云"谋不中为困"。四欲攻初，
以初正己不正而止。困而自反，变正成坎，坎水平为法则，故
曰"反则"。四变阴承五，下应于初，是困而反归于则。初四

中華藏書

第一部 周易原典

中国书店

阴阳得应，始异终同，故吉也。

《象》曰：同人之先，以中直也。大师相遇，言相克也。

侯果曰：乾德中直，不私于物，欲天下大同。方始同二矣，三四失义而近据之，未获同心，故"先号咷"也。时须同好，寇阻其途。以言相克，然后始相遇，故笑也。

《九家易》曰：乾为言。

疏 侯注，五位居中，《九家易》曰"乾为直"，故云"乾德中直"。中直则"不私于物"，而"欲天下大同"也。五与二应故"始同二"。三敌四攻，所处失义而近据之。三四两爻不言同人，所以"未获同心"而"先号咷"也。二五为正应，故云"时须同好"。三四异德，故云"寇阻其途"。《系辞上》释此爻云"同心之言，其臭如兰"，是二五同心，其言相合，故云"以言相克"。三四既克，然后五与二相遇，故笑也。

《九家》注：《九家易·说卦》有"乾为言"之文。初息震，再息兑。震声兑口，故"为言"。

《象》曰：同人于郊，志未得也。

侯果曰：独处于外，"同人于郊"也。不与内争，无悔吝也。同人之时，唯同于郊，"志未得也"。

疏 释地"邑外谓之郊"。上处外卦之外，故曰"同人于郊"。二正上不正，故"不与内争"。不争故"无悔吝"。同人之时，初"无咎"四"吉"，二虽"吝"而五"相遇"。唯三"伏戎"与上敌刚而远在外，故云"唯同于郊"。三伏坎为"志"，与上不相得，故曰"志未得也"。

大有卦

【原典】

火在天上，大有。君子以遏恶扬善，顺天休命。[①]

大有初九，"无交害"也。

"大车以载"，积中不败也。

"公用亨于天子"，"小人"害也。

"匪其尫无咎"，明辨折也。②

"厥孚交如"，信以发志也；"威如"之"吉"，易而无
备也。

大有"上"吉，"自天右"也。

【精注】

①火在天上，火有：大有卦上卦为离，离为火为日；下卦
为乾，乾为天。古人认为火高在天，是五谷丰收之象，所以用
"火在天上"解释大有卦卦义。②折（zhé）：明，这里是明智
的意思。

【今译】

烈火高烧在天空，五谷必然丰登，象征富有；君子观此卦
象和卦名，便抑恶扬善，以顺应上天的美命。

初九爻就有大有之象，是由于"与人交往而不涉及利害"。

"用大车运载资财"，表明只有处在正中之位才不会招致
危败。

"王公按时向天子进献贡品"，小人不能参与，因为小人参
与会带来祸害。

"富有过人而不自骄，则无灾祸"，因为具有审时度势从而
好自为之的智慧。

"胸怀诚信以与上下交接"，这是要以自己的诚信之心来启
发他人的诚信之志；"威服众人"所以"吉祥"，表明居位得
当，即使行为平易而无所戒备，也能使他人畏服。

大有卦"上九"爻是大吉大利的，是因为得到上天的
保佑。

【集解】

《象》曰：火在天上，大有。

荀爽曰：谓夏，火王在天。万物并生，故曰"大有"也。

疏　离位南方故"谓夏"。"离为火"，在乾上，故云"火
王在天"。夏正万物并生之时，故曰"大有"。不曰日而曰
"火"者，日中则离，阴阳相就，阳气盛行，万物毕纳，故曰
"大有"。日中则盛如火，故曰"火在天上"。

君子以遏恶扬善，顺天休命。

虞翻曰：遏，绝。扬，举也。乾为"扬善"。坤为"遏恶"，为"顺"。以乾灭坤，体夬"扬于王庭"，故"遏恶扬善"。乾为"天休"，二变时巽为"命"，故"顺天休命"。

疏　"遏，绝。扬，举"，训见《广韵》。乾阳为"善"，阳升为"扬善"。旁通比坤。坤阴为"恶"，阴凝为"遏恶"。坤又为"顺"。初至五体夬，以乾灭坤，是"遏恶"也。夬曰"扬于王庭"，是"扬善"也。"乾为天"。又"美利"为美，"休"即美也。故为"天休"。二变时体巽。巽"申命"，故为"命"。伏坤顺。故曰"顺天休命"。

《象》曰：大有初九，无交害也。

虞翻曰："害"谓四。
疏　释见上。

《象》曰：大车以载，积中不败也。

虞氏曰：乾为大车，故曰"大车以载"。体刚履中，可以任重。有应于五，故所积皆中而不败也。

疏　《汉书·王莽传》有"乾为车"之文，故云"乾为大车"，谓乾圆象轮也。九故"体刚"，二为"履中"，任重之德也。二与五为正应，位皆在中，故云"所积皆中而不败也"。

案：伏坤为"輂"，积乾为"载"。息自二始，故曰"积中"。《左传·僖公十五年》："涉河，侯车败"，《左传·隐公三年》曰"郑伯之车偾于济"，是车偾为"败"也。五降二，坤厚载物，故"不败"也。

《象》曰：公用亨于天子，小人害也。

虞翻曰："小人"谓四也。
疏　"小人谓四"，四不正也。伏坤阴慝，故为"害"。

案：通比三"匪人"，是伏有"小人"。《书·洛诰》曰"汝其敬。识百辟享，亦识其有不享"者，即所谓"小人弗克"者也。故曰"小人害也"。

《象》曰：匪其彭无咎，明辩晰也。

虞翻曰：折之离，故"明辩晰也"。四在乾则彭，在坤为鼠，在震噬㕯得金矢，在巽折鼎足，在坎为鬼方，在离焚死，在艮旅于处，言无所容，在兑睽孤孚厉。三百八十四爻，独无所容也。

疏 四体离，《说卦》："离为折上槁。"故云"折之离"。离火明，震言辩，故"明辩折也"。"四在乾则沤"者，乾为人，故象足㕯。"在坤为鼠"者，谓晋四也。三上易位体小过，有"飞鸟"之象。艮为穴，动出穴中，飞而不高，"硕鼠"之象，故曰"晋如硕鼠"。"在震噬肺得金矢"者，谓噬嗑四也。艮为肤，阳为骨，肉有骨谓之"肺"，离火煠之，故为"乾"肺。金矢，毒害之物。离为兵，下震动之，矢象。故曰"噬乾肺，得金矢"。"在巽折足者"，谓鼎四也。详具上。"在坎为鬼方"者，谓未济四也。变之正体师，坤为鬼方，为三所伐，故曰"震用伐鬼方"。"在离焚死"者，离在四为下火所焚，故曰"焚如"。二至五体大过死象，故曰"死如"。"在艮旅于处，言无所容"者，谓旅四也。虞彼注云："巽为处。四焚弃恶人，失位远应，故'旅于处'，言无所容也。""在兑睽孤孚厉"者，谓睽四也。"睽孤遇元夫交孚厉无咎"，虞彼注云"孤，顾也。在两阴间，睽五顾三，故曰'睽孤'。震为元夫，谓二已变动而应震，故'遇元夫'也。震为交，坎为孚，动而得正故，'交孚厉无咎'矣"。"三百八十四爻，独无所容也"者，《离·四·象》曰"无所容也"。此知恶人宜焚宜死，无所容矣。"折"，俗本作"晢"。《释文》"王廙作'晰'，又作'哲'"。郑本作"遰"，陆本作"逝"。虞作"折"是。

《象》曰：*厥孚交如，信以发志也。威如之吉，易而无备也。*

侯果曰：其体文明，其德中顺。信发乎志，以覃于物。物怀其德，以信应君。君物交信，"厥孚交如"也。为卦之主，有威不用。唯行简易，无所防备。物感其德，翻更畏威，"威如之吉"也。

疏 体离，故"文明"。五为中，阴为顺，故"德中顺"。伏坎为孚为"志"，故云"信发乎志"。覃，及也。五与二应，故云"以覃于物"。二怀五德，以正应之，故云"物怀其德，以信应君"。二五正应，相交以信，故云"君物交信，厥孚交如也"。五为卦柔以济刚，故"有威不用"。五寓于乾，则用乾之易。"易以知险"，故"无所防备"。不怒而威于铁钺，是"德威惟畏"也，故"物感其德，翻更畏威"。"威如之吉"，惟其孚也。无备者，无战备也。《左传·昭公二十年》曰"去备薄威"。《尉缭子》曰"兵有去备彻威而胜者，以有法"。《盐铁论》曰"德威则寡备"。董子曰："冠之在首，元武之象也。元武者，貌之最有威者也。其象在后，其服反居首，武之至而不用矣。夫执胄甲而后能拒敌者，非圣人之所贵也。君子之于服显而勇武者，消其志于貌也矣。"是皆"威如之吉，易而无备"之义也。

《象》曰：大有上吉，自天右也。

《九家易》曰：上九说五，以柔处尊而自谦损。尚贤奉已，上下应之。为乾所右，故吉且利也。

疏 五互兑为说。"上九说五"者，以五柔处尊位而能自谦损。下尚贤，上已，上下皆应于五，故为乾天所右，吉而且利也。

谦 卦

【原典】

地中有山，谦。君子以捊多益寡，称物平施[①]。

谦谦君子，卑以自牧也[②]。

鸣谦贞吉，中心得也。

劳谦君子，万民服也。

无不利，扐谦，不违则也。

利用侵伐，征不服也。

鸣谦，志未得也。可用行师，征邑国也[③]。

【精注】

①揭示谦上坤为地、下艮为山之象，谓土中有山，为谦虚的象征。称：公平。施：施舍。②牧：治，即制约。③"鸣

谦，志未得也。可用行师，征邑国也"，为谦卦上六爻的《小象传》。以解说谦上六爻辞"鸣谦，利用行师、征邑国"的象征内涵。

【今译】

地中有山，象征谦虚；君子取过多以补充不足，权衡各种事物以公平地施予。

谦而又谦的君子，说明初六用谦卑来制约自己。

谦虚名声外闻、守持正固可获吉祥，六二靠中心纯正赢得名声。

勤劳谦虚的君子，广大百姓都归顺他。

无所不利、发挥扩散谦虚的美德，六四不违背谦虚的法则。

利于出征讨伐，六五是征伐的不顺者。

谦虚名声远闻，上六的心志尚未完全实现。可出兵作战，征讨邑国。

【集解】

《象》曰：地中有山，谦。

刘表曰：地中有山，以高下下，故曰谦。谦之为道，降己升人。山本地上，今居地中，亦降体之义，故为谦象也。

疏 艮山居坤之地中，是"以高下下"，故名为谦。"谦之为道，降己升人"，即《曲礼》所谓"礼者，自卑而尊人"之意也。"山本地上，今居地中"，合乎贵而能降之义，故其象为谦也。

愚案：礼有定分，分不可干，故"上天下泽"则为履。礼有内心，心不可亢，故"地中有山"则为谦。

君子以捊多益寡，称物平施。

虞翻曰："君子"谓三。捊，取也。艮为"多"，坤为"寡"。乾为"物"，为"施"，坎为"平"。谦乾盈益谦，故"以捊多益寡，称物平施"。

侯果曰：裒，聚也。《象》云"天道益谦"，则谦之大者，天益之以大福。谦之小者，天益之以小福。故君子则之，以大益施大德，以小益施小德，是"称物平施"也。

中華藏書

周易全书·最新整理珍藏版

中国书店

五八〇

中国书店

疏 虞注："君子谓三"释见前。"捊"，俗本作"哀"，或作"褰"。惟荀、郑、董、蜀才及虞本皆作"捊"，皆云"取也"。《说文》："揱，引取也。"故"捊"训"取"。《说卦》："艮为坚多节。"故"艮为多"。坤阴小，故"为寡"。"精气为物"，故"乾为物"。天主施，故"乾为施"。"坎为水"，《考工记·轮人》曰"水之以眠其平，沈之均"。《尚书·大传》曰"非水无以准万里之平"，故"坎为平"。以乾之上九益谦，故云"乾盈益谦"。捊艮之多，以益坤寡。量乾之物，以平乾施，故曰"捊多益寡，称物平施"。

愚案：乾阳大，又主长，为"多"。坤阴小，又主消，为"寡"。"艮为手"，为"捊"。互震动，伏巽，是益动而巽。又损上益下为益。故曰"揱多益寡"。《说卦》："巽称而隐。"伏巽为"称"。巽称乾物而坎平乾施，故曰"称物平施"。

侯注："哀，聚也"，《释诂》文。此从俗本也。《象》曰"天道益谦"，谦有大小，福亦有大小。天盖称物以益谦。君子则天，以德之大小，而益之大小因之，是为"称物平施"。

《象》曰：谦谦君子，卑以自牧也。

《九家易》曰：承阳卑谦，以阳自牧养也。

疏 初与二上承三阳，以尽乎卑谦之道。盖法三之谦，以自牧养也。

案：《说文》："牧，养牛人也。"初体坤为牛，故象"牧"。坤身为"自"，故"自牧"。"天尊地卑"，故曰"卑以自牧"。韩婴曰："夫《易》有一道焉，大足以治天下，中足以安国家，近足以守其身者，其唯谦德乎。"是"卑以自牧"之义也。

《象》曰：鸣谦贞吉，中心得也。

崔憬曰：言中正，心与谦相得。虞翻曰："中正"谓二，坎为"心"也。

疏 崔注：言二体中正，其心与谦相得，故曰"中心得也"。

虞注：二居中得正，故"中正谓二"。二体坎，《说卦》

"坎为亟心"，故"为心"。

《象》曰：劳谦君子，万民服也。

荀爽曰：阳当居五，自卑下众，降居下体，君有下国之意
也。众阴皆欲揭阳，上居五位，群阴顺阳，故"万民服也"。

疏 "人道恶盈而好谦"，阳当居五，今自卑抑，下于坤
众，降居下体之上。乾阳为"君"，坤众为"国"，是"君有
下国之意也"。"三与五同功"，众阴皆欲举阳，上居五位。坤
为"民"，又为顺，五阴顺阳，故"万民服也"。

《象》曰：无不利，捣谦。不违则也。

《九家易》曰：阴捣上阳，不违法则。

疏 三在坎中，坎水平，故为"法则"。四随众阴，欲举
三阳，上居于五，是不违三之法则者也。

《象》曰：利用侵伐，征不服也。

荀爽曰："不服"谓五也。

案：六五离爻，"离为戈兵"，"侵伐"之象也。

疏 荀注："不服谓五"者，五不正。"征"之为言正也。
三阳以正侵不正，故曰"征不服也"。

案：坤之乾为离，故六五为离爻中画。"离为戈兵"，《说
卦》文。戈兵，故为侵伐。

愚案：艮坎险阻，有负固不服之象，故曰"征不服也"。

《象》曰：鸣谦，志未得也。可用行师，征邑国也。

《九家易》曰：阴阳相应，故"鸣谦"也。虽应不承，故
"志未得"。谓下九三，可行师来上坤为"邑国"也。三应上，
上呼三。征来居五位，故曰"利用行师，征邑国也"。

案：上六兑爻，"兑为口舌"，"鸣谦"之象也。

疏 《九家》注：上与三为阴阳正应，又震伏巽，"同声
相应"，故曰"鸣谦"。三至上隔四五，故"虽应不承"。三坎
为"志"，不承，故"志未得也"。"九三可行师来上"者，以
"坤为邑国"，虚而无君也。三正应上，上即呼三。三征居五，
得中得正，故曰"利用行师，征邑国也"。

中华藏书

第一部 周易原典

中国书房

五八一

案：兑上自坤来也，故上六为兑爻。"兑为口舌"，《说卦》文。口舌有声，故为"鸣谦"。

愚案：谦主礼，五上位尊，以军礼同邦国者也，故以"侵伐""行师"言谦。且于谦见谦，其谦小。于不谦见谦，其谦大。《论语》曰："君子无所争，必也，射乎？揖让而升，下而饮，其争也君子。"是其义也。

豫　卦

【原典】

雷出地，奋豫。先王以作乐崇德，殷荐之上帝，以配祖考①。

初六鸣豫，志穷凶也。

不终日贞吉，以中正也。

盱豫有悔，位不当也。

由豫大有得，志大行也。

六五贞疾，乘刚也。恒不死，中未亡也②。

冥豫在上，何可长也。

【精注】

①揭示豫卦上震为雷，下坤为地之象，谓雷声发动，大地振奋，正为万物"欢乐"的象征。殷荐：隆重地进献。②乘，凌驾。

【今译】

雷声发出而大地振奋，象征欢乐。先王以制作音乐，赞美功德，通过盛大典礼献祀天帝，并让祖先神灵配享。

初六沉溺于欢乐自鸣得意，欢乐之志必将穷极导致凶险。

不等候一天终竟、守持正固可获吉祥，六二居中持正。

媚眼悦上寻求欢乐，必有悔恨，六三居位不正当。

人们依赖他喜获欢乐，大有所得，九四的阳刚向大为施行。

六五必须守持正固防范疾病，阴柔乘凌阳刚不甚妥当；必将长久健康不致丧亡，六五居中不偏就未必败灭。

末日将要到来尚且享乐，高居上位，这种欢乐怎么可能保持长久呢？

【集解】

《象》曰：雷出地，奋豫。

崔憬曰：震在坤上，故言"雷出地"。雷阳气，亦谓龙也。夏至后，阳气极而一阴生。阴阳相击而成雷声。雷声之疾，有龙奋迅豫跃之象，故曰"奋豫"。

疏　震为"雷"，坤为"地"，又震为"出"，震在坤上，故曰"雷出地"。震又为龙，雷本震之一阳，龙亦震之一阳，故云"雷阳气，亦谓龙也"。阳气至四月成乾，至五月夏至后，阳气极而一阴爻生，姤卦是也。《淮南子》："阴阳相薄。"感而"为雷"，故云"阴阳相击而成雷声"。《说卦》曰"动万物者，莫疾乎雷"，故云"雷声之疾"。《易纬通卦验》曰"立夏清风至而龙升天"，故云"有龙奋迅豫跃之象"。雷与龙皆象震，故曰"奋豫"。

先王以作乐崇德，殷荐之上帝，以配祖考。

郑玄曰：奋，动也。雷动于地上，而万物乃豫也。以者，取其喜佚动摇。犹人至乐，则手欲鼓之，足欲舞之也。崇，充也。殷，盛也。荐，进也。上帝，天帝也。"王者功成作乐"。以文得之者，作籥舞，以武得之者作万舞，各充其德而为制。祀天帝"以配祖考"者，使与天同飨其功也。故《孝经》云"郊祀后稷以配天，宗祀文王于明堂，以配上帝"是也。

疏　《说卦》云"震，动也"，震有"奋"义，故云"奋，动也"。雷动于地上，养长华实，发扬隐伏，万物莫不被盛阳之德，故云"万物乃豫也"。《孟子》曰"乐之实，乐斯二者。乐则生矣，生则恶可已也，恶可已，则不知手之舞之，足之蹈之"，故云"以者取其喜佚动摇。犹人至乐，则手欲鼓之，足欲舞之也"。互艮故称手，体震故称足。"崇，充也"，《释诂》文。《说文》曰"殷，作乐之盛称"，故云"殷，盛也"。《天官·庖人》曰"与其荐羞之物"。郑彼注云"荐，亦进也"。此"殷荐"者，谓荐盛乐，非荐羞也。谓"上帝"为

"天帝"者，郑注《孝经》云"上帝者，天之别名也"。又《礼运》曰"祭帝于郊，所以定天位也"，《礼器》云"祀帝于郊"，故知"上帝"为"天帝"也。"王者功成作乐"，《乐记》文。《春官·籥师》："掌教国子舞羽龡籥。"注云"羽籥，文舞也。籥师掌之"。武舞则司干掌之。《诗·邶风》："方将万舞。"《夏小正》："万也者，干戚舞也。"《韵会》："汤武以万人得天下，故干舞称万舞。"以文得之者作籥舞，即《左传》所称"南籥为文王之舞"是也。"以武得之者作万舞"，即《乐记》所称"总干为武王之舞"是也。盖充其文武之德，而各为之制也。《郊特牲》曰"万物本乎天，人本乎祖，此所以配上帝也"，故云"祀天帝以配祖考者，使与天同乡其功也"。郊祀后稷以配天，宗祀文王于明堂以配上帝，《孝经》文。禘郊祖宗，皆配天之祭。郊于南郊，禘祖宗皆于明堂。其礼始于虞，三代因之。《传》谓"先王"，盖夏商之王也。

案：复乾，故曰"先王"。震声，故为"乐"。震，起也。"作"亦训起，故曰"作乐"。乾为"德"，初息成乾，故曰"崇德"。震为"帝"，在乾天上，故称"上帝"。坤为鬼，乾盈甲，复初故乾，小畜亦故乾。乾为父，复乾为"祖"。四下初亦为震，体复，故"殷荐之上帝，以配祖考"也。又小畜离为南，乾为郊，南郊之象也。"离，向明而治"，明堂之象也。复初十一月，郊时也。小畜四月，禘时也。故知"配上帝"，而"配天"在其中。言"宗祀"，而"郊祀"在其中也。

《象》曰：初六鸣豫，志穷凶也。

虞翻曰：体剥"蔑贞"，故"志穷凶也"。

疏 初至四体象剥。剥初六曰"剥床以足，蔑贞凶"，故云"体剥灭贞"。四坎为"志"，失位故"穷"。初在剥初，故"凶"也。《传》凡言"穷"，皆指上。豫之"穷凶"，不在上而反在初者，以初在逸豫之家，独与四应，志得而鸣，乐不可极。极豫尽乐，故"穷凶"也。

《象》曰：不终日贞吉，以中正也。

侯果曰：得位居中，柔顺正一。明豫动之可否，辩趣舍之权宜。假如坚石，不可移变。应时则改，不待终日。故曰：豫之正吉。

疏 六为"得位"，二为"居中"，坤为"柔顺"。得正，故为"正一"。中正得几，故"明豫动之可否，辩趣舍之权宜"也。静则譬如坚石，不可移变，动则应时而改，不待终日。所以为豫之正吉也。

《象》曰：**盱豫有悔，位不当也。**

王弼曰：履非其位，承动豫之主。若其睢盱而豫，悔亦至焉。迟而不从，豫之所疾。进退离悔，位不当也。

向秀曰：睢盱，小人喜说佞媚之貌也。

疏 王注：以柔居刚，故"履非其位"。上承震动，为豫之主。若以睢盱而求豫，悔所由生也。若迟而不从于豫，亦豫之所疾也。位既不正，而又多犹豫，宜其进退，皆离悔也。

向注：《说文》"盱，张目也"。睢，仰目。应在上，三张目仰视。视上之颜色为佞媚，故为"小人喜悦佞媚之貌"，所谓"上交谄"也。三不正，故有是象。变之正，则无悔。下《经》所云"成有渝，无咎"是也。伏巽"为进退，为不果"，故为"迟"。爻之失位，以速改为善，故二"不终日，贞吉"，三"迟则有悔"也。

《象》曰：**由豫大有得，志大行也。**

崔憬曰：以一阳而众阴从己，合簪交欢，故其"志大行也"。

疏 四以一阳统五阴而众阴皆从，合簪交欢之象也。坎心为"志"，阳称"大"，震足为"行"，故曰"志大行"，《象传》曰"刚应而志行"是也。

《象》曰：**六五贞疾，乘刚也。恒不死，中未亡也。**

侯果曰：六五居尊，而乘于四。四以刚动，非己所乘，乘刚为政，终变病若。"恒不死"者，以其中也。

疏 五居尊位而乘四刚。四刚而动，强臣也，非己所当乘者。若乘刚为政，必致疾矣。"恒不死"者，以己居中，故未至于亡也。

中華藏書

周易全书·最新整理珍藏版

中国书房

五八六

中国书房

案：坎为疾，五乘坎刚，故"贞疾"。《乾·文言》曰"知存而不知亡"，荀彼注云："存谓五，为阳位。亡谓上，为阴位。"五阳位，又居中，故云"中未亡也"。

《象》曰：冥豫在上，何可长也。

荀爽曰：阴性冥昧，居尊在上而犹豫说，故"不可长"。

疏 阴本冥昧之性，又居极上之位，而犹耽于逸豫，乐而忘返，是昏于豫而非明于豫者也。冥之为义，于月为晦，于日为夜。又处豫极，所谓舞斯愠，愠斯戚，将于"冥豫"见之矣。旁通小畜，巽为"长"。"震巽特变"，震成巽毁，故曰"何可长也"。

随 卦

【原典】

泽中有雷①，随。君子以向晦入宴息②。

"官有渝"，从正"吉"也。

"出门交有功"，不失也。

"系小子"，弗兼与也③。

"系丈夫"，志舍下也。

"随有获"，其义"凶"也。

"有孚在道"，"明"功也。

"孚于嘉吉"，位正中也。

"拘系之"，上穷也。

【精注】

①泽中有雷：这是以随卦的卦象为说的。随卦是震下兑上，震表示雷震，兑表示水泽，所以说："泽中有雷"。②向晦：向，方向。晦，阴暗、日落。③弗：不；兼与：犹兼有。

【今译】

水泽之中隐藏着惊雷，这就是《随》卦的卦象。君子有鉴于此，取法自然，随时作息，向晚则入室休息。

"官吏把事情办坏了"，必须遵守正道，才能获得吉祥。

"走出门外，与他人交往，大有好处。"因为这没有任何损失。

"抓住了青年人"，就不能再兼有其他了。

"抓住了成年人"，其志在于追逐作用大的，舍弃作用大的。

"追逐之中有所收获"，这是一件有危险的事。

"要有一片诚信，合乎正道"，这是由于明察事理而取得的结果。

"以诚信的态度对待善良的人，可获吉祥"，这是因为立于中正之道。

"把周文王捆绑拘禁"，说明殷王纣已经穷途末路气数已尽了。

【集解】

《象》曰：泽中有雷，随。

《九家易》曰：兑泽震雷，八月之时。雷藏于泽，则"天下随时"之象也。

疏 《说卦》曰"兑为泽"，"震为雷"。"八月之时"，仲秋也。《月令》曰"雷始收声"。今"泽中有雷"，是"雷藏于泽"而将收声矣，故有合于"天下随时之象也"。

君子以向晦入宴息。

翟玄曰：晦者，冥也。雷者阳气，春夏用事。今在泽中，秋冬时也。故君子象之，日出视事，其将晦冥，退入宴寝而休息也。

侯果曰：坤为"晦"。乾之上九，来入坤初，"向晦"者也。坤初升兑，兑为休息，"入宴"者也。欲君民者晦德息物，动说黎庶，则万方归随也。

疏 翟注：《公羊传·僖公十五年》"晦者何？冥也"，故云"晦者，冥也"。《说文》"冥从一，夜也"。"雷者阳气，春夏用事"，故《月令》："仲春之月，雷乃发声。""今在泽中，秋冬时也"，故《月令》："仲秋之月，雷始收声。"君子，乾上之初而成震者也。故象雷之在泽。《玉藻》曰"君日出而视朝，退适路寝听政，使人视大夫。大夫退，然后适小寝释服"，

中華藏書

周易全书·最新整理珍藏版

中国书房

郑彼注云"路寝所以治事，小寝以时燕息焉"，故云"日出视事，其将晦冥，退入宴寝而休息也"。

案：否坤为"晦"，又安土为安，故为"宴"。巽为"入"。艮为止，故为"息"。乾上来入于坤，故"以向晦入宴息"。

侯注："坤为晦"，释见"冥豫"。乾上来入坤初为晦，是"向晦"者也。坤初已升于兑，上复于初为复。复二"休复"为休息，是"入宴"者也。"欲君民"者，谓"君子"也。初为乾初，是"龙德而隐者也"。隐即晦也，故云"晦德"。二为复二，是"休复"而"下仁"者也。"休"即"息"也，故云"息物"。震动兑说否坤为民，为众，故云"动说黎庶"。坤土为方，众为万，故云"万方归随也"。

案："泽中有雷"，阴随阳息也。否坤为"晦"，又为"宴安"。阳生为"息"，震初是也。乾三"终日"，则"向晦"矣。由上入坤，是"向晦入安息"，"养夜气"之义也。

《象》曰：官有渝，从正吉也。出门交有功，不失也。

郑玄曰："震为大涂"，又为日门。当春分，阴阳之所交也。是臣出君门，与四方贤人交，有成功之象也。昔舜"慎徽五典，五典克从。纳于百揆，百揆时序。宾于四门，四门穆穆"，是其义也。

疏 "震为大涂"，《说卦》文。又震，东方之卦也。日出于东，故"为日门"。震，方伯之卦，时值春分，居冬夏之中，故云正"阴阳之所交也"。坤为"臣"，"乾为君"，初出艮门，故云"臣出君门"。坤为"四方"，乾初为"贤人"，故云"与四方贤人交"。百僚师师，抚五辰而凝庶绩，是"有成功之象也"。"慎微五典"以下，《虞书·舜典》文。引之以明"出门有功"之义。

案：震为"从"，虞义也。上阳失位，之初得正，故曰"从正吉也"。初往居上，系五有功，故曰"不失也"。

《象》曰：系小子，弗兼与也。

虞翻曰：己系于五，不兼与四也。

疏 "系小子",是系于五也。"失丈夫",是不兼与四也。

《象》曰：系丈夫，志舍下也。

王弼曰：虽体下卦，二已据初，将何所附？故舍初系四，志在丈夫也。四俱无应，亦欲于己随之，则得其求矣，故曰"随有求得"也。应非其正，以系于人，何可以妄，故"利居贞"也。初处已下，四处已上，故曰"系丈夫，失小子"也。

疏 阴之为物，必系于阳。三与二初，虽同在下体，二已据初，三无所附。下舍初，上系四，四阳为丈夫，故"志在丈夫"。四与三俱无正应，四系三，三即随四，得其所求，故"有求得"也。三与上应非其正，今系于四，是"系于人"，不可妄动，唯利在居处守正，故"利居贞"也。初处已下，已不得乘。四处已上，已得承之，故曰"系丈夫，失小子"也。三四变正，坎为"志"。志在四，不在下，故曰"志舍下也"。

《象》曰：随有获，其义凶也。

虞翻曰：死在大过，故凶也。

疏 大过有"棺椁"之象，故"死在大过"。死，故凶也。

有孚在道，明功也。

虞翻曰："功"谓五也。三四之正，离为"明"，故"明功也"。

疏 "五多功"，故"功谓五也"。三四已变之正，成既济。离明"，明五之功，五为卦主故也。

《象》曰：孚于嘉吉，位正中也。

虞翻曰：凡五言中正，中正皆阳得其正，以此为例矣。

疏 "凡五言中正"者，五为"中"，阳为"正"，"皆阳得其正"者也。举此为五例也。

《象》曰：拘系之，上穷也。

虞翻曰：乘刚无应，故"上穷也"。

疏 乘五刚而无正应，故曰"上穷"。"穷则变，变则通，通则久"。系于五，则不穷也。

蛊 卦

【原典】

山下有风，蛊。君子以振民育德。①

"干父之蛊"，意承考也。

"干母之蛊"，得中道也。

"干父之蛊"，终"无咎"也。

"裕父之蛊"，往未得也。

"干父用誉"，承以德也。

"不事王侯"，志可则也。②

【精注】

①山下有风：这是以蛊卦的卦象为说的。蛊卦是巽下艮上。巽代表风，艮代表山，所以说"山下有风"。这是比喻社会上贤达人士在宣传德育思想的风气十分盛行。②则：准则、榜样。用作动词，指效法，以某人为准则。

【今译】

大山之下刮起大风，象征"革新治乱"。君子有鉴于此，效法吹拂万物的风，振奋万民，施行德教。

"匡正父辈的过失"，意在继承前人的德业。

"匡正母辈的过失"，没有必要去进行占卜。

"匡正父辈的过失"，最终不会有灾祸。

"宽容父辈的过失"，以后什么事情都更加棘手。

"匡正父辈的过失而受到赞誉"，以美德继承前人的事业，总会受到欢迎的。

"不为王侯效命"，说明志行高洁，可以成为准则。

【集解】

《象》曰：山下有风，蛊。

何妥曰：山者高而静，风者宣而疾。有似君处上而安静，臣在下而行令也。

中華藏書

周易全书·最新整理珍藏版

中国书房

疏 艮为山，山高而静在上，似君在上而安静也。巽为风，风宣而疾在下，似臣在下而行令也。当坏乱之时，正君臣有为之日，故其象为蛊。

君子以振民育德。

虞翻曰："君子"谓泰乾也。坤为"民"，初上抚坤，故"振民"。乾称"德"，体大畜须养，故以"育德"也。

疏 泰"君之道长"，故"君子谓泰乾也"。坤众为"民"，亦泰坤也。乾初之上抚坤，故为"振民"。《说文》："振，举救也。"当蛊之时，民生已困，故宜振以举救之。互震为动，艮为手，故称"振"。乾龙德，故"称德"。自二至上体象大畜，三至上亦象颐，"物畜然后可养"，故以"育德"也。《说文》："育养子使作善也。"当蛊之时民德已伤，当如养子作善以育之，艮为少男，巽为申命，兑为讲习，故取"养子作善"为"育"。

《象》曰：干父之蛊，意承考也。

王弼曰：干事之首，时有损益，不可尽承，故意承而已也。

疏 干事之首，时当损而损，时当益而益，不可尽承，在以意承之而已。

愚案：初承二。"承考"谓承二也。以阴承阳，刚柔相济，所以"终吉"。初至四体坎为"意"。"意承考"者，《中庸》所谓"善继人之志，善述人之事"者也。

《象》曰：干父之蛊，终无咎也。

王弼曰：以刚干事，而无其应，故"有悔"也。履得其位，以正干父，虽小有悔，终"无大咎"矣。

案：爻位俱阳，父之事。

疏 王注：九为刚爻，故云"以刚干事"。上无正应，以刚济刚，故"有悔"。兑为"小"，故"小有悔"也。以阳居阳，故为"履得其位"。得位之正，以"干父之蛊"。重刚虽有小悔，然得正，终"无大咎"也。

案：以阳爻居阳位，故为"父事"。

中華藏書

周易全书·最新整理珍藏版

中国书房

《象》曰：裕父之蛊，往未得也。

虞翻曰：往失位，折鼎足，故"未得"。

疏　四变则体鼎，是"往失位"也。鼎九四曰"鼎折足，覆公餗"，故"未得也"。

《象》曰：干父用誉，承以德也。

虞翻曰："誉"谓二也。二五失位，变而得正，故"用誉"。变二使承五，故"承以德"。二乾爻，故称"德"矣。

疏　《系辞下》云"二多誉"，故"誉谓二也"。二阳五阴，故皆失位。二升五降，变而得正，故"用誉"。既变则二上承五，乾龙德为德，故曰"承以德也"。

愚案：荀谓"承阳有实"，谓五承上也。初承二，五承上，皆以柔济刚，故初"吉"五"誉"。初难知，故承以"意"。五得中，故"承以德"。

《象》曰：不事王侯，志可则也。

荀爽曰：年老事终，不当其位，体艮为止，故"不事王侯"。据上临下，重阴累实，故"志可则"。

疏　郑氏云"上九艮爻，辰在戌，得乾气，父老之象"，故云"年老"。艮"成终成始"，故云"事终"。以阳居上，故云"不当其位"。"艮，止也"，故云"体艮为止"。位不当而艮止，故"不事王侯"，据上临下，四五重阴，二三累实。合初则体象坎，坎为"志"，又为"法则"，故"志可则"也。

临　卦

【原典】

泽上有地，临。君子以教思无穷，容保民无疆。①
"咸临贞吉"，志行正也。②
"咸临吉无不利"，未顺命也。③
"甘临"，位不当也；"既忧之"，"咎"不长也。
"至临无咎"，位当也。
"大君之宜"，行中之谓也。④

"敦临"之"吉"，志在内也。⑤

【精注】

①泽上有地，临：临卦上卦为坤，坤为地；下卦为兑，兑为泽。地高泽低，有高低相临之象，所以用"泽上有地"解释临卦卦义。②志行正：心态、行为端正。③未顺命：这是对于"至于八月有凶"而言的。"八月有凶"是天命，不可抗拒，九二爻并没有顺从这个天命，所以说："未顺命也"。命，这里指君命。④宜：适宜做的事。行：奉行。⑤内：这里指家邦或国邦。

【今译】

沼泽之上有大地，地高泽低而高低相临，象征"临察"；君子观此卦象和卦名，便竭尽全力教化百姓，凭借光大的德行包容、保护万民。

"胸怀感化之心下临百姓，占问可获吉祥"，是因为心态、行为都很端正的原因。

"胸怀感化之心下临百姓，必获吉祥而无所不利"，这是由于并未顺承君命。

"凭着甜言蜜语下临百姓"，是由于居位不当；"担忧自己的过失及时反省改正"，表明"灾祸"不会久长。

"亲自下临百姓"，表明居位正当。

"身为天子，在其位谋其职"，是说应当奉行中和之道。

"敦厚宽仁地下临百姓"而"可获吉祥"，是由于心志始终挂念国邦。

【集解】

《象》曰：泽上有地，临。

荀爽曰：泽卑地高，高下相临之象也。

疏　"兑为泽"，"坤为地"。地在泽上，泽卑于地。地高于泽，以高临下，其象为临。

君子以教思无穷，容保民无疆。

虞翻曰："君子"谓二也。震为言，兑口讲习。学以聚之，问以辩之。坤为"思"。刚浸长，故"以教思无穷"。容，宽也。二"宽以居之，仁以行之"。坤为"容"、为"民"，故

"保民无疆"矣。

疏 阳息至二，刚而得中，故"君子谓二也"。互震声为言，体兑口讲习，"教"之义也。"学以聚之，问以辩之"，乾九二《文言》文。《洪范》："思曰睿。"于五事配土。坤为土，故"为思"。刚浸长，息而不已，故"以教思无穷"。《中庸》"宽裕温柔，足以有容也"，故"容"训"宽"。"宽以居之，仁以行之"，亦乾二《文言》文。坤广为"容"，众为"民"，又"行地无疆"，故"容保民无疆"。临本坤卦，又上体坤，故即坤以释其象。乾息至二为临，临二即乾二，故复引乾二《文言》，以明其意。两卦相须，义始备也。

《象》曰：咸临贞吉，志行正也。

荀爽曰：阳始咸升，以刚临柔。得其正位而居，是吉。故曰"志行正"。

疏 阳始感而欲升于四，将以刚下临三柔也。然已得正位而居，故吉。初动坎为"志"，互震为"行"，故曰"志行正也"。

《象》曰：咸临吉无不利，未顺命也。

荀爽曰：阳感至二，当升居五，群阴相承，故"无不利"也。阳当居五，阴当顺从，今尚在二，故曰"未顺命也"。

疏 二与五为正应，阳主升，阴主降，故"阳感至二，当升居五"。二升五位，群阴相承，故"无不利"。

案：坤为"顺"，旁通遁巽为"命"。二刚浸长，不顺乎遁，故"未顺命"。

《象》曰：甘临，位不当也。既，比之，咎不长也。

虞翻曰："兑为口"，坤为土，"土爰稼穑作甘"。兑口衔坤，故曰"甘临"。失位乘阳，故"无攸利"，言三失位无应，故"忧之"。动而成泰，故"咎不长也"。

疏 "兑为口"，《说卦》文。"坤为地"，居申方从土，故"为土"。"土爰稼穑，作甘"，《洪范》文。"甘，从口含一"。土下从一，即坤地也。以兑口上衔坤土，故曰"甘临"。六失位下乘阳，故"无攸利"，三既失位，又无正应，故"忧之"。董子曰"凡人有忧而不知忧者凶，有忧而深忧之者吉"。

三知不正，息泰得正，故"无咎"。伏巽"为长"，临成巽毁，故"咎不长也"。

《象》曰：至临无咎，位当也。

苟爽曰："四与二同功"，欲升二至五，已得承顺之，故曰"至临"也。阳虽未乘，处位居正，故得"无咎"，是"位当也"。

疏 "四与二同功"，本《下系》文。四"欲二升至五，已得顺而承之，曰至临"者，谓二至五而临已也。二阳尚未升，故云"阳虽未乘"。以六处四，是为"居正"。所以"无咎"者，"位当"故也。

愚案：经文"位当也"，李氏本一作"当位实也"。《释文》非之，此本是。

《象》曰：大君之宜，行中之谓也。

苟爽曰：五者，帝位。"大君"谓二也。宜升上居五位吉，故曰"知临，大君之宜"也。二者处中，行升居五，五亦处中，故曰"行中之谓也"。

疏 《中庸》曰"唯天下至圣，为能聪明睿知，足以有临也"，故曰"知临"。五为天子，故云"帝位"。《乾凿度》说此爻云"临者，大也，阳气在内。中和之感，应于盛位。浸大之化，行于万民。故言宜处王位，施大化，为大君矣。臣民欲被化之辞也"，又曰"大君者，与上行异也"，郑彼注云"临之九二有中和美异之行，应于五位，故曰百姓欲其与上为大君"。皆言二当升五，故知"大君谓二也。"《系·上》谓"知崇效天"，乾天为"知"，故知乾二升五为"知临"。三已正成泰，二升五降成既济定，故曰"大君之宜，吉"也。二本处中，互震为"行"，上升于五亦处中，故曰"行中之谓也"。初四皆正，故曰"行正"。二五皆中，故曰"行中"。"知临"而言"行中"者，《中庸》言"舜之大知，用中于民"，是其义也。

《象》曰：敦临之吉，志在内也。

《九家易》曰：志在升二也。阴以阳为主，故"志在内也"。

疏 上欲应三升二，二升五，坎为"志"，故云"志在升二也"。阳贵阴贱，故"阴以阳为主"。二阳升五，上得所主，故曰"志在内也。"

观 卦

【原典】

风行地上①，观。先王以省方②，观民设教。③

初六"童观"，"小人"道也。

"窥观女贞"，亦可丑也。④

"观我生，进退"，未失道也。

"观国之光"，尚"宾"也。⑤

"观我生"，观民也。

"观其生"，志未平也。⑥

【精注】

①风行地上：这是以观卦的卦象为说的。观卦是坤下巽上，坤代表地，巽代表风，所以说"风行地上"。风行：风吹过。②省：视察；方：各方，各个邦国，亦即天下各地。③观：视察，观察。④丑：丑事，不庄重的举动。⑤光：风土民情。⑥志未平：平，安定。此言"上九"虽居不任事的"虚位"，也得时时修美德行，不可安逸其志。

【今译】

好像轻风吹遍大地，万物皆有察觉，这就是观卦的象征。历史上的君王也就如风吹大地一样省视全国，观察万民，设置教化，移风易俗。

所谓"像幼稚的儿童一样观察问题"，是讽刺无知无识的老百姓观察事物。

所谓"从门缝中观察事物"，对于闭门不出的妇女来说，利于坚守正道，但也不是庄重的举动。

所谓"观察自己过去的治国之道，审时度势，决定何时进何时退"，这样做没有违背治国大道。

所谓"观察国内的风土民情，这对于君王的宾客是很有利的"，说明该国尊重嘉宾。

所谓"观察自己治理区域的状况",是为了通过观察以掌握和审视治民之道。

所谓"观察其他治理区域的状况",表明自己要有更高的志向。

【集解】

《象》曰:风行地上,观。先王以省方,观民设教。

《九家易》曰:"先王"谓五。应天顺民,受命之王也。风行地上,草木必偃。枯槁朽腐,独不从风,谓应外之爻。天地气绝,阴阳所去,象不化之民,则刑所加,故以省察四方,观视民俗而设其教也。言先王德化,光被四表。有不宾之民,不从法令,以五刑加之,以齐德教也。

疏 乾为"先",又为"王",故"先王谓五"。五乾,故为"应天"。下坤,故为"顺民"。上巽为"命",故云"受命之王也"。"巽为风",风者天之教,所以观示万物。临震行坤,故"行地上"。震巽皆为草木,故"草木必偃",如二应五是也。惟枯槁朽腐之物,独不从风,如初爻在应之外是也。上爻为天,初爻为地,上阳居阴,下阴居阳,是"天地气绝,阴阳所去"也。象梗化之民,为五刑所必加也。坤为"方"、为"民",巽命为"教",故"以省察四方,观视民俗而设其教也"。乾五下应于二,则乾二之"德博而化"也,故"言先王德化"。乾为"大明","四表"即"四方",故云"光被四表"。四得位近王,故称"用宾"。初不应四,故为"不宾之民,不从法令"。刑以弼教,故"以五刑加之,以齐德教也"。

愚案:大司徒之职"掌建邦土地之图",即"省方"也。"与其人民之数",即"观民"也。"以佐王安扰邦国",即"设教"也。然则《周礼》以《地官》掌邦教,其取法于观之。"坤为地",而巽为"教"乎。设教有二,有反民之俗以为教者,如"沈潜刚克,高明柔克"是也。有因民之俗以为教者,如"修其教不易其俗,齐其政不巽其宜"是也。"巽为进退",《论语》曰"求也退,故进之。由也兼人,故退之"。因其民而进退之,斯为善教矣。

《象》曰：初六童观，小人道也。

王弼曰：失位处下，最远朝美，无所鉴见，故曰"童观"。处"大观"之时而"童观"，趣顺而已。小人为之无可咎责。君子为之，鄙吝之道。

疏　孔疏："童观者，处于观时而最远朝廷之美观。是柔弱不能自进，无所鉴见，唯如童稚之子而观之。为'小人无咎，君子吝'者，为此观看，趣在顺从而已，无所能为。于小人行之，才得无咎。若君子行之，则鄙吝。"

愚案："童观"为阍寺，虽不能如四"观国之光"，犹不失小人近君之道，故曰"小人道也"。

《象》曰：窥观女贞，亦可丑也。

侯果曰：得位居中，上应于五。窥观朝美，不能大观。处大观之时，而为"窥观"，女正则利，君子则丑也。

案：六二离爻，"离为目"，又为"中女"占外互体艮，"艮为门阙"。女目近门，"窥观"之象也。

疏　侯注：六为"得位"，二为"居中"。上应于五，仅能窥视朝美而不能大观。夫处大观之时而仅为"窥观"，妇人之道也，故女正则利。在君子，"亦可丑也"。

案：六二，离之中爻也。"离为目"，故为"窥"。又再索得女，故"为中女"。三至五互艮，为"门阙"。二临三门，女目近之，故有"窥观"之象。

愚案：《太玄》曰"昼以好之，夜以丑之"。坤柔为夜，故言丑。初为阍寺，观不及远，小人之道，可丑也。二为离女，妇人之道，观不及天，亦可丑也。"亦"，亦初也。

《象》曰：观我生进退，未失道也。

荀爽曰："我"谓五也。生者，教化生也。三欲进观于五，四既在前而三退，故"未失道也"。

疏　五为卦主，爻辞与五同，故"我谓五"。五巽命为"教化"，故"生者，教化生也"。阴当承阳，故"三欲进观于五"。四近于五而在三前，故"三退"。进退皆得，故曰"未失道也"。

《象》曰：观国之光，尚宾也。

崔憬曰：得位比尊，承于王者。职在搜扬国俊，宾荐王庭，故以进贤为"尚宾"也。

疏 四阴为"得位"，进五为"比尊"。上承于王，故职在搜国俊，以荐王庭。四能进贤，故为"尚宾"。

案：四观五光，五尚四宾，故曰"尚宾"。《周语》："祭公谋父曰：'甸服者祭，侯服者祀，宾服者享，要服者贡，荒服者王。'"韦注云"皆所以贡助祭于庙"，《孝经》所谓"四海之内，各以其职来祭"，是助祭尚宾之事也。

《象》曰：观我生，观民也。

王弼曰："观我生"，自观其道也。为众观之主，当宣文化，光于四表。上之化下，犹风之靡草。"百姓有过，在予一人"。君子风著，已乃无咎。欲察已道，当"观民"也。

虞翻曰：坤为"民"，谓三也。坤体成，故观民也。

疏 王注："观我生"者，自观其在上之道也。五居尊位，为众观之主。巽为宣，"坤为文"，乾"大明"为光，坤四方为四表，故云"当宣文化光于四表"。《君陈》曰"尔惟风，下民惟草"，故云"上之化下，犹风之靡草"。"百姓有过，在予一人"，《泰誓》文。言民之善恶，视乎上也。《论语》曰"君子之德风"，故云"君子风著，已乃无咎"。《咸有一德》曰"万夫之长，可以观政"，故"欲察已道，当观民也"。

虞注：生，生民也。下坤为"民"，三曰，观我生，故知"民""谓三也"。三坤体已成，故"观民也"。

愚案：自观其生，五阳得乎君子之道。下与二应，二体坤，则可以观示坤民也。"观民"之"观"，与"大观在上""中正以观天下"同义。

《象》曰：观其生，志未平也。

王弼曰："观其生"，为人所观也。最处上极，天下所观者也。处天下所观之地，其志未为平易，不可不慎，故君子德见，乃得无咎。"生"犹动出也。

虞翻曰：坎为"志"、为"平"。上来之三，故"志未平"矣。

疏 王注："观其生"者，己在上而为人所观也。上处最极，尤天下所共观者也。处天下所共观之地，又不得位，其志未为平易，可不慎乎。故必君子之德，修于上而见于下，乃得"无咎"矣。孔疏云"生犹动出"者，或动或出，是生长之义也。

虞注：坎心"为志"，坎水"为平"。上来之三，五成坎，故志平。若当"观其生"，而未之三时，则五志犹未平也。

噬嗑卦

【原典】

雷电，噬嗑。先王以明罚敕法[1]。

屦校灭趾，不行也[2]。

噬肤灭鼻，乘刚也[3]。

"遇毒"，位不当也[4]。

"利艰贞，吉"，未光也[5]。

"贞厉，无咎"得当也。

"何校灭耳"，聪不明也[6]。

【精注】

[1]敕（chì）：整理。[2]屦校灭趾：本爻象如口咬嚼一物，上腭上动，与物相接即停，便是"屦校"；上动之力为物所接纳，下即停而不动，停止即成艮，便为"灭趾"。[3]乘刚：这是以"六二"的爻位为说的。在本卦中，"初九"是阴爻，"六二"以阴爻居于"初九"之上。所以是"乘刚"。[4]位不当：这是以"六三"的爻位为说的。"六三"以阴爻居于阳位，所以说"位不当"。比喻人事，指各种越级越职，不能称职地在其位谋其职。[5]光：光明之境。[6]聪不明：不听告诫。聪：听觉。

【今译】

电雷交击，犹如咬合，就是噬嗑卦的象征。前代的帝王有鉴于此，从而明察刑罚轻重，整理法律条文，从而威治天下。

所谓"脚上戴着木枷，伤了脚趾"，是为了加以惩戒，以免再犯法受刑。

所谓"因为偷吃好肉而被处割鼻之刑",是为了惩治这种犯上的行为。

所谓"中毒",居位不当的表现。

所谓"占卜艰难之事则曰有利,结果吉祥",表明目前仍处艰难之中,尚未进入光明之境。

所谓"占卜的结果是危险的,但最终尚无灾祸",是由于处理得当,最终躲避灾难。

所以会"戴上木枷,割去耳朵",是因为平日不听告诫,结果遭到刑律的惩罚。

【集解】

《象》曰:雷电噬嗑。

宋衷曰:雷动而威,电动而明,二者合而其道章也。用刑之道,威明相兼。若威而不明,恐致淫滥。明而无威,不能伏物。故须雷电并合,而噬嗑备。

疏 《晋语》:"司空季子曰:'车有震武也。'",韦注云"震,威也",又云"居乐出威",故云"雷动而威"。《说卦》:"离为电。"郑注云"久明似日,暂明似电",故云"电动而明"。《稽览图》曰"雷有声名曰雷,有光名曰电",是雷与电本合也,故云"二者合而其道章",即《象传》意也。用刑之道,二者相兼。"不明则刑"必滥,不威则物不伏,故必二者合,而后噬嗑之道始备。《吕刑》曰:"德威惟畏,德明惟明",是其义也。

先王以明罚敕法。

侯果曰:雷所以动物,电所以照物。雷电震照,则万物不能怀邪。故先王则之。"明罚敕法",似示万物,欲万方一心也。

疏 震动,故"雷所以动物"。离明,故"电所以照物"。有雷之震,有电之照,则万物不能怀邪。故先王则雷电之明威,以明罚而敕法焉。《说文》:"罚,罪之小者。从刀从詈。未以刀有所贼,但持刀骂詈则应罚。"《春秋元命苞》:"罔言为詈,刀詈为罚。"《吕刑》:"五刑不简,正于五罚。"孔传

"出金赎罪"。《地官·大司徒》："凡民之有邪恶者，三让而罚之。"注云"罚谓挞系之也"。

愚案："罚"从"刀"者，钱刀也。非"持刀骂詈"之谓，乃骂詈则以钱刀赎之也。故凡用薄刑者，通谓之罚，如《地官》所言是也。《吕刑》："蚩尤惟始作乱，延及于平民，苗民弗用灵。制以刑，惟作五虐之刑曰法。"《秋官·大司寇》："县刑象之法于象魏，使万民观刑象。"《月令》："孟秋之月，有司修法制法皆谓刑也。""明罚敕法，以示万物"者，欲万方一心，罔干宪典，即刑期无刑之意也。

又案：否干为"先"、为"王"，故曰"先王"。刑贵平，坎水平，故为"罚"、为"法"。离为"明"，故"明罚"。敕，戒也。震言为诚，故"敕法"。上之三得正，而折四狱，故"明罚敕法"也。

《象》曰：屦校灭趾，不行也。

虞翻曰：否坤小人，以阴消阳。"其亡其亡"，故五变灭初，否坤杀"不行也"。

干宝曰：不敢遂行强也。

疏 虞注：《系辞下》言"小惩大戒，小人之福"，谓此爻也。卦自否来，"小人道长"，谓坤初也。否以阴消阳，九五曰"其亡其亡"。消四及五，则五下，灭初坤臣杀君。"杀"读为"弑"，坤灭，故弑"不行也"。

干注：震为"行"，为刚躁，是"行强"也。互艮以止之，故"不敢遂行强也"。

《象》曰：噬肤灭鼻，乘刚也。

侯果曰：居中履正，用刑者也。二互体艮，艮为"鼻"，又"为黔喙"，"噬肤灭鼻"之象也。"乘刚"噬必深。噬过其分，故"灭鼻"也。刑刻虽峻，得所疾也，虽则"灭鼻"而"无咎"矣。

疏 二居中，六履正，得用刑之道者也。二互"艮鼻"，本《九家·说卦》文。"为黔喙"，本《说卦传》文。互艮，故有"噬肤灭鼻"之象也。下乘初刚，所噬必深。噬过其分，故至"灭鼻"。用刑虽峻，疾所当疾，故云"得所疾也"。虽至"灭鼻"，亦"无咎"矣。

愚案：二乘初刚，施以"灭鼻"之刑，是柔能制刚者也，故"无咎"。

《象》曰：遇毒，位不当也。

荀爽曰："昔肉"谓四也。三以不正，噬取异家。法当遇罪，故曰"遇毒"。为艮所止，所欲不得，故"小吝"也。所欲不得，则免于罪，故"无咎"矣。

疏　三近四，故"昔肉谓四"。三位不正，"噬取异家"，谓噬四也。取非其有，法当遇罪，故曰"遇毒"，毒亦四毒也。互艮以止之，故"为艮所止"。所欲之昔终不可得，故"小吝"也。然所欲不得，则可免于罪，故"无咎"矣。

《象》曰：利艰贞吉，未光也。

陆绩曰：肉有骨谓之"胏"。离为干肉，又为兵矢。失位用刑，物亦不服，若噬有骨之干胏也。金矢者，取其刚直也。噬胏虽复艰难，终得信其刚直。虽获正吉，未为光大也。

疏　马融云"有骨谓之胏"，故云"肉有骨谓之胏"。"离为乾卦"，阳为骨而离乾之，故"为干肉"。"离为戈兵"，故"为兵矢"。四失位不正，以此用刑，物必不服，故云"若噬有骨之干胏也"。《秋官·大司寇》"禁民讼入束矢，禁民狱入钧金"。矢取其直，不直者入束矢。金能见情，无情者入钧金。故云"金矢者取其刚直"。王肃又云"金矢所以获野禽，故食之得金矢"也，义亦可通。"噬干胏"，艰难之象也。"得金矢"，刚直之象也。于艰难而得刚直，可谓"利艰"矣。然必变正，然后"吉"也。变正则离毁，故"未光也"。

愚案：四有刚直之才，能断狱者也，故爻言"贞吉"。四为上下之隔，能乱群者也，故象言"未光"。

《象》曰：贞厉无咎，得当也。

荀爽曰：谓阴来正居是而厉阳也。以阴厉阳，正居其处而无咎者，以从下升上，不失其中，所言"得当"。

疏　谓初阴来五，正居于是而危厉阳位也。"以阴厉阳，正居其处"，宜有咎矣。"而无咎"者，以从下初上升于五，虽不正而不失中，故言"当"也。

案：五位不当，变之正，则当也。

《象》曰：何校灭耳，聪不明也。

《九家易》曰：当据离坎，以为聪明。坎既不正，今欲灭之，故曰"聪不明也"。

疏　"离为目"，主视为"明"。"坎为耳"，主听为"聪"。己居坎离之上，当据二象以为聪明。坎既不正，上欲灭之。坎灭而离象亦毁，故"聪不明"。郑氏云"目不明，耳不聪"是也。

贲 卦

【原典】

山下有火①，贲。君子以明庶政②，无敢折狱③。

"舍车而徒"，义弗乘也④。

"贲其须"，与上兴也。

"永贞之吉"，终莫之陵也⑤。

六四当位⑥，疑也；"匪寇婚媾"，终无尤也⑦。

六五之吉，有喜也。

"白贲无咎"，上⑧得志也。

【精注】

①山下有火：这是以贲卦的卦象为说的。贲卦离下艮上，离代表火，艮代表山，故曰"山下有火"。②庶政：繁杂的政事。明：明察。③无敢折狱：不敢对判断狱讼掉以轻心。④义：通作"宜"，适宜。徒：徒步，步行。⑤陵：通作"凌"，侵犯。贲：修饰。须：胡须。⑥当位：这是以"六四"的爻位爻象为说的。"六四"是以阴爻处于阴位，故曰"当位"。⑦尤：通忧，忧虑。⑧上：指上九，比喻人间居于上位者。

【今译】

山下有火，照耀林木，光彩焕发，象征"文饰"。治国之人有鉴于此，能够用明察的眼光处理政事，而不敢依据文饰之辞，对判断狱讼掉以轻心。

所谓"宁肯步行而不愿坐车"，是为了显示鞋之美丽，最好不去乘车。

所谓"修饰自己的胡须"，是为了显得年轻漂亮，为上级效力。

所谓"占卜长久之事则曰吉祥"，表明至终不会受到侵犯。

从六四的情况来看，虽然是正当之事，却仍有人怀疑，不过"这不是强盗抢掠而是前来抢婚"，于是疑虑消失，灾祸不会到来。

六五吉利的情况表明，必定有喜事要降临。

所谓"修饰素白，不好华丽，没有灾祸"，是说居于上位者的志向已经实现，所以崇尚质朴以远祸。

【集解】

《象》曰：山下有火，贲。

王廙曰："山下有火"，文相照也。夫山之属体，层峰峻岭，峭崄参差。直置其形，已如彫饰。复，加火照，弥见文章，贲之象也。

疏 此以山之峭峻为彫饰，火之照耀为文章，故取象于贲。愚谓山火象贲者，恶其文之著也。火在内而无物以掩之，则的然日亡。火在中而有山以止之，则暗然日章。贲象"山下有火"者，即"衣锦绮衣"之谓也，故《杂卦传》曰"贲，无色也"。

君子以明庶政，无敢折狱。

虞翻曰："君子"谓乾，离为"明"，坤为"庶政"，故"明庶政"。坎为"狱"，三在狱得正，故"无敢折狱"。噬嗑四不正，故"利用狱"也。

疏 "君子谓乾"者，泰乾也，即九三也。离日，故"为明"。坤为众，故"为庶"。又为事业，散"为政"。坤上来二成离，故"以明庶政"。坎为"狱"，说见噬嗑。三体坎中，故"在狱"。九居三为"得正"，故无敢来折三狱也。噬嗑四位不正，故上来居三，成丰折四，"利用狱"也。详具噬嗑。

愚案：动无不明，雷电之象也。故噬嗑"利用狱"。明而忽止，山火之象也，故贲"无敢折狱"。

《象》曰：舍车而徒，义弗乘也。

崔憬曰：刚柔相交，以成饰义者也。今近四，弃于二比，故曰"舍车,"。车，士大夫所乘，谓二也。四乘于刚，艮止其应，初全其义，故曰"而徒"。徒，尘贱之事也。自饰其行，故曰"贲其趾"。"趾"谓初也。

王肃曰：在下，故称"趾"。既舍其车，又饰其趾，是徒步也。

疏　崔注：刚柔相交，以成文饰之义。"今近四"，谓应四也。初比二，应四则"弃于二比"。二坎为"车"，故曰"舍车"。"车，士大夫所乘"，二坎是也。"四乘于阳"，谓三也。"艮止其应"，谓初也。乘刚，故不应初。初守其义而不求四，故曰"而徒"。徒步而行者，尘贱之事也。既不与二比，又不与四应，是自饰其行而贲其趾者也。"趾谓初"者，爻位初为"趾"。如王注所云"在下称趾"是也。

王注："近取诸身"，故"在下称趾"。既舍其车，又饰其趾，故有徒步之象。

案：礼唯大夫不徒行，初为士，故"义弗乘"。《尚书大传》："古之命民，能敬长怜孤，取舍好让，举事力者，命于其君。得命，然后得乘饰车骈马。士未有命，不得乘，乘有罚。"若然，则命士亦得乘之。今士未有命，故云"义弗乘也"。

《象》曰：贲其须，与上兴也。

侯果曰：自三至上，有颐之象也。二在颐下，"须"之象也。二无其应，三亦无应，若能上承于三，与之同德，虽俱无应，可相与而兴起也。

疏　自三至上，体有颐象。颐下，其象为"须"。须者，阴血所生而体柔。六为柔爻，二为阴位，又居颐下，故称"须"。上附于刚，刚柔相贲，故"贲其须"。二三俱无正应，但能同德，则二与三并兴。五上易位，皆得其应矣。须不动，

中华藏书

周易全书·最新整理珍藏版

必待颐而动，故曰"与上兴也"。

案：坎乾合而为需。二居互坎之下，变成乾，有需象焉。需者，须也，故曰"贲其须"。须，待也。初与四相应而贲。二与五无应。待五之正，二则贲之。归妹六三"归妹以须"，虞彼注云"须，需也"。彼待四，此待五也。"上"谓五，互震起为"兴"，故曰"与上兴也"。

《象》曰：永贞之吉，终莫之陵也。

卢氏曰：有离之文以自饰。故曰"贲如"也。有坎之水以自润，故曰"濡如''"也。体刚履正，故"永贞吉"。与二同德，故"终莫之陵也"。

疏 内体离，故"有离之文以自饰"，为"贲如"。互体坎，故"有坎之水以自润"，为"濡如"。《诗·小雅》"六辔如濡"，亦言其光美而沃泽也。九阳为"体刚"，三阳为"履正"。体刚故"永"，履正故"贞"，永贞故"吉"。三与二皆得位，故云"同德"，而皆无正应。二乘初、四乘三，嫌有陵之者。但能长守其正，五上易位，终获其应。上为终，故云"终莫之陵也"。

《象》曰：六四，当位疑也。

案：坎为盗，故"疑"。当位乘三，悖礼难饰。应初远阳，故曰"当位疑也"。

疏 "坎为盗"，《说卦》文。又坎心为疑，故"疑"。以六居四，故曰"当位"。下乘三刚，悖礼之人，难于文饰。舍三不饰，而应初九之远阳，故曰"当位疑也"。疑者，疑四为寇，不可贲也。

匪寇婚媾，终无尤也。

崔憬曰：以其守正待应，故"终无尤也"。

疏 四当位而待应初阳，故"无尤"。尤，过也。四本坤，坤代终，故曰"终无尤也。"

《象》曰：六五之吉，有喜也。

荀爽曰：艮，山。震，林。失其正位，在山林之间，贲饰丘陵，以为园囿，隐士之象也。五为王位，体中履和，勤贤之主，尊道之君也，故曰"贲于丘园，束帛戋戋"。君臣失正，故"吝"。能以中和，饰上成功，故"终吉"而"有喜也"。

虞翻曰：五变之阳，故"有喜"。凡言喜庆皆阳爻。"束帛戋戋"，委积之貌。

案：六五离爻，离为"中女"。午为蚕丝，束帛之象。

疏 荀注："艮为山"。"震为苍筤竹、为萑苇"，故为"林"。失其正位，是无位之士也。士居山林之间，贲饰丘陵，以为园囿，隐士之象也。五为天子，故"为王位"。以六居五，故为"体中履和"。惟能勤贤尊道，故"贲于丘园，束帛戋戋"。但君臣失正，所以"吝"也。卒能以中和之德，饰上位而成五功，所以"终吉而有喜也"。

虞注：阳主喜，阴主忧。五变之阳，所以"有喜"。"凡言喜庆皆阳爻"，否则变而成阳也。"束帛，委积之貌"，义本马君。薛虞云"戋戋，礼之多也。委积，盖言多也"。

案：六五离之中爻，故为离爻。"再索而得女"，故"为中女"。为蚕丝者，离在午方也。《夏官》"马质禁原蚕"者，盖马于辰属午，蚕亦属午，蚕与马同气，禁再蚕为伤马也，故知"午为蚕丝"也。以中女而治蚕丝，故有"束帛"之象。

《象》曰：白贲无咎，上得志也。

干宝曰：白，素也。延山林之人，采素士之言，以饰其政，故"上得志也"。

虞翻曰：上之正得位，体成既济，故曰"得志"。坎为"志"也。

疏 干注：《说文》："素，白緻缯也。"故云"白，素也"。"延山林之人，采素士之言"，谓六五也。上乘五，五得贤以饰其政，故"上得志也"。

虞注：上五易位，则各得其正，成既济定，其志得行，故曰"得志"。五上变体坎，故"坎为志"。

愚案：《家语·好生》："孔子尝自筮，其卦得贲焉，愀然有不平之状。子张进曰：'师闻卜才，得贲卦吉也，而夫子之色有不平，何也?'子曰：'以其离邪。在《周易》，山下有火谓之贲，非正色之卦也。夫质也，黑白宜焉。今得贲，非吾兆也。吾闻丹漆不文，白玉不雕，何也？质有余，不受饰故也。'"又《吕氏春秋》："孔子卜得贲，曰：'不吉'。子贡曰：'夫贲亦好矣，何谓不吉乎'？孔子曰：'夫白而白，黑而黑。夫贲，又何好乎?'"盖贲"观人文以化成天下"，故子张子贡以为吉。"小利有攸往"，故孔子以为不吉。然孔子虽不贲于当时，而删《诗》、《书》，订《礼》、《乐》，则贲于万世。尝曰"文王既没，文不在兹乎"。筮而得贲，其为贲也大矣。

剥　卦

【原典】

山附于地，剥。上以厚下安宅。①

"剥床以足"，以灭下也。

"剥床以辨"，未有与也。②

"剥之无咎"，失上下也。

"剥床以肤"，切近灾也。③

"以宫人宠"，终无尤也。

"君子德车"，民所载也；"小人剥庐"，终不可用也。④

【精注】

①山附于地，剥：剥卦上卦为艮，艮为山；下卦为坤，坤为地。剥：剥落之意。不说山在地上，而说"山附于地"，是由于山经过风雨长期侵蚀，终于崩倾而委附于地。②与：助，这里指辅佐者。辨：床头。肤：床身。③载：通"戴"。

【今译】

高山经过风雨侵蚀，崩裂倒塌而委附于地，象征"剥落"。尊上者都观此卦象和卦名，便加厚基础，安实房屋。

"剥蚀大床先损及床腿"，是说"凶"的原因在于根基受到损坏。

"剥蚀大床已经损及床头"，表明没有找到辅佐者。

"虽然处在剥蚀之中，却没有灾祸"，是由于被剥蚀者失去了人心，得不到别人的支持。

"剥蚀大床已经损及床身"，是说灾祸已经到来。

"宫中妃嫔承受君王的宠爱"，表明最终也无怨无悔。

"君子摘食硕果将会得到大车运载"，表明君子为百姓所拥戴；"小人摘食硕果将会剥落房屋"，表明小人终究不会有所成就。

【集解】

《象》曰：山附于地，剥。

陆绩曰：艮为山，坤为地。"山附于地"，谓高附于卑，贵附于贱，君不能制臣也。

疏　"艮为山"，"坤为地"，《说卦》文。"山附于地，谓高附于卑"，犹"贵附于贱"，有君不能制臣之势。君不能制臣，阴盛阳衰，则臣将剥君矣，故曰"剥"。

愚案：地载山者也，然"山附于地"，有时而崩。如《春秋·僖公十四年》："沙鹿崩。"《谷梁传》曰"高曰崩，厚曰崩，山崩由地崩也"。《京房易传》云"小人剥庐，阙妖山崩"，谓上九也。崩者，剥象也。故"山附于地"曰"剥"。

上以厚下安宅。

卢氏曰：上，君也。宅，居也。山，高也。山高绝于地。今附地者，明被剥矣，属地时也。君当厚锡于下，贤当卑降于愚，然后得安其居。

疏　"上，君也"，谓上九也。以非君位，故曰"上"。"宅，居也"，《释言》文。山高地卑，故"山高绝于地"。今附地者，明被阴气所剥，故曰"属地时也"。在上者观其象，知安上必由于厚下。故人君当厚锡于下，贤者当卑降于愚，然后得安其居。

愚案：坤厚载物，故为"厚"。地道卑，故曰"下"。地道静，故曰"安"。"艮为门阙"，故为"宅"。上观山崩由于地崩，则当法坤以厚下，然后得安其宅。"宅"言"安"者，以艮互坤也。

《象》曰：剥床以足，以灭下也。

卢氏曰：蔑，灭也。坤所以载物，床所以之人。在下，故称足。先从下剥，渐及于上，则君政崩灭，故曰"以灭下也"。

疏　"蔑""灭"同意，且同物。内卦坤，"坤厚载物"，故云"坤所以载物"。《说文》："床，安身之坐也。"故云"床所以安人也"。初在下，故称足，"近取诸身"也。二为"辨"，三为"肤"，《参同契》曰"剥烂肢体，消灭其形"是也。坤初六《文言》曰"其所由来者渐矣"，故曰"先从下剥，渐及于上。消至五，则君政崩剥，然其先实从下始"，故曰"以灭下也"。《乾·初九·象》曰"阳在下也"。今为坤阴所灭，故曰"灭下"。

《象》曰：剥床以辨，未有与也。

郑玄曰：足上称"辨"，谓近却之下。诎则相近，信则相远，故谓之"辨"。辨，分也。

崔憬曰：今以床言之，则辨当是床桋也。"未有与"者，言至三则应，故二"未有与也"。

疏　郑注："足上称辨"者，"近取诸身"也。二在足上，故为"辨"。"近却之下"，胫腓是也。前为胫，后为腓。诎则亲，信则远，是腓也。诎信有辨，"故谓之辨"。以"辨"训"分"也。

崔注：扬子《方言》："床，陈、楚之间谓之第。"故云"第足"。"床桋"无考，当亦方言。桋之为物，殆如堂之有陛也。与，应也。三与上虽不得位，犹为不义之应。五蔑贞，二无正应，故曰"未有与也"。

案：《尔雅》既曰"蓐谓之兹，竿谓之箷，簀谓之第"，即继之曰"革中绝谓之辨，革中辨谓之韏"。"辨"连"蓐""簀"言之，则"辨"亦卧具明矣。然其制，不可考也。

《象》曰：剥之无咎，失上下也。

荀爽曰：众皆剥阳，三独应上，无剥害意，是以"无咎"。《象》曰"失上下也"。

疏卦有五阴，消乾成剥，故云"众皆剥阳"。三虽不正，独与上应，阳阴相得，故无剥害上九之意，是以"无咎"也。"上"谓四，"下"谓初二。众阴皆欲剥阳，己独应上。剥之

中華藏書

周易全书·最新整理珍藏版

中国书店

所以无咎者，以违上下故也。当剥之世，以扶阳为贵。三舍众阴以应上九，故“无咎”。五率众阴以承上九，故“无不利”。初二四专以阴剥阳，故皆曰“剥床凶”。“三与五同功”，皆有扶阳之意，故知“上谓四，下谓初二”也。

《象》曰：剥床以肤，切近灾也。

崔憬曰：床之肤谓荐席，若兽之有皮毛也。床以剥尽，次及其肤，剥于大臣之象，言近身与君也。

疏　《玉篇》：“席，床席也。”《增韵》：“藁秸曰荐，莞薄曰席。”荐席所以覆床，故云“床之肤谓荐席”。荐席在床外，故云“若兽之有皮毛也”。床尽及肤，灾及于近，四为三公，故云“剥于大臣之象”。身在席上，故言“近身”。五为天子，故言“近君”。变坎为“灾”。《系辞下》曰“四多惧，近也”，韩注云“四近于君，故多惧也”。近五，故曰“切近灾也”。

《象》曰：以宫人宠，终无尤也。

崔憬曰：鱼与宫人皆阴类，以比小人焉。鱼大小一贯。若后夫人嫔妇御女，小大虽殊，宠御则一。故“终无尤也”。

疏　小人阴也。鱼与宫人皆阴类，故取其象，以况小人焉。鱼之大小一贯而进，若后与夫人嫔妇御女，虽有小大之殊，进御则一，群阴相次，五不专宠，故“终无尤也”。

《象》曰：君子德车，民所载也。小人剥庐，终不可用也。

侯果曰：艮为“果”、为“庐”，坤为“舆”。处剥之上，有刚直之德，群小人不能伤害也，故果至硕大，不被剥食矣。君子居此，万姓赖安，若得乘其车舆也。小人处之，则庶方无控，被剥其庐舍，故曰“剥庐，终不可用”矣。

疏　艮果蓏“为果”，门阙“为庐”，坤大舆为“车”。阳处剥上，有刚直之德，群阴不能伤害，故果至硕大，不被剥食。君子居此，则下承覆荫，若得车舆之安。“德车”亦作“得车”，故云“得”。坤为“民”、为“载”，故曰“民所载也”。小人处之，则灾及庶方，无所控告，不剥其庐舍不已。艮为“终”，坤为“用”，故曰“终不可用也”。

复　卦

【原典】

雷在地中，复。先王以至日闭关，商旅不行，后不省方。①

"不远"之"复"，以修身也。

"休复"之"吉"，以下仁也。②

"频复"之"厉"，义"无咎"也。③

"中行独复"，以从道也。

"敦复无悔"，中以自考也。④

"迷复"之"凶"，反君道也。⑤

【精注】

①雷在地中，复：复卦上卦为震，震为雷；下卦为坤，坤为地。地为阴，雷在地中震动，阳气复生，有复归之象，所以用"雷在地中"解释复卦卦义。至日：这里指冬至日。关：门阙。后：君。省方：省视天下。②下仁：对下施以仁义。③义：情势。④考：考察，反省。⑤迷：误入迷途。

【今译】

沉雷在地中震动，阳气渐渐复生，象征"复归"。先王观此卦象和卦名，便在微阳初兴的冬至那天闭门静心休养，客商和游子都不再外出远行，连君王也不省视天下。

"行而不远"就适时"复返"，目的是为了修洁自身。

"高高兴兴地复返"而"必获吉祥"，是由于能够向下属施以仁政。

"频繁地复返"虽然"会有危险"，但是从情势上看还不至于有什么灾祸。

"居中行正，独自复返"，为的是要遵从正道。

"敦厚诚信地复返，不会遭遇困危"，是由于居中不偏并能时刻反省自身。

"误入迷途又不知复返"，"必遭凶险"，是由于君王的作为背离了为君之道。

中華藏書

第一部 周易原典

中国书房

【集解】

《象》曰：雷在地中，复。先王以至日闭关，商旅不行。后不省方。

虞翻曰："先王"谓乾初。至日，冬至之日。坤阖为"闭关"。巽为商旅、为近利市三倍。姤巽伏初，故"商旅不行"。《姤·象》曰"后以施命诰四方"，今隐复下，故"后不省方"。复为阳始，姤则阴始。天地之始，阴阳之首。已言"先王"，又更言"后"，后，君也，六十四卦，唯此重耳。

宋衷曰：商旅不行。自天子至公侯，不省四方之事。一将以辅遂阳体，成致君道也。制之者，王者之事。奉之者，为君之业也。故上言先王，而下言后也。

疏 虞注：乾息于初。乾为"先"、为"王"，乾已入坤，故称"先王"。十一月阳生于子，是为冬至，故"至日，冬至之日"。"震为大涂"，剥艮为门，有"关"象，"阖户谓之坤"，故坤为"闭关"。初伏姤巽。"巽为商旅"者，《考工记》曰"通四方之珍异以资之，谓之商旅"。《说卦》曰"巽为近市利三倍"，故"为商旅"。震为"行"，巽为"商旅"而伏震初，故"商旅不行"。《姤·象》曰"后以施命诰四方"，阴土称"后"坤又为"方"。今姤巽隐在复下，故"后不省方"。复一阳生，故"为阳始"。姤一阴生，故"为阴始"。一阳，乾也，一阴，坤也，乾天坤地，故云"天地之始，阴阳之首"。"已言先王，又言后"者，乾为"先王"，坤五天子之位，土象，故称"后"，如泰五称"后"是也。"后，君也"。《释诂》文。六十四卦，"先王""后"不并言。并言者，唯此耳。

宋注：先王于阳复之时，下而商旅不行，上而后不省方。盖以微阳初生，贵于静养，藏之愈深，则发之愈盛，故云"将以辅遂阳体，成致君道也"。法创于古，故云"制之者，王者之事"。法行于今，故曰"奉之者，为君之业"。"上言先王而下言后"者，制法者，已往之王。而奉法者，继体之君也。

《象》曰：不远之复，以修身也。

侯果曰：祇，大也。往被阴剥，所以有悔。觉非远复，故无大咎。以此修身，颜子之分矣。

疏 "祗，大也"，义同韩训。"往"谓剥时。阳被阴剥，所以有悔。觉，知也。《系辞下》曰"复以自知"。又说此爻云"有不善未尝不知，知之未尝复行也"，故云"觉非远复"。善复，故"无大咎"。又曰"颜氏之子，其殆庶几乎"，故云"以此修身，颜子之分矣"。

愚案： 坤形为"身"，震象"修省"。乾刚反通坤初，故"以修身"。知行并进，"修身"之事也。《中庸》曰"修身以道，修道以仁"。复初乾元为仁。仁，"修身"之要也。《论语》曰"克己复礼为仁"，"修身"之谓也。

《象》曰：频复之厉，义无咎也。

侯果曰：处震之极，以阴居阳，惧其将危，频蹙而复，履危反道，义亦无咎也。

疏 三处震终，震为"恐惧"，以阴居阳，故"惧其将危"也。"频蹙而复"，是履于危涂，然后反于正道，故"义无咎也"。

《象》曰：迷复之凶，反君道也。

虞翻曰：姤乾为君，坤阴灭之，以国君凶，故曰"反君道也"。

疏 伏姤乾君，为坤阴所灭，迷而不反，宜其凶矣。国君之凶，由"反君道也。"

无妄卦

【原典】

天下雷行，物与，无妄。先王以茂对时育万物。[1]

"无妄"之"往"，得志也。

"不耕获"，未富也。

"行人得"牛，"邑人灾"也。[2]

"可贞无咎"，固有之也。[3]

"无妄"之"药"，不可试也。[4]

"无妄"之"行"，穷之灾也。

【精注】

①天下雷行，物与，无妄：无妄卦上卦为乾，乾为天；下卦为震，震为雷。雷行天下，声传百里，无物不受其震动，万物都应声复苏，所以用"天下雷行，物与，"解释无妄卦卦义。与：应。茂：盛，强大的威势。对时：应合天时。对，配合，应合。②灾：受灾。③固：固守，按部就班。④试：用。

【今译】

雷声在天下震响、散播，万物都受其震动，无不应声复苏，象征"不妄为"；先王观此卦象和卦名，便用雷行天下的强大威势来应合天时，养育万物。

"不妄为却有所作为"，是说进取之志必然实现。

"既不耕耘也不期望收获"，表明不能致富。

"路人顺手牵走"耕牛，表明"邑中人家将遭受缉捕之祸"。

"可以占问，没有灾祸"，表明只有固守，灾祸才可消除。

"患了意想不到的疾病"，"无须用药治疗而自会痊愈"，表明不可有病乱投医。

虽"不妄为"，但"若有举动"，将因时穷难通而招致灾祸。

【集解】

《象》曰：天下雷行，物与无妄。

《九家易》曰："天下雷行"，阳气普遍，无物不与，故曰"物与"也。物受之以生，无有灾妄，故曰"物与无妄"也。

虞翻曰："与"谓举。妄，亡也。谓雷以动之，震为反生，万物出震，无妄者也，故曰"物与无妄"。《序卦》曰"复则不妄矣，故受之以无妄"。而京氏及俗儒，以为"大旱之卦，万物皆死，无所复望"，失之远矣。"有无妄，然后可畜"，不死明矣。若物皆死，将何畜聚，以此疑也。

疏 《九家》注：乾为天，震为雷，文为"行"，震在乾下，故曰"天下雷行"。《说卦》曰"动万物者，莫疾乎雷"，又曰"万物出乎震"。《后汉书》郎颛上书："雷于天地为长子，以其首万物，与之出入也。二月出地百八十日，雷出则万物出。"故云"阳气普遍，无物不与"，是"物与"之义也。《豫·象》曰："雷出地，奋豫，先王以作乐崇德。"《乐记》曰："天地诉合，阴阳相得，煦妪覆育万物。然后草木茂，句萌达，羽翼奋，角觡生，蛰虫昭苏，羽者妪伏，毛者孕鬻，胎生者不渎，而卵生者不殈，则乐之道归焉耳。"乐道本震声，故云"物受之以生，无有灾妄"，是"物与无妄"之义也。

虞注："与谓举"者，以"举"从"与"也。举，皆也，如《月令》"举书其数"之"举"。"妄，亡也"者，以"妄"从"亡"也。亡，失也。如《家语》"楚人亡弓"之"亡"。"雷以动之"，"震为反生"，"万物出震"，皆《说卦》文。谓阳气振动，物皆反生，所以出乎震而无妄也。万物皆生，无所亡矣，故曰"物与无妄"也。引《序卦》"复则不妄矣，故受之以无妄"者，阳气既复，则物无虚妄也。马郑皆以"妄"为"望"。京氏《易传》以为"大旱之卦。百谷草木，咸就枯槁，万物皆死，无所复望"。《汉书·谷永传》："遭无妄之卦运。"应劭云："天必先云而后雷，雷而后雨。今无云而雷。无妄者，无所望也。"以"妄"为"望"，大乖《经》旨，故云"失之远矣"。引《序卦》"有无妄，然后可畜"者，以明"万物皆死"之非。言既死，何以有畜，故疑之也。

愚案：京以《杂卦》言"无妄，灾也"，遂以为"大旱之卦"。其实"无妄之灾"，指六三一爻而言，未可据释全卦。即如"贲，无色也"，谓上九也。不得以上九"白贲无咎"，遂谓"无色"可以蔽全卦也。

先王以茂对时育万物。

虞翻曰："先王"谓乾。乾盈为"茂"，艮为"对时"，体颐养象，万物出震，故"以茂对时、育万物"。言物皆死，违此甚矣。

侯果曰：雷震天下，物不敢妄，威震惊洽，无物不与，故先王以茂养万物，乃对时而育矣。时泰则威之以无妄，时否则利之以嘉遯，是对时而化育也。

疏　虞注："先王谓乾"者，以乾初故遯乾也。"乾盈为茂"者，阳息为"盈"，息盛故"茂"。艮"动静不失其时"，故为"时"。对之者，初乾也。初至四体象颐，故言"育"。"万物出乎震"，故言"万物"。以乾对艮，以颐育震，故"以茂对时、育万物"。"言物皆死"，京氏说也。

侯注：雷震则天威下行，故"物不敢妄"。威震则蛰者皆惊，故"无物不与"。育物对时，以时泰也。泰象震行，故"威以无妄"。否象艮止，故"利以嘉遯"。今遯上之初成无妄，阳气方亨，故对时而育物也。

《象》曰：**无妄之往，得志也。**

虞翻曰：四变应初，夫妻体正，故"往，得志"矣。

疏　四变正应初。震长男，巽长女，震巽为夫妻，故云"夫妻体正"。四已变，上动得正，四体坎，坎为"志"，故曰"往得志也"。

《象》曰：**不耕获，未富也。**

虞翻曰：四动坤虚，故"未富也"。

疏　阳实阴虚，四动成坤，阴虚之象。二在坤下，虚，故"未富也"。

《象》曰：**行人得牛，邑人灾也。**

虞翻曰：上动体坎，故称"灾"。四动之正，"坤为牛"，艮为鼻、为止，巽为桑、为绳。系牛鼻而止桑下，故"或系之牛"也。乾为"行人"，坤为"邑人"。乾四据三，故"行人之得"。三系于四，故"邑人之灾"。或说以四变，则牛应初震，坤为死丧，故曰"行人得牛，邑人灾也"。

疏　三应上，上动体屯，为坎"多眚"，故"称灾"。四变正体坤，故"为牛"。山泽通气，山虚受泽，故"艮为鼻"。艮以止之，故"为止"。巽为木，故"为桑"。为绳直，故"为绳"。又艮为手，以绳系牛鼻而止于桑下，四为巽而系三为坤，故曰"或系之牛"也。乾健为"行人"，四也。坤众为"邑人"，三也。"乾四据三"，是四系三，为有所得，故曰

"行人之得"。三系于四不变,上独变成屯,故曰"邑人之灾"也。行人得牛,邑人受灾,故曰"无妄之灾"。或说以四变坤为牛,应初震为"行人"。坤为死丧,故三为"灾"。此言初得四,三受灾,故曰"行人得牛,邑人之灾"。义亦略同,但不备耳。

《象》曰:可贞无咎,固有之也。

虞翻曰:动阴承阳,故"固有之也"。

疏 四本阴位,动而为阴,以阴居阴,上承五阳,故曰"固有之也"。

《象》曰:无妄之药,不可试也。

侯果曰:位正居尊,为无妄贵主,百姓有过,在予一人。三四妄处,五乃忧疾。非乖摄,则"药不可试"。若下皆不妄,则不治自愈,故曰"勿药有喜"也。

疏 九为"位正",五为"居尊"。五为天子,故"为无妄贵主"。"百姓有过,在予一人",《书·泰誓》文,言五为三四任过也。三四失位,故为"妄处"。五之"忧疾",乃忧三四之妄。非已乖于调摄,故"药不可试"。若三四反正,下皆不妄,则五之疾不治自愈矣,故曰"勿药有喜也"。

《象》曰:无妄之行,穷之灾也。

崔憬曰:居无妄之中,有妄者也。妄而应三,上下非正。穷而反妄,故为灾也。

疏 "中"当作"终"。上居无妄之终,位不得正,有妄者也。上应三体震为"行"。上与三皆不得正,虽阴阳相配,是不义之应也。应所不当应,是穷于上而反妄矣。行而穷,故为灾也。

大畜卦

【原典】
天在山中,大畜①。君子以多识前言往行,以畜②其德。
"有厉,利已",不犯灾也。

"舆说腹",中无尤也③。

"利有攸往",上合志也④。

六四"元吉",有喜也。

六五之"吉",有庆也。

"何天之衢",道大行也⑤。

【精注】

①天在山中:这是以大畜卦的卦象为说的。大畜是乾下艮上,乾代表天,艮代表山,故曰:"天在山中",亦即天之光明照耀群山之意。②畜:通作"蓄",积蓄。③尤:过失,怨恨。④上合志:符合上天的意志。⑤道:此处指"蓄德"之道。

【今译】

天光普照山中,万物竞相生长,大畜卦象征"积蓄"。有地位的人有鉴于此,就会多读多记前贤的嘉言与美行,用以培养与积蓄良好美德。

所谓"有危险的征兆,只有将事情停下来",才能避免灾难。

虽然有如"车辐脱离车体"那样的危险,但只要行为合于中正之道,就不会有怨恨。

所谓"再有行动会是有利的结果",因为这与天意相合。

《六四》所说的"大吉大利",是指将有喜事临门。

《六五》所说的"吉利",是从根本上去解决了问题,所以可喜可贺。

所谓"犹如有了畅通无阻的大道",就是指"蓄德"之道路,可畅通行走。

【集解】

《象》曰:天在山中,大畜。

向秀曰:止莫若山,大莫若天,天在山中,大畜之象。天为大器,山则极止,能止大器,故名"大畜"也。

疏 艮者,止也。山厚重不迁,故"止莫若山"。"大哉乾元",天覆帱无穷,故"大莫若天"。艮在乾外,故曰"天在山中,大畜之象"也。以天为大器,而山能止之,此名"大畜"之意也。

愚案：《说苑》曰"五岳能大布云雨焉，能大敛云雨焉。触石而出，肤寸而合，不崇朝而雨天下"。夫云雨者，天之气也，而实布敛于五岳焉。然其触石而雨天下，非敛无以为布。敛者，畜之谓也。以山畜天，故曰"大畜"。

君子以多志前言往行，以畜其德。

虞翻曰："君子"谓乾。乾为"言"，震为"行"，坎为"志"；"乾知大始"，震在乾前，故"志前言往行"。有颐养象，故"以畜其德"矣。

疏 《乾凿度》曰"乾三为君子"，故"君子谓乾"。"乾为言"，《九家·说卦》文。又震声为"言"，震足为"行"，坎心为"志"。"乾知大始"，《系辞上》文。"大始"谓乾初，震初即乾初，故震在乾前为"前言往行"。艮为多节，故"多志前言往行"。乾初为"积善"，自一乾以至三乾成，积善成德，故为"德"。三至上有颐象，颐者，养也，故"以畜其德"矣。天在山中而取义于畜德者，德者，积累而成。《中庸》论积曰"今夫天，斯昭昭之多，及其无穷也，日月星辰系焉，万物覆焉"，又曰"今夫山，一卷石之多，及其广大，草木生之，禽兽居之，宝藏兴焉"，郑彼注云"天之高明，本生昭昭，山之广大，本起卷石"。皆合少成多，自小至大。为至诚亦如此乎，是即天山畜德之义也。

《象》曰：有厉利己，不犯灾也。

虞翻曰：谓二变正，四体坎，故称"灾"也。

疏 "二与四同功"，二变正则四体坎，坎"为多眚"，故为"灾"。"利己"则初不犯四，故曰"不犯灾也"。

《象》曰：舆说腹，中无尤也。

卢氏曰：乾为"舆"。案：辕，车之钩心，夹轴之物。处失其正，上应于五，五居畜盛，止不我升，故且"说轻"。停留待时而进退得正，故"无尤也"。

疏 《说卦》："乾为圜。"《考工记》："盖之圜也，以象天也。"故"乾为舆"。《说文》："辕，车下缚也。"《释名》：

"轻，伏也。曰伏兔者，伏于轴上似之也。"故云"车之钩心，夹轴之物"。以九居二，为"处失其正"。二正应五，故"上应于五"。五居尊位，故为"畜盛"。外艮为止，五正畜二，故"止不我升"。应五而升，"故且说轻"。居中，故能"停留待时"。变柔，则为"进退得正"。居中得正，故"无尤也"。

《象》曰：利有攸往，上合志也。

虞翻曰：谓上应也。五已变正，上动成坎，坎为"志"，故"利有攸往"，与"上合志也。"

疏　三应上，故"谓上应也"。五失位，变之正，上动成坎，坎心"为志"。三往应之，"刚上而尚贤"，故与"上合志也。"

《象》曰：六四元吉，有喜也。

侯果曰：坤为舆，故有牛矣。牿，楅也，以木为之，横施于角，止其觚之威也。初欲上进而四牿之，角既被牿，则不能触四，是四童初之角也。四能牿初，与无角同，所以"元吉"而"有喜"矣。童牛，无角之牛也。《封人职》曰"设其楅衡"，注云"楅设于角，衡设于鼻"，止其抵触也。

疏　坤大舆"为舆"，又为牛，大车以牛驾之，故"有牛矣"。牿，楅也。即虞注"以木楅其角"也。《诗·閟宫》："夏而楅衡。"毛传"楅衡，设牛角以楅之"。《说文》："楅，木有所逼束也。"故云"以木为之，横施于角"。坤牛为觚，"畏以止之"，故"止其觚之威也"。四与初应，初本阳刚，欲上进于四，而四以阴柔牿之。初角被牿，不能害四。是四所牿者，"童初之角也"。四能牿初，初不为害，故与无角同，"所以元吉"。四互兑为说，故"有喜也"。《释山》："山无草木曰童。"若童子未冠然。无角之牛曰童牛者，亦取童子未冠之义也。复引《地官·封人》及郑注者，盖楅设于牛角，所以防触。衡设于牛鼻，所以系绳。注但言楅不言衡，以牿为防触，故但言"楅"也。

《象》曰：六五之吉，有庆也。

虞翻曰：五变得正，故"有庆也"。

崔憬曰：《说文》："豮，剧豕。"今俗犹呼"剧猪"是也。

然以豕本刚突，剧乃性和，虽有其牙，不足害物，是制于人也。以喻九二之刚健失位，若豕之剧，不足畏也。而六五应止之易，故"吉有庆"矣。

案：九二坎爻，坎为豕也。以阳居阴而失其位，若豕被剧之象也。

疏　虞注：五失位变得正，且得中，故"有庆也"。

案：五互震，震左属春，《月令》："孟春，行庆施惠。"故"有庆"。

崔注：《说文》："豮，剧豕。"俗呼剧猪豮，去势者也。豕本刚突之物，而牙为猛利。剧则性和，牙虽存而刚躁自止，不能害物而受制于人也。九二刚健失位，豫为制之，则如豕已剧，不足害人。而六五体艮，下应于二，应止之易，故吉有庆也。

案："坎为豕"，《说卦》文。九在二，坎之中爻也，故"为豕"。以阳居阴为失位，若"豮豕"本阳，剧去其势而象阴也。

《象》曰：何天之衢，道大行也。

虞翻曰：谓上据二阴。乾为天道，震为"行"，故"道大行"矣。

疏　上据四五二阴。《乾·象》曰"乾道变化"，故"为天道"。震足"为行"，故"道大行"。"道大行"谓变既济定时也。

颐　卦

【原典】
山下有雷①，颐。君子以慎言语，节饮食。

"观我朵颐"，亦不足贵也。

六二"征凶"，行失类也②。

"十年勿用"，道大悖也。

"颠颐"之"吉"，上施光也③。

"居贞"之"吉"，顺以从上也。

"由颐，厉吉"，大有庆也。

【精注】

①山下有雷：这是以颐卦的卦象为说的。颐卦是震下艮上，震代表雷，艮代表山，故曰"山下有雷"。②行：出行；类：众也，群众。③光：通作"广"。

【今译】

春雷在山下震动，草木竞相萌生，这就是颐的象征。有地位的人有鉴于此，应当言语谨慎，节制饮食，用以修德养身。

只知羡慕别人吃得好，而自己不务正业，这种人是不可能富贵的。

六二所说的"有战事必有凶险"，是说明统治者的行动失去了群众的支持。

所谓"十年之内无所作为"，是因为与正道相去甚远。

所谓"为百姓求得养育"的这种"吉利"，是说明统治者施恩甚厚，足以供养万民。

所谓"平安居处之所以吉祥"，是由于安分守道，顺从上天的安排。

遵循颐养之道，先艰难而后吉祥，因为好人会有好报。

【集解】

《象》曰：山下有雷，颐。

刘表曰：山止于上，雷动于下，颐之象也。

疏 上止下动，其象为颐。又雷伏山下，天地以阳养物，故曰颐。

君子以慎言语，节饮食。

荀爽曰：雷为号令，今在山下闭藏，故"慎言语"。雷动于上，以阳食阴，"艮以止之"，故"节饮食"也。"言出乎身，加乎民"，故"慎言语"，所以养人也。饮食不节，残贼群生，故"节饮食"以养物。

疏 震雷为声，故"为号令"。今闭藏山下，故宜"慎言语"。雷在下，动而上，"以阳食阴"之象。艮止于外，故宜"节饮食"。"言出乎身，加乎民"，《系辞上》文。言不苟出，出必当理。《左传》曰"仁人之言，其利溥哉"，故"慎言语，所以养人也"。《天宫·庖人》："掌共六畜六兽六禽，辨其名物，凡令禽兽以法授之，其出入亦如之。""以法授之"者，皆有常数，不使过也。盖饮食不节，则残贼群生，故"节饮食所以养物"也。

愚案："君子"谓初乾，震也。直言曰"言"，谓震声也。答难曰"语"，伏巽应也。艮阳小为"慎"，故"慎言语"。"食"以养阴，互两坤也。"饮"以养阳，伏两乾也。艮多节，故"节饮食"。孔疏引先儒云"祸从口出，患从口入"，故于颐养而慎节之也。

《象》曰：观我朵颐，亦不足贵也。

侯果曰：初本五也。五互体艮，艮为山龟，自五降初，则为颐矣。是"舍尔灵龟"之德，来"观朵颐"之馔，食禄致"凶"，故"不足贵"。

案：朵颐垂下，动之貌也。

疏　侯注：卦自观来，故"初本五也"。五在观，互体艮。《释虫》："七山龟。"《寰宇记》："蔡山出大龟。"故云"艮为山龟"。自五降初，变而成颐。灵龟，不食之物。朵颐，贪食之象。"是舍灵龟之德，观朵颐之馔"。盖贪禄而致凶者也，"故不足贵"。又易例，阳为贵阴为贱。以九居初，阳爻得位，宜足贵矣。然徒知养小而失大，孟子所谓"饮食之人，则人贱之矣"，故"不足贵也"。

案：《说文》："朵，树木垂朵朵也。"故云"朵颐垂下"。震为动，故云"动之貌也"。

《象》曰：六二征凶，行失类也。

侯果曰：征则失养之类。

疏　震足为"行"，二与五应为"类"。二待五正，则得所养，"征则失养之类"也。

《象》曰：十年勿用，道大悖也。

虞翻曰：弑父弑君，故"大悖也"。

疏　弑父弑君，悖亦极矣。伏乾为"道"，坤反乾道，故曰"道大悖也"。

中華藏書

周易全书·最新整理珍藏版

中国书店

《象》曰：颠颐之吉，上施光也。

虞翻曰：晋四之初，谓三已变，故"颠颐"。与屯四乘坎马同义。坤为"虎"，离为目。眈眈，下视貌。逐逐，心烦貌。坤为吝啬，坎水为"欲"，故"其欲逐逐"。得位应初，故"无咎"。谓上已反，三成离，故"上施光也"。

疏 卦自晋来，四本互坎，之初为颐。三变又为坎，坎陷为"颠"，故曰"颠颐"。屯四亦三变而乘坎马，故云"同义"也。"坤为虎"，见"风从虎"注。"离为目"，谓晋离也。初在下，故"眈眈"为"下视貌"。晋坎为心，故"逐逐"为"心烦貌"。"坤为吝啬"，《说卦》文。坎为心，又为水，故"为欲"。是以"其欲逐逐"，应初之专也。四得正位，下应于初，刚柔相应，故"无咎"。二无应，故颠颐而凶。四有应，故颠颐而吉。"谓上已反"者，与五易位也。"三成离"者，三变则四在离中也。四变则，与上成离。离日为"光"，故"上施光也"。

《象》曰：居贞之吉，顺以从上也。

王弼曰：以阴居阳，拂颐之义也。无应于下，而比于上，故宜居贞，顺而从上则吉。

疏 以阴居阳，拂颐之经。下无正应而上比于九，故变而居贞，则成益矣。益五"元吉"，故"居贞吉"。五坤为"顺"，故"顺而从上则吉"。若往而易位成坎，是涉大川，则不可也。

《象》曰：由颐厉吉，大有庆也。

虞翻曰：失位，故"厉"。之五得正成坎，坎为"大川"，故"利涉大川"。变阳得位，故"大有庆也"。

疏 九失正位，故有危厉。五上易位，则"得正成坎"。坎水"为大川"，故"利涉大川"。五易上位，则有逼上之嫌，故"不可涉大川"。上易五位则有屈已之道，故"利涉大川"。五上易位，上五皆正，故云"变阳得正"。阳称"大"、称"庆"，故"大有庆也"。

大过卦

【原典】

泽灭木，大过。君子以独立不惧，遯世无闷。①

"藉用白茅"，柔在下也。

"老夫女妻"，过以相与也。②

"栋桡"之"凶"，不可以有辅也。

"栋隆"之"吉"，不桡乎下也。③

"枯杨生华"，何可久也？"老妇士夫"，亦可丑也。④

"过涉"之"凶"，不可"咎"也。

【精注】

①泽灭木，大过：大过卦上卦为兑，兑为泽；下卦为巽，巽为木。泽木是滋养木者，水涨却灭了木，实在太过分，所以用"泽灭木"解释大过卦卦义。遯世：避世。闷：苦闷。②相与：相亲和。③下：向下弯曲。④丑：丑事，不庄重的事。

【今译】

大泽水涨，淹没了树木，象征"大有过越"。君子观此卦象和卦名，便独立自持并无所畏惧，决然避世而毫不苦闷。

"用洁白的茅草铺地以陈放祭品"，表明柔顺居下，行为敬谨。

"年迈老汉娶了个年轻娇妻"，虽然行为不妥，但尚能与人亲和。

"大梁弯曲"而"必有凶险"，是由于不能再加木辅之。

"大梁隆起"而"可获吉祥"，是由于大梁不再向下弯曲。

"枯槁的杨树开出新花"，生机怎么能维持长久呢？"年迈的老太婆嫁了个年轻的美丈夫"，这也是不庄重的事。

"盲目过河，大水淹没了头顶"而"凶祸已成"，不可再加责难，因为责难也于事无补。

【集解】

《象》曰：泽灭木，大过。

案：兑，泽也。巽，木。灭，漫也。凡木生近水者，杨

中華藏書

周易全书·最新整理珍藏版

中国书店

六二八

也。过泽太过，木则漫灭焉。二五枯杨，是其义。

疏 兑泽巽木，皆本《说卦》。"灭，漫也"，言水浸淫败物也。《诗·秦风》："隰有杨。"《释地》："下滋曰隰。"故"凡木生近水者，杨也"。泽水大过，木则漫灭，二五爻辞并言"枯杨"，是其义也。

君子以独立不惧，遯世无闷。

虞翻曰：君子谓乾初。阳伏巽中，体复一爻，潜龙之德，故称"独立不惧"。"忧则违之"，乾初同义，故"遯世无闷"也。

疏 "君子谓乾初"者，初本巽也。巽"其究为躁卦"，故"阳伏巽下"。乾之初九即复也，入坤出震，故云"体复一爻"。乾初九"潜龙勿用"，故云"潜龙之德"。"确乎不拔"，故"独立不惧"。隐藏坤中，坤乱于上。"忧则违之"，"遯世无闷"，皆乾初《文言传》文，故云"乾初同义"也。

愚案：泽虽灭木，木得水而益荣。君子法此，则有大过乎人之学问焉。"独立"则如巽木。伏震为惧，巽成震毁，故"不惧"。"无闷"则如"兑以说之"。闷与说反，说故"无闷"。本末虽弱，中互两乾，阳刚不桡，故能"独立不惧，遯世无闷"，与乾初同义也。

《象》曰：藉用白茅，柔在下也。

侯果曰：以柔处下，履非其正，咎也。苟能絜诚，肃恭不怠，虽置羞于地，可以荐奉。况"藉用白茅"，重慎之至，何咎之有矣"。

疏 "下"谓初下也。初为阳位，以柔处之，履非其正，宜有咎矣。"巽絜齐"，有"絜诚"之象。巽柔顺，有"肃恭"之象。故云"苟能絜诚，肃恭不怠"。初于三才为地道，《系辞上》说此爻曰"苟错诸地而可矣"，故云"置羞于地"。卦有鼎象，《鼎·象》曰"亨以享上帝"，故云"可以荐奉"。《系》又曰"藉之用茅，何咎之有，慎之至也"，故云"藉用白茅，重慎之至，何咎之有矣"。

《象》曰：老夫女妻，过以相与也。

虞翻曰：谓二过初与五，五过上与二。独大过之爻，得过其应，故"过以相与也"。

疏　"二过初与五"者，初比二而二使之过与五也。"五过上与二"者，上比五而五使之过与二也。"独大过之爻，得过其应"者，《乾凿度》："初与四，二与五，三与上谓之应。"今四不桡乎下而过与五，三不可有辅而过与二，故曰"过以相与也"。

《象》曰：栋桡之凶，不可以有辅也。

虞翻曰："本末弱"，故"桡"。辅之益桡，故"不可以有辅"。阳以阳为"辅"也。

疏　三应在上，上柔爻，故"末弱"。将过上应初；初亦柔爻，故"本弱"。《传》曰"本末"，正指三所应之爻皆弱，"故桡"而"凶"也。"辅之"谓初上二爻，皆弱，故"辅之益桡"，而"不可以有辅也"。《比·象传》曰：比，辅也，下顺从也"。是阴比阳而谓之"辅"，故云"阳以阴为辅也"。

尽案：卦辞言"栋桡"而三独当之者，三处下体之上，而初弱不胜其任，又上应"兑为毁折"，故三独当"栋桡之凶"也。上阴可以辅阳，以初弱不能承三，则三亦不能为主。以弱济弱，故"不可以有辅也"。

又案：《释宫》"栋谓之桴"，郭注"即屋脊也"。《说文》"栋，极也"。《逸雅》"栋，中也，居屋之中也"。卦辞言"栋"，唯三四两爻，居卦之中，故皆言"栋"。

《象》曰：栋桡之吉，不桡乎下也。

虞翻曰：乾为"动直"，远初近上，故"不桡下也"。

疏　《系辞上》曰"夫乾，其动也直"，故"乾为动直"。自二至四乾象始成，故能"不桡"。四与初异体，故"远初"。与上同体，故"近上"。与在上，不在下，故曰"不桡乎下也"。

《象》曰：枯杨生华，何可久也。老妇士夫，亦可丑也。

虞翻曰：乾为"久"。枯而生华，故"不可久也"。妇体姤淫，故"可丑也"。

疏 《系辞上》曰"有亲则可久",谓乾也,故"乾为久"。杨已枯而复生华,故"不可久也"。初为"老妇",初体姤,"媚女壮",郑氏谓"壮健以淫",故云"妇体姤淫","亦可丑也"。

《象》曰：过涉之凶，不可咎也。

《九家易》曰：君子以礼义为法，小人以畏慎为宜。至于大过之世，不复遵常，故君子犯义，小人犯刑，而家家有诛绝之罪，不可究也。大过之世，君子逊避，不行礼义，谓当不义则争之，若比干谏而死是也。桀纣之民，可比屋而诛。上化致然，亦不可咎。曾子曰"上失其道，民散久矣。如得其情，则哀矜而勿喜"，是其义也。

疏 "曾子曰"至"勿喜"，《论语》文。此以"君子犯义，小人犯刑"为"过涉"，不应经义。王弼注云"志在救时，故不可咎"。盖喻仗节死义之臣，行虽过而理无害。若所云"比干谏而死"之类，得其解矣。

坎　卦

【原典】

水洊至，习坎；君子以常德行，习教事。①
"习坎入坎"，失道"凶"也。②
"求小得"，未出中也。
"来之坎坎"，终无功也。③
"樽酒簋"，刚柔际也。
"坎不盈"，中未光大也。④
"上六"失道，"凶三岁"也。

【精注】

①水洊（jiàn）至，习坎：坎卦上下卦均为坎，坎为水，重坎有水流连续不断之象，所以用"水洊至"解释坎卦卦义。洊，再，重。常：使……常，恒久地保持。习：修习，实践。教事：政教事务。②失：违背。③坎坎：坎坷险难。④大：光大。

【今译】

水流不断，连连而至，象征"重重险难"；君子看到此卦象和卦名，便使美德善行保持长久，反复修习政教事务。

"面临重重险难又落入陷穴深处"，表明违背履险之道"必有凶险"。

"从小处谋求脱险虽能得逞"，但仍面临险境。

"来来去去都处在险难之中"，表明最终难成履险之功。

"一樽薄酒，两筐淡食"，表明刚柔并济。

"陷穴尚未满盈"，表明虽然居中，但是平险功业尚未光大。

"上六"爻违背履险正道，所以"凶险将持续三年"。

【集解】

《象》曰：水洊至，习坎。君子以常德行，习教事。

陆绩曰：洊，再，习，重也。水再至而益通流，"不舍昼夜"。重习相随以为常，有似于习。故君子象之，以常习教事，如水不息也。

虞翻曰："君子"谓乾五。在乾称"大人"，在坎为"君子"。坎为"习"为"常"。乾为"德"，震为"行"。巽为教令，坤为"事"。故"以常德行，习教事"也。

疏　陆注："洊，再"，《释言》文。《书，大禹谟》："卜不习吉。"《左传·哀公十年》："卜不袭吉。""袭"古文作"戳"、"褶"。袭，重衣也。"褶"与"习"通，故云"习，重也"。两坎相因，故"水再至"。以水益水，故"益通流"。"不舍昼夜"，《论语》文。相随为常，有似于习，君子法其象，以常习教育之事，如水之流而不息也。

虞注：九五得中得正，故"君子谓乾五"。"在乾称大人，在坎为君子"者，五"坎不盈"，德盛而业未大也。坎重，故"为习"。不息，故"为常"。五乾为"德"，互震为"行"。观巽"申命行事"为"教令"，观坤"发于事业"为"事"。"君子进德修业"，如水之重习有常，故"以常德行，习教事也"。

《象》曰：习坎入坎，失道凶也。

虞翻曰：习，积也。位下，故"习"。坎为"入"。坎中小穴称"窞"。上无其应，初二失正，故曰"失道凶"矣。

疏 自阳德言"习"为"常"。自险势言，"习"为"积"，故云"习，积也"。坎自初积，故位下称"习"。《说卦》言坎"万物之所归也"，故曰"入"。《字林》："窞，坎中小穴也。"两坎之下，是坎中之窞。初在下二是"入于坎窞"之象。盖习坎，其位也。入坎，其失道也。阳为道，初失位，故曰"失道"。四无正应，初与二皆失位，故曰"失道凶也"。言初而及二者，以二"求小得"，亦失道也。

《象》曰：来之坎坎，终无功也。

干宝曰：坎，十一月卦也。又失其位，喻殷之执法者，失中之象也。"来之坎坎"者，斥周人观衅于殷也。枕，安也。"险且枕"者，忍以暴政加民而无哀矜之心。淫刑滥罚，百姓无所措手足，故曰"来之坎坎，终无功也"。

疏 坎主冬至，故为十一月。卦三不中不正为"失位"。十一月天气闭塞，又失位且失中，坎象执法，故以"喻殷之执法者，失中之象也"。殷法失中为"坎坎"，周来观之为"来之坎坎"。斥，指也。"斥周人观衅于殷也"者，如《泰誓》"观政于商"是也。"枕"所以安首，故云"枕，安也"。居险之中，且安枕焉，故言安"忍以暴政加民而无哀矜之心"。水失位则泛溢，故言"淫刑滥罚，百姓无所措手足"。此所以"来之坎坎"而"终无功也"。

案："三与五同功"，三失位不能承五，故"无功"。三应上为"终"。上六"系徽纆"，故"终无功"。又体师，《师·三·象》曰"大无功也"。

《象》曰：尊酒簋，刚柔际也。

虞翻曰：乾刚坤柔，震为交，故曰"刚柔际也"。

疏 "乾刚坤柔"，《杂卦》文。《屯·象传》曰"刚柔始交而难生"，谓乾刚坤柔始交而成坎也。际，接也。乾交坤自震始，故"震为交"。四互二三为震，而上与五接，故曰"刚柔际也"。簋，古音机。与缶、牖为韵，别本有"贰"字者，衍文也。

中華藏書

周易全书·最新整理珍藏版

中国书店

六三二

中国书店

《象》曰：坎不盈，中未光大也。

虞翻曰：体屯五中，故"未光大也"。

疏屯九五《象》曰"屯其膏，施未光也"，以在坎中也。二至上体屯，五居屯中，离伏不见，故"中未光大也"。成既济离出，则光大矣。

《象》曰：上六失道，凶三岁也。

《九家易》曰：坎为丛棘，又为法律。

案：《周礼》，王之外朝，左九棘、右九棘、面三槐。司寇公卿，议狱于其下。害人者，加明刑，任之以事。上罪三年而舍，中罪二年而舍，下罪一年而舍也。

案：坎于木坚而多心，"丛棘"之象也。坎下巽爻，巽为绳直，"系用徽纆"也。马融云："徽纆，索也。"刘表云："三股为徽，两股为纆，皆索名，以系缚其罪人矣。"

疏 《九家》注："坎为丛棘"，又"为法律"，皆《九家·说卦》文。《周礼·秋官》朝士"掌外朝之法。左九棘，孤卿大夫位焉。右九棘，公侯伯子男位焉。面三槐，三公位焉"。又曰"左嘉石，平罢民焉。右肺石，达穷民焉"。郑氏谓"罢民，邪恶之民也"。"外朝"为询事之处，故使司寇公卿议狱于下。"害人者"以下，皆《司圜》文也。郑彼注云"明刑，书其罪恶于大方版，著其背，任之以事，若今时罚作"。舍，释之也。

愚案：《论语》曰"上失其道，民散久矣。如得其情，则哀矜而勿喜"，爻言"三岁不得"，谓不得其情也。盖上六阴柔失道，久系不得其情，故"凶三岁也"。

案：丛棘、徽纆，释已见前。马氏亦概言"索"尔。《谷梁传疏》陆德明云"三纠绳曰徽，二纠绳曰纆"，与刘注合。《字林》又以"纠为两合绳，纆为三合绳"，是二股三股，亦无定诂。不如马氏，概言"索也"。《论语》"缧绁"注云"缧，黑索"，疏云"古者以黑索拘挛罪人"。不如虞云"黑索"为可据也。

离 卦

【原典】

明两作^①，离。大人以继明照于四方。^②

"履错"之"敬"，以辟^③"咎"也。

"黄离元吉"，得中道也。

"日昃之离"，何可久也！"突如其来如"，无所容也。^④

"六五"之"吉"，离王公也。

"王用出征"，以正邦也。^⑤

"获匪其丑"，大有功也。

【精注】

①明两作：作，升起。离卦是由两个单卦"离"所组成。离代表日，故曰"明两作"。就是说太阳连续不断地升起，今天升起明天又升起。《周易集解》："虞翻曰'两谓日与月也。''作，成也。'"②继：连续不断。③辟：通作"避"，避免。④容：容忍，承受。⑤正邦：保持国家安全。

【今译】

太阳不断地升起，光明连续照耀。这就是离卦的象征。伟大的人物也就如连续不断升起的太阳一样，以其无穷的光辉美德，普照四方。

"听到纷至沓来的脚步声"而"立刻警惕戒备"，可以避免灾害。

所谓"被黄色附着就会大吉大利"，是因为黄色代表的是中正之道。

"太阳偏西，挂在天边"，不是长久之势。

对于"突如其来的灾难"，是无法承受的。

《六五》所说的"吉祥"，是表示臣下遇灾，但依附于王公之力，才能逢凶化吉。

"君王出兵征伐"，是为了国家的安全；"抓获了敌人及其同党"，是取得了重大的战功。

中華藏書

周易全书·最新整理珍藏版

中国书店

【集解】

《象》曰：明两作，离。

虞翻曰："两"谓日与月与。乾五之坤成坎，坤二之乾成离。离坎，日月之象，故"明两作，离"。作，成也。日月在天，动成万物，故称"作"矣。或以日与火，为"明两作"也。

疏 孟子曰"天无二日"，故"两谓日与月也"。乾五之坤五成坎，坤二之乾二成离。离日坎月，故云"日月之象"。离以丽乾为义，故"明两作"。谓日月而名"离"也。《系辞上》曰"坤化成物"，姚信云"化当为作"，故云"作，成也"。《乾·象传》曰"大明终始，六位时成"。荀以乾坤坎离为言，详见彼注"六位时成"。则资始在是，即资生在是，故"日月在天，动成万物"为"作"矣。"或以日与火为明两作"者，亦知"天元二日"也。然不如日月为两明之义确也。盖于文，日月合而为"明"。月无光，以日之光为光，是"明"者皆离，故"明两作"而为"离"也。

大人以继明照于四方。

虞翻曰：阳气称"大人"，则乾五"大人"也。乾二五之光，继日之明。坤为"方"。二五之坤，震东兑西，离南坎北，故曰"照于四方"。

疏 "阳气称大人"者，谓五伏阳，故云"乾五大人也"。乾二五之坤为坎，坎月为"光"。《中庸》曰"如日月之代明"。"代明"即"继明"也。以月继日，故云"继日之明"。"坤为方"，《九家·说卦》文。乾二五之坤，成坎互震。坤二五之乾，成离互兑。故"震东兑西，离南坎北"。《周书·谥法》曰"照临四方曰明"，故曰"照于四方"也。

《象》曰：履错之敬，以辟咎也。

王弼曰：错然，敬慎之貌也。处离之始，将进其盛，故宜慎所履，以敬为务，辟其咎也。

疏 "错然"者，敬慎之貌。心敬慎，则足盘辟也。初"处离之始"，欲进于盛，四应则将成既济也。已得位本无咎，四阳敌应采犯为咎，故"宜慎所履，以敬为务"，所以辟四咎也。

《象》曰：黄离元吉，得中道也。

侯果曰：此本坤爻，故云"黄离"。来"得中道"，所以"元吉"也。

疏　坤二之乾为离，故云"此本坤爻"。《九家·说卦》"坤为黄"，故云"黄离"。二来居中，故"来得中道"。上应五，五虽非正，然得中位，二五皆自坤来，坤五曰"黄裳元吉"。二应五，"所以元吉也"。

《象》曰：日昃之离，何可久也。

《九家易》曰：日尽当降，何可久长。三当据二，以为鼓缶。而今与四同取于五，故曰"不鼓缶而歌"也。

疏　日昃当降于地。乾为"久"。三处乾终，乾盈将退，故有不可久长之象。余释见上。

《象》曰：焚如其来如，无所容也。

《九家易》曰：在五见夺，在四见弃，故"无所容也"。

疏　阳在五为阴爻所夺，阳在四为阴位所弃，故"无所容"。又四为恶人涞则焚死且弃，故曰"无所容也"。

《象》曰：六五之吉，离王公也。

《九家易》曰：戚嗟顺阳，附丽于五，故曰"离王公也"。阳当居五，阴退还四，五当为王。三则三公也。四处其中，附上下矣。

疏　戚嗟顺四，体阴位阳，是附丽于五为"离王公也"。阳升当居五，阴降当退四。五天子为王位，三则三公之位也。四处其中，上离五王，下离三公矣。

愚案："离王公"，离上也。王肃注云"离王者之后为公"是也。

《象》曰：王用出征，以正邦也。

虞翻曰：乾五出征坤，故"正邦也"。

疏　离自坤来，坤土为"邦"。出离为坎，乾五出征，坤邦得正，征之为言正也，故曰"以正邦也"。

象传下篇

咸 卦

【原典】

山上有泽，咸。君子以虚受人。①

"咸其母"，志在外也。

虽"凶居吉"，顺不害也。

"咸其股"，亦不处也；志在"随"人，所"执"下也。②

"贞吉悔亡"，未感害也；"憧憧往来"，未光大也。③

"咸其脢"，志末也。

"咸其辅颊舌"，滕口说也。④

【精注】

①山上有泽，咸：咸卦上卦为兑，兑为泽；下卦为艮，艮为山。山气向上，泽水向下，山泽通气，互有通感，所以用"山上有泽"解释咸卦卦义。②处：安居不动。下：自卑居下。③憧憧往来：心意不定，思绪不绝。④滕：通"腾"，水滔滔流动的样子，这里是形容说话侃侃而谈。

【今译】

高山之上有大泽，山气向上，泽水向下，山泽通气，象征"感应"；君子观此卦象和卦名，虚怀若谷广纳众人的教益，想要与众人互有感应。

"交相感应在脚的大拇指"，表明感应之志在于向外发展。

"虽有凶险，但居家不出可获吉祥"，表明顺依正道并与之感应，灾祸可以避免。

"交相感应在大腿"，表明不能居家静处；志在"盲目追随"他人，表明志向不高，自卑而居他人之下。

"占问可获吉祥，困厄将会消亡"，是由于志在行正，从而祸害可免；"心意不定，思绪不绝"，表明感应之道尚未光大。

"交相感应在脊背"，表明志向不高。

"交相感应在面颊和口舌"，表明感应之道已成，双方感情非常和谐，因而可以侃侃而谈。

【集解】

《象》曰：山上有泽，咸。

崔憬曰：山高而降，泽下而升，"山泽通气"，咸之象也。

疏　山至高，今降在下，降以气也。泽至下，今升在上，升以气也。"山泽通气"，《说卦》文。通则感，感即咸，故云"咸之象也"。

君子以虚受人。

虞翻曰：君子谓否乾。乾为人，坤为虚。谓坤虚三受上，故"以虚受人"。艮山在地下为谦，在泽下为虚。

疏　乾三为君子，乾上之三，故"君子谓否乾"。人得阳以生，故"乾为人"。阳实阴虚，故"坤为虚"。三自乾上来，是"坤虚三受上"。乾坤感应，阳施阴受，故"以虚受人"。谦、咸二卦皆山在下。"山在地下为谦"者，山卑自牧也。"在泽下为虚"者，山虚能受也。二卦皆乾上之三，谦指乾上亏盈之义，咸指坤三虚受之义。

《象》曰：咸其母，志在外也。

虞翻曰：母，足大指也。艮为指。坤为母，故"咸其母"。失位远应，之四得正，故"志在外"，谓四也。

疏　"母"，古文"拇"，《子夏传》作"坶"，马、郑、薛皆云"足大指也"。《系·下》曰"近取诸身"，咸言人事，故六爻皆取象于身，而初则象足。"艮为指"，"坤为母"，皆《说卦》文。荀氏云"母，阴位之尊"。"母""拇"同物。初与四应，四感初，初为足，故"咸其母"也。六居初为"失位"，应在四为"远应"。初四易位皆得其正，故"之四得正"。初利之四，故"志在外"。"在外"者，四属外卦也。之四互两坎，故称志。

《象》曰：咸其股，亦不处也。志在随人，所执下也。

虞翻曰：巽为股，谓二也。巽为随，艮为手，故称执。三应于上，初四已变历险，故往吝。巽为处女也。男已下女，以艮阳入兑阴，故"不处也"。凡士与女未用，皆称"处"矣。志在于二，故"所执下也"。

疏　"巽为股"，《说卦》文。二三体皆巽，二感三，故"咸其股"。《巽·象》曰"随风巽"故"巽为随"。"艮为手"，《说卦》文。以手执物，故"称执"。三应于上必历四。初四易位成坎险，应上则必历险，"故往吝"也。巽为伏，故"为处女"。在咸之家，已有男下女之象，以艮阳上入兑阴，故二三同在巽体，"亦不处也"。士未用称处士，女未嫁称处女。二阴为女，三阳为士。三乘二，是志在于二，故"所执下也"。

愚案：腓股为物，皆感而易动。五感二，故戒以居吉。上感三，三欲动，故曰"亦不处也"。亦，亦二也。初三易位则体随，初在下，故"所执下也"。上虽咸其股而不处，已则执其随而不往，于感应之时，守艮止之义，庶不误于所感，若不能固执而妄随，则往见吝矣。

《象》曰：贞吉悔亡，未感害也。

虞翻曰：坤为害也。今未感坤初，体遯弑父，故曰"未感害也"。

疏　否坤阴为害。初至五体遯，有艮子弑父之害。今未感坤初，不遇遯艮弑父，故曰"未感害也"。

愚案：初四易位，各得其正，坤害不见，故曰"未感害"。《下系》说此爻曰："讪信相感而利生焉"，感而利生，故"未感害也"。

幢幢往来，未光大也。

虞翻曰：未动之离，故"未光大也"。

疏　四动则成离，离为光大。未动，故"未光大"。谓感上亦以求正也。

愚案：离为光，乾为大。往则成离，来则离毁，故"未光"。往则乾毁，来亦乾毁，故"未大"。

《象》曰：咸其脢，志末也。

案：末，犹上也。四感于初，三随其二，五比于上，故"咸其脢"。"志末"者，谓五志感于上也。

疏　大过"本末弱"，《系辞下》"其上易知。"末即谓上，故云"末犹上也"。四应初，故"感于初"。三乘二，故"随其二"。五承上，故"比于上"，为"咸其脢"。五志在感上，故曰"志末也"。

《象》曰：咸其辅颊舌，滕口说也。

虞翻曰：滕，送也。不得之三，"山泽通气"，故"滕口说也"。

疏　"滕，送也"，《释言》文。"滕"当读为"腾"。《燕礼》曰"滕觚于宾"。郑氏彼注云"滕，送也"。今文"滕"皆作"腾"。是"滕"为古文"腾"也。《淮南子》曰"子产腾辞"。上与五比而不应三，故云"不得之三"。然"山泽通气"，兑说于上而艮不能止于下，故"滕口说"矣。郑氏云"咸道极薄，徒送口舌言语而已，不复有志于其间。"

案：自下而上曰腾。滕者，腾也。咸上自否三采，《象传》曰"柔上"是也。上成兑口，故"滕口说"。上言"滕"，故三言"不处也"。

恒　卦

【原典】

雷风，恒。君子以立不易方。①

"浚恒"之"凶"，始求深也。②

"九二悔亡"，能久中也。

"不恒其德"，无所容也。③

久非其位，安得"禽"也？

"妇人贞吉"，从一而终也；　　"夫子"制义，从妇"凶"也。④

"振恒"在上，大无功也。

【精注】

①雷风，恒：恒卦上卦为震，震为雷；下卦为巽，巽为风。雷风相与，是宇宙间恒常不变的现象，所以用"雷风"解释恒卦卦义。立不易方：树立持之以恒的观念。方，道，观念。②始：开始。③容：容身之处。④制义：裁制即决断事理。义，理。从妇：如果像妇人那样。

【今译】

雷动而风行，雷风相与是宇宙之间恒常不变的现象，象征"恒久"。君子观此卦象和卦名，树立持之以恒的观念。

"有所追求，持续得过于恒久"而凶险，表明开始所求过深，凶祸将不期而至。

"九二"爻"困厄消亡"，是由于能够持之以恒坚守中正之道。

"不能持之以恒地保持美德"，将无处容身。

"长久地居于不当之位，打猎怎么能捕得'禽兽'呢？"

"占问妇人之事，可获吉祥"，是由于对丈夫从一而终；"男人"则应当决断事理，如果像妇人那样则必有凶险。

高高在上"动摇不安，变化无常"，功效不会很大。

【集解】

《象》曰：雷风，恒。

宋衷曰：雷以动之，风以散之。二者常相薄，而为万物用。故君子象之，以立身守节而不易道也。

疏 "雷以动之，风以散之"，《说卦》文，又曰"雷风相薄"，又曰"动万物者莫疾乎雷，挠万物者莫疾乎风"，故云"二者常相薄而为万物用"。盖雷风至变，而至变之中有不变者存，变而不失其常者也，故曰"雷风恒"。君子象之，以立身守节而不变易．其常道也。

君子以立不易方。

虞翻曰：君子谓乾三也。乾为易为立，坤为方，乾初之坤四，三正不动，故"立不易方"也。

疏 三本乾也，故"君子谓乾三"。"乾以易知"为易，

"立天下之大本"为立。坤"直方大"为方。泰乾初之坤四，乾爻惟三得其正。三正不动，故曰"立不易方也"。

愚案：终变成益，则初四、二五复位。三正不动，故"立不易方。"

《象》曰：浚恒之凶，始求深也。

虞翻曰：浚，深也。初下称浚，故曰"浚恒"。乾初为渊，故深矣。失位变之正，乾为始，故曰"始求深也"。

疏　初位在下称浚，故曰"浚恒"。乾四曰"或跃在渊"，渊谓初。初曰"潜龙勿用"，是初潜为渊，故称深矣。初失位变之正，成乾，为"始求深也"。

《象》曰：九二悔亡，能久中也。

荀爽曰：乾为久也。能久行中和，以阳据阴，故曰"能久中也"。

疏　乾可久，故为久。以阳爻据阴位，故曰能久中也。

案：二在中，失位变之正，乃能行中和之道，故曰"能久中"。

《象》曰：不恒其德，无所容也。

《九家易》曰：言三取初隔二，应上见乘，是"无所容"。无居自容，故"贞吝"。

疏　释已见上。

愚案：恒唯三阳得位。爻不正者，既不见容。爻之正者，隔于不正，又不见容。是以"无所容也"。

《象》曰：久非其位，安得禽也。

虞翻曰：田谓二也，地上称田。无禽谓五也。九四失位，利二上之五，己变承之，故曰"田无禽"。言二五皆非其位，故《象》曰"久非其位，安得禽也"。

疏　二与四同功，故知"田谓二也"。二于三才为地位，乾九二曰"见龙在田"，故知"地上称田"也。禽，获也。四近承五，故知"无禽谓五也"。阴阳相比、相应，阳为阴得称禽、称获。九四与二五相比皆失位，利二变之五，己亦变正承之。二五易位各得其正，故曰"田无禽"，谓无所得也。言二五失正，皆非其位，故象曰"久非其位，安得禽也"。

案：巽为鸡称禽，二在地上称田。二与五应，则巽禽为五有矣，故九四曰"田无禽"。四互乾，乾可久为久。乾阳虽久，居非其位，恒而不得其正，故无所得也。又恒自泰来。四之初，故初曰"始求深"。初之四，故曰"久非其位"。

《象》曰：妇人贞吉，从一而终也。

虞翻曰：一谓初。终变成益，以巽应初震，故"从一而终也"。

疏 初九为元，元即一也，故"一谓初"。终变成益时，巽四正应震初，故云"以巽应初震"。《郊特牲》曰"一与之齐，终身不改，故夫死不嫁"，是"从一而终"之义也，所谓恒也。

夫子制义，从妇凶也。

虞翻曰：震没从巽，入坤，故"从妇凶"矣。

疏 "巽，德之制"，故为制。坤为义门，故为义。以乾制坤为制义。终变成益时，震夫没从巽妇，入于互坤，坤为死丧，故"从妇凶也"。

《象》曰：震恒在上，大无功也。

虞翻曰：田谓二也，地上称田。无禽谓五也。九四失位，利二上之五，已变承之，故曰"田无禽"。言二五皆非其位，故《象》曰"久非其位，安得禽也"。

疏 二与四同功，故知"田谓二也"。二于三才为地位，乾九二曰"见龙在田"，故知"地上称田"也。禽，获也。四近承五，故知"无禽谓五也"。阴阳相比、相应，阳为阴得称禽、称获。九四与二五相比皆失位，利二变之五，已亦变正承之。二五易位各得其正，故曰"田无禽"，谓无所得也。言二五失正，皆非其位，故象曰"久非其位，安得禽也"。

案：巽为鸡称禽，二在地上称田。二与五应，则巽禽为五有矣，故九四曰"田无禽"。四互乾，乾可久为久。乾阳虽久，居非其位，恒而不得其正，故无所得也。又恒自泰来。四之初，故初曰"始求深"。初之四，故曰"久非其位"。

遯 卦

【原典】

天下有山，遯；君子以远小人，不恶而严。①

"遯尾"之"厉"，不往何灾也？

"执用黄牛"，固志也。②

"系遯"之"厉"，有疾惫也；"畜臣妾吉"，不可大事也。

"君子好遯，小人否"也。③

"嘉遯贞吉"，以正志也。

"肥遯无不利"，无所疑也。④

【精注】

①天下有山，遯：遯卦上卦为乾，乾为天；下卦为艮，艮为山。②固志：加强意志。固：加强。③否：做不到。④疑：怀疑，迟疑。

【今译】

高天之下立着大山，天远离山，象征"退避"；君子观此卦象和卦名，便疏远小人，但憎恶之情不能显露，只得庄严立身，自甘退避。

"退避不及，落在后边"而"必有危险"，但若不前往，灾祸又从何而来呢？

"被黄牛皮绳捆绑"，是为了加强辅佐时事的意志。

"心中有所系恋，迟迟不能适时退避"而"必有危险"，表明赢弱困顿，疲惫不堪；"畜养臣仆和侍妾可获吉祥"，是说奴仆只能做侍疾之类小事，而不可插手治国大事。

"君子虽然心怀恋情，但是已经适时退避，小人却做不到。"

"选择最佳时机适时退避，占问可获吉祥"，从而端正心志。

"高飞远走，彻底退避，无所不利"，表明要毫不迟疑，无所系恋。

【集解】

《象》曰：天下有山，遯。

崔憬曰：天喻君子，山比小人。小人浸长，若山之侵天。君子遯避，若天之远山，故言"天下有山遯"也。

疏 乾为天，纯阳以喻君子。艮为山，二阴消阳，以比小人。阴在下而浸长，若山欲侵于天。阳在上而自尊，若天常远于山。故曰"天下有山，遯"。

君子以远小人，不恶而严。

虞翻曰：君子谓乾，乾为远、为严。小人谓阴，坤为恶、为小人。故"以远小人，不恶而严"也。

侯果曰：群小浸盛，刚德殒削，故君子避之。高尚林野，但矜严于外，亦不憎恶于内，所谓"吾家耄逊于荒"也。

疏 虞注：君子谓乾三也。乾为天，天道远，故为远。乾位西北，其气凛冽，故为严。小人为二阴也。坤阴为恶，消阳成否为小人。阴消及三，君子道消，小人道长，"天地闭，贤人隐"，故"以远小人，不恶而严也"。

侯注："群小浸盛"，谓下二阴也。"刚德殒削"，谓上四阳也。是小人在位，君子在野之时，故"君子避之"也。然当其高尚林野，但外示矜严以持乎己，实内无憎恶以尤乎人。"吾家耄逊于荒"，《书·微子》文。言吾家老成之人，皆逃遯于荒野之外。引之以明远小人之义。

《象》曰：遯尾之厉，不往何灾也。

虞翻曰：艮为尾也。初失位，动而得正，故"遯尾厉"。之应成坎为灾，在艮宜静，若不往于四，则无灾矣。

疏 艮为黔喙之属，多长尾，故"为尾"。以阴居初为失位。初动得正，则遯去其尾，故曰"遯尾"。所以"厉"者，上与四应，之应成坎，坎为灾，故厉也。艮止宜静，不往于四，则无灾也。

《象》曰：执用黄牛，固志也。

侯果曰：六二离爻，离为黄牛。体艮履正，上应贵主。志在辅时，木随物遯。独守中直，坚如革束，执此之志，莫之胜说。殷之父师，当此爻矣。

疏　坤二之乾成离，故"六二为离爻"。《离》卦辞曰"畜牝牛吉"，六二爻辞曰"黄离元吉"，故"离为黄牛"。二体艮位履正。五得中得正，故云"上应贵主"。诸爻皆言遯，二不言遯，故云"志在辅时，不随物遯"。二在中，坤二曰"直方大"，故云"独守中直"。革柔而坚，居下之中，故云"坚如革束"。得正为贞，贞固足以干事，故云"执此之志，莫之胜说"。"殷之父师"，谓箕子也。《书·微子》"父师若曰：自靖人自献于先王，我不顾行遯"，足以当此爻矣。

《象》曰：系遯之厉，有疾惫也。

王肃曰：三下系于二而获遯，故曰"系遯"。病此系执而获危惧，故曰"有疾惫也"。此于六二，畜臣妾之象，足以畜其臣妾，不可施为大事也。

疏　三比二阴，故系二而获遯，为"系遯"。三多凶，系则有疾而厉，因"系执而获危惧，故曰有疾惫也"。三为二阴所系，二阴为小，故但可畜臣妾，而"不可施为大事也"。

畜臣妾吉，不可大事也。

虞翻曰：三动入坤，坤为事，故"不可大事也"。

荀爽曰：大事谓与五同任天下之政。潜遯之世，但可居家畜养臣妾，不可治国之大事。

疏　虞注：三动成坤为否，坤"发于事业"，故为事。阳称大，阴称小，三成否阴，故"不可大事也"。

荀注：三与五同功，故"大事谓与五同任天下之政"也。当"潜遯之世"，动而成否，故但可居家养小，不可治国图大也。

《象》曰：君子好遯，小人否也。

侯果曰：不处其位而遯于外，好遯者也。然有应在初，情未能弃。君子刚断，故能舍之。小人系恋，必不能矣。故君子吉，小人凶矣。

疏　四与初应，初在内，四在外。四阳当在初，今"不处其位而遯于外"，是"好遯者也"。处于外而有应于内。君子刚断，故决然遯去。小人系恋，则不能也。故"君子吉，小人凶"也。

《象》曰：嘉遯贞吉，以正志也。

侯果曰：时否德刚，虽遯中正，嘉遯者也，故曰"贞吉"。遯而得正，则群小应命。所谓纽巳紊之纲，正群小之志。则殷之高宗当此爻矣。

疏 三消阳为"时否"，九在五为"德刚"。所处虽遯，而得乎中正，嘉遯者也，故贞而获吉。阳正乎上，为"遯而得正"。阴应于下，为"群小应命"。当遯之世，乾得正，是"纽巳紊之纲"也。坤应正，是"正群小之志"也。《书·说命》曰："台小子旧学于甘盘，既乃遯于荒野。"《无逸》曰："其在高宗时，旧劳于外，爱暨小人。作其即位，乃或亮阴，三年不言，言乃雍。不敢荒宁，嘉靖殷邦。"以圣主遯于荒野，卒能嘉靖殷邦，故云"殷之高宗当此爻矣"。

《象》曰：肥遯无不利，无所疑也。

侯果曰：最处外极，无应于内，心无疑恋，超世高举，果行育德，安时无闷，遯之肥也，故曰"肥遯无不利"。则颖滨巢、许当此爻矣。

疏 上处最外，内无正应，是以心无疑顾，超然远遯。体乎乾以果行育德，法乎艮以安时无闷，故云"遯之肥也"。《淮南·九师训》曰"遯而能肥，吉执大焉"，故曰"肥遯无不利"。《高士传》："巢父，尧时隐人。尧让位于许由，由以告巢父，巢父责之曰：'汝何不隐汝形，藏汝光，非吾友也。'乃过清冷之水洗其耳。"故云"颖滨巢、许当此爻矣"。又上之三成坎，坎心为疑，无应则"无所疑也"。

愚案：内卦艮，艮止也，故为勿往、为执革、为系、为畜。外卦乾，乾阳也，故为好、为嘉、为肥。四五犹有正应，未能脱然远去。上与三不应，且处乾野而在上极，故曰"肥遯"。古本"肥"作"蜚"，与"蜚"、"飞"字同。《后汉书注》引《九师训》。曰"遯而能飞"，曹植《七启》曰"飞遯离俗"，张衡《思玄赋》曰"欲飞遯以保名"。盖上变则体小过，小过有飞鸟之象，上六应之，故曰"飞遯"。荀注乾九五云"飞者，喻无所拘也"。无所拘，故"无所疑"云。

大壮卦

【原典】

雷在天上，大壮[①]。君子以非礼弗履。[②]

"壮于趾"，其"孚"穷也。[③]

"九二贞吉"，以中也。

"小人用壮，君子罔"也。

"藩决不赢"，尚往也。

"丧羊于易"，位不当也。[④]

"不能退，不能遂"，不详也[⑤]；"艰则吉"，咎不长也。

【精注】

①雷在天上，大壮：大壮卦上卦为震，震为雷；下卦乾，乾为天。雷主动，天主健，动而健，有盛壮之象，所以用"雷在天上"解释大壮卦卦义。大壮：刚大盛壮。②履：履行，做事。③穷：穷尽，尽头。④丧：丢失。⑤不详：不详细，不周全。

【今译】

震雷响彻天际，声威刚健而气势雄壮，象征"刚大盛壮"；君子观此卦象和卦名，便遵守礼制，违背礼节的事情都不去做。

"脚趾盛壮"，表明其诚信之德已经到了尽头。

"九二"爻"占问可获吉祥"，是由于阳刚居中。

"小人恃盛壮以逞刚强，君子则虽然盛壮而克制不妄用。"

"藩篱牴开了裂口而羊角却被缠绕"，表明利于进取前往。

"在田边丢了羊"，是由于居位不当。

"既不能后退，也不能前进"，是由于考虑事情不够周全；"经受艰苦磨难则可获吉祥"，表明灾祸很快即会过去。

【集解】

《象》曰：雷在天上，大壮。

崔憬曰：乾下震上，故曰"雷在天上"。一曰雷，阳气世。

阳至于上卦，能助于天威，大壮之象也。

疏 乾为天在下，震为雷在上。《论衡》曰"雷者，太阳之激气"，故云"雷，阻气也"。阳气在上，能助天威，刚以动，故有大壮之象。

君子以非礼弗履。

陆绩曰：天尊雷卑，君子见卑乘尊，终必消除，故象以为戒，"非礼不履"。

疏 《汉书·五行志》曰"雷于天地为长子"，故云"天尊雷卑"。震上乾下，是"以卑乘尊"也。阳长至上，成乾灭震，是"终必消除"也。震为足，震足履乾，履非所履。阴消至上，震足不见，故君子取以为戒，而"非礼弗履"。履者，礼也。天在泽上为履，上下有辩。以坤柔履刚，故嘉会合礼。雷在天上，尊卑倒置，以震刚履乾，故"非礼弗履"。

《象》曰：**壮于趾，其孚穷也。**

虞翻曰：应在乾终，故"其孚穷也"。

疏 体有两乾，"应在乾终"者，互乾之终也。终者，穷也以阳应阳，故孚穷。孚穷，故伤。

《象》曰：**九二贞吉，以中也。**

虞翻曰；变得位，故"贞吉"。动体离，故"以中也"。

疏 阳变为阴得正位，故曰"贞吉"。动则成离，离二《象》曰"得中道也"，故云"以中"。二宜阴中也。

《象》曰：**小人用壮，君子罔也。**

侯果曰："藩"谓四也，九四体震，为竹苇，故称"藩"也。三互乾兑，乾壮兑羊，故曰"羝羊"。四藩未决，三宜勿往，用壮触藩，求应于上，故角被拘羸矣。

案：自三至五体兑为羊，四既是藩，五为羊角，即"羝羊触藩羸其角"之象也。

疏 侯注："藩谓四"者，四体震，震为竹木、为萑苇，故为藩。三下互乾，上互兑，乾体壮，兑象羊，故曰"羝羊"。四藩在前，刚而未决，三宜固守勿往。若用壮触四，求应于上，上欲应三，为四所隔，故云"角被拘赢矣"。上为角，爻例也。"赢"，《释文》郑、虞作"累"，马氏以为大索，是也。与观交通，观巽为绳。三动互离，羊性喜触，兑毁而离丽，故有拘赢其角之象。

案：以五为角，从荀义也。

《象》曰：藩决不赢，尚往也。

虞翻曰：失位，悔也。之正得中，故"贞吉"而"悔亡"矣。体夬象，故"藩决"。震四上处五，则藩毁坏，故"藩决不赢"。坤为大舆、为腹；四之五折坤，故"壮于大舆之腹"。而《象》曰"尚往"者，谓上之五。

疏　九居四为"失位"，宜有悔也。上之五得中，故"贞吉而悔亡矣"。初至五体象夬，夬者，决也，故曰"藩决"。四体不正，上之五则震体毁，故藩决不能赢也。"坤为大舆、为腹"，皆《说卦》文，谓泰坤也。四之五体坎，坎折坤体，故曰"壮于大舆之腹"也。壮者，伤也。而《象》曰"尚往"者，尚，上也，谓上之五也。

《象》曰：丧羊于易，位不当也。

案：谓四五阴阳失正。阴阳失正，故曰"位不当也"。

疏　四五阴阳失正：故曰"位不当"。四动之五，各得其正，故勿悔也。

《象》曰：不能退不能遂，不详也。

虞翻曰：乾善为详，小不得三应，故"不详也"。

疏　"详"，古文"祥"。《释诂》云"详，善也"。"元者善之长"，故"乾善为详"。上隔于四，不得三应，不得乾，故"不详也"。

艰则吉，咎不长也。

虞翻曰：巽为长，动失位为咎。不变之巽，故"咎不长也"。

疏　"巽为长"，《说卦》文。上动失位，故有咎。守正应三，不变之巽，故"咎不长也"。"咎不长"者，即《杂卦》

所谓"大壮则止"也。

晋 卦

【原典】

明出地上，晋。君子以自照明德。

"晋如摧如"，独行正也。

"裕无咎"，未受命也。①

"受兹介福"，以中正也。②

"众允"之志，上行也。

"硕鼠贞厉"，位不当也。

"矢得勿恤"，往有庆也。

"维用伐邑"，道未光也。③

【精注】

①命：责任。②兹：此。介：大。③道未光也：道：指王道；光：光大。道未光也即王道还没有发扬光大。

【今译】

太阳高高升起在大地上空，这就是晋卦的象征。有才德的人有鉴于此，于是将自己的德行发扬光大。

所以能"发动进攻并摧毁了敌军"，是因为指挥决断正确。所以会"心地坦然而无灾祸"，说明指挥因地制宜，不需要承担任何责任。

所谓"得到如此大福"，是因为坚守中正之道。

所谓"得到众人的信任"，是因为斗志昂扬。

所以说"如果攻击敌人时像田鼠偷吃，占卜必然危险"，因为当时所处的位置不当。

"不要计较一时的得失"，因为勇往直前，必得吉祥。

"虽然讨伐了叛乱的邑镇"，这说明王道未得到广泛传播，而采取的措施，不够光明正大。

【集解】

《象》曰：明出地上，晋。君子以自照明德。

郑玄曰：地虽生万物，日出于上，其功乃著。故君子法之，而以明自照其德。

虞翻曰：君子谓观乾。乾为德，坤为自，离为明。乾五动，以离日自照，故"以自照明德"也。

疏 郑注：日出于地，进于天，以照地，故曰"明出地上，晋"。地有生物之功，必得"日以烜之"，长养乃著，故曰"日出地上，其功乃著"。君子以明白照其德，盖法乎此也。

虞注：观九五曰"观我生，君子无咎"。"君子谓观乾"者，乾五也。乾可久为德，坤成形为自，离日为明。乾五动则体离，以离日自照，故"以自照明德也"。俗本"照"作"昭"，孔疏引周氏等为"照"，之召反。以为自照己身，是也。

《象》，曰：晋如摧如，独行正也。

虞翻曰：初动震为行，初一称"独"也。

疏 初动为震，震足为行。初即一也，一即"独"也。《方言》曰"一，蜀也，南楚谓之独"。郭注"蜀，独也"。故云"初一称独"，初变震得正，故曰"独行正也"。

裕无咎，未受命也。

虞翻曰：五未之巽，故"未受命也"。

疏 四之五体巽为命，卦辞言锡，命锡自上。五未之正成巽，故初"未受命也"。

《象》曰：受兹介福，以中正也。

《九家易》曰：五动得正中，故二受大福矣。大福谓马与蕃庶之物是也。

疏 五动成乾，得正得中，二与五应，故"受大福矣"。大福即卦辞"锡马蕃庶"之类也。

《象》曰：众允之志，上行也。

虞翻曰：坎为志，三之上成震，故曰"上行也"。

疏 互坎为志。三之上则体震，震为行，故曰"上行也"。

《象》曰：硕鼠贞厉，位不当也。

翟玄曰：硕鼠昼伏夜行，贪猥无已，谓虽进承五，然潜据下阴，久居不正之地，故有危厉也。

疏　《左传·襄公二十三年》"抑君似鼠，昼伏夜动"，故云"昼伏夜行"。离日为昼，五离中，故伏于五。坎月为夜，四坎中，故行于坎。当晋之时，贪猥无已，虽欲进而承上，然实潜而据下，以阳居阴，是"久居不正之位"。四多惧，故有危厉也。

《象》曰：矢得勿恤，往有庆也。

虞翻曰：动之乾乾，为庆也。"矢"古"誓"字，誓，信也。勿，无，恤，忧也。五变得正，坎象不见，故"誓得勿恤，往有庆也"。

疏　五动成乾，乾阳故"为庆"。《释言》："矢，誓也。""矢"、"誓"同音同物。《书·盘庚》："出矢言。"《诗·卫风》："永矢弗谖。"《论语》："夫子矢之。""矢"皆训"誓"，故知"矢为古誓字"。《曲礼》曰"约信曰誓"，故云"誓，信也"。"勿"训"无"，"恤"训"忧"。五体互坎为加忧，变得正，坎象不见，故"誓得勿恤"。五往成乾，故"往有庆也"。

《象》曰：惟用伐邑，道未光也。

荀爽曰：阳虽在上，动人冥豫，故"道未光也"。

疏　阳在离上，动则成豫，《豫·象》曰"利建侯行师"。行师侵伐，故"惟用伐邑"。豫上六曰"冥豫"故"动人冥豫"。豫成离毁，冥则无光，故"道未光也"。

明夷卦

【原典】
明入地中，明夷。君子以莅众，用晦而明。①
"君子于行"，义"不食"也。②
六二之"吉"，顺以则也③
"南狩"之志，乃大得也。④
"入于左腹"，获心意也。
"箕子"之"贞"，"明"不可息也。
"初登于天"，照四国也。"后入于地"，失则也。

【精注】

①明入地中：太阳西沉，古人认为是隐入大地之中，其光明不显于外而存于地中，取得这种外晦内明之象，故有"莅众用晦而明"之说。明：太阳的光明，借指太阳。②义：出于节义。③顺以则：这是以"六二"、"九三"爻象和爻位为据说的。"六二"阴爻为柔，"九三"阳爻为则，"六二"居"九三"之下，所以说"顺"。则，法则。④大得：大有抱负，大有作为。

【今译】

日没大地，光明消失，明夷卦象征"光明受损"。有才德的人有鉴于此，在面对百姓之时，就有意隐藏自己的智慧，有如一无所知，而内心却明察一切，这种大智若愚的态度使得德行更显光辉。

"君子出行在外"，虽然挨饿，但他出于节义，忍饥不食。

六二所说的"吉祥"，是指马匹驯服，比喻德性柔顺，遵守法则。

所谓"到南郊狩猎"，表现出来的志向，乃是大有抱负，大有作为的。

所谓"退处左方腹地"，是为了对内中情况更加详细的了解，这样做才可使隐退者如愿以偿。

像贤者"箕子那样佯狂自保"，所表现出来的"正道"，表达了光明生生不息。

"日升高空"，光照天下，形容德行普照万民；"日落地下"，光芒熄灭，比喻违背正义原则。

【集解】

《象》曰：明入地中，明夷。君子以莅众，用晦而明。

虞翻曰：而，如也。君子谓三。体师象。以坎莅坤。坤为众、为晦，离为明，故"用晦如明"也。

疏　《诗·小雅》："垂带而厉。"郑笺"而亦如也"，《孟子》："望道而未之见。"注云"而通如"；《齐策》："而此三者。"注云"而犹如也"，故云"而，如也"。临二之三得正，故

"君子谓三"。二至上体师，《师·象传》曰"师，众也"。师众即坤众也。师以坎莅坤，明夷体师，亦以坎莅坤。坤阴为众，灭乙为晦，离日为明。"用晦如明"者，虽在晦，犹自明也。

《象》曰：君子于行，义不食也。

荀爽曰：暗昧在上，有明德者，义不食禄也。

疏　"暗昧在上"，谓坤也。"有明德者"，谓离在下也。离初得位，以义自安，不食暗君之禄，故云"义不食禄也"。

《象》曰：六二之吉，顺以则也。

《九家易》曰：二欲上三居五为天子，坎为法律，君有法则，众阴当顺从之矣。

疏　二欲三升居五体坎，五位为天子，坎水平为法律，天子而有法则，众阴当顺从之。三升则二体坤为顺，故曰"顺以则也"。

《象》曰：南狩之志，乃得大也。

案：冬猎曰狩也。三互离坎，离南坎北，北主于冬，故曰"南狩"。五居暗主，三处朋终，履正顺时，拯难兴衰者也。以臣伐君，故假言狩。既获五上之大首，丽三志"乃大得也"。

疏　"冬猎曰狩"，义本《尔雅》。三体离互坎。坎居正北，冬至日在坎，坎冬主狩，离位南，故曰"南狩"。坤阴在五，故云"五居暗主"。爻在离三，故云"三处明终"。三得位，故云"履正顺时"。上承阴暗，故宜"振难兴衰"。以臣伐君，非义之正，故"假言南狩"。三与五同功，又与上应，故"获五上之大首"。坎为志，故"三志乃大得也"。言"乃"者，《公羊传·宣公八年》曰"乃难乎而"，亦"不可疾贞"之义也。

《象》曰：入于左腹，获心意也。

《九家易》曰：四欲上三居五为坎，坎为心，四以坤爻为腹，故曰"入于左腹，获心意也"。

疏　四比三，欲三上居五成坎。坎亟心为心，五坤为腹，坎入居之。故曰"入于左腹，获心意也"。

《象》曰：箕子之贞，明不可息也。

侯果曰：体柔履中，内明外暗，群阴其掩，以夷其明。然以正为明而不可息，以爻取象，箕子当之，故曰"箕子之贞，明不可息也"。

疏 六为体柔，五为履中。内应离为明，外体坤为暗。坤阴共掩，离明已伤。然二以正为明，而群阴不能灭，象取箕子，故曰"箕子之贞，明不可息也"。又五变正则重明丽正，故不息。

《象》曰：初登于天，照四国也。后入于地，失则也。

侯果曰：最远于阳，故曰"不明晦"也。"初登于天"谓明出地上，下照于坤。坤为众国，故曰"照于四国也"。喻阳之初兴也。"后入于地"谓明入地中，昼变为夜，暗晦之甚，故曰"失则也"。况纣之乱世也，此之二象，言晋与明夷，往复不已。故见暗则伐取之，乱则治取之，圣人因象设诫也。

疏 "最远于阳"，谓远三也。远故"不明而晦也"。"初登于天"，谓晋时也。晋时明出地上，下照于坤。坤众为国，《乾凿度》曰"阳三阴四"，故为"四国"。《离·象》曰"大人以继明照于四方"，故曰入"照四国也"。所以譬喻阳气之初兴也。"后入于地"，谓明夷也。明入地中，晋昼变而为夜，暗晦甚矣。三坎为则，三在下，不应上，上失之，故曰"失则也"。所以比况纣之乱世也。二象，谓坤、离也。阴阳递嬗，昼夜循环，故"晋与明夷，往复不已"，也。物极则反，故见君之暗则伐取之，见世之乱则治取之，圣人因二象以设诫也。

家人卦

【原典】

风自火出，家人。君子以言有物而行有恒。①

"闲有家"，志未变也。

六二之吉，顺以巽也。

"家人嗃嗃"，未失也。② "妇子嘻嘻"，失家节也。

"富家大吉"，顺在位也。③

"王假有家"，交相爱也。

"咸如"之吉，反身之谓也。④

【精注】

①风自火出：这是以家人卦的卦象为说的。家人卦是离下巽上，火内风外，故曰"风自火出"。离内巽外，火内风外，火指明德，风指教化，先有明德而后能教化，故为人处事首要的是言行一致，持之以恒。②嘀嘀：抱怨不断。③顺在位：这是以"六四"的爻位爻象为说的。"六四"居于"九五"之下，以阴爻承顺阳爻，"六四"又是以阴爻处于阴位，故曰："顺在位。"④反身：反求诸己，即是说要求别人做到的，自己要先做到。

【今译】

风从火中产生，这就是家人卦的象征。有才德的人有鉴于此，言行要一致，做事要求持之以恒，这样才能施教于人。

所谓"治家要防患于未然"，是说明在家人的思想尚未变化时，就要提前准备，防患未然。

六二所说的家事"吉祥"，是因为主妇既柔顺而又谦逊。

虽然，"治家严厉而致家人抱怨不断"，但这不是过失。如果"妻室儿女嬉笑打闹"，节制无方，这就是没有家教的表现。

"家人一起致富，大吉大利"，是由于能够按照家长的意愿行事所致。

"君王驾临其家"，说明天下的人相亲相爱。

"心存诚信，持家威严，终获吉祥"，是说首先要反省自己的行为，严于律己。

【集解】

《象》曰：风自火出，家人。

马融曰：木生火，火以木为家，故曰家人。火生于木，得风而盛，犹夫妇之道，相须而成口。

疏　巽为风，又为木，巽木生离火，故云"火以木为家"，而谓之家人也。"火生于木，得风而盛"者，盖火天气，风地气，火生于风，得风而火盛，犹男女之道，相须而成也。

君子以言有物而行有恒。

荀爽曰：风火相与，必附于物。物大火大，物小火小。君子之言，必因其位。位大言大，位小言小。"不在其位，不谋其政"。故"言有物"也。大暑烁金，火不增其烈。大寒凝冰，火不损其热。故曰"行有恒"矣。

疏 此释未协经义。

愚案："君子"谓九三，遯艮"贤人"也。三互坎为法则。《礼·哀公问》："敢问何谓成身？"孔子对曰："不过乎物。"《诗·蒸民》曰"有物有则"。言"物"而"则"在其中也。《说文》："恒，常也。"《礼·月令》"文绣有恒"，言有常法也。三动成震，震声为言，震足为行。言行未动，法则已具，故"言有物而行有恒"。《系·上》言"君子居其室，言出乎身加乎民，行发乎近见乎远"，故"言行"为家人之要务。且风火性急，言行应违，见乎千里之外，其机亦速。君子观风火之象，而知言行不可不慎也。又三与上应，上九《象》曰"反身之谓也"。故有物有恒以修身端，齐家之本也。

《象》曰：闲有家，志未变也。

荀爽曰：初在潜位，未干国政，闲习家事而已，未得治官，故悔。居家理治，可移于官，守之以正，故"悔亡"。而未变从国之事，故曰"志未变也"。

疏 乾初九曰"潜龙勿用"，故云"初在潜位"。家人九五曰"王假有家"，国政也。初为士，远于五，故云"未干国政"。《释诂》"闲，习也"。初为家人之始，故但"闲习家事而已，未得治官"。其时困，宜有悔。《君陈》曰"惟孝友于兄弟，施于有政"，孔子曰"是亦为政"，故云"居家理治，可移于官"。初得正，故"守之以正"，而"悔亡"也。尚未变从国事，故曰"志未变也"。

愚案：马注云"闲，阑也，防也"。《说文》"闲，阑也。从门中有木"。卦自遯来，遯艮为门。初四易位成巽，巽木应初，门中有木，艮以止之，故曰闲。王注云"凡教在初而法在始"，故曰"闲有家"。坎险在前，故有悔。体离明，初爻刚得正有应，故"悔亡"也。应在坎，坎为志，爻皆得正为闲，故曰"志未变也"。

象曰：六二之吉，顺以巽也。

《九家易》曰：谓二居贞，巽顺于五，则"吉"矣。

疏 二得位为居贞，外应巽五，刚柔相得，故巽顺于五，则吉矣。

《象》曰：家人嗃嗃，未失也。妇子嘻嘻，失家节也。

《九家易》曰：别体异家，阴阳相据，喜乐过节也。别体异家，谓三五也乙阴阳相据，三五各相据阴，故言妇子也。

疏 内外二卦为"别体异家"。"阴阳相据"则和，和故"喜乐过节也"。三与五同功，而三居内，五居外，故"别体异家，谓三五也"。"阴阳相据"者，三据二，五据四，故"三五各相据阴"。三体离中女为妇，互坎中男为子，故"言妇子也"。

案：孔疏云"初虽悔厉，似失于猛，终无慢黩，故曰'未失也'。若纵其嘻嘻，初虽欢乐，失家节者也"。

《象》曰：富家大吉，顺在位也。

虞翻曰：三变体艮，艮为笃实，坤为大业。得位应初，顺五乘三，比据三阳，故曰"富家大吉"。"顺在位也"，谓顺于五矣。

疏 三变则四体艮，艮成始成终，故"为笃实"。"富有之谓大业"，故"坤为大业"。《礼运》曰"天生时而地生财"。《诰志》曰"地作富"。坤为地，故富也。六居四为得位，初正应为应初。上顺五，下乘三。初三五皆阳，故云"比据三阳"。阳为大、为吉，故曰"富家大吉"。得位顺五，故曰"顺在位也，谓顺于五矣"。

《象》曰：王假有家，交相爱也。

虞翻曰：乾为爱也，二称家。三动成震，五得交二，初得交四，故"交相爱"，震为交也。

疏 乾元为仁，故"为爱"。二位大夫，故"称家"。三动成震，交互其间。故五阳得交二阴，初阳得交四阴，为"交相爱也"。乾交坤自震始，故"震为交"。《屯·象传》曰"刚柔始交"，是其义也。

《象》曰：威如之吉，反身之谓也。

虞翻曰：谓三动，坤为身，上之三，成既济定，故"反身之谓"。此"家道正，正家而天下定矣"。

疏 三动成坤，坤形为身。上之三，三上易位成既济定。"言有物行有恒"，故曰"反身之谓也"。塞、观皆上反三，亦云"反身"，是也。"正家而天下定"，上变成既济时也。故引《象传》文以明之。

睽 卦

【原典】

上火下泽，睽。君子以同而异①。

"见恶人"，以辟②"咎"也。③

"遇主于巷"，未失道也。

"见舆曳"，位不当也。"无初有终"，遇刚也。

"交孚无咎"，志行也。

"厥宗噬肤"，往有庆也。④

"遇雨"之"吉"，群疑亡也。

【精注】

①同而异：本卦的阐释，与明夷卦《大象传》的"用晦而明"含义相似。本卦的上卦离是火，下卦兑是泽，火向上烧，泽往下流，性质背离。君子应当效法这一精神，合而不同，亦即，顺应大势所趋，但自己的原则与独立人格不可丢失。②辟：通作"避"，避免。③咎：灾难，灾祸。④厥宗：同族的人。噬肤：吃肉。噬：吃。

【今译】

上面是火，下面是水，火炎上而水浸下，睽卦象征"对立"。有才德的人有鉴于此，既注意不同事物之间的统一，又注意相互之间的对立，即要顺应大势所趋，但又不失自己的原则与独立的人格。

所谓要"见恶人"，是为了主动地避免灾祸发生。

中華藏書

第一部　周易原典

中国书店

所谓"在小巷中见主人"，是说明前进的方向没有错，比喻未失正道。

所谓"见大车进行艰难"，是说明道路不利于车行，比喻居位不当，行事艰难；所谓"开头不好而结果不错"，是因为终于得到了强者的帮助。

所谓"相互信任就不会有灾祸"，是因为自己的志向能够实现。

所谓"同族的人都在吃肉"，说明往前走必然有喜事降临。

所谓"碰到大雨"，"就会吉利"，是说明如像雨水那样冲洗了污泥，各种疑问都迎刃而解了。

【集解】

《象》曰：上火下泽，睽。

荀爽曰：火性炎上，泽性润下，故曰睽也。

疏　《洪范》曰"水曰润下，火曰炎上"，故云"火性炎上，泽性润下"。火上水下，其性违异，故曰"睽"也。

君子以同而异。

荀爽曰：大归虽同，小事当异。百官殊职，四民异业。文武并用，威德相反，共归于治，故曰"君子以同而异"也。

疏　夫妇同居，而位内位外，其事则异。官民各有职业，而文武威德，同归于治，故"君子以同而异也"。

愚案：离、兑同得坤气而成女，然离上泽下，其性迥异，故曰"同而异"。即《象传》所谓"二女同居，其志不同行"也。君子以之。如同一行仁，则"亲亲而仁民，仁民而爱物"。爱有差等，不敢混施，故曰"君子以同而异"。

又案：天地之理，平陂往复，变动不居。故《象传》于睽时见其同，是以君子不敢小视睽也。《象传》于同中见其异，是以君子不敢苟为同也。

《象》曰：遇主于巷，未失道也。

虞翻曰：动得正，故"奉失道"。

崔憬曰：处睽之时，与五有应。男女虽隔，其奉终通。而三比焉，近不相得。遇者，不期而会。主者，三为下卦之主。

巷者，出门近遇之象。言二遇三，明非背五，未为失道也。

疏　虞注：二失位，动得正，故"未失道"。《广雅》曰："巷，道也。"故《经》言"巷"，《传》言"道"。

崔注：处二应五，所谓"男女睽而其志通也"。三以阴据阳，故"近而不相得"。《谷梁传·隐公八年》曰"不期而会曰遇"，故云"遇者，不期而会"。三居下卦上，故"为下卦主"。《说文》："巷，里中道。"故为"出门近遇之象"。二之遇三，不期而会也，故"非背五，未为失道"。

《象》曰：见舆曳，位不当也。无初有终，遇刚也。

虞翻曰：动正成乾，故"遇刚"。

疏　三失位，故"不当"。动正成乾，与上易位。刚谓上，故曰"遇刚"。

《象》曰：交孚无咎，志行也。

虞翻曰：坎动成震，故"志行也"。

疏　坎心为志，震足为行，坎动成震，故曰"志行"。

《象》曰：厥宗噬肤，往有庆也。

王弼曰：非位，悔也。有庆，故"悔亡"。"厥宗"谓二也。"噬肤"者，齿柔也。三虽比二，二之所噬，非妨已应者也。以斯而往，何咎之有。往必见合，故"有庆也"。

案：二兑为口，五爻阴柔，"噬肤"之象也。

疏　王注：非位，故悔。正应二，故"悔亡"。二阳自乾中往，故"厥宗谓二也"。"噬肤"谓噬三也。三阴爻柔脆，故"噬柔也"。三虽比二相隔，然三为二所噬，非有妨于已应者也。故五可往而无咎，言往必合也。

案：二体兑，故为口。五爻阴柔，噬之易合。以二噬五，"噬肤之象也"。

《象》曰：遇雨之吉，群疑亡也。

虞翻曰：物三称"群"，坎为疑，三变坎败，故"群疑亡"矣。

疏　《诗·吉日》："或群或友。"毛传"兽三为群"，故云"物三称群"，谓坎三爻也。坎心为疑，三变之正，坎象败毁，故"群疑亡"。盖睽终则合，故上独言吉也。

蹇　卦

【原典】

山上有水，蹇。君子以反身修德。[①]

"往蹇来誉"，宜待时也。

"王臣蹇蹇"，终无尤也。[②]

"往蹇来反"，内喜之也。

"往蹇来连"，当位实也。[③]

"大蹇朋来"，以中节也。

"往蹇来硕"，志在内也；"利见大人"，以从贵也。

【精注】

①山上有水，蹇：蹇卦上卦为坎，坎为水；下卦为艮，艮为山。山险峻，水阻难，有山而且山上有水，为艰难之象，所以用"山上有水"解释蹇卦卦义。反身：反省自己的行为。②尤：通"忧"，忧虑，过失。③往蹇来连：外出遭遇艰难，回来时却有车可坐。现在用作成语时意思有所区别，指往来皆难，进退两难。

【今译】

高山之上积有大水，险峻难行，象征"行事艰难"。君子有鉴于此，遇到艰难便反省自己的行为，努力修美品德。

"有所举动虽然艰难，归来却能获得美誉"，是值得期待的。

"君王的臣子历尽艰险奔走济难"，表明过失最终不会到来。

"外出遭遇艰难，很早就返回家园"，是由于此行胜利，内心欢喜。

"外出遭遇艰难，返回时却有车可坐"，是由于所处的位置恰当切实。

中華藏書

周易全书·最新整理珍藏版

中国书店

"行事十分艰难，友朋纷纷前来相助，"是由于具有中正气节。

"外出遭遇艰难，归来可建大功"，表明志在联合内部力量，共同渡过难关。

"利于大德大才之人出世"，是由于附从尊贵的君王。

【集解】

《象》曰：山上有水，蹇。

崔憬曰：山上至险，加之以水，蹇之象也。

疏　地险山川，著于《坎·象》。今山上至险，加以水险，故为蹇难。

君子以反身修德。

虞翻曰："君子"谓观乾，坤为"身"，观上反三，故"反身"。阳在三，"进德修业"，故"以反身修德"。孔子曰"德之不修，是吾忧也"。

疏　"君子谓观乾"者，观乾，消卦也，体乾九三，故曰"君子"。坤形为"身"，观上反三成蹇，三曰"来反"，故曰"反身"。乾阳在三，"进德修业"，故曰"反身修德"。盖观乾德外著，反之于内，体乾夕惕也。"德之不修，是吾忧也"，《论语》文。盖蹇难之时，惟以德之不修为忧，故引孔子之言以明之。

《象》曰：往蹇来誉，宜待时也。

虞翻曰：艮为时。谓变之正，以待四也。

疏　艮动静不失其时，为"时"，初变正，以待四应，故"宜待时也"。俗本作"宜待"，张本作"宜时"，郑本作"宜待时"，虞从郑本。"时"、"尤"、"之"古韵通，"待"与"尤"、"之"不叶，故知郑本是也。

《象》曰：王臣蹇蹇，终无尤也。

侯果曰：处艮之二，上应于五，五在坎中，险而又险，志在匡弼，匪惜其躬，故曰"王臣蹇蹇，匪躬之故"。辅臣以此，"终无尤也"。

疏 处艮二应坎五，五在坎中，二又互坎，故"险而又险"。二得中处正，有匡弼之志而不惜其躬者也，故曰"王臣蹇蹇，匪躬之故"。忘身辅君，故"终无尤也"。

《象》曰：往蹇来反，内喜之也。

虞翻曰："内"谓二阴也。

疏 "内"谓二，二阴爻也。三阳为"喜"，反身据二，故"喜"也。

《象》曰：往蹇来连，当位实也。

荀爽曰：蹇难之世，不安其所。欲往之三，不得承阳，故曰"往蹇"也。来还承五，则与至尊相连，故曰"来连"也。处正承阳，故曰"当位实也"。

疏 当蹇难之世，四居内外之间，故"不安其所"。欲往三，则不得上承五阳，故"往蹇"。来承五阳，五为天子，故"与至尊相连"。六居四为"处，正"，上比五为"承阳"。《易积算》曰"阳实阴虚"。故曰"当位实也"。

《象》曰：大蹇朋来，以中节也。

干宝曰：在险之中，而当王位，故曰"大蹇"。此盖以托文王为纣所囚也。承上据四应二，众阴并至。此益以托四臣能以权智相救也，故曰"以中节也"。

疏 五在坎中，故为"在险中"。五为天子，故"当王位"。当王位而遇坎险，故曰"大蹇"。《史记·周本纪》："崇侯虎谮西伯于殷纣，纣乃囚伯于羑里。"故云"此盖以托文王为纣所囚也"。上四二皆险，而五承之、据之、应之，故云"众阴并至"。《史记》："西伯之臣，闳夭之徒，求美女奇物善马以献纣，纣乃赦西伯。"此"盖以托四臣能以权智相救也"。《史》但言"闳夭之徒"。此云"四臣"者，《书·君奭》曰"武王惟兹四人"，注谓虢叔已死，而以四人为闳夭、散宜生、泰颠、南宫括也。五阳处大蹇之时，而群阴朋来相济，故曰"以中节也"。

案：《中庸》曰"发而皆中节谓之和"，五居中行和，故"中节"。五中节，故能暌而同，是以"朋来"也。

《象》曰：往蹇来硕，志在内也。利见大人，以从贵也。

侯果曰：处蹇之极，体犹在坎，水无所之，故曰"往蹇"。来而复位，下应于三，三德硕大；故曰"来硕"。三为内主，五为大人。若"志在内"，心附于五，则"利见大人"也。

案：三互体离，离为盼目，五为大人，"利见大人"之象也。

疏 侯注：位处蹇极，体在坎上，水无所往之象，故曰"往蹇"。来应于三，三体阳，阳为大，三德硕大，故曰"来硕"。三在内卦之上，故为主。五位天子为大人。坎心为志，应三，故"志在于内"。比五，故"志附于五"。是以"利见大人也"。

案：三互四五为离，离明为目，利见五位大人，故"利见大人"也。

愚案：五位贵，爻阳亦贵，上阴利见五阳，故曰"以从贵也"。

解　卦

【原典】

雷雨作，解。君子以赦过宥罪。[①]

刚柔之际，义"无咎"也。

"九二贞吉"，得中道也。

"负且乘"，亦可丑也[②]；自我致戎，又谁咎也？

"解而母"，未当位也。

"君子有解"，"小人"退也。

"公用射隼"，以解悖也。[③]

【精注】

[①]雷雨作，解：解卦上卦为震，震为雷；下卦为坎，坎为雨。雷雨兴起，草木复苏，有舒解之象，所以用"雷雨作"解释解卦卦义。宥：宽宥，宽恕。[②]丑：丑事，行为有欠庄重。[③]悖：悖逆，此处指叛乱。

【今译】

春雷兴动，喜雨普降，草木复苏，嫩芽萌生，象征"舒解"。君子观此卦象和卦名，便赦免过错，宽恕罪恶。

阳刚与阴柔相互交接应合，君臣，夫妻和衷共济，依理而论自然没有灾祸。

"九二"爻"占问可获吉祥"，是由于其人行事遵循正道。

"身负重物而乘车出行"，表明行为有欠庄重；由于自身失德而招致兵戎之灾，又能谴责谁呢？

"懈怠不想动，说明其人怠于职守"，表明不称其位。

"君子被缚又得以解脱"，"小人"必将退缩不前。

"王公用利箭射杀大雕"，表明叛乱已经平息。

【集解】

《象》曰：雷雨作，解。君子以赦过宥罪。

虞翻曰："君子"谓三伏阳。出成大过，坎为罪，人则大过象坏，故"以赦过"。二四失位，皆在坎狱中，三出体乾，两坎不见，震喜兑说，罪人皆出，故"以宥罪"。谓三入则赦过，出则宥罪，"公用射隼以解悖"，是其义也。

疏　二阳升为雷，四阴下为雨，故曰"雷雨作，解"。"君子谓三伏阳"者，临二阳息，乾三当正，临来之卦，升、明夷皆三正位，故解伏阳出"以解悖也"。三出体乾成大过，卦有两坎，坎陷为罪，又"入于坎窞"称"入"，入则大过象坏，故"以赦过"。二四以阳居阴为"失位"。体有两坎，坎陷为狱，故"皆在坎狱中"。三出成乾，两坎皆坏不见。外体震，震春阳和，故为"喜"。互体兑，兑，万物之所说也，故"兑说"。罪人出狱之象也，故"以宥罪"。六爻之义，出乾入坤，三入而大过毁，故"赦过"，三出而坎象毁，故"宥罪"。卦有赦过而无宥罪之象，故引上六爻辞，以证三出坎毁之象，故云"是其义也"。

《象》曰：刚柔之际，义无咎也。

虞翻曰：体屯初震，刚柔始交，故"无咎也"。

疏　二五已正，初动体屯，《屯·象传》曰"刚柔始交"。

初动为震，是乾始交坤。故"无咎也"。

《象》曰：九二贞吉，得中道也。

虞翻曰：动得天，故"得中道"。

疏 五乾为道，二动之五，得正面居中，故曰"得中道也"。

《象》曰：负且乘，亦可丑也。自我致戎，又谁咎也。

虞翻曰：临坤为丑也。坤为自我。以离兵伐三，故转寇为戎，艮手招盗，故"谁咎也"。

疏 卦自临来，故"临坤为丑"。坤夜为丑，义详观二。三阴乘坤，故"可丑"。坤身，放为"自我"。离为戈兵，故为戎。坎为寇，离为戎。《经》言"寇"，《象》言"戎"。五以离兵伐三，故转寇为戎，甚三之罪也。二变艮为手，招之伐三，三自致戎，咎将谁归也。

《象》曰：解而拇，未当位也。

王弼曰：失位不正，厢比于三，故三得附之，为其拇也。三为之拇，则失初之应，故"解其拇"，然后"朋至斯孚"而信矣。

案：九四体震，震为足。三在足下，拇之象。

疏 王注：孔疏"履于不正，与三相比。三从下来附之，如指之附足。四有应在初，若三为之拇，则失初之应，故必解其拇，然后朋至而信。未当位者，四若当位履正，即三为邪媚之身，不得附之也。既三不得附四，则无所解。今须解拇，由不当位也"。

案：四在外体震初。"震为足"，《说卦》文。下比三，故云"三在足下，拇之象"也。

愚案：初四易位，则皆当矣。惟未当位，故宜"解而拇"也，是四解初也。

《象》曰：君子有解，小人退也。

虞翻曰：二阳上之五，五阴小人退之二也。

疏 二阳君子进居于五，则五阴小人退居于二，是五解二也。

《象》曰：公用射隼，以解悖也。

虞翻曰：坎为悖，三出成乾，而坎象坏，故"解悖也"。

《九家易》曰：隼，鸷鸟也，今捕食雀者。其性疾害，喻暴君也。阴盗阳位，万事悖乱，今射去之，故曰"以解悖也"。

疏 虞注：悖，逆也。以字从心。坎为心，其象险，故为悖。上与三应，三出成乾，射隼而去之，两坎象毁，故"以解悖也"。

《九家》注：《月令》："鹰隼蚤鸷。"故云"鸷鸟也"。《诗·小雅》："鴥彼飞隼。"郑笺"隼，疾急之鸟也"，故云"其性疾害，以喻暴君"。又《诗》"鴥彼飞隼，载飞载止"，"鴥彼飞隼，载飞载扬"。郑笺"飞而止，喻诸侯之欲朝不朝，自由无所惧也。飞而扬，喻诸侯出兵，妄相侵伐"也。是《诗》之取兴，亦取其悖也。以六居三，是谓"阴盗阳位"。万事失正，故云"悖乱"。上六得位，下应六三，射而去之，悖斯解也，是上解三也。

损 卦

【原典】

山下有泽，损。君子以徵忿窒欲。①

"祀事遄往"，尚合志也。②

"九二利贞"，中以为志也。

"一人行"，"三"则疑也。

"损其疾"，亦可"喜"也。

"六五元吉"，自上右也。③

"弗损益之"，大得志也。

【精注】

①山下有泽，损：损卦上卦为艮，艮为山；下卦为兑，兑为泽。泽低山高，有泽自损以崇山之象，所以用"山下有泽"解释损卦卦义。惩：止，抑制。窒：塞。欲：欲望，贪欲。②遄（chuán）：迅速。③佑：保佑，佑助。

【今译】

高山之下有深泽，两相对比，犹如深泽自损而增加山之崇高，象征"减损"；君子观此卦象以泽水浸蚀山脚为戒，便抑制愤怒，堵塞贪欲，以自损不善，修美品德。

"停下自己的事情，赶快去协助别人"，表明与居上位者心志相合。

"九二"爻"利于占问"，是由于为人行事以处正守贞为心。

"一人独行，凡事自作主张，事无掣肘"，"三人同行"，则会相互猜疑，不能齐心协力。

"减轻疾病"，也是可喜之事。

"六五"爻的"大吉大利"，是来自上天的佑助。

"不要减损，不要增益"，平生志愿当能实现。

【集解】

《象》曰：山下有泽，损。君子以惩忿窒欲。

虞翻曰：君子，泰乾。乾阳刚武，为"忿"，坤阴吝啬，为"欲"。损乾之初成兑说，故"惩忿"。初上据坤，艮为山，故"窒欲"也。

疏 "山下有泽"，润通乎上，"损下益上"之象也。泽以涤山，山以镇泽，"惩忿窒欲"之象也。乾为君子，卦自泰来，故云"君子，泰乾"也。《楚语》曰"天事武"，韦注云"乾称刚健，故武"。刚武之象，有似于忿，故云"乾阳刚武为忿"。《说卦》曰"坤为吝啬"。《说文》曰："欲，贪欲也。"吝啬之义，近于贪欲，故云"坤阴吝啬为欲"。"惩"，刘巘作"惩"，蜀才作"澄"。郑云"惩犹清也"，刘云"惩，清也"。卦取兑泽，故训清。欲泰乾初九，下体成兑，"说万物者，莫说乎泽"，泽取乎清，故"惩忿"。乾初之上，据坤体艮，艮为山，又为止，窒，塞也，艮象山止，故"窒欲"也。《系辞下》曰"损，德之修也"。修主灭损，故"惩忿窒欲"。

《象》曰：祀事遄往，上合志也。

虞翻曰：终成既济，谓二上合志于五也。

疏 二五易位成益，益三上易位，故"终成既济"。坎为志，"二上合志于五"，六爻皆正，初亦得其应矣。

《象》曰：九二利贞，中以为志也。

虞翻曰：动体离中，故"为志也"。

疏 二利之五，三上易位，六爻皆正，变成既济。二体离中，故"动体离中"。互体坎为志，故"中以为志也"。

《象》曰：一人行，三则疑也。

虞翻曰：坎为"疑"，上益三成坎，故"三则疑"。

荀爽曰：一阳在上，则教令行，三阳在下则民众疑也。

疏 虞注：坎为为疑。二巳之五，上来益三成坎，故"三则疑也"。

荀注："三阳"之"阳"当作阴。一阳在上，下应震行，故"教令行"。三以阴爻在下，上互坤众，故"民众疑也"。

《象》曰：损其疾，亦可喜也。

蜀才曰：四当承上，而有初应，必上之所疑矣。初，四之疾也，宜损去其初，使上遄喜。

虞翻曰：二上之五，体大观象，故"可喜也"。

疏 蜀才注：泰四应初，三巳之上成损，故四当承上，而有初应在下，必为上之所疑矣。上疑四者，疑四应初，故"初为四疾"。损去初阳以益上，则上喜矣，故"使上遄喜"也。

虞注：二上之五，体象大观。大观在上，故"可喜也"。又成既济，六爻皆正，坎疾不为害，《系辞下》曰"损以远害"，故"可喜也。"

《象》曰：六五元吉，自上右也。

侯果曰：内柔外刚，龟之象也。又体兑艮，互有坤震，兑为泽龟，艮为山龟，坤为地龟，震为木龟。坤数又十，故曰"十朋"。朋，类也。六五处尊，损巳奉上。人谋允叶，龟墨不违。故能延上九之右，而来十朋之益，所以大吉也。

崔憬曰："或之者，疑之也"，故用元龟价直二十大贝，龟之最神贵者以决之。不能违其益之义，故获"元吉"。双贝曰

"朋"也。

　　疏　侯注：离内柔外刚，故为"龟"。颐全体象离，故"颐"初曰"舍尔灵龟"。损自二至上内柔外刚，亦龟象。又体内兑外艮，内互震，外约坤。兑为泽，故"为泽龟"，艮为山，故"为山龟"，泽龟、山龟见《尔雅》。《春官·龟人》曰"地龟曰绎属"，坤为地，故云"地龟"，又"东龟曰果属"，震东方卦，故云"木龟"，考经传无木龟，当即东龟也。坤数十，故曰"十朋"。《坤》象传曰"西南得朋，乃与类行"，故云"朋，类也"。木五居中处尊，为损之主，故能损已以奉上九。《洪范》："谋及卿士，谋及庶人。"故云"人谋"。《春官》卜师凡卜事眠高扬火以作龟，致其墨，故云"龟墨"。《洪范》又曰"龟从，卿士从，庶民从"，故云"人谋允叶，龟墨不违，延上九之右，来十朋之益，所以大吉"。

　　崔注："或之者，疑之也"，《乾·文言》文。元龟价值二十大贝，两贝曰朋，故白"十朋"。《尔雅》"一曰神龟"，龟之最神者，其直贵，用以决之。不能违其损下益上之义，故获元吉。双贝，获言两贝也。又兑西为右。右，助也。上右五益三成既济定，太平化行，故曰"自上右也"。

　　《象》曰：弗损益之，大得志也。

　　虞翻曰：谓二五巳变，上下益三，成既济定，离坎体正，故"大得志"。

　　疏　二五巳变成益。上九下益六三，三上易位成既济定。离下坎上，六爻皆正，坎为志，故"大得志"。

益　卦

【原典】

风雷，益。君子从见善则迁，有过则改。[①]

"元吉，无咎"，下不厚事也。[②]

"或益之"，自外来也。

"益用凶事"，固有之也。[③]

"告公从"，以益志也。

"有孚惠心"，"勿问"之矣；"惠我德"，大得志也。④

"莫益之"，遍辞也⑤；"或击之"，自外来也。

【精注】

①风雷，益：益卦上卦为巽，巽为风；下卦为震，震为雷。风烈雷疾，雷猛风怒，二者相互增益，所以用"风雷"解释益卦卦义。②下：指下民，庶民，百姓。厚：后。③固有之：这是自然之理。固：本来。④惠：感戴。⑤益：帮助。

【今译】

风雷相交，彼此济助，象征"增益"；君子观此卦象和卦名，惊恐于风雷的威力，从而见善则从之，有过则改之。

"大吉大利，没有灾祸"，是由于百姓努力工作，不拖延事务。

"有人进献"，表明所受之益是从外部不请自来。

"把增益用于救助凶险之事"，这是自然之理。

"得到王公的信从"，表明君臣上下团结更加巩固。

"胸怀诚信仁爱之心"，不用占问就知道十分吉祥；"天下人感戴我的恩德"，表明可以笼络人心。

"没有人帮助他"，这是一种见识不广的说法；"有人攻击他"，说明这攻击来自外部。

【集解】

《象》曰：风雷，益。君子以见善则迁，有过则改。

虞翻曰：君子，谓乾也。上之三，离为见，乾为"善"，坤为"过"，坤三进之乾四，故"见善则迁"。乾上之坤初，改坤之过。体复象，"复以自知"，故"有过则改"也。

疏 《子夏传》曰"雷以动之，风以散之，万物皆益"。《稽览图》曰"降阴下迎，阴起合和而阳气用，上薄之则为雷"，郑注云"阳气，风也"，是风之益雷，自上下下也。又虞《系》注云"益万物者，莫大乎风雷"，故曰"风雷益"。"君子谓乾"者，谓否乾也。三上失正，易位成离，相见乎离，故"离为见"。乾元善之长，故为善。坤积不善，故为过。上巳之

中華藏書

周易全书·最新整理珍藏版

初，故三进居四。四阴得位，故曰迁善。乾上之坤初，坤体毁，故"改坤之过"。初至四体复象，《系》曰"复以自知"，又曰"有不善未尝不知，知之未尝复行"，故"有过则改也"。迁善改过，益莫大焉。

《象》曰：元吉无咎，下不厚事也。

侯果曰："大作"谓耕植也。处益之始，居震之初。震为稼穑，又为"大作"。益之大者，莫大耕植。故初九之利，利为大作。若能不厚劳于下民，不夺时于农畯，则大吉无咎矣。

疏　"大作谓耕植"，释已见前。"植"犹播也。"处益之始"，以全卦言也。"居震之初"，以内卦言也。震于稼为反生，故"为稼穑"。为作足，故"又为大作"。益下莫大于耕植，故初九利于耕植为大作。否坤为厚，又为事，上来益初，坤象不见，是上任其劳而"下不厚事"，故云"若能不厚劳于下民，不夺时于农畯，则大吉无咎也"。

《象》曰：或益之，自外来也。

虞翻曰：乾上称"外"，来益三也。

疏　否乾在外，上在外卦之外，故云"乾上称外"。自外曰"来"，上采益三成既济。"三"本亦作"初"，益自否来，故云"来益初也"。

《象》曰：益用凶事，固有之矣。

虞翻曰：三上失正当变，是"固有之"。

干宝曰："固有"如桓文之徒，罪近篡弑，功实济世。六三失位而体奸邪，处震之动，怀巽之权，是矫命之士，争夺之臣，桓文之爻也，故曰"益之用凶事"。在益之家而居坤中，能保社稷，爱抚人民，故曰"无咎"。既乃中行近仁，故曰"有孚中行"。然后俯列盟会，仰致锡命，救曰"告公用圭"。

疏　虞注：三本阳位，以柔居之为失正。三上易位，则变得正矣，是"固有之"也。

干注：三为三公之位，故以"固有"为齐桓公、晋文公之徒也。"罪近篡弑"，是凶事也。"功实济世"，故无咎也。六居三为失位。震三庚辰，辰主上方。《翼奉传》："上方之情乐也。"乐行奸邪，故"而体奸邪"震动，故云"处震之动"。"巽以行权"，故云"怀巽之权"。行权，故为"矫命之士"。震动，故为"争夺之臣"。桓文挟天子以令诸侯，故以是爻当之爻而曰"益之用凶事"也。然在益之家而居互坤之中，坤为地土，故"能保社稷"。坤众为民，故"爱抚人民"。功足补过，故曰"无咎"者也。体震木主春为仁，三居卦中，故云"中行近仁"。变坎为孚，故曰"有孚中行"。"府列盟会"，如齐桓盟于首止，会于葵丘。晋文盟于践土，会于温之类。"仰致锡命"，如会于葵丘，"王使宰孔赐齐侯胙"，"且有后命，以伯舅耋老，加劳，赐一级，无下拜"。又"作王官于践土"，王"策命晋侯为侯伯，赐之大辂之服，戎辂之服，彤弓一，彤矢百，旅弓矢千，秬鬯一卣，虎贲三百人"之类。二公皆受王命为侯伯，故引以明"告公用圭"之事。

《象》曰：告公从，以益志也。

虞翻曰：坎为志。三之上，有两坎象，故"以益志也"。

崔憬曰：益其勤王之志也。居益之时，履当其位，与五近比而四上公，得藩屏之寄，为依从之国。若周平王之东迁，晋郑是从也。五为天子，益其忠志以敕之，故言"中行告公从，利用为依迁国"矣。

疏　虞注：坎心，故为志。三上易位成既济，有两坎象，《小司寇》曰"以众辅志而弊谋"，故曰"以益志也"。

崔注：五为王，四动之，故云"益其勤王之志也"。居益之时，以六履四为当位。上承五，故云"与五近比"。四位上公，为五所乘，故云"得藩屏之寄，为依从之国"也。《左传·隐公六年》曰"我周之东迁，晋郑焉依"。《周语》曰"晋郑是依"。《左传》杜注云"平王东徙，晋文侯、郑武公左右王室，故曰晋郑焉依"。引之以证"依迁国"之义也。五位为天子，四益其忠志以劳之，故曰"中行告公从，利用为依迁国矣"。

《象》曰：有孚惠心，勿问之矣。惠我德，大得志也。

崔憬曰：居中履尊，当位有应，而损上之时，自一以损己为念。虽有孚于国，惠心及下，终不言以彰己功。故曰"有孚惠心，勿问"。问犹言也。如是，则犹元吉。且为下所信而怀己德，故曰"有孚惠我德"。君虽不言，人惠其德，则我"大得志也"。

疏　五在上中，故云"居中"。五位天子，故云"履尊"。以九居五为"当位"，于二得六为"有应"。当损上之时，一以损己益人为心。虽有孚于国，惠能逮下，然终不言以彰己功。盖五本乾体，《乾·文言传》曰"乾始能以美利利天下，不言所利大矣哉"，故曰"有孚惠心，勿问"。《释言》曰"问，讯也"，又曰"讯，言也"，故云"问犹言也"。利美乾始，元者，始也，故"如是则获元吉"。五在既济，坎为孚，故"为下所信"。五乾阳为德，故"怀己之德"。以信惠物，物亦应之，故曰"有孚惠我德"。盖君虽不言其德，而人皆自感其惠，则我损上益下之志，于是大得也。此盖既济定时也。

《象》曰：莫益之，遍辞也。

虞翻曰：遍，周匝也。三体刚凶，故至上应，乃益之矣。

疏　《说文》："遍，匝也。"故孟喜云"遍，周匝也"。虞从孟义也。三为刚位，且多凶，故云"三体刚凶"。上得正应，乃益之矣。盖"莫益之"者，莫益初也。上莫益初，与三易位，六爻遍正，故曰"莫益之，遍辞也"。

或击之，自外来也。

虞翻曰："外"谓上。上采之三，散曰"自外采也"。

疏　上在外卦之外，故"外谓上"。上自外来击三，故曰"自外来也"。

夬　卦

【原典】

泽上于天，夬。君子以施禄及下，居德则忌。①

"不胜"而"往"，"咎"也。

"有戎勿恤"，得中道也。②

"君子夬夬"，终"无咎"也。③

"其行次且"，位不当也；"闻言不信"，聪不明也。

"中行无咎"，中未光也。

"无号"之"凶"，终不可长也。④

【精注】

①泽上于天，夬：夬卦上卦为兑，兑为泽；下卦为乾，乾为天。泽水上于天，泽水上涨而浇灌大地，所以用"泽上于天"解释夬卦卦义。②戎：这里指兵戎之灾。恤：担忧。③夬夬：急急忙忙地行路。④号：哭号。

【今译】

泽水上涨而浇灌大地，象征"决断"；君子观此卦象和卦名，施福降禄给下民，而如果积蓄德惠而不施，则必遭下民憎恶。

"不能取胜"而"贸然前往"，灾祸会至。

"发生战事也不必忧虑"，表明得助于居中慎行之道。

"君子急急忙忙地独个儿行路"，是由于最终也不会有灾祸。

"行路艰难"，是由于居位不当；"对于别人的告诫不相信"，是由于无法辨明真情。

"居中行正而无灾祸"，表明是没有将中正之道推广施行。

"不必大哭小叫"，"凶险终究难于逃避"，表明国运衰微，终不可保。

【集解】

《象》曰：泽上于天，夬。

陆绩曰：水气上天，决降成雨，故曰夬。

疏　兑为泽，泽水上天，阴也。乾阳决之，则降而为雨，故卦名曰夬。

君子以施禄及下，居德则忌。

虞翻曰："君子"谓乾，乾为"施禄"。"下"谓剥坤，坤为众臣。以乾应坤，故"施禄及下"。乾为"德"，艮为"居"，故"居德则忌"。阳极阴生，谓阳忌阴。

疏　"君子谓乾"者，乾阳为君子也。天施地生，故"乾为施禄"以养生。乾生故为禄。《曲礼》："士曰不禄。"粤谓士死不终其禄，故知禄为乾生也。天上地下，夬伏剥坤，坤为地而在下，故知"下谓剥坤"也。"坤为众"，《说卦》文。《坤·文言》曰"臣道也"，故为臣。坤伏乾下，故以乾应坤而曰施禄及下，即《剥·象》"厚下"也。上之所施，下之所天，故《记》曰"下天上施"也。乾阳为德，夬伏剥艮，艮门阙为居，即《剥·象》"安宅"也。夬下伏剥，故"居德则忌"也。夬阳已极成乾，姤阴即生于下而成剥，剥则阳德将食，故谓"阳忌阴"也。

《象》曰：不胜而往，咎也。

虞翻曰：往失位应阳，故咎矣。

疏 初刚得正，变往应四，是"失位应阳"，宜有咎也。

《象》曰：有戎勿恤，得中道也。

虞翻曰：动得正应五，故"得中道"。

疏 二动得正，上应五刚。乾为道，二五皆中，故"得中道也"。

《象》曰：君子夬夬，终无咎也。

王弼曰：頄，面颧也，谓上六也。最处体上，故曰"頄"也。剥之六三，以应阳为善。夫刚长则君子道兴，阴盛则小人道长，然则处阴长而助阳则善，处刚长而助柔则凶矣。而三独应上助小人，是以凶也。君子处之，必能弃夫情累，决之不疑，故曰"夬夬"也。若不与阳为群，而独行殊志，应于小人，则受其困焉。遇雨若濡有愠，而终无所咎也。

疏 頄，面颧，《集韵》"辅骨曰颧"是也。上六最处体上，故以面颧当之。夬与剥旁通，当剥之世，贵于扶阳，故"六三以应阳为善"。盖刚长，则君子道兴，圣人之所喜也，阴盛，则小人道长，圣人之所恶也，故"当阴长而助阳为善，当刚长而助柔为凶"。今夬为刚长之卦，而九三独应上六，是助小人而为凶也。君子处此，能弃其情累，不受上应，在于决断而无疑，故曰"夬夬"也。若不能决断，殊群阳而独应小人，必受其困。是濡湿其衣，自取怨恨，而无所归咎也。

愚案：三能辅五，同心决上，是为"君子夬夬"。上为终，阳息成乾，夬阴尽灭，故曰"终无咎也"。

《象》曰：其行次且，位不当也。闻言不信，聪不明也。

虞翻曰：坎耳离目，折入于兑，故"聪不明"矣。

案：羊兑为，四五体兑故也。凡卦，初为足，二有腓，三为股，四为臀。当阴柔今反刚阳，故曰"臀无肤"。九四震爻，震为足，足既不正，故"行次且"矣。

疏 虞注：以阳居阴，故"位不当"。四失位，当变之正，则坎耳为聪，离目为明。不变，则毁折人兑，坎离象坏，故"聪不明"。言听不聪，则视亦不明也。

案："兑为羊"，《说卦》文。四五体兑，故"牵羊"也。爻例初足、二腓、三股、四臀。四当阴柔之位，反得阳刚之爻。艮为肤，伏于兑下不见，故"无肤"。"九四震爻"，谓大壮也。震足在四二阳既不正，故"行次且"也。

《象》曰：中行无咎，中未光也。

虞翻曰：在坎阴中，故"未光也"。

王弼曰：苋，草之柔脆者也，决之至易，故曰"夬夬"也。夬之为义，以刚决柔，以君子除小人也。而五处尊位，最比小人，躬自决者也。夫，以至尊而敌于至贱，虽其克胜，未足多也。处中而行，足以免咎而已，未为光益也。

疏 虞注：离日为光。四变离伏坎下，是五在坎阴之中，离伏不见，故"未光也"。

王注：《子夏传》云"苋陆，木根草茎，刚下柔上也"。马融、郑玄、王肃皆云"苋陆，一名商陆"。是以苋陆为一物。若荀、宋、虞、董皆以苋陆为二。今王注直云"草之柔脆"，亦以为一物，同于子夏等也。夬以刚决柔，是"以君子而除小人"。五处尊位，最近小人，躬自决之，如去苋草之易，故曰"夬夬"。然以至尊而敌至贱，虽克致胜，未足为功。以能处中而行，但得无咎，未足为光也。

案：五夬于上，故未光。三五同心决上，三体乾健，故有愠，虽有凶而终无咎。五体兑说，故苋陆。虽无咎，而中未

读书随笔

中華藏書

第一部 周易原典

中国书房

六七九

中国书房

光。与屯五萃五，阳为阴掩同义。

《象》曰：无号之凶，终不可长也。

虞翻曰：阴道消灭，故"不可长也"。

疏 息至上成乾，是"阴道消灭"，"终不可长也"。

姤 卦

【原典】

天下有风，姤。后以施命诰四方①。

系于金柅，柔道牵也。②

包有鱼，义不及宾也。③

其行次且，行未牵也。

无鱼之凶，远民也。④

九五含章，中正也。有陨自天，志不舍命也。

姤其角，上穷吝也。⑤

【精注】

①"天下有风，姤。后以施命诰四方"，为姤卦的《大象传》。以揭示姤卦上乾为天、下巽为风之象。后：君。诰：告。②金柅：金属的刹车器。③包：厨房。④远民：脱离民众。⑤穷吝：穷困之境地。

【今译】

天下吹行着和风，象征"相遇"。君主观此卦象，效法于风之吹拂万物，施教化于天下而传告四方。紧紧系结在金属刹车器上，是说柔物被牵制于刚物，意味着柔弱者依附于刚强者。厨房里有一条鱼，不宜大肆宴请宾客。行动趑趄难进，行为未受外物牵制。失去一条鱼而有凶险，像君王失其权位，陪离民众。九五内心含藏章美，是由于居中守正；必然有理想的遇合从天而降，说明九五的心志不违背天命。遇见空荡的角落，上九居位穷高极上而处于穷困之境地。

【集解】

《象》曰：天下有风，姤。

翟玄曰：天下有风，风无不周布，故，君以施令，告化四

方之民

疏 风，天气也而出于土，是"天下有风"也。风周天下，故"施命诰四方"。

后以施命诰四方。

虞翻曰：后，继体之君。姤阴在下，故称"后"，与泰称"后"同义也。乾为"施"，巽为"命"为"诰"。复震二月东方，姤五月南方，巽八月西方，复十一月北方，皆总在初，故以"诰四方"也。孔子"行夏之时"，经用周家之月，夫子传《彖》、《象》以下，皆用夏家月，是故，艮为十一月，姤为五月矣。

疏 乾消，故"后为继体之君"。姤阴在下，阴生初，不纯乎阳，故"称后"。泰女主称"后"，此阴生之卦，故"与泰称后同义也"。"天施地生"，故"乾为施"。巽申命为"命"为"诰"。伏体震，四正方伯卦，震在二月，故"东方"。消息卦姤在五月，故"南方"。又巽为八月卦，故"西方"。旁通复，消息卦"复"在十一月，故"北方"。震谓复震，巽谓姤巽，故云"皆总在初"。"行夏之时"，《论语》文。经用周家之月，如临"八月有凶"为遁是也。夫子传《彖》、《象》用夏月，如此复为十一月，姤为五月是也。

《象》曰：系于金柅，柔道牵也。

虞翻曰：阴道柔，巽为绳，牵于二也。

疏 初阴为柔，巽也。巽绳为牵，阴系于阳，故"牵于二也"。

《象》曰：包有鱼，义不及宾也。

王弼曰：初阴而穷下，故称"鱼"也。不正之阴，处遇之始，不能逆近者也。初自乐来应己之厨，非为犯夺，故无咎也。擅人之物，以为己惠，义所不为，故"不及宾"。

疏 《正义》："初六以阴而处下，故，称鱼也。以不正之阴，处遇之始，不能逆于所近，故舍九四之正应，乐充九二之庖厨，故曰：'九二庖有鱼。'初自乐来为己之厨，非为犯夺，故得无咎也。夫擅人之物，以为己惠，义所不为，故不利宾也。"

案：不当包初。义者，利之和也。故曰"义不及宾也"。

中华藏书　第一部　周易原典

《象》曰：其行次且，行未牵也。

虞翻曰：在夬失位，故"牵羊"。在姤得正，故"未牵也"。

疏　九在夬四为失位，为初所牵故"牵羊"。九在姤三为得正，故不为阴所牵也。

《象》曰：无鱼之凶，远民也。

崔憬曰：虽与初应，而失其位，二有其鱼而宾不及。若起于竞，涉远必难，终不遂心，故曰"无鱼之凶，远民也"，谓初六矣。

疏　四与初为正应，然失位不应，故二有其鱼，而已为宾不及也。若起而争竞，涉远，涉于初，其行必难，终不遂心，故云"无鱼之凶"也。初阴自坤来，坤众为民，故"谓初六矣"。

愚案：《诗·小雅·无羊》曰"牧人乃梦，众维鱼矣"，是鱼有民象，故知"无鱼"为"远民也"。

《象》曰：九五含章，中正也。有陨自天，志不舍命也。

虞翻曰：巽为"命"也。欲初之四承己，故不舍命矣。

疏　以九居五，得中，得正，故曰"中正"。"巽为命"，谓初也。五欲初之四承己，故不舍巽，为"不舍命也"。

《象》曰：姤其角，上穷吝也。

王弼曰：进之于极，无所复遇，遇角而已，故曰"姤其角"也。进而无遇，独恨而已，不与物牵，故曰"上穷吝也"。

疏　最处上体，进于极而无所复遇。所遇者，角而已，故曰"姤其角"。进而遇角，角非所安，与无遇等，故独恨而鄙吝也。初曰"柔道牵也"，三曰"行未牵也"。三上敌刚，失位无应，又与阴远，故不与物牵，而曰"上穷吝也"。

愚案："牵"，注疏本作"争"。彼引以释"无咎"，故作"争"。此引以释"穷吝"，故作"牵"。盖阴柔则牵，阳刚则不牵，上九与九三同为阳刚，作"牵"是也。

萃 卦

【原典】

泽上于地，萃。君子以除戎器，戒不虞①。

乃乱乃萃，其志乱也。

引吉无咎，中未变也。②

往无咎，上巽也。

大吉无咎，位不当也。

萃有位，志未光也。③

赍咨涕洟，未安上也。④

【精注】

①"泽上于地，萃。君子以除戎器，戒不虞"，为萃卦的《大象传》。以揭示《萃》卦上兑为泽、下绅为地之象。泽上于地，指泽在地上，洪水横流，比喻祸乱丛聚。除，修整。不虞，料不到的事。②引吉：长期吉利。③萃有位：瘁心力于其职守。萃：通瘁，瘁心。④赍咨：即咨嗟，叹息。洟：眼泪。洟：鼻涕。

【今译】

泽居地上，象征"祸乱丛聚"；君子因此修治刀枪兵器，戒备不测变乱。混乱憔悴，其人神志混乱。长期处于吉祥而不致祸害，居中守正的心志未曾改变。往前将无祸害，能够向上驯服于阳刚。大为吉祥然后才无祸害，居位尚不妥当。瘁心力于其职守，而仅仅是没有灾祸，会聚天下的心志尚未光大。咨嗟哀叹而又痛哭流涕，像人居高位，但如履薄冰，惊恐度日。

【集解】

《象》曰：泽上于地，萃。

荀爽曰：泽者卑下，流潦归之，万物生焉，故谓之萃也。

疏 泽在地上，其势卑下，故"流潦日归之"。《风俗通·山泽篇》："水草交厝，名之为泽。泽者，言其润泽万物，及阜民用。"故曰"万物生焉"。《周语》："泽，水之钟也。"《玉

中華藏書

第一部 周易原典

中國書房

篇》："钟，聚也。"故"谓之萃也"。

君子以除戎器，戒不虞。

虞翻曰："君子"谓五。除，修。戎，兵也。《诗》曰"修尔车马，弓矢戎兵"。阳在三四为"修"，坤为"器"。三四之正，离为戎兵、甲胄、飞矢，坎为弓弧，巽为绳，艮为石，谓敕甲胄，锻厉矛矢，故"除戎器"也。坎为寇，坤为乱，故"戒不虞"也。

疏 五阳得正，故"君子谓五"。地官山虞若祭山林，则"为主而修除"故云"除，修也"。"戎，兵也"，《说文》文。《诗·大雅》抑篇曰"修尔车马，弓矢戎兵"，知"修戎"即"除戎"也。又《常武》曰"整我六师，以修我戎"，亦其证也。"阳在三四为修"者，乾三曰"进德修业"是也。坤形为器。三四变，之正体离，离为甲胄，为戈兵，又为飞为矢，故"为戎兵"。坎为弓，故"为弓弧"。巽绳直，故"为绳"。艮小石，故"为石"。《书·费誓》曰"善敕乃甲胄"，又曰"锻乃戈矛，厉乃锋刃"，故"谓敕甲胄，锻厉戈矛"，郑彼注云"敕谓穿彻之，谓甲绳有断绝，当使敕理穿治之"，谓离之甲胄，以巽绳穿治之，故"巽为绳"。矛矢以离火锻之，以艮石砺之，故"艮为石"。皆是修治之义，故"除戎器"也。坎为盗，故"为寇"。坤阴消阳为乱，故"戒不虞"。虞，度也。

案：兑为金，戎器之象。坤知阻，戒不虞之象。又《荀子》曰"仁人兵兑，则若莫邪之利锋"，注云"兑，聚也"。萃之为萃，以兑故也。

《象》曰：乃乱乃萃，其志乱也。

虞翻曰：坎为"志"，初之四，"其志乱也"。

疏 以爻义证之，"初"下当脱"不"字。初与四应。三已之四，成坎为"志"。初失位不变，故"不之四"。相聚为乱，故曰"其志乱也"。

《象》曰：引吉无咎，中未变也。

虞翻曰：二得正，故"不变"也。

王弼曰：居萃之时，体柔当位，处坤之中，己独履正，与众相殊，异操而聚．"民之多僻"，独正者危，未能变体，以远于害，故必待五引，然后乃吉而无咎。禴，殷春祭名，四时之祭省者也。居聚之时，处于中正，而行以忠信，可以省薄于鬼神矣。

疏　虞注：初三失位，以六居二为得正，居中不变，故五用禴而得应也。

王注：居萃之时，六为"体柔"，二为"当位"。处坤之中，初三失位，已独得正，与众阴相乖，是"异操而相聚"者也。坤为民，上下失位，故引《大雅·板》曰"民之多僻"。二处中违众，故云"独正者危"。不肯变体失位，求远于害，故必待五见引然后，吉而无咎也。《王制》："天子四时之祭，春曰礿禴。"郑氏以为夏殷之礼，故云"殷春祭名"。禴，薄也，故云"四时之祭省者也"。二在萃时，居中得正，忠信而行，故"可以省薄祭于鬼神也"。《左传·隐公三年》："苟有明信，涧溪沼沚之毛，蘋蘩蕰藻之菜，筐筥锜釜之器，潢汗行潦之水，可荐于鬼神，可羞于王公。"又曰"《风》有《采蘩》、《采蘋》，《雅》有《行苇》、《泂酌》，昭忠信也"，是其义也。

《象》曰：往无咎，上巽也。

虞翻曰：动之四，故"上巽"。

疏　四体巽，三动而上之四，故曰"上巽也"。

《象》曰：大吉无咎，位不当也。

虞翻曰：以阳居阴，故"位不当"。动而得正，承五应初，故"大吉"而"无咎"矣。

疏　以阳居阴，其位不当，咎也。动而得正，上承五，下应初，故"大吉而无咎"。近承五阳，阳为大，故"大吉"。"无咎"者，善初过者也。变得正，故"无咎"。五得正，故"萃有位"。四不正，故"位不当"。

《象》曰：萃有位，志未光也。

虞翻曰：阳在坎中，故"志未光"。与屯五同义。

疏　三之四，五坎为"志"，坎阳陷于阴中，故"志未光也"。与屯五"施未光"同义。

《象》曰：赍资涕洟，未安上也。

虞翻曰：乘刚远应，故"未安上也"。

荀爽曰：此本否卦。上九阳爻，见灭迁移，以喻夏桀殷纣。以上六阴爻代之，若夏之后封东娄公于杞，殷之后卦微子于宋。去其骨肉，臣服异姓，受人封土，未安居位，故曰"赍资涕洟，未安上也"。

疏 虞注：乘五为乘刚，应三为远应。上得位宜安，然以阴乘阳，又无正应，故"未安上也"。

荀注：此以卦自否来言也。当否之时，"天下无邦"。上变成萃，上九阳爻，见灭而迁移。为阴所灭，以喻桀纣。上六以阴代阳，若封夏后东娄公于杞，封殷后微子于宋。《史记》："夏禹之后，殷时或封或绝。武王克殷，求禹后，得东娄公，封之于杞，以奉夏祀。"《乐记》："武王下车，投殷之后于宋。"《书·微子之命》："庸建尔于上公，尹兹东夏。"孔传"宋在京师东"，是封夏殷后之事也。杞宋去其骨肉之亲，臣服异姓，自失其国，受人之封，未克安居上位，故曰"赍资涕洟，未安上也"。

愚案：当萃之时，初三四不正，宜有咎。五为萃主，使四之三，初变应之，阴阳皆正，《象》曰"聚以正"是也，故六爻皆无咎。

升　卦

【原典】

地中生木，升。君子以顺德积小，以成高大①。

允升大吉，上合志也。②

九二之孚，有喜也。

升虚邑，无所疑也。③

王用亨于岐山，顺事也。

贞吉升阶，大得志也。

冥升在上，消不富也。④

【精注】

①"地中生木，升。君子以顺德，积小以高大"，为升卦的《大象传》。以揭示升卦上坤为地、下巽为木之象，谓地中生木，自微及著，正为"上升"的象征；然后推阐出"君子"当效法此象，以遵循道义，加强修养，积小善以成就大事业的道理。②允升：前进发展。升：发展。③虚邑：在大丘之上的城邑。虚：大丘。④冥：夜晚。升：兴。

【今译】

地中生出树木，象征"上升"；君子因此遵循道义，加强修养，积累小善以建树崇高宏大的事业。前进发展大吉大利，是说尚能契合心意。九二爻辞讲祭祀鬼神必以忠信，必将带来喜庆。上升顺畅犹如直入空虚的城邑，登高望远，所见甚明，无所疑虑。君王来到岐山祭祀神灵，这是顺乎天理之事。守持正固可获吉祥于是事业必然逐步发展，说明其志愿得伸，目的达到。深夜不眠，爻位孤悬，发展趋势必将削弱而不能富盛。

【集解】

《象》曰：地中生木，升。

荀爽曰：地谓坤，木谓巽。地中生木，以微至著，升之象也。

疏 上坤，故"地谓坤"。下巽，故"木谓巽"。《说文》："木，冒也，冒地而生。"故云木生地中。《乾凿度》曰"天道三微而成著"，故云"以微至著"。枚乘曰"种树畜养，不见其益，有时而大"，故云"升之象"也。

君子以慎德积小，以成高大。

虞翻曰："君子"谓三。"小"谓阳息复时，复小为德之本。至二成临，临者，大也。临初之三，巽为"高"。二之五，艮为"慎"。坤为"积"。故"慎德积小成高大"。

疏 乾三称"君子"，故"君子谓三"也。升自临来，临息自复，故云"小谓阳息复时"。《系辞下》曰"复小而辩于物"，又云"复，德之本也"，故云"复小为德之本"。阳息至二成临，"临者，大也。"《序卦》文。临初之三成升，内体巽。"巽为高",《说卦》文。二之五,内体艮,艮阳小为"慎"。《坤·文言》称"积",故"坤为积"。艮成终成始,君子法地中生木,积微成著,故"慎德积小,以成高大"也。

《象》曰:允升大吉,上合志也。

《九家易》曰:谓初失正,乃与二阳允然合志,俱升五位,"上合志也"。

疏　以六居初为失位,当变之正。乃与二阳一体诚信合志,同升五位。二升五,坎为志,初随上之,故曰"上合志也"。

《象》曰:九二之孚,有喜也。

虞翻曰:升五得位,故"有喜"。

干宝曰:刚中而应,故孚也。又言"乃利用禴",于春时也,非时而祭曰"禴"。然则文王俭以恤民,四时之祭,皆以禴礼,神享德与信,不求备也。故既济九五曰"东邻杀牛,不如西邻之禴祭,实受其福"。九五坎,坎为豕。然则禴祭以豕而已,不奢盈于礼,故曰"有喜"矣。

疏　虞注:二与五孚。升五得正,阳为喜,故"有喜"也。

干注:二刚中而应乎五,故孚也。"又言乃利用禴,于春时也"者,《王制》曰"天子四时之祭,春曰礿"是也。据《周礼》、《尔雅》,禴为夏祭,周制也,故郑氏以"春曰礿"为夏吟殷之礼。礿,薄也。四时之祭皆薄,不必春时,故"非时而祭曰禴"。二与四同功,四言文王"用亨",故引文王以明"用禴"之义。文王俭以恤民,故四时之祭皆尚奢。盖"黍稷非馨,明德惟馨。"故神享德与信,不求备物也。既济九五曰"东邻杀牛,不如西邻之禴祭,实受其福"。既济九五体夫,"坎为豕",《说卦》文。《曲礼》:"凡宗庙之祭也。故郑君亦以为禴祭不杀而用豕也。"孚以诚信,不尚奢盈,故"有喜也"。

《象》曰:升虚邑,无所疑也。

虞翻曰:坎为"疑",上得中,故"无所疑也"。

疏　二之五体坎,坎心为"疑"。五得中位,三又同功,故"无所疑也"。

《象》曰：王用亨于岐山，顺事也。

崔憬曰：为顺之初，在升当位，近比于五，乘刚于三，宜以进德，不可修守。此象太王为狄所逼，徒居岐山之下，一年成邑，二年成都，三年五倍其初，通而王矣，故曰"王用亨于岐山"。以其用通，避于狄难，顺于时事，故"吉，无咎"。

疏　外体坤，坤，顺也，四在外初，故"为顺之初"。在升之家，以六居四为当位。上近比于五，下北刚于三，近比故"宜进德"，乘刚故"不可修守"。四位诸侯，故"象太王"。近五将化家为国，乘刚象为狄所逼。《孟子》："昔者太王居邠，狄人侵之。"又曰"去邠，逾梁山，邑于岐山之下居焉。邠人曰'仁人也，不可失也'，从之者如归市"，故云"太王为狄所逼，徒居岐山之下"。《诗》："天作高山，太王之。"郑"天生此高山，使兴云雨，以利万物。太王自邠迁焉，则能尊大之广其德泽，居之一年成邑，二年成都，三年五倍其初"。亨，通也，亨通而创王业，故曰"王用亨于岐山"。以其用亨通之道，能避狄难，顺时而行，故"吉无咎"也。

案：乾坤，顺也。又发于事业为事，二升五王，受命告祭。四率群阴，以顺承之，故曰"顺事也"。

《象》曰：贞吉升阶，大得志也。

荀爽曰：阴正居中，为阳作阶，使升居五。已下降二，与阳相应，故吉而得志。

疏　阴居上中，为二阳作阶，使升居五，即"柔能时升"之义也。五下降二，得中得位，正应五阳。阳为大，体两坎为志，故"大得志也"。

《象》曰：冥升在上，消不富也。

荀爽曰：阴升失实，故"消不富也"。

疏　阳实阴虚，阴升不已，必失三阳，阳息则阴消，坤广生为富，故曰"消不富也"。与豫上"冥豫在上，何可长也"同义。

困 卦

【原典】

泽无水，困。君子以致命遂志。①

"入于幽谷"，幽不明也。②

"困于酒食"，中有庆也。

"据于蒺藜"，乘刚也。"入于其宫不见其妻"，不祥也。

"来荼荼"，志在下也。虽不当位，有与也。③

"劓刖"，志未得也。④"乃徐有说"，以中直也。⑤"利用祭祀"，受福也。

"困于葛藟"，未当也。"动悔，有悔"，"吉"行也。

【精注】

①泽无水：困卦的上卦坎是泽，下卦兑是水。泽中的水，漏到下面，泽中缺水，所以穷困；致命遂志：献出自己的生命。君子当效法这种精神，在穷困中，就是不惜生命，也要实现心愿。②幽不明：幽暗不明。③有与：得到帮助。④劓：割鼻。刖：断腿。⑤说：通"脱"，脱离困境。

【今译】

沼泽之中已没有水，这就是困卦象征的"困顿"。君子观此卦象，不惜牺牲生命，尽力摆脱困境，以实现心愿。

"进入了幽深的山谷"，自然幽暗不明。

酒醉未醒，天予命赐公卿之服，是因为有喜庆之事。

"被蒺藜刺伤"，好像攀附强暴之人，必受其挟持威凌，"回到家中，不见了妻子"，这真是不祥之兆。

所谓"姗姗来迟"，表明志向卑微。由于甘居下位，态度谦卑，却能得到一些援助。

所以会"既受割鼻之刑，又受剁脚之刑"，是因为尚未得志；所以会"慢慢地脱离困境"，是因为中正而刚直；所以会"祭祀吉祥"，因为他受到神的福祐。

所以会"困阻于葛藤的纠缠"，是由于行动安排不适当。因此，"一动就有悔恨，但关键在于悔改"，谨慎行事，是会吉祥幸福的。

【集解】

《象》曰：泽无水，困。

王弼曰：泽无水，则水在泽下也。水在泽下，困之象也。处困而屈其志者，小人也。君子固穷，道可忘乎。

疏　《周语》："泽，水之钟也。"水当在泽上，今坎水在兑泽之下，是"泽无水"也。水在泽下，则泽上枯槁，万物皆困，故云"困之象也"。小人处困，则屈挠其志。君子固穷，故不忘其道。"君子固穷"，《论语》文，谓固守其穷也。

君子以致命遂志。

虞翻曰："君子"谓三，伏阳也。否坤为"致"，巽为"命"，坎为"志"，三入阴中，故"致命遂志"也。

疏　乾三君子，伏于否下，故"君子谓三，伏阳也"。否内坤，坤驯致其道为"致"。互巽申命为"命"，体坎心为"志"。三阳伏入阴中，故"致命遂志"。六三既辱且危，此君子小人之别也，故曰"困，德之辩也"。

《象》曰：入于幽谷，幽不明也。

荀爽曰：为阴所弇，故不明。

疏　坎为"幽谷"，初在下为"入于幽谷"。坎伏离，离日为"明"，伏藏不见，故"幽不明也"。

《象》曰：困于酒食，中有庆也。

翟玄曰：阴从上来，居中得位，富有二阴，故"中有庆"也。

疏　二阳从否上来居于中，为居中。上不得位，言"得位"者，非也。坤广生为富，故"富有二阴"。二位为中爻阳为庆，故"中有庆也"。

《象》曰：据于蒺藜，乘刚也。

案：三居坎上，坎为丛棘而木多心，蒺藜之象。

疏　三在坎体之上，"坎为丛棘"，《九家·说卦》文。又为木坚多心，故有蒺藜之象。

入于其宫，不见其妻，不祥也。

《九家易》曰：此本否卦，二四同功为艮，艮为门阙，宫之象也。六三居困而位不正，上困于民，内无仁恩，亲戚叛逆，诛将加身，入宫无妻，非常之困，故曰"不祥也"。

疏　此本否卦，否二四同功，互体为艮。"艮为门阙"，《说卦》文。门阙，故有宫象。六三居困，阴处阳位不正，坤为民，三在坤上，故"上困于民"。不正，故障"内无仁恩"。乘承皆刚，故"亲戚叛逆"。坤为身，二变坎弄罚，故"诛将及身"。上无匹应，故"入宫无妻"。此为"非常之困，故曰不详也。"

愚案：三据二阳为"乘刚"。"详""祥"古字通。乾善为详，上本否乾。三应上，上之二，乾体杯，故"不详也"。

《象》曰：来荼荼，志在下也。

王弼曰：下谓初。

疏　坎心为志，初在坎下，故曰"志在下也"。

虽不当位，有与也。

崔憬曰：位虽不当，故吝也。有与于援，故有终也。

疏　初四失位不当，故吝。易位得正，阴阳有与，上下相援，故有终也。

《象》曰：剢刖，志未得也。

陆绩曰：无据无应，故"志未得也"。二言"朱绂"，此言"赤绂"，二言"享祀"，此言"祭祀"，传互言耳，无他义也。谓二困五，三困四，五初困上，斯乃迭困之义也。

疏　四阳，故"无据"。二阳，故"无应"。坎为"志"，故"志未得也"。二朱绂，五赤绂，二享祀，五祭祀，谓"传互言，无他义"，其实非也。《说文》："天子朱绂，诸侯赤绂。"《乾凿度》："天子之朝朱绂，诸侯之朝亦绂。"否上体乾，乾大赤为朱，且乾君为天子，下降于二，故曰"朱绂方来"。下体坤，二变成坎，坎为赤，坤臣为诸侯，二阳敌五，故"困于赤绂"。《春官·大宗伯》："掌建邦之天神、人鬼、地祇之礼"，又曰"凡祀大神、享大鬼、祭大祇"。《礼运》曰"天子祭天地，诸侯祭社稷"。祭兼祀言，是祭天地也。社亦地祭，享兼祀言，是享鬼祀地也。五君位，天子也，故言祭祀。二臣位，诸侯也，故言享祀。二五敌应，故"二困五"。三四皆失位，故"三困四"。否二至上乘阳困五，上至二据阴困初，故"五初困上"。六爻迭困之义也。

乃徐有说，以中直也。

崔憬曰：以其居中当位，故有说。

疏　在五为居中。《系辞上》曰"乾，其动也直"，《洪范》曰"平康正直"，《坤·文言》曰"直其正也"，是"中直"犹中也。九五得正为当位。得中得正，其体为兑，故"有说"也。

利用祭祀，受福也。

荀爽曰：谓五爻合同，据国当位而主祭祀，故"受福也"。

疏　二刚"利用"，五刚亦"利用"，以刚合刚，故谓"五爻合同"。二变坤为国，五应之为"据国"。五乾为福，《礼器》曰"祭则受福"。九五当位而主祭祀，故"受福也"。

《象》曰：困于葛藟，未当也。

虞翻曰：谓三未变当位应上故也。

疏　上应在三，三未变正当位应上，故上困于三也。

动悔有悔，吉行也。

虞翻曰："行"谓三变，乃得当位之应，故"吉行"者也。

疏　爻言"征"，《象》言"行"，《释言》："征，行也。"三变正应上得当位之应，行有应，故"吉行也"。

井 卦

【原典】

木上有水，井。[①]君子以劳民劝相。[②]

"井泥不食"，下也。"旧井无禽"，时舍也。

"井谷射鲋"，无与也。③

"井渫不食"，行"恻"也。④求"王明"，"受福"也。

"井甃，无咎"，修井也。⑤

"寒泉"之"食"，中正也。

"元吉"在上，大成也。

【精注】

①木上有水：这是以井卦的卦象为说的。井卦巽下坎上，巽代表木，坎代表水，故曰："木上有水"。言树木体内有水分津润，由根茎向上运行，正如井水被汲上养人。②劳民相劝：劳民，就是说要为民操劳。相，助也。相劝，就是说要劝民互助。比喻"君子"观井卦之象，悟知应当劳民相劝，广益于人，以效法"井养而不穷"之德。③鲋：指小鱼。④渫：污浊。恻：痛心，伤心，惋惜。⑤井甃：用砖石垒筑井壁。

【今译】

井水被汲上养人，这就是井卦的象征。君子观此卦象，尽力为百姓效劳，劝勉人们相互济助。

"井水混浊不能食用"，这是因为泥土落入其中。所谓"坍塌的陷阱已关不住野兽"，是说年久失修，陷阱舍弃不用了。

"从井口去射井中的小鱼"，如此谋食求生，可见其人无依无靠。

"井水污浊不能饮用"，这使路人都感到惋惜；期盼"君王贤明"，是为了共享福泽。

"井壁用砖石垒砌起来，进行顺利"，就是说正在顺利修井。

"水清泉甘，凉爽可口，供人饮用"，表明君王中正不偏，施惠于天下百姓。

"身居高位的当权者"，所以获得"大吉大利"，是大有成就的象征。

【集解】

《象》曰：木上有水，井。

王弼曰：木上有水，上水之象也。水以养而不穷也。

疏 木上有水，上水之象，故名为井。"水之象"，当从注疏本作"井之象"。上水以养，取而不穷者也。

君子以劳民劝相。

虞翻曰："君子"谓泰乾也。坤为"民"，初上成坎为"劝"，故"劳民劝相"。相，助也，谓以阳助坤矣。

疏 泰乾三君子道长，故"君子谓泰乾也"。坤众为"民"，初之上成坎为"劝"，当作"为劳"，坎，劳卦也，故"劳民劝相"。郑注泰"辅相天地之宜"，"辅相，左右，助也"，故云"相，助也"。初阳之坤五，以阳助坤，谓以君助民也。

愚案：掘井出水，即因井制田，皆养民不穷之事。故郑注《井·象》云"井，法也。君子取法乎井，以恒产劳民，使之劝勉相助。以君养民，即以阳养阴之义也。

《象》曰：井泥不食，下也。旧井无禽，时舍也。

虞翻曰：食，作也。初下称"泥"。巽为木果。无噬嗑食象，下而多泥，故"不食"也。乾为"旧"，位在阴下，故"旧井无禽"。"时舍也"，谓时舍于初，非其位也，与乾二同义。

崔憬曰：处井之下，无应于上，则是所用之井不汲，以其多涂，久废之井不获，以其时舍，故曰"井泥不食，旧井无禽"。"禽"古"擒"字，"禽"犹获也。

疏 虞注：《诗·天保》曰"日用饮食"，盖饮食为日用所需，故云"食，用也"。初在坎水之下，故"称泥"。"木果"当为"不果"，"巽为不果"，《说卦》文。与噬嗑旁通，井成噬嗑象毁，在下多泥，故"不果食也"。初本乾也，故"乾为旧"。乾位伏在阴下，变正成乾，巽禽不见而寓于乾，故曰"旧井无禽"。"时舍也"，"舍"读若《月令》"命田舍东郊"之"舍"，谓初失正当变，不过时舍于初，非其本位也。乾二不正当变，故与乾二"时舍"同义。

崔注：初处井下，与四敌应，故"无应于上"。所用之井不汲者，以其在下多涂也。久废之井无所获者，以其为时所舍也。故曰"井泥不食，旧井无禽"。"禽""擒"古字通。《曲礼》"不离禽兽"，疏"禽者，擒也"。《左传·僖公三十三年》："外仆髡屯禽之以献。"盖战胜执获曰禽，故"禽犹获也"。又展获字禽，亦其证也。

《象》曰：井谷射鲋，无与也。

崔憬曰：唯得于鲋，无与于人也。井之为道，上汲者也。今与五非应，与初比，则是若谷水不注，唯及于鱼，故曰"井谷射鲋"也。"瓮敝漏"者，取其水下注不汲之义也。

案：鱼，阴虫也。初处井下，体又阴爻，鱼之象也。

疏 崔注：二比初泥，唯于鲋相得，而于人无与也。井之为道，以下给上，故云"上汲者也"。今无应于五，下比于初，犹井谷不注以养人，故曰"井谷射鲋"也。"瓮敝漏"者，言水但下注，不上汲以养人也。阴阳相应曰与，二五皆阳，五不应二，故"无与也"。

案：中孚"豚鱼吉"，王注"鱼者，虫之隐者也"，故云"阴虫"。又王注此爻云"鲋谓初也"，故云"初处井下"。巽初阴，故云"体又阴爻"。鱼阴类，故云"鱼之象也"。

愚案：巽有禽鱼之象，处于井下，初二失位不正。于初求禽，井安得禽，故曰"时舍也"。于二射鲋，井安得鲋，故曰"无与也"。

《象》曰：井渫不食，行恻也。求王明，受福也。

干宝曰：此托殷之公侯，时有贤者，独守成汤之法度，而不见任，谓微、箕之伦也，故曰"井渫不食，为我心恻"。恻，伤悼也。民乃外附，故曰"可用汲"。周德来被，故曰"王明"。王得其民，民得其王，故曰"求王明，受福也"。

疏 喻殷之末世，贤公侯守旧法而不见用，如微子、箕子之伦是也，故曰"井渫不食，为我心恻"。恻，伤悼也，张璠所谓"恻然伤道未行"是也。三在内，五在外，民外附于周，故曰"可用汲"。自外曰来，周德来被于三，故曰"王明"。上下相得，故曰"求王明，受福也"。

案：旁通噬嗑，震为行，"井渫不食"，行道之人为之心恻。噬嗑艮与巽同气相求，故曰"求王明，受福也"。

《象》曰：井甃无咎，修井也。

虞翻曰：修，治也。以瓦甓垒井称"甃"。坤为土，初之五成离，离火烧土为瓦治象，故曰"井甃无咎，修井也"。

疏 修，治，谓甃也，《子夏传》谓"甃为修治"，是也。马氏云"甃为瓦，裹下达上"，故"以瓦甓垒井称甃"也。泰坤为土，初之五成坎互离，坎水和土，离火烧之，有瓦象焉。四往修初，故曰"井甃无咎，修井也"。

《象》曰：寒泉之食，中正也。

崔憬曰：洌，清絜也。居中得正，而比于上，则是井渠水清，既寒且絜，汲上可食于人者也。

疏 《说文》："洌，水清也。"故云"洌，清絜也"。五为居中，九为得正，而近比于上，则是井既渫而水清，既寒且絜，汲之而上，可食于人者也。

《象》曰：元吉在上，大成也。

虞翻曰：谓初二已变，成既济定，故"大成也"。

干宝曰：处井上位，在瓶之水也，故曰"井收"。幕，覆也。井以养生，政以养德，无覆水泉而不惠民，无蕴典礼而不兴教，故曰"井收网幕"。网幕则教信于民，民服教则大化成也。

疏 虞注：初二失位当变，变成既济定，故"大成也"。

干注：处井上位，汲而在瓶之水也。马氏云"收，汲也"。"井收"者，谓汲而收之于瓶也。幕，覆也，即虞云"盖也"。井以养民之生，政以养民之德，无覆水泉而不惠民，惠而不费者也，无蕴典礼而不兴教，大道为公者也，故曰"井收网幕"。网幕则教被于民，天下信之，民服其教，故大化成也。

革 卦

【原典】

泽中有火，革。君子以治历明时。[1]

"巩用黄牛"，不可以有为也。[2]

"巳日革之"，行有嘉也。[3]

"革言三就"，又何之矣！④

"改命"之"吉"，信志也。

"大人虎变"，其文炳也。

"君子豹变"，其文蔚也。"小人革面"，顺以从君也。

【精注】

①泽中有火：这是以革卦的卦象为说的。革卦下离上兑，离代表火，兑代表泽，所以说"泽中有火"；②巩：紧固。③嘉：美好、喜庆。④革言：用皮革制成的马胸带。三就：三重。革言三就，喻指犯人屡次更改供词，以致于经过多次审讯。

【今译】

水泽干涸，燃起烈火，革卦就像征"变革"。君子观此卦象，修订历法，明确时令。

所谓"好像用黄牛皮捆绑在一起，使人动弹不得"，就是其人被紧紧束缚，不可能有所作为，难行变革。

所谓"祭祀之日进行变革"，因为在这种日子里有喜庆之事。

所谓犯人屡次推翻供词，只得反复审讯，这说明抵赖无用，只能招出实情。

所谓"变革天命，改朝换代，必然吉祥"，表明人民心悦诚服，可以实现变革的理想。

"王公大臣以猛虎般的气势进行变革"，表明德行昭彰，光彩焕发。

君子精神振奋，说明其仪态清朗雍容。小人洗心革面，说明小人去恶从善，服从君上。

【集解】

《象》曰：泽中有火，革。

崔憬曰："火就燥"，泽资湿，二物不相得，终宜易之，故曰"泽中有火，革"也。

疏 火性阳，故"就燥"，泽性阴，故"资湿"，即《乾·文言》所谓"水流湿，火就燥"也。二物不同性，故"不相得"。终宜改易，故曰"泽中有火，革也"。

中華藏書

周易全书·最新整理珍藏版

中国书店

君子以治历明时。

虞翻曰：君子，遯乾也。历象谓日月星辰也。离为"明"，坎为月，离为日，蒙艮为星，四动成坎离，日月得正。"天地革而四时成"，故"君子以治历明时"也。

疏 遯外卦乾，乾阳为君子，故"君子谓遯乾也"。《书·尧典》："乃命义和，钦若昊天，历象日月星辰，敬授人时。"故"历象谓日月星辰也"。四动成两坎离，离向明为"明"。"坎为月，离为日"，《说卦》文。通蒙有艮，遯亦有艮，艮为小石，《左传·僖公十六年》："陨石于宋五，陨星也。"故"艮为星"。四动成坎，离日正于下，坎月正于上，故"日月得正"。天地革变而四时成象。王氏云"历数时会存乎变"，故"君子以治历明时也"。

《象》曰：**巩用黄牛，不可以有为也。**

虞翻曰：得位无应，动而必凶，故"不可以有为也"。

疏 以九居初为"得位"，与四敌应为"无应"。无应而动，其动必凶，故"不可以有为也"。

《象》曰：**已日革之，行有嘉也。**

崔憬曰：得位以正，居中有应。则是汤武行善，桀纣行恶，各终其日，然后革之，故曰"已日乃革之"。行此有嘉。

虞翻曰："嘉"谓五，乾为"嘉"。四动承五，故"行有嘉"矣。

疏 崔注：以六居二为"得位以正"，以二应五为"居中有应"。《泰誓》："我闻吉人为善，惟日不足，凶人为不善，亦惟日不足。"故行善行恶，必各终其日。待善积恶盈，然后善可革恶，故曰"已日乃革之"。日行中正，上应乎五，故"有嘉也"。初虽得位而无正应，故干氏引文王服事，以明"不可有为"之意。二得位得正，又有正应，故崔氏引汤武革命，以明"征吉无咎"之义也。

虞注："嘉谓五"者，五，乾也。《乾·文言》曰"亨者，嘉之会也"，故"乾为嘉"。四动承五，二往应之，阴阳相得，五必嘉二，故"行有嘉也"。

《象》曰：革言三就，又何之矣。

崔憬曰：虽得位以正而未可顿革，故以言就之。夫安者，有其危也，故受命之君，虽诛元恶，未改其命者，以即行改命，习俗不安，故曰"征凶"。犹以正自危，故曰"贞厉"。是以武王克纣，不即行周命，乃反商政，一就也，释箕子囚，封比干墓，式商容闾，二就也，散鹿台之财，发钜桥之粟，大赍于四海，三就也，故曰"革言三就"。

虞翻曰：四动成既济定，故"又何之矣"。

疏 崔注：三得正位，未可遽革，故以言就之者，以至四始可革于正也。"君子安而不忘危"，故曰"安者，有其危也"。受命之君，审乎安危之道，故虽诛元恶，不改其命，以遽行改命，则习俗必危而不安，故曰"征凶"。所处虽正，不以为安而当自危，故曰"贞厉"。复以武王克纣，不即行周命明之。《书·武成》曰："乃反商政，政由旧。释箕子囚，封比干墓，式商容闾。散鹿台之财，发钜桥之粟，大赍于四海，而万姓悦服。"一就，就其君也，二就，就其臣也，三就，就其民也，故曰"革言三就"。此时尚未可革，故曰"又何之矣"。

虞注：改命之吉，在九四一爻，故四动则成既济定，革道大成。无取之应，故曰"又何之矣"。三比四，四不变，三与上隔，故"征凶"。四既变，六爻皆正，上来应三，故"又何之矣"。

《象》曰：改命之吉，信志也。

虞翻曰：四动成坎，故"信志也"。

干宝曰：爻人上象，喻纣之郊也，，以逆取而四海顺之，动凶器而前歌后舞，故曰"悔亡"也。中流而白鱼入舟，天命信矣，故曰"有孚"。甲子夜陈雨甚至，水德宾服之祥也，故曰"改命之吉，信志也"。

疏 虞注：四动成坎，坎孚为信，坎心为志，故"信志也"。

干注：爻人上象在外，国外曰郊，故"喻纣之郊"，《书·武成》"陈于商郊"是也。又曰"会于牧野"，是"逆取"也。

又曰"大赉于四海而万姓悦服",是"四国顺之"也。兵,凶器也,《牧誓》曰"称尔戈,比尔干,立尔矛",是"动凶器"也。《尚书大传》曰"维丙午,王还师前,师乃鼓譟譟,师乃慆,前歌后舞,极于上天下地",故云"前歌后舞"也。动而得正,故曰"悔亡也"。《史记·周本纪》:"遂兴师,渡河,白鱼跃入舟中。"是"天命信矣,故曰有孚"。《吕氏春秋》:"武王伐纣,将以甲子至殷郊,天雨日夜不休,武王疾行不辍,至殷郊,因大战克之。"《家语》:"殷人以水德王。"故云"水德宾服之祥也"。周改殷命,志孚于天,故曰"改命之吉,信志也"。

《象》曰:**大人虎变,其文炳也。**

宋衷曰:阳称大,五以阳居中,故曰"大人"。兑为白虎,九者,变爻,故曰"大人虎变,其文炳也"。

虞翻曰:乾为大明,四动成离,故"其文炳也"。

疏 宋注:阳大阴小,故"阳称大"。五阳居中,故称"大人",与乾五同义。白虎,西方之宿也,兑西方,故为"白虎"。《说文》"九者,阳之变也",故"九者,变爻"。九居兑中,故曰"大人虎变,其文炳也"。

虞注:五体乾,《乾·象》曰"大明终始",故"乾为大明"。四动,五成离,离自坤来为"文",又向明为明,《说文》:"炳,明也。"故曰"其文炳也"。

《象》曰:**君子豹变,其文蔚也。**

陆绩曰:兑之阳爻称"虎",阴爻称"豹"。豹,虎类而小者也。君子小于大人,故曰"豹变,其文蔚也"。

虞翻曰:蔚,蔇也。兑小,故"其文蔚也"。

疏陆注:兑西方白虎,五阳爻称"虎",故"上阴爻称豹"。《说文》:"豹似虎圆文。"阳大阴小,故云"豹,虎类而小者也"。君子亦大人之类而小于大人,故曰"豹变,其文蔚也"。

虞注:《仓颉篇》:"蔚,草木盛貌。"《说文》:"蔇,草多貌。"皆取茂盛之义,故云"蔚,蔇也"。兑少女,故为小,上体坤阴,亦为小。地以草木为文,故"其文蔚也"。

小人革面，顺以从君也。

虞翻曰：乾君谓五也。四变顺五，故"顺以从君也"。

干宝曰：君子，大贤次圣之人。谓若太公、周召之徒也。豹，虎之属，蔚，炳之次也。君圣臣贤，殷之顽民，皆改志从化，故曰"小人革面"。天下既定，必"倒载干戈，包之以虎皮。将率之士，使为诸侯"，故曰"征凶，居贞吉"。得正有应，君子之象也。

案：兑为口，乾为首。今口在首上，面之象也。乾为"大人虎变"也，兑为"小人革面"也。

疏　虞注：五位乾为君，故"乾君谓五也"。四变正，上顺五，故"顺以从君也"。

干注：君子者，大贤之品，次乎圣人。若太公、召公之徒是已。孟子称周公为古圣人，未可以大贤目之。以武王为君，称为大人，则周公亦君子之属也。虎大豹小，豹为虎之属，故蔚为"炳之次也"。"君圣"谓五虎变，"臣贤"谓上君子也。"殷之顽民"，谓四小人也。四变坎为志，故"改志"。"金曰从革"，故云"从化"。四从上革，故曰"小人革面"。"倒载干戈，包之以虎皮。将率之士，使为诸侯"，《乐记》文。言武王伐纣，天下既定，不复用兵，故曰"征凶，居贞吉"。盖上得正位，三应于下，君子之象也。

案：上体兑为口，五互乾为首。口在首上，有面象焉。五乾阳，"大人虎变"之象也。上兑阴，"小人革面"之象也。

鼎　卦

【原典】

木上有火，鼎。君子以正位凝命。①

"鼎颠趾"，未悖也；"利出否"，以从贵也。②

"鼎有实"，慎所之也；"我仇有疾"，终无尤也。③

"鼎耳革"，失其义也。

"覆公餗"，信如何也！

"鼎黄耳"，中以为实也。

"玉铉"在"上"，刚柔节也。③

【精注】

①木上有火，鼎：鼎卦上卦为离，离为火；下卦为巽，巽为木。"木上有火"，为烹煮食物之象，正合鼎卦卦义。凝：严守。②出：清除。否：指恶人。③之：动词，去，往。仇：仇家。④节：节度。

【今译】

木柴燃烧，火焰灼灼，象征"鼎器"在烹煮食物；君子观此卦象和卦名，便端正自己的居位，严守履职，不负使命。

"大鼎颠倒，其足向上"，这样未必违背情理；"清除朝中恶人"，表明听从了上面的旨意。

"鼎中盛满食物"，表明应当谨慎前行；"仇家身患疾病"，表明我最终不会有灾祸。

"大鼎失去了鼎耳"，表明行为不当。

"王公的美食倾倒出来"，这喻指其人德薄而位尊，力小而任重，以致败坏军国大事，其结果如何呢？

"大鼎配上黄色鼎耳"，表明居中可以获得实利。

"玉制的鼎耳吊环"高居"上位"，表明阳刚能用阴柔加以调节而没有凌乱侵夺的现象。

【集解】

《象》曰：木上有火，鼎。

荀爽曰：木火相因，金在其间，调和五味，所以养人，鼎之象也。

疏 "木火相因"，谓巽木生离火也。"金居其间"，谓互乾为金，兑西方亦为金。故象鼎也。《说文》："鼎，和五味之宝器也。"故云"调和五味，所以养人，鼎之象也"。

君子以正位凝命。

虞翻曰：君子谓三也。鼎五爻失正，独三得位，故"以正位"。凝，成也。体姤谓阴始凝初，巽为命，故"君子以正位凝命"也。

疏　乾三君子，大壮体乾，故"君子谓三也"。鼎五爻皆失正，独阳爻居三为得位，故"以正位"。《皋陶谟》曰"庶绩其凝"，郑注云"凝，成也"。巽在下体姤象，姤初即坤初，坤初《象传》曰"阴始凝也"，故云"阴始凝初"也。巽甲命为命，而阴始凝之，故曰"君子以正位凝命也"。

《象》曰：鼎颠趾，未悖也。

荀爽曰：以阴承阳，故"未悖也"。

疏　《说文》："悖，乱也。"以初阴承二阳，初虽失位，未至悖乱也。

利出否，以从贵也。

虞翻曰：出初之四。承乾五，故"以从贵也"。

疏　"利出否"，初之四，上承乾五，谓屯伏阳也。阴贱阳贵，又五位天子亦为贵，故"以从贵也"。

案：《公羊传》："母以子贵。"兑虽贱妾，而得震子，故《爻》言"无咎"，而《象》言"从贵也"。

《象》曰：鼎有实，慎所之也。

虞翻曰：二变之正，艮为"慎"。

疏　二失位，贵变之正。二变互艮，艮阳小为慎，故"慎所之

我仇有疾，终无尤也。

虞翻曰："不我能即，吉"，故"终无尤也"。

疏　仇既有疾，不与我就，四动获吉，故"终无尤也"。

《象》曰：鼎耳革，失其义也。

虞翻曰：鼎以耳行，耳革行塞，故"失其义也"。

疏　鼎以耳受铉而行，祭所需也，今革去其耳，是其行闭塞矣。义者，宜也，行塞失宜，故曰"失其义也"。

《象》曰：覆公𫗧，信如何也。

《九家易》曰：渥者，厚大，言罪重也。既覆公𫗧，信有大罪。刑罚当加，无可如何也。

疏　《邶风》："赫如渥赭。"疏"厚渍之丹赭也"，故

"渥言厚大"。服氏云"剧者，厚刑，谓重诛"。故"言罪重也"。三已变，四在坎，孚为信，故"既覆公𫗧，信有大罪"。其刑溃凶，故"刑罚当加，无可如何也"。

《象》曰：鼎黄耳，中以为实也。

陆绩曰：得中承阳，故曰"中以为实"。

宋衷曰：五当耳，中色黄，故曰"鼎黄耳"。兑为"金"，又正秋，故曰"金铉"。公侯，谓五也。上尊故"玉"，下卑故"金"。金和良，可柔屈，喻诸侯顺天子。

疏　陆注：位在五为"得中"，上比九为"承阳"。阳实，故"中以为实也"。

宋注：五位当耳，中色属黄，故曰"鼎黄耳"。互兑，兑正秋为"金"，故曰"金铉"。上阳为尊，故"公侯谓五也"。上尊称"玉"，以其刚也。下卑称"金"，刚兼柔也。金性和良，可以柔屈，喻诸侯上顺天子之象也。

愚案：伏屯五阳，阳为实，其位在中，故"中以为实也"。

《象》曰：玉铉在上，刚柔节也。

宋衷曰：以金承玉，君臣之节。上礼乾为"玉"，故曰"玉铉"。虽非其位，阴阳相承，刚柔之节也。

疏　"以金承玉"，谓五承上也。阴为臣，阳为君，故云"君臣之节"。鼎自大壮来，鼎上即乾上，故"上体乾为玉"，而曰"玉铉"也。三变应上成未济，虽非其位，然阴阳相承，故曰"刚柔节也"。

愚案：上变应三，初四易位，二五利贞，成既济定，故曰"刚柔节也"。

震　卦

【原典】

洊雷，震。君子以恐惧修省。①

"震来虩虩"，恐致福也②；"笑言哑哑"，"后"有则也。③

"震来厉"，乘刚也。

中華藏書

周易全书·最新整理珍藏版

中国书店

"震苏苏",位不当也。

"震遂泥",未光也。

"震往来厉",危行也;其事在中,大"无丧"也。

"震索索",中未得也④;虽"凶""无咎",畏邻戒也。

【精注】

①洊(jiàn)雷,震:震卦上下卦均为震,震为雷。洊,再,重。两震相重,巨雷连击,雷声应和雷声而有震动不已之象,所以用"洊雷"解释震卦卦义。②虩虩:吓得浑身发抖。③笑言哑哑:谈笑风生。④中未得也:位象不佳,像人孤立无依。

【今译】

雷声轰鸣,连连而起,震天动地,象征"震动";君子观此卦象和卦名,便惶恐警惧、自我戒惕,以修身省过、增益美德。

"雷霆骤响震得万物惊恐惶惧",表明相信敬畏重大的天象可以免罪得福;"尔后又谈笑风生",表明惊恐惶惧过后便对这些事情有了经验。

"雷电交加之时,必有危险",是由于阴柔乘凌于阳刚之上。

"雷霆震动,惶惶不安",是由于居位不当。

"雷霆震动,惊慌失措而坠入泥沼之中",表明阳刚之德未能发扬光大。

"雷霆震动,危险在前",但是符合义理,故能"无重大损失"。

"雷霆震动,索索发抖",表明未能居位适中;虽然"必有凶险",但是"没有灾祸",是因为对邻人的遭遇有所敬戒,从而能远恶近善。

【集解】

《象》曰:洊雷,震。君子以恐惧修省。

虞翻曰:"君子"谓临二。二出之坤四,体以修身。坤为身。二之四,以阳照坤,故"以恐惧修省"。《老子》曰"修之身，德乃真”也。

疏 《释言》曰“洊，再也”，两震相重，故曰“洊雷，震”，犹两坎相重，而曰“水洊至”也。阳为君子，故“君子谓临二”。二出之坤四，体应初为复震，复初《象》曰“不远之复，以修身也”，故曰“修”。临坤形为身。二上之四，以阳德照坤身，故“以恐惧修省”。此引《老子》者何也？《德经》曰“善建者不拔，善抱者不脱，子孙祭祀不辍”，复继之曰“修之于身，其德乃真”，盖“善建不拔”，即震“建侯”也，“善抱不脱”，即“不丧匕鬯”也，“子孙祭祀不辍”，即“出可以守宗庙社稷，以为祭主也”，而复归于“修之身，德乃真”者，言必有德，而后可为建侯主祭之本也。

愚案：《中庸》曰“恐惧乎其所不闻”，其有闻而益加恐惧，可知也，雷震善鸣，声威并至，君子闻之，故益恐惧而修省。

《象》曰：震来虩虩，恐致福也。

虞翻曰：阳称“福”。

疏 初阳为乾称“福”，四惧变而应初，故“致福也”。

笑言哑哑，后有则也。

虞翻曰：得正，故“有则也”。

疏 初阳得正，应坎为则，故“有则也”。

《象》曰：震来厉，乘刚也。

干宝曰：六二木爻，震之身也，得位无应，而以乘刚为危。此托文王积德累功，以被囚为祸也，故曰“震来厉”。亿，叹辞也。贝，宝货也，产乎东方，行乎大涂也。此以喻纣拘文王，闵天之徒乃于江淮之浦，求盈箱之贝，而以赂纣也，故曰“亿丧贝”。贝，水物而方升于九陵，今虽丧之，犹外府也，故曰“勿逐，七日得”。“七日得”者，七年之日也，故《书》曰“诞保文武受命，惟七年”是也。

疏 震本木象，震六二庚寅，寅为木，故为“震之身也”。二阴为得位，五阴为无应，下乘刚为危，喻文王有圣德而囚羑里，故曰“震来厉”。“亿”与“噫”通，故云“叹辞也”。

《说文》："古者货贝而宝龟。"故云"贝，宝货也"。震，东方也，《说文》"贝，海介虫"，海在东方，故云"产乎东方"。震为大涂，《史记·平准书》"农工商交易之路通，而龟贝金钱刀布之币兴焉"，大涂为路，故云"行乎大涂"。《尚书大传》："西伯既戡者，纣囚之羑里。散宜生遂之江淮之浦，取大贝如大车之渠，陈于纣之庭。"故曰"亿丧贝"。贝，水物而升于九陵，虽丧必得，犹《谷梁传》荀息所谓"我取之中府，而藏之外府"，故云"犹外府也"。不久必复，故曰"勿逐，七日得"。以七日为七年者，《书·洛诰》曰"惟周公诞保文王受命，惟七年"，郑注"文王得赤雀，武王俯取白鱼，受命皆七年而崩"，言文武皆有七年之得也。

《象》曰：震遂泥，未光也。

虞翻曰：在坎阴中，与屯五同义，故"未光也"。

疏 《坎·五·象传》虞注云"阳陷阴中，故未光也"。震体象屯，震四即屯五，四又当之五，故"与屯同义"。

愚案：坎见离伏，故"未光也"。

《象》曰：震往来厉，危行也。

虞翻曰：乘刚山顶，故"危行也"。

疏 五乘四刚，四互艮为山，五在山顶，危象也。"危"从厂，人在厂崖之上，故称"危"。震为"行"，故"危行也"。

其事在中，大无丧也。

虞翻曰：动出得正，故"无丧"。

疏 五动阳出成随，居中得正，阳为大，故"大无丧也"。

《象》曰：震索索，中未得也。

虞翻曰：四未之五，故"中未得也"。

疏 四之五，则中得正，四未之五，故"中未得"，谓中未得正也。

虽凶无咎，畏邻戒也。

虞翻曰：谓五正位，已乘之逆，"畏邻戒也"。

疏　四之五得正位，上以阴乘阳为逆。畏邻设戒，故"虽凶无咎"。

艮　卦

【原典】

兼山，艮。君子以思不出其位。①

"艮其趾"，未失正也。

"不拯其随"，未违听也。②

"艮其限"，危"薰心"也。

"艮其身"，止诸躬也。③

"艮其辅"，以中正也。

"敦艮"之"吉"，以厚终也。④

【精注】

①兼山，艮：艮卦上下卦均为艮，艮为山。兼山，两山重迭。一山即能阻止，两山更能阻止，所以用"兼山"解释艮卦卦义。出：超越。位：本分。②不拯其随：拯，拯救，保护。随：通隋，垂肉。不拯其随：没有保护好腿部肌肉。③躬：自身。④厚终：秉守忠厚，必得善终。

【今译】

两座大山重叠，阻遏万物前进，象征"抑止"；君子观此卦象和卦名，便以此为戒，谋不踰位，明哲保身。

"抑止脚趾而不轻举妄动"，表明尚未远离正道，自然永远吉利。

腿部肌肉还是负伤，因为其人固执己见，没有退回来，听取别人的意见。

"抑止腰胯的运动"，表明危险"像烈火烧灼，使人心忧如焚"。

"抑止上身，引退保身"，表明能够自我抑止。

"抑止面颊闭吵言，讲话有分寸"，表明能够居中守正。

"以敦厚的美德抑止邪欲恶念"，"必获吉祥"，是由于秉守忠厚，必得善终。

中华藏书

周易全书·最新整理珍藏版

【集解】

《象》曰：兼山，艮。君子以思不出其位。

虞翻曰："君子"谓三也。三君子位，震为"出"，坎为隐伏为"思"，故"以思不出其位"也。

疏　两山相并，故曰"兼山"。止莫如山，故曰"艮"。艮三索成男，自乾来也，乾九三曰"君子终日乾乾"，艮三即乾三，故"君子谓三也"。三为君子之位，互震为"出"，互坎为隐伏，又坎心为"思"，坎思震动于中，艮阳限止于外，故"以思不出其位"。艮阳小为慎，不出，即《中庸》所谓"慎思"也。

《象》曰：艮其趾，未失正也。

虞翻曰：动而得正，故"未失正也"。

疏　贞者，正也。初不正，动而得正，未失乎正，故"利永贞"也。

《象》曰：不拯其随，未违听也。

虞翻曰：坎为耳，故"未违听也"。

疏　三坎为耳，故为听。趾与腓，听心者也，故"未违听也"。

《象》曰：艮其限，危阘心也。

虞翻曰：坎为心，坎盗动门，故"危阘心也"。

疏　三坎为心，又象坎盗动艮门，故"危阘心也"。

愚案：在艮之象，坎阳又陷阴中，危亦甚矣，即《孟子》所谓"其操心也危"是也。又坎心伏离火，故有熏心之象。

《象》曰：艮其身，止诸躬也。

虞翻曰：艮为止，五动乘四则妊身，故"止诸躬也"。

疏　艮，止也，故"为止"。五动乘四，成离为大腹，又两艮重，身为妊，故曰"止诸躬"。五阳动而四有身，言孕在四之躬也。

《象》曰：艮其辅，以中正也。

虞翻曰：五动之中，故"以中正也"。

疏　以"中"与上"躬"下"终"叶之象，辞当作"正中"。注"动之中"，当作"之正"。盖五本在中，动而之正，故"以正中也"。

《象》曰：敦艮之吉，以厚终也。

虞翻曰：坤为"厚"，阳上据坤，故"以厚终也"。

疏　坤厚载物，故"坤为厚"。上为终，艮为成终，坤又代终，阳在上，下据坤终，故"以厚终也"。

渐　卦

【原典】

山上有木，渐。君子以居贤德善俗。①

"小子"之"厉"，义"无咎"也。

"饮食衎衎"，不素饱也。②

"夫征不复"，离群丑也③；"妇孕不育"，失其道也；"利用御寇"，顺相保也。

"或得其桷"，顺以巽也。④

"终莫之胜吉"，得所愿也。⑤

"其羽可用为仪吉"，不可乱也。

【精注】

①山上有木，渐：渐卦上卦为巽，巽为木；下卦为艮，艮为山。"山上有木"，日渐高大，有渐进之象，所以用"山上有木"解释渐卦卦义。善：改良。②素饱：白吃白喝。喻指只享俸禄不尽臣职。③丑：众也。群丑：群众。④桷：房屋顶上承瓦的木条。⑤胜：胜过，取代。莫之胜，是说没人能取代她。

【今译】

山上有树木，逐年生长，日渐高大，象征"渐进"；君子观此卦象和卦名，便以贤德自居，改良风俗。

"幼童所遭遇的危险"，因为有家长呵责制止，理应"没有什么灾祸"。

"安享饮食和乐欢快"，表明不是只享俸禄不尽臣职。

"丈夫出征一去不再复返"，表明其掉队遇险；"妻子虽然身怀有孕却无颜生子"，是由于有失妇道；"利于防御贼寇"，表明国人能够同心同德，保家卫国。

"有的鸿雁落在木橼之上"，表明温顺而又谦和。

"始终没有被人取代"却"可获吉祥"，是妻子实现了与其丈夫和谐白头的愿望。

"羽毛美丽异常，可以用于仪饰"，表明洁美的心志不会凌乱。

【集解】

《象》曰：山上有木，渐。君子以居贤德善俗。

虞翻曰："君子"谓否乾。乾为"贤德"，坤阴小人柔弱为"俗"。乾四之坤，为艮为居，以阳善阴，故"以居贤德善俗"也。

疏 《老子》曰"合抱之木，生于毫末"，枚乘曰"十围之木，始生如蘖"，木生以渐，故"山上有木，渐"。乾三为"君子"，故"君子谓否乾"。可久则贤人之德，故"乾为贤德"。坤阴小人柔弱，阴随阳转，故"为俗"。乾四之坤为艮，艮为门阙，故"为居"。乾元为善，是以乾阳善坤阴。盖艮三君子，乾四坚德，是"君子居贤德"也。巽四，坤三也，否坤小人，其俗柔弱，君子居之，能善俗也。君子之道长，小人道消，以阳善阴，故曰渐也。

《象》曰：小子之厉，义无咎也。

虞翻曰：动而得正，故"义无咎也"。

疏 失位且无应，故咎。变得正，成既济定，故"义无咎也"。

《象》曰：饮食衎衎，不素饱也。

虞翻曰：素，空也。承三应五，故"不素饱"。

疏 《诗·魏风》："不素餐兮。"毛传"素，空也"。"素饱"犹"素餐"也。二阴在中，能尽臣道，近承三，远应五，以阴辅阳，措国家于磐石之安，以功诏禄，故曰"不素饱也"。

《象》曰：夫征不复，离群丑也。

虞翻曰：坤三爻为丑，物三称群也。

疏 三变为坤，故云"坤三爻"。《诗·小雅》："执讯获丑。"郑笺"丑，众也"。《国语》："三人为众。"故"坤三爻为丑"。《小雅》"或群或友"，毛传"兽三为群"，故"物三称群也"。郑氏云"离，去也"。坎变不复，去乎坤众，故曰"离群丑也"。

妇孕不育，失其道也。

虞翻曰：三动离毁，阳陷坤中，故"失其道也"。

疏 离大复为孕。三动离象不见，坎阳陷于坤中，阳为道，故"失其道也"。四当顺五而妇三失其道，宜不育矣。

利用御寇，顺相保也。

虞翻曰：三动坤顺，坎象不见，故以"顺相保也"。

疏 三动成坤为顺，坎寇不见，故曰"顺相保也"。

《象》曰：或得其桷，顺以巽也。

虞翻曰：坤为"顺"，以巽顺五。

案：四居巽木，爻阴位正直，桷之象也。自二至五体有离坎，离为飞鸟而居坎水，鸿之象也。鸿，随阳鸟，喻女从夫。卦明渐义，爻皆称焉。

疏 虞注：三变坤为"顺"，巽柔在下亦为"顺"，四顺承五，故"顺以巽也"。

案：巽为木，爻四为阴位，巽以下爻称巽，故云"正直，桷之象也"。自二至五体互离坎两象。鸿，水鸟也。离为飞鸟而居坎水，故为"鸿之象也"。鸿随阳，象义已见前。以阴随阳，喻女从夫。卦明渐，取女归之义，故爻皆称焉。

《象》曰：终莫之胜吉，得所愿也。

虞翻曰：上之三，既济定，故"得所愿也"。

疏 初三变，上三易位，六爻皆正，成既济定，故"得所愿也"。

《象》曰：其羽可用为仪吉，不可乱也。

虞翻曰：坤方"乱"，上来正坤，六爻得位，成既济定，故"不可乱也"。

干宝曰：处渐高位，断渐之进，顺艮之言，谨巽之全，履坎之通，据离之耀，妇德既终，母教又明，有德而可受，有仪而可象，故曰"其羽可以为仪，不可乱也"。

疏 虞注：三变，坤阴为"乱"。受上易位得正，故"上来正坤"。六爻皆正，成既济定，故曰"不可乱也"。

干注：在上为"处渐高位"。渐已进极，故"断渐之进"。上应三艮，艮曰"言有孚"，故云"顺艮之言"。巽至上始全，故"谨巽之全"。坎为通，上履三，故"履坎之通"。上据五互离，离火有耀，故"据离之耀"。女归在上，故"妇德既终"。长女互离，故"母教又明"。上九以阳刚之德，处谦巽之极，故"有德而可受"。巽为进退，"容止可观"，故"有仪而可象"。蔡邕谓舞有俯仰、张翕、行缀、长短之制，羽舞以象德容，故曰"其羽可用为仪"。"巽德之制"，故"不可乱也"。

归妹卦

【原典】

泽上有雷，归妹。君子以永终知敝[①]。

归妹以娣，以恒也；跛而履，吉相承也。[②]

利幽人之贞，未变常也。

归妹以须，位未当也。[③]

愆期之志，有待而行也。[④]

帝乙归妹，不如其娣之袂良也。[⑤]其位在中，以贵行也。

上六无实，承虚筐也。

【精注】

① "泽上有雷，归妹。君子以永终知敝"，为《归妹》卦的《大象传》。以揭示《归妹》卦下兑为泽、上震为雷之象，谓泽上有雷，泽悦而雷动，正为"嫁出少女"的象征。敝：当

作弊，弊病。②娣：俗称妹妹。承：帮助。③须：通媭。以须，指以姊为陪嫁。④愆期：超过期限。⑤袂：衣袖，这里指嫁妆。

【今译】

泽上响着震雷，雷鸣水动，象征"嫁出少女"，君子观此卦象，从而在长期的婚姻生活中，体察到婚姻的成功与失败。

姐妹共嫁一夫，这是古代贵族婚嫁的常规；宛如足跛而努力行走，说明吉祥在于跛者能够得到别人的帮助。

利于幽静安恬的人守持正固，未曾改移严守妇节的经常之道。

嫁女而用其姊陪嫁，这件事不妥当。

超延出嫁佳期的心志，在于静待时机而后行。

帝乙嫁出少女，姐姐的嫁妆不如妹妹的衣饰华美；居位尊显而能守中不偏，身份高贵而能施行谦俭之道。

上六阴虚无实，正如手捧空虚的竹筐。

【集解】

《象》曰：泽上有雷，归妹。

干宝曰：雷薄于泽，八月九月，将藏之时也。君子象之，故不敢恃当今之虞，而虑将来祸也。

疏 阳功既成，雷归于泽，退保蛰虫。雷出奋阳，雷入成阴，故曰归妹。归妹内卦候在八月，外卦候在九月，雷已收声，故云"雷薄于泽，八月九月，将藏之时也"。虞，安也。"当今之虞"谓九月归妹，寒露时也。"将来之祸"，谓十一月未济，大雪时也。天地不通，闭塞成冬，故有祸。君子象之，故虽目前可安，即虞将来之祸也。

君子以永终知敝。

虞翻曰："君子"谓乾也。坤为"永终"为"敝"，乾为"知"，三之四为"永终"，四之三兑为毁折，故"以永终知敝"。

崔憬曰："归妹，人之始终也"，始则"征凶"，终则"无攸利"，故"君子以永终知敝"，为戒者也。

疏 虞注：阳为君子，故"君子谓泰乾也"。坤用六"永贞"，又"地道无成而代有终"，故"坤为永终"。终故"为散"。"乾知大始"，故"为知"。乾三之四，故"为永终"。四之三成兑为毁折。《说文》："散，一曰败象也。"毁折亦败象也。三四易位，爻皆失正，故以"永终知散"。泰尽将否，故君子不失其时焉。

崔注：归妹有终始之义，中爻不正，故始则"征凶"，终则"无攸利"。凶无攸利，散象也。《杂卦》曰"归妹，女之终也"。二五不正，于女终归妹之时，即当知其散之所在，故君子以是为戒焉。

《象》曰：归妹以娣，以恒也。跛而履，吉相承也。

虞翻曰：阳得正，故"以恒"。恒动初承二，故"吉相承也"。

疏 初阳为三娣，正以得位，不取其变，故"以恒也"。初既得正，又动承二。二未变，初动承之。二变正，初亦正。故"相承也"。

愚案：泰初之四成恒，恒初三易位成归妹，恒巽长女为嫡，兑少女为娣，初居恒位，故"以恒也"。

《象》曰：利幽人之贞，未变常也。

虞翻曰：常，恒也。乘初未之五，故"未变常"矣。

疏 《说文》："恒，常也。"《玉篇》："常，恒也。"《九家说卦》："兑为常。"二体兑，故称"常"，谓得正也。初已变，二乘初为坎，故为"幽人"。之五正位则为"常"，未之五故"未变常也"。

《象》曰：归妹以须，位未当也。

虞翻曰：三未变之阳，故"位未当"。

疏 须四反三，三之四，乃得正位。三未变阳，故"位未当也"。

《象》曰：愆期之志，有待而行也。

虞翻曰：待男行矣。

疏 坎心为"志"，故云"愆期之志"。须，待也。四为卦主，故《象》独言"待"。三离待四坎阳，坎中男，震为"行"，故"待男行矣"。《杂卦传》曰"渐，女归待男行也"，渐反归妹，巽反成震，互坎在四，故"待男而行也"。

《象》曰：帝乙归妹，不如其娣之袂良也。

虞翻曰：三四复正，乾为"良"。

疏 三四，反正，内成泰乾，乾善为"良"，故"袂良"也。

其位在中，以贵行也。

虞翻曰：三四复，二之五，成既济，五贵，故"以贵行也"。

疏 三四已复，二五易位，成既济定。五在上中，其位贵，互震为"行"，故曰"以贵行也"。

《象》曰：上六无实，承虚筐也。

虞翻曰：泰坤为虚，故"承虚筐也"。

疏 反泰，坤阴为虚，故"承虚筐"。二之五则坤实，成既济定也。

丰　卦

【原典】

雷电皆至，丰。君子以折狱致刑①。

虽旬无咎，过旬灾也②。

有孚发若，信以发志也。

丰其沛，不可大事也。折其右肱，终不可用也。

丰其蔀，位不当也。日中见斗，幽不明也。遇其夷主，吉行也。

六五之吉，有庆也。

丰其屋，天际祥也。窥其户，阒其无人，自藏也。

【精注】

①"雷电皆至，丰；君子以折狱致刑"，为丰卦的《大象

中华藏书

周易全书·最新整理珍藏版

中国书店

七一八

传》。以揭示丰卦上震为雷、下离为电之象，谓雷电皆至，正为威明盛德"丰大"的象征。折狱：断狱，断案。致刑：施刑。②过旬：超过一旬，超过十日。

【今译】

电闪雷鸣，象征"丰大"。君子因此效法雷电威明以审理讼狱及施用刑罚。

十日之内没有灾难，超过十日就有灾了。

自我发挥诚信，应当以诚信来开拓丰大光明的志向。

丰大幡幔而掩遮了光明，这起不了大的作用；像折断右臂一样，终究不可施展才用。

丰大蔽障而掩挡了光明，是所处不得当；犹如太阳正当中午却现星斗，处境幽暗而不见光明；遇合阳德相平衡之主，可获吉祥宜于前行。

六五的吉祥，是因为有吉庆之事。

丰大其房屋，上六居位穷高犹如飞翔在天际；对着门户窥视却毫无人踪，说明上六自蔽深藏。

【集解】

《象》曰：雷电皆至，丰。

荀爽曰：丰者，阴据不正，夺阳之位而行以丰。故"折狱致刑"，以讨除之也。

疏　雷电阳威之大，故皆至为丰。五为丰主，以阴据不正，夺阳之位。震为行，故"行以丰"。"折狱致刑"，所以讨除不正之阴也。

君子以折狱致刑。

虞翻曰："君子"谓三。噬嗑四失正，系在坎狱中。故上之三折四入大过死象，故以"折狱致刑"。兑折为刑。贲三得正，故"无敢折狱"也。

疏　"君子谓三"，阳也。卦自噬嗑来，四失正互坎，系在坎狱中。上来之三，自二至五体大过，是折四入大过棺椁死象，故以"折狱致刑"。兑为毁折，又秋金杀象，故为刑。噬嗑四不正，故"利用狱"。贲三得正，故"无敢折狱"。二卦皆中互坎狱，一得正，一不得正。丰则三四皆阳，兑成坎毁，以兑刑折坎狱，故以"折狱致刑"也。

《象》曰：**虽旬无咎，过旬灾也。**

虞翻曰：体大过，故过旬灾。四上之五，坎为灾也。

疏 二至五体大过，大过死象，故"过旬灾"也。四上之五成坎，坎多眚为灾。四不应初，则坎为灾矣。

案：自离初已至震四庚，过庚复已，为离之四，当有焚弃之灾，故曰"过旬灾也"。

《象》曰：**有孚发若，信以发志也。**

虞翻曰：四发之五，坎为志也。

《九家易》曰：信著于五，然后乃可发其顺志。

疏 虞注：四动之五成坎，坎心为志，又坎孚为志，故"信以发志也"。

《九家》注：四动成坎，故"信著于五"。坎为志，信著，故"可发其顺志"也。

《象》曰：**丰其沛，不可大事也。**

虞翻曰：利四之阴，故"不可大事"。

疏 三利四之阴，阴为小，故"不可大事也"。

折其右肱，终不可用也。

虞翻曰：四死大过，故"终不可用"。

疏 二至五体大过死象，四不变，死大过中，故"终不可用也"。

愚案：三虽得正，为四所蔽，不能应上，上阴为小，故"不可大事"。三肱已折，上失所应，上为终，故"终不可用"。

《象》曰：**丰其蔀，位不当也。日中见斗，幽不明也。**

虞翻曰：离上变入坎云下，故"幽不明"。坎，幽也。

疏 四失正，故"不当"。噬嗑上之三，离日变入坎云中，故"幽不明"。坎以一阳陷于二阴，故称幽也。

中華藏書

周易全书·最新整理珍藏版

过其夷主，吉行也。

虞翻曰：动体明夷，震为行，故曰"吉行"。

疏 四震为动，体变明夷，震足为行，故"吉行也"。

《象》曰：六五之吉，有庆也。

虞翻曰：动而成乾，乾为庆。

疏 五动，互体成乾，乾阳为庆，故"有庆也"。

《象》曰：丰其屋，天际祥也。

孟喜曰：天降下恶祥也。

疏 《左传·昭公十八年》"郑之未灾也，里析曰'将有大祥'"。《汉书·五行志》"妖孽自外来谓之详"。是"祥"亦恶征也。"际"犹降也。故曰"天降下恶祥也"。

窥其户，阒其无人，自藏也。

虞翻曰：谓三隐伏坎中，故"自藏"者也。

疏 丰自噬嗑来，三与上应。三在噬嗑坎下，坎为隐伏，故以"三隐伏坎中"为"自藏"，言不与上应也。

旅　卦

【原典】

山上有火，旅。君子以明慎用刑，而不留狱①。

旅琐琐，志穷灾也。②

得童仆贞，终无尤也。

旅焚其次，亦以伤矣。以旅与下，其义丧也。

旅于处，未得位也。得其资斧，心未快也。③

终以誉命，上逮也。④

以施在上，其义焚也。丧牛于易，终莫之闻也。⑤

【精注】

①"山上有火，旅；君子以明慎用刑，而不留狱"，为旅卦的《大象传》。以揭示旅卦下艮为山、上离为火之象，谓山上有火，火势流动，正为"行旅"的象征。②琐琐：猥琐卑

贱。③资斧：钱财。资，资财。斧：一种钱币。④誉：赞誉。命：命中，指善射。⑤闻：体恤安慰。

【今译】

山上有火，象征"行旅"。君子因此明决审慎地动用刑罚而不稽留讼狱。

行旅之初举动猥琐卑贱，意志穷迫而自取灾患。

拥有童仆而守持正固，终将无所过尤。

旅人来到着火的市场，岂不遭受损伤；旅居在外而擅自施惠于下，其理必致丧亡。

行旅之时暂作栖处，这不是恰当的住处；赚了不少钱，恐怕抢劫，自然心中不踏实。

终于博得善射的美名，众口传誉，上面的人都知道了。

作为行旅在外的人却高居上位，其居室被焚毁是意料之中的事，在荒远的田畔丧失了牛，说明遭祸在外，也没有人来体恤慰问。

【集解】

《象》曰：山上有火，旅。

侯果曰：火在山上，势非长久，旅之象也。

疏 孔疏"火在山上，逐草而行，势不久留，故为旅象"。

案：山上有火，阳寄于地，旅之象也。火焚万物，故取于"明慎用狱"。

君子以明慎用刑而不留狱。

虞翻曰：君子谓三。离为明，艮为慎，兑为刑，坎为狱。贲初之四，狱象不见，故以"明慎用刑而不留狱"，与丰"折狱"同义者也。

疏 艮三即乾三，乾九三称"君子"，故"君子谓三"。离向明为明，艮阳小为慎，兑西方金为刑杀。《九家易》坎为律、为丛棘、为桎梏，故为狱。贲三互坎，初之四，旅成贲灭，故"狱象不见"。互兑为折，狱折则不留，故以"明慎用刑而不留狱"也。噬嗑亦以丰上之三为"折狱"，故云"同义"。

中華藏書

第一部 周易原典

中国书店

中華藏書

周易全书·最新整理珍藏版

《象》曰：旅琐琐，志穷灾也。

虞翻曰：琐琐，最蔽之貌也。失位远应，之正介坎。坎为灾眚，艮手为取。谓三动应坎。坎为志，坤称穷，故曰"志穷灾也"。

疏　马氏云"琐琐，疲弊貌"，故云"琐琐，最蔽之貌。""蔽"当从马作"弊"是也。初失位，远应四，与四易位，变而得正，介乎坎上。坎为多眚，故为灾眚。又言三动则四在坎中。艮手在初，往应于四为取灾。《杂卦》曰"亲寡，旅也"，言不应也。坎心为志，三已变坤终为穷，故曰"志穷灾也"。

《象》曰：得僮仆贞，终无尤也。

虞翻曰：艮为僮仆，得正承三，故"得僮仆贞"而"终无尤也"。

案：六二履正体艮，艮为阍寺，"僮仆贞"之象也。

疏　虞注：艮少男，故为僮仆，谓三也。二得正，上承三，三亦得贞，故"得僮仆贞"。贲坎为尤，初之四坎象毁，故"无尤也"。

案：六二得位为履正。体在艮，"艮为阍寺"，《说卦》文。得正，故有"僮仆贞"之象也。

《象》曰：旅焚其次，亦以伤矣。

虞翻曰：三动体剥，故伤也。

疏　三动，初至四体剥。剥有伤害象，故曰"亦以伤矣"。

以旅与下，其义丧也。

虞翻曰：三变成坤，坤为下、为丧，故"其义丧也"。

疏　三变成坤地为下，故曰"以旅与下"。坤又为丧，故曰"其义丧也"。

《象》曰：旅于处，未得位也。得其资斧，心未快也。

王弼曰：斧所以斫除荆棘，以安其舍者也。虽处上体之下，不先于物，然而不得其位，不获平坦之地者也。客子所处，不得其次，而得其资斧之地，故其心不快。

案：九四失位而居艮上，艮为山，山非平坦之地也。四体兑巽，巽为木，兑为金，木贯于金，即资斧斫除荆棘之象者也。

疏　王注：斧为斫除荆棘，以安其舍之用。四处上体之下，不先于物，为"旅于处"。然不得其正位，不获平坦之地，以用其斧。犹客于所处，不得其次舍，而但得资斧之地，所以"其心不快"也。"客子"当从注疏本，作"客于"为是。

案：九四以阳处阴，是失位而居艮山之上。山非平坦之地，当用资斧以除荆棘。四互兑巽，以巽木贯于兑金，斧象也，故有斫除荆棘之用。

《象》曰：终以誉命，上逮也。

虞翻曰：逮，及也。谓二上及也。

干宝曰：离为雉、为矢，巽为木、为进退，艮为手，兑为决。有木在手，进退其体，矢决于外，射之象也。一阴升乾，故曰"一矢"。履非其位，下又无应，虽复"射雉"，终亦失之，故曰"一矢亡"也。"一矢亡"者，喻有损而小也。此托禄父为王者后，虽小叛扰，终逮安周室，故曰"终以誉命"矣。

疏　虞注："逮，及也"，《说文》文。谓二命上及五也。

干注：体离为雉，又戈兵为矢。互巽为木，有笴象。又为进退，有张弓象。内艮为手，互兑为决。决，开也。《乡射礼》"袒决遂"、《诗·车攻》"决拾既伏"，是也。巽木在内，艮为手，而巽进退之，故离矢兑决于外体，有射象焉。离六五一阴入乾中，是"一阴升乾"，故曰"一矢"。六在五为"履非其位"，六在下二，又无正应，虽射亦失，故"一矢亡也"。喻虽有损而所失小也。《史记·殷世家》："武王封纣子武庚禄父，管叔蔡叔乃与武庚作乱。周公以成王命兴师伐殷，杀武庚。"是禄父为商王之后，小有叛扰，终逮安周室，故曰"终以誉命矣"。

《象》曰：以旅在上，其义焚也。

虞翻曰：离火焚巢，故"其义焚也"。

疏　巽木互于离火，九处其上，失位宜焚。马氏云"义，宜也"。言其焚宜也。《释文》云"一本作'宜其焚也'"，即

"义焚"之谓也。

丧牛之凶，终莫之闻也。

虞翻曰：坎耳人兑，故"终莫之闻"。

侯果曰：离为鸟、为火，巽为木、为风。鸟居木上，巢之象也。旅而赡资，物之所恶也。丧牛甚易，求之也难。虽有智者，莫之吉也。

疏 虞注：上应三，三在贲为坎耳。初之四，则"坎耳入兑"。兑为毁折，故"终莫之闻"。

侯注：以离鸟居巽木，巢之象也。以巽风入离火，焚巢之象也。旅而多资，物之所恶，故丧之甚易，求之则难。虽有智者，莫之能及。"吉"，当作"及"，即"终莫之闻也"。

巽 卦

【原典】

随风，巽。君子以申命行事。①

"进退"，志疑也。"利武人之贞"，志治也。②

"纷若"之"吉"，得中也。

"频巽"之"吝"，志穷也。③

"田获三品"，有功也。④

九五之"吉"，位正中也。

"巽在床下"，上穷也。"丧其齐斧"，正乎"凶"也。⑤

【精注】

①随风：巽卦是下巽上巽而组成，巽代表风，有如长风相随，吹拂不断，所以说"随风"。②志治：意志坚定而不慌乱。③吝：艰吝，心中不顺畅。④田：通畋，狩猎。三品：指多种收获。⑤资斧：资财。

【今译】

长风相随，吹拂不断，这就是巽卦象征的"顺从"。君子观此卦象，反复地宣传政令，灌输纲常大义。

所谓"或进或退，徘徊不定"，表明自己没有主见；"武人具有坚定的意志是应该的"，因为只有意志坚定才能不慌乱。

所谓"纷纷攘攘"，仍可"吉祥"，是因为得了中正之道。

所谓"勉强顺从而内心不顺畅"，会带来"麻烦"，因为这是出于无可奈何。

所谓"打猎获得多种猎物"，比喻建功立业，大有收获。

九五所以是吉祥的，因为居位端正，行为中正。

"因惊惧而伏在床下"，是说地位虽高但走投无路。所谓"丢失了钱财"，是说虽然行为正道，但处境仍然凶险。

【集解】

《象》曰：随风，巽。君子以申命行事。

虞翻曰："君子"谓遯乾也。巽为命，重象，故"申命"。变至，坤为事，震为行，故"行事"也。

荀爽曰：巽为号令，两巽相随，故"申命"也。法教百端，令行为上，贵其必从，故曰"行事"也。

疏 虞注：风者，天之号令。随，从也。风从地，所以散布阴气也。以巽随巽，重，故称"随"。巽阴卦，故知"君子谓遯乾也"。巽为命令，重巽，故"申命"。初已变二至三，互四成坤，坤发事业为事，初阳震足为行，故"行事也"。

荀注：巽风为号令，《毕命》曰"树之风声"是也。重巽相随，故曰"申命"。法教虽有百端，以令行为上，令出惟行，弗惟反，故"贵其必从"而曰"行事也"。

《象》曰：进退，志疑也。

荀爽曰：风性动进退，欲承五，为二所据，故志以疑也。

疏 风性之动，其行无常，进退之象。欲上承五，近为二据，故"志疑也"。

案：坎为"疑"为"志"，上应伏坎，故"志疑也"。

利武人之贞，志治也。

虞翻曰：动而成乾，乾为大明，故"志治"，"乾元用九，天下治"，是其义也。

疏 初动成乾，乾有大明之象，故曰"志治"。《乾·文言》曰"乾元用九，天下治也"，即"志治"之义。震巽阴阳出入，故象乾坤。

愚案：进退之义，取震巽一阳出入。巽究为躁卦，与震旁通。初欲变阳应四，四付坎为"志"为"疑"，伏坎不应初变，故"志疑也"。初动成乾，利于得正，四坎出，则全体皆乾，故有取于"乾元用九"，而志在"天下治也"。

《象》曰：纷若之吉，得中也。

荀爽曰：谓二以处中和，故能变。

疏　二处中和，变而得位，故曰"得中也"。

案：巽在床下，谓一阴伏于二阳，伏匿之象，愚夫妇之所惊也。于是乎用史巫，纷以祈禳之。所以吉而无咎者，鬼神生于人心，安其心而匿去矣。用之得中，虽史巫琐屑之事，亦中也。

《象》曰：频巽之吝，志穷也。

荀爽曰：乘阳无据，为阴所乘，号令不行，故"志穷也"。

疏　以三阳乘二不正之阳，非所据而据，故"无据"。上为四阴所乘，三之号令不行。二动，三险坎中。故"志穷也"。在坎为志，不变为穷。上爻"贞凶"，谓此也。

《象》曰：田获三品，有功也。

王弼曰：得位承五而依尊履正。以斯行命，必能获强暴，远不仁者也。获则有益，莫若三品。故曰"有功也"。

疏　四得位，即"履正"。上承五，即"依尊"。以此行命，故"能获强暴而远不仁"。譬诸田猎，获而有益，莫若三品，承五多功，故"有功也"。

《象》曰：九五之吉，位正中也。

虞翻曰：居中得正，故吉也。

疏　五居中，九得正。中正，故吉也。

《象》曰：巽在床下，上穷也。

虞翻曰：阳穷上反下，故曰"上穷也"。

疏　阳穷巽上，反于震下，故曰"上穷也"。

丧其齐斧，正乎凶也。

虞翻曰：上应于三，三动失正，故曰"正乎凶也"。

疏 上与三应，三阳得正，动而应上，失乎正位，故曰"正乎凶也"。

兑　卦

【原典】

丽泽，兑。君子以朋友讲习。①

"和兑"之"吉"，行未疑也。

"孚兑"之"吉"，信志也。②

"来兑"之"凶"，位不当也。

九四之"喜"，有庆也。

"孚于剥"，位正当也。

上六引兑，未光也。③

【精注】

①丽泽：两泽相连。②信志：增强意志。③未光也：光，光大，这里指不能一呼百应。

【今译】

两泽相连，两水交流，这就是兑卦象征的"喜悦"。君子观此卦象，广交朋友，讲习探索，推广见闻。

"和颜悦色待人接物"，"可获吉祥"，说明人际邦交无所猜疑。

由于"以诚信待人，人亦诚心待之"得到的"吉祥"，说明他的意志正在增强。

"采取手段，寻求欣悦"，而带来的"凶险"，说明他的所行与地位不相称。

九四所说的"令人高兴"，是说终有一个喜庆的结局。

"相信小人的巧言令色"，可是自身却处于至尊的地位。

上六引导大家和睦共处，用意虽佳，但其人未必能一呼百应。

中华藏书

第一部　周易原典

中国书房

中华藏书

周易全书·最新整理珍藏版

中国书房

【集解】

《象》曰：丽泽，兑。君子以朋友讲习。

虞翻曰：君子，大壮乾也。阳息见兑，"学以聚之，问以辩之"。兑二阳同类为"朋"，伏艮为"友"，坎为"习"，震为"讲"，兑两口对，故"朋友讲习"也。

疏 互离为丽，兑为泽，兑阴丽阳，故曰"丽泽，兑"。"君子，大壮乾"，谓五也。《杂卦》称"兑见"，阳息至二见兑，乾九二"见龙在田"是也。"学以聚之问以辩之"，乾二《文言》文。体在乾二，故引之以明讲习之事也。体有二阳同类，故"为朋"。兑与艮"山泽通气"，故"伏艮为友"。二四已变，习坎为"习"，震声为"讲"，四亦伏坎震为讲习也。兑上阴开，两口相对，故象"朋友讲习"。

《象》曰：和兑之吉，行未疑也。

虞翻曰：四变应初，震为"行"，坎为疑，故"行未疑"。

疏 四变应初，互震足为"行"，坎心为疑。初行，而后四之坎，变而得正，故"行未疑也"。

《象》曰：孚兑之吉，信志也。

虞翻曰：二变应五，谓四已变，坎为"志"，故"信志也"。

疏 二变正应五，谓四已应初，变坎心为"志"，又坎孚为"信"，故"信志也"。

《象》曰：来兑之凶，位不当也。

案：以阴居阳，故"位不当"。谄邪求悦，所以必"凶"。

疏 以阴爻居阳位，故曰"不当"。兑本以阴说阳，又失正位，是"谄邪求悦"，其凶必矣。

《象》曰：九四之喜，有庆也。

虞翻曰：阳为"庆"，谓五也。

疏 阳为喜，阳亦为"庆"，承阳而有庆，故"庆谓五也"。

《象》曰：孚于剥，位正当也。

案：以阳居尊位，应二比四，孚剥有厉，"位正当也"。

疏　以阳爻居尊位，二四已变，故"应二比四"。"孚剥有厉"者，二四变，五位在剥，故"位在正当也"。

《象》曰：上六引兑，未光也。

虞翻曰：二四已变而体屯，上三未为离，故"未光也"。疏二四已变，体屯象。上应三，屯成离毁，离日为光，故"未光"。

涣　卦

【原典】

风行水上，涣。先王以享于帝，立庙。①

"初六"之"吉"，顺也。

"涣奔其机"，得愿也。②

"涣其躬"，志在外也。③

"涣其群元吉"，光大也。

"王居无咎"，正位也。

"涣其血"，远害也。④

【精注】

①风行水上，涣：涣卦上卦为巽，巽为风；下卦为坎，坎为水。水凝结而为冰，风吹冰而冰块融化、离散，所以"风行水上"正合涣卦卦义。②涣：冲洗，冲散。机：当借为迹，污迹。③躬：自身。④涣其血：消除忧虑。血：借为恤，忧虑。

【今译】

和风在水面吹拂，象征"涣散"。先王观此卦象和卦名，便通过祭祀上天来建立宗庙，维系民心。

"初六"爻的"吉祥"，有阴柔顺从阳刚之意。

"大水流散荡涤冲刷其污垢"，表明愿望得以实现。

"大水冲击及自身"，表明心志在于教育他人，治理国家。

"大水冲散了众人，大吉大利"，表明德行光明正大。

"疏散君王聚积的财富以济助天下万民，自然无灾难"，表明身居尊位而行为端正。

"消除忧虑"，这样可以远离灾害。

【集解】

《象》曰：风行水上，涣。先王以享于帝立庙。

荀爽曰：谓受命之王，收集散民，上享天帝，下立宗庙也。阴上至四，承五为"享帝"，阳下至二为"立庙"也。离日上为宗庙，而谓天帝。宗庙之神所配食者，王者所奉，故继于上。至于宗庙，其实在地。地者，阴中之阳，有似庙中之神。

虞翻曰：否乾为先王。享，祭也。震为帝为祭，艮为庙，四之二杀坤大牲，故以"享帝立庙"，谓成既济，有噬嗑食象故也。

疏　荀注：风行水上，阴散而阳聚，故取涣象以立庙。"受命之王"，谓否乾为王也。"收集散民"，谓否坤为民也。"上享天帝"，谓上。"下立宗庙"，谓二。阴上至四，承五享上，为"享帝"。阳下至二，二体艮，为"立庙"也。卦无离日，疑有误字。"上为宗庙"，《乾凿度》文。"上爻为宗庙而谓天帝"者，《孝经》曰"昔者周公郊祀后稷以配天，宗祀文王于明堂，以配上帝"，故云"宗庙之神所配食"也。天帝，"王者所奉，故继于上"。二于三才为地，故"至于宗庙，其实在地"。坎二阳爻，居于地上，故云"地者，阴中之阳"。庙者，阴象，阳之信者为神，故"阴中之阳，有似庙中之神"。以上为天帝，二为宗庙，此又爻位变例也。

虞注：乾为君，故为王。已消则为先王，否，消卦也，故"否乾为先王"也。虞《萃·象》注云"享，享祀也"。祀，祭也，故"享"亦云"祭也"。"帝出乎震"，故"震为帝"。震主器为祭，艮门阙为庙，坤为牛。四之二，成坎伏离，离为戈兵，故杀大牲。二应五，故"以享帝立庙"。二之初，上之三，变正成既济，初至五有噬嗑食象，故云"享帝立庙"也。盖"祭则鬼享之"，故以成既济为象也。"享于帝立庙"，谓立新庙也。"享于帝"者，告于南郊而谥之。涣，否、泰之交，象嗣君正位继体也。

《象》曰：初六之吉，顺也。

虞翻曰：承二，故"顺也"。

疏二失正，将变互坤，初变正承之，坤为"顺"，故"服也"。

《象》曰：涣奔其机，得愿也。

虞翻曰：动而得位，故"得愿也"。

疏坎心为"愿"。动而得乎正位，故"得愿也"。

《象》曰：涣其躬，志在外也。

王弼曰：涣之为义，内险而外安者也。散躬志外，不固所守，与刚合志，故得无咎。

疏涣之为义，内坎水为险，外巽木乘舟为安。六三内不比二为"散躬"，外应上九为"志外"。内不固所守，外与上刚合志，故得"无悔"，而曰"志在外也"。

愚案：三在坎为志，志在与上易位，各得其正，故曰"志在外也"。

《象》曰：涣其群元吉，光大也。

虞翻曰：谓三已变成离，故四"光大也"。

疏三不正已变，四互离日为光，故"光大"。

《象》曰：王居无咎，正位也。

虞翻曰：五为"王"，艮为"居"，正位居五，四阴顺命，故"王居无咎，正位也"。

疏 五位天子，故为"王"。艮为门阙，故为"居"。乾阳正位居五，四阴承之，二变应之，顺其命令，故曰"王居无咎，正位也"。

《象》曰：涣其血，远害也。

虞翻曰：乾为远，坤为害。体遁上，故"远害也"。

疏《左传》曰"天道远"，故乾为远。坤阴甝为害。涣上即否上，否上即遁上，故"体遁上"。遁象曰"远小人"，又遁亦训随，故曰"远害也"。

节　卦

中華藏書

周易全书·最新整理珍藏版

【原典】

泽上有水，节。君子以制数度，议德行。①

"不出户庭"，知通塞也。②

"不出门庭凶"，失时极也。③

"不节"之"嗟"，又谁"咎"也！

"安节"之"亨"，承上道也。④

"甘节"之"吉"，居位中也。⑤

"苦节贞凶"，其道穷也。⑥

【精注】

①泽上有水，节：节卦上卦为坎，坎为水；下卦为兑，兑为泽。这是用上下卦卦象解释全卦卦义。数度：礼数法度。②塞：阻塞不通。③失时极：丧失了适当的时机。④安节：安于节俭。⑤甘节：以节俭遵礼为乐。甘：以…为乐。⑥苦节：以节俭遵礼为苦。

【今译】

泽中水满，因而须高筑堤防，象征"节俭"；君子观此卦象和卦名，便制定礼法建立政纲制度，确定伦理原则。

"足不出内院"，表明深知道路通则可行、塞则须止的道理。

"足不出前院，必有凶险"，是因为丧失了适当的时机。

"度日不知节俭"而"导致嗟叹伤情"，这是谁之过！

"安于节俭"而"亨通顺利"，是由于能够顺承尊上之道。

"以节俭遵礼为乐可获吉祥"，是由于居位中正。

"以节俭遵礼为苦而不肯节俭，占问必有凶险"，表明走入困穷不通的境地。

【集解】

《象》曰：泽上有水，节。

侯果曰：泽上有水，以堤防为节。

疏　堤防所以节水者也，故"泽上有水"，则"以堤防为节，"不节则溃矣。

君子以制数度，议德行。

虞翻曰：君子，泰乾也。艮止为"制"，坤为"度"，震为"议"为"行"，乾为"德"，故"以制数度，议德行"。乾三之五为"制数度"，坤五之乾为"议德行"也。

疏乾三为"君子"，故"君子谓泰乾也"。艮手止，故称"制"。坤十为度，故为"数度"。互震声为"议"，震足为"行"，乾盛德为"德"，故"以制数度，议德行"。坤为"数度"，乾三之五成艮，故为"制数度"。乾为"德行"，坤五之乾成震，为"议德行"也。

《象》曰：不出户庭，知通塞也。

虞翻曰：坎为"通"。二变，坤土，壅初为"塞"。

崔憬曰：为节之始，有应于四，四为坎险，不通之象。以节崇塞，虽不通，可谓"知通塞"矣。户庭，室庭也。慎密守节，故不出焉而无咎也。

案：初九应四，四互坎艮，艮为门阙，四居艮中，是为内户，户庭之象也。

疏　虞注：应坎为"通"。二变则互坤土，壅初为"塞"。通塞皆节泽之道也。

崔注：初居节始，正应在四，四坎为险，不通之象。不通则不宜崇塞。苟节其崇塞，虽不通，可谓"知通塞"矣。盖初本泰乾，《系辞上》曰"乾以易知"，《下》曰"德行恒易以知险"。四在坎为通，险则不通。互艮止为塞。初阳守正不出，"易以知险"，故"知通塞也"。户内有庭，即"室庭也"。艮阳小为慎，应艮，故慎密不出。守节，故"无咎也"。

案：初应四互艮，四在艮中为内户，故曰"户庭"。

愚案：节为坎宫初世卦，初变成兑，塞其下流，《左传》所谓"川壅为泽"是也。象泽注水，故名曰节。初阳得正，取其不变，故"不出户庭，无咎"。下坎，通也。通而塞之，故曰"知通塞也"。

《象》曰：不出门庭凶，失时极也。

虞翻曰：极，中也。未变之正，失时极矣。

疏 《说文》："极，栋也"，《释宫》："栋谓之桴。"郭注"即屋脊也"，《逸雅》："栋，中也，居屋之中也。"又《周颂》毛传、《天官》郑注皆云"极，中也"，故云"极，中也"。二位在中失正，时当变而未变，故曰"失时极也"。

《象》曰：不节之嗟，又谁咎也。

王弼曰：若，辞也。以阴为阳，以柔乘刚，违节之道，以至哀嗟，自已所致，无所怨咎，故曰"又谁咎"矣。

疏 "若，辞也"者，语助词也。以六阴处三阳，以六柔乘二刚，不知节以制度而违其道，侈汰已甚，祸将及已，必至哀嗟，咎由自取，又谁怨乎。

愚案：三失正位，不节之嗟，惧有咎而自悔矣。变而得正，又谁咎乎。言人不能咎三者，以三变得正，故无咎也。

《象》曰：安节之亨，承上道也。

《九家易》曰：言四得正奉五，上通于君，故曰"承上道也"。

疏五自乾升，上居君位。四得正奉五，上通于君，乾为道，故曰"承上道也"。

《象》曰：甘节之吉，居位中也。

虞翻曰：艮为居，五为中，故"居位中也"。

疏互艮止为居，在五为中，故曰"居位中也"。《象传》曰"当位以节，中正以通"，谓此爻也。

《象》曰：苦节贞凶，其道穷也。

荀爽曰：乘阳于上，无应于下，故"其道穷也"。

疏 五阳刚，故"乘阳于上"。三敌应，故"无应于下"。乘阳无应，位极于上，故曰"其道穷也"。

中孚卦

【原典】

泽上有风，中孚。君子以议狱缓死。[①]

"初九虞吉"，志未变也。

"其子和之"，中心愿也。

"或鼓或罢"，位不当也。

"马匹亡"，绝类上也。[②]

"有孚挛如"，位正当也。

"翰音登于天"，何可长也！

【精注】

①泽上有风，中孚：中孚卦上卦为巽，巽为风；下卦为兑，兑为泽。风在泽上吹拂，无论哪里都能吹到，犹如诚信施于天下，处处都能得到它的好处，所以用"泽上有风"解释中孚卦卦义。②绝类：即不与人同流合污。绝，离开，脱离。类，同类。

【今译】

大泽之上吹拂着和风，象征"内心诚信"；君子观此卦象和卦名，便以诚信之德审断狱讼，慎重宽缓死罪。

"初九"爻"安守诚信之德可获吉祥"，表明不欲他求的心志未曾改变。

"小鹤应声相和"，这是从内心发出的声音。

"有时敲起战鼓进攻，有时兵疲将乏，停止不前"，表明居位不当。

"走失一匹良马"，是为了不同流合污而上承尊者。

"胸怀诚信并不系恋他人"，是由于居位正当。

"鸡鸣之声响彻天宇"，这种虚声鸣叫怎么可能保持长久呢！

【集解】

《象》曰：泽上有风，中孚。

崔憬曰：流风令于上，布泽惠于下，中孚之象也。

疏 上巽为风，故"流风令于上"。下兑为泽，故"布泽惠于下"。上下交孚，"中孚之象也"。

案：风生乎泽，风行泽上，以阳散阴，泽上有风，以阴应阳，中孚之义也。泽者，恩泽。风者，号令，"议狱缓死"之义。

君子以议狱缓死。

虞翻曰："君子"谓乾也。讼坎为"狱"，震为"议"为"缓"，坤为"死"。乾四之初，则二出坎狱，兑说震喜，坎狱不见，故"议狱缓死"也。

疏 "君子"谓讼乾也。讼坎陷为"狱"。震声为"议"，震木德宽仁为"缓"，坤灭于乙为"死"。讼乾四之初，兑成坎毁，则二互震为"出坎狱"。兑为说，震阳为喜，坎象不见，故"议狱缓死也"。

《象》曰：初九虞吉，志未变也。

荀爽曰：初位潜藏，未得变而应四也。

疏 乾初九曰"阳气潜藏"，故"初位潜藏"。与四正应，故"不得变而应四也"。

愚案：讼坎为志。四已之初，宜安其位，不可有它，故曰"志未变也"。

《象》曰：其子和之，中心愿也。

虞翻曰：坎为"心"，动得正应五，故"中心愿也"。

疏 讼坎为"心"，动而得正，上应五阳，二在下中，故曰"中心愿也"。

《象》曰：或鼓或罢，位不当也。

王弼曰：三四俱阴，金木异性，敌之谓也。以阴居阳，自强而进，进而阂敌，故"或鼓"也。四履正位，非己敌所克，故"或罢"也。不胜而退，惧见侵陵，故"或泣"也。四履谦巽，不报仇敌，故"或歌"也。歌泣无恒，位不当也。

疏 三四俱阴，兑金巽木既异，其性金又克木，故曰"得敌"。孔疏"欲进碍四，恐其害己，故或鼓而攻之。而四履正承尊，非己所胜，故或罢而退败也。不胜而退，惧见侵陵，故或泣而忧悲也。四履于顺，不与物校，退不见害，故或歌而欢乐也。进退无恒者，止为不当其位，妄进故也"。

案：三失位，不能自正，应在上登天，不下与三易位，故曰"位不当也"。

《象》曰：马匹亡，绝类上也。

虞翻曰：讼初之四，体与上绝，故"绝类上也"。

疏 四在上体，讼初之四，四即之初，体与上绝，故"马匹亡"。"上"谓乾，故"绝类上也"。

《象》曰：有孚挛如，位正当也。

案：以阳居五，有信挛二，使变己，是"位正当也"。

疏 以阳居五，得中得正，故能"有孚"，下挛于二，使之变正应己，故曰"位正当也"。

《象》曰：翰音登于天，何可长也。

侯果曰：穷上失位，信不由中，以此申命，有声无实，中实内丧，虚华外扬，是"翰音登天"也。巽为鸡，鸡曰"翰音"。虚音登天，何可久也。

疏 阳穷于上，又失正位，所处过中，是"信不由中"者也。巽为申命，以此申命，有虚声而无实行。内应在三，三阴无实，故"中实内丧"。以阳居阴，处外卦之上，故"虚华外扬"，是"翰音登天"之象也。虚音登天，声不能久，巽为长，故曰"何可长也"。

小过卦

【原典】

山上有雷，小过；君子以行过乎恭，丧过乎哀，用过乎俭。①

"飞鸟以凶"，不可如何也。

不及其君②，臣不可过也。

"从或戕之"，"凶"如何也！

中華藏書

周易全书·最新整理珍藏版

中国书店

"弗过遇之",位不当也;"往厉必戒",终不可长也。

"密云不雨",已上也。

"弗遇过之",已亢也。

【精注】

①山上有雷,小过:小过卦上卦为震,震为雷;下卦为艮,艮为山。雷震于山,虽然超出地面但是尚未及于天宇,其声只是稍稍过越正常,所以称"小过"。②及:超过的意思。

【今译】

高山顶上有震雷在轰鸣,象征"小有过越";君子看到这个卦象和卦名,使自己行止稍过恭敬,居丧稍过悲哀,花费稍过节俭。

"飞鸟带来凶险的兆头",这是自己引来灾祸,无可奈何。

"不到君王那里",表明做臣的不可超过尊上。

"将要遭人杀害",表明凶险非常严重!

"不要过分求进而强求与他人合作",因为居位不当;"轻举妄动便有危险,必须加以警戒",表明不会长久无灾。

"乌云密布却不降雨",表明已经高居上位。

"不过分求进强与他人遇合",是由于已经达到了一个顶峰。

【集解】

《象》曰:山上有雷,小过。

侯果曰:山大而雷小,山上有雷,小过于大,故曰小过。

疏 艮一阳在上,阳为大,故曰"山大"。震重阴在上,阴为小,故曰"雷小"。今"山上有雷",是小过于大也,故曰"小过"。

愚案:艮止所以节礼,震动于上而过之,阴过于阳,故曰"小过"。阴,柔也。过恭、过哀、过俭,皆过于柔而不失乎礼之本者也。其过为小,故君子以之。

君子以行过乎恭。

虞翻曰:"君子"谓三也。上贵三贱,晋上之三,震为"行",故"行过乎恭"。谓三"致恭以存其位",与谦三同义。

疏 艮三即乾三，乾三称君子，故"君子谓三也"。上位贵，三位贱，晋上之三，是贵下于贱也。震足为"行"，故"行过乎恭"。《系辞上》曰"谦也者，致恭以存其位者也"。剥上之三成谦，故"与谦三同义"。

丧过乎哀。

虞翻曰：晋坤为"丧"，离为"目"，艮为"鼻"，坎为"涕洟"，震为"出"。涕洟出鼻目，体大过遭死，"丧过乎哀"也。

疏 晋坤丧于乙为"丧"，又晋离为目。体艮互兑，"山泽通气"，以虚受泽，故"为鼻"。坎水为"涕洟"。萃上虞注云"自目曰涕，自鼻曰洟"。万物出震为"出"。涕洟出于鼻目为"哀"。自二至四体大过，遭死象，故"丧过乎哀"。

用过乎俭。

虞翻曰：坤为财用，为吝啬，艮为止，兑为小。小用止，"密云不雨"，故"用过乎俭"也。

疏 晋坤土生万物为财，"致役乎坤"为用，故"为财用"。"坤为吝啬"，《说卦》文。两体有艮为止。小过互兑少女为"小"，"小"谓五阴。小用而止，即六五"密云不雨"之象也，故"用过乎俭"。

《象》曰：飞鸟以凶，不可如何也。

虞翻曰：四死大过，故"不可如何也"。

疏 初应在四，四死大过，故"不可如何也"。

《象》曰：不及其君，臣不可过也。

虞翻曰：体大过下，止舍巽下，故"不可过"，与随三同义。

疏 二至五体大过，下体艮，互体巽，二止舍巽下，五君隔于三艮，二臣不应，故"臣不可过"。随家阴随阳，六三之上无应，承四互艮，故系于四。小过之时，阴过阳，以顺阳为吉，故"与随三同义"。

《象》曰：从或戕之，凶如何也。

虞翻曰：三来戕四，故"凶如何也"。

中華藏書

周易全书·最新整理珍藏版

中国书店

七四〇

疏 三不防四，四从初受伤，是"三来戕四"，而三亦受伤，故"凶如何也"。

《象》曰：弗过过之，位不当也。往厉必戒，终不可长也。

虞翻曰：体否上倾，故"终不可长"矣。

疏 四失位，故常欲过三之初。五正体否，《否·上·象》曰"否终则倾，何可长也"。又体巽为长，故"终不可长也"。

《象》曰：密云不雨，已上也。

虞翻曰：谓三坎水已之上六，故"已上也"。

疏 晋三坎水，已之上六，故"不雨"。

《象》曰：弗遇过之，已亢也。

虞翻曰：飞下称"亢"，晋上之三，故"已亢也"。

疏 《说文》："颃，人颈也，本作亢。"是"颃"、"亢"古字通也。《邶风》："颉之颃之。"毛传"飞而上曰颉，飞而下曰颃"，故曰"飞下称亢"。晋上飞而下，三不与上应，故曰"已亢也"。阳言亢，阴不言亢，故不从俗说也。

既济卦

【原典】

水在火上，既济。君子以思患而豫①防之②。

曳其轮，义无咎也。

七日得，以中道也。

三年克之，惫也。

终日戒，有所疑也。

东邻杀牛，不如西邻之时也。实受其福，吉大来也。

濡其首厉，何可久也。

【精注】

①豫，即"预"。②"水在火上，既济。君子以思患而豫防之"，为既济卦的《大象传》。以揭示既济卦上坎为水、下离为火之象，谓水在火上，煮物成熟，为"事已成"的象征；君子因此于事成之后思虑可能出现的祸患而预先防备。

【今译】

水在火上，象征"事已成"。君子因此于事成之后思虑可能出现的祸患而预先采取防备措施。

向后拖曳车轮使其缓行，初九的行为正合谨慎守成的意义而不致祸害。

过了七日必将失而复得，六二能守持中正不偏之道。

持续三年终于获胜，说明九三为安保其成必须持续奋斗到疲惫的程度。

应当整天戒备祸患，六四此时要有所疑惧而慎行。

东边邻国杀牛盛祭，不如西边邻国微薄的礿祭适时明德；西邻更能切实地承受神灵降予的福泽，说明吉祥将不断来临。

渡河沾湿了头部说明有危险，上六事成之后修德不笃怎能长久守成！

【集解】

《象》曰：水在火上，既济。君子以思患而豫防之。

荀爽曰：六爻既正，必当复乱，故君子象之，思患而豫防之，治不忘乱也。

疏　治乱相循，自然之运，故"六爻既正，必当复乱"。乱者，患也，君子象之，思患之必至而豫为防之，《系辞下》所谓"治不忘乱"者也。

案：水性趋下，火性炎上，水在火上则相济以成其用，故曰"既济"。不相济则患生焉。"君子"谓泰乾三也。坤乱为"患"，既济坎心为"思"。泰天地交，物所以济，"终止则乱"。乾九三曰"君子终日乾乾，夕惕若"。使二升五以正坤，故曰"思患而豫防之"，谓防否也。

《象》曰：曳其轮，义无咎也。

宋衷曰：离者，两阳一阴，阴方阳圆，舆轮之象也。其一在坎中，以火入水必败，故曰"曳其轮"也。初在后称"尾"。尾濡轮曳，咎也。得正有应，于义可以危而无咎矣。

疏　内体离，离两阳一阴之卦也。《考工记》"轮崇舆广"，郑注云"载物为舆，行地为轮，舆方象阴，轮圆象阳"，

中華藏書　中国书局

故云"舆轮之象也"。二互三四又为坎，三在坎中，以火入水，必败之象，故曰"曳其轮"也。爻例上为首，初在下为尾。尾濡轮曳似咎。初得正，四有应，虽危无咎矣。

案：《说卦》曰"坎为轮为曳"，宋彼注云"水摩地而行曰曳"，故曰"曳其轮"。泰初在否为四，否四体艮为狐、为尾，未济之"小狐濡尾"是也。初应在四，之历坎水，坎水为濡，故"曳其轮，濡其尾"。濡、曳，咎也。得正故无咎。既济六爻各正，不取相应，虽二五亦然，故二主承三也。

《象》曰：七日得，以中道也。

王肃曰：体柔应正，履顺承刚，妇人之义也。髢，首饰。坎为盗，离为妇。"丧其髢"，邻于盗也。"勿逐"自得，履中道也。二五相应，故"七日得"也。

疏　二体柔，上应五。体柔为履顺，应五为承刚。二顺五刚，妇人之义也。髢，首饰，马君义也。外坎为盗，内离为妇。内妇丧髢，外邻坎盗也。"勿逐自得"者，以二履中道也。二五相应，以二加五为七，故"七日得也"。

案：二中宜柔，道乃然也。

《象》曰：三年克之，惫也。

侯果曰：伐鬼方者，兴衰除暗之征也。上六暗极，九三征之，三举方及，故曰"三年克之"。兴役动众，圣犹疲惫，则非小人能为，故曰"小人勿用"。

虞翻曰：坎为劳，故"惫也"。

疏　侯注：三阳体刚，则能兴衰，在离为明，则能除暗，故"伐鬼方者，兴衰除暗之征也"。六阴为暗，处上为极。三往征之，自四至上，三举方及，故曰"三年克之"。泰上体坤，"致役乎坤"为役，坤体为众称众，又互震起而兴为动，故云"兴役动众"。圣人当此，犹有疲惫，况小人乎，故曰"小人勿用"。虞注：坎劳卦，故为劳。疲极曰惫。劳故惫也。

《象》曰：终日戒，有所疑也。

卢氏曰：繻者，布帛端末之识也。袽者，残币帛，可拂拭器物也。繻有为衣袽之道也。四处明暗之际，贵贱无恒，犹或

为衣，或为袾也。履多惧之地，上承帝主，故终日戒慎，有所
疑惧也。

疏　《汉书·终军传》："关吏与军繻。"苏林云"繻，帛
边也。旧关出入皆以传。传还，因裂繻头，合以符信也"。繻
头，即帛边，即"端末之识也"。袾者残币帛，即虞氏败衣之
意也。帛残，只可供拂拭器物之用也。繻新则为衣，败则为
袾，故云"有为衣袾之道也"。离中虚为明，坎中实为暗，故
"四处明暗之际"。衣贵袾贱，故"实贱无恒"。一物而可贵可
贱，故"犹或为衣，或为袾也"。"四多惧"，故"履多惧之
地"。五位天子，故"上承帝主"。近尊多惧，故"终日戒
慎"。处两坎之间，坎心为疑，故"有所疑惧也"。

《象》曰：东邻杀牛，不如西邻之时也。

崔憬曰：居中当位于既济之时，则当是周受命之时也。五
坎为月，月出西方，西邻之谓也。二应在离，离为日，日出东
方，东邻之谓也。离又为牛。坎水克离火，"东邻杀牛"之象。
禘，殷春祭之名。案《尚书》克殷之岁，"厥四月，哉生明，
王来自商，至于丰。丁未，祀于周庙"，四月，殷之三月春也。
则明西邻之禘祭，得其时而受祉福也。

疏　五为居中，九为当位。处既济而履尊位，是周受命之
日也。五在坎为月。《祭义》曰"月生于西"，故"月出西方，
西邻之谓也"。五与二应，二在离为日。《祭义》曰"日生于
东"，故"日出东方，东邻之谓也"。《九家·说卦》"离为牝
牛"，故又为牛。五坎水下克离火，"东邻杀牛之象"也。《王
制》"天子四时之祭，春曰礿"。郑氏以为夏殷之礼，故曰
"禘，殷春祭之名"。"厥四月"至"祀于周庙"，皆《书·武
成》文，引之以明周四月，既殷之三月春时也。言周克殷之
岁，四月祀庙，是"西邻之禘，得其时而受福祉也"。

按：既济亨小，故西邻时也。

实受其福，吉大来也。

卢氏曰：明鬼享德不享味也。故德厚者"吉大来也"。

疏　《书·君陈》："黍稷非馨，明德惟馨"，故"享德不

享味德厚。"则"吉大来也"。

按：乾为福，故"实受其福"。阳为大，故"吉大来也"。

《象》曰：濡其首厉，何可久也。

荀爽曰：居上濡五，处高居盛，必当复危，故曰"何可久也"。

疏 居坎之上，下濡五阳，处高位而居极盛，泰极必否，故云"必当复危"。乾为久，故曰"何可久"，即终乱之义也。

未济卦

【原典】

火在水上，未济。君子以慎辨物居方①。

濡其尾，亦不知极也。

九二贞吉，中以行正也。

未济征凶，位不当也。

贞吉悔亡，志行也。

君子之光，其晖吉也。

饮酒濡首，亦不知节也。

【精注】

① "火在水上，未济。君子以慎辨物居方"，为未济卦的《大象传》。以揭示《未济》卦上离为火，下坎为水之象，谓火在水上，难以煮物，为事未成的象征。

【今译】

火在水上，象征"事未成"。君子因此为促成所做的事而审慎分辨诸物使之各居适当的处所。小狐渡河被水沾湿尾巴，初六的行为也太不知谨慎持中。九二守持正固是吉祥之兆，此时要遵循中道而行事端正不偏。事未成而急于进取必有凶险，六三居位不妥当。守持正固可获吉祥而悔恨消亡，九四求济的志向正在践行。焕发君子的光辉，六五美德光耀必获吉祥。饮酒逸乐过度犹如小狐渡河被水沾湿头部，说明上九若是这样也太不知节制了。

【集解】

《象》曰：火在水上，未济。

侯果曰：火性炎上，水性润下，虽复同体，功不相成，所以"未济"也。故君子慎辨物宜，居之以道，令其功用相得，则物咸济矣。

疏 《洪范》曰"火曰炎上，水曰润下"，其性相反，虽同居一体之中，然火在水上，不能成烹饪之功，所以名未济也。故君子象之，慎辨物宜而居之以道，令水火相交，功用相得，则物各咸宜，未济者可济矣。

君子以慎，辨物居方。

虞翻曰：君子，否乾也。艮为"慎"。辨，辨别也。"物"谓"乾，阳物也，坤，阴也"，艮为"居"，坤为"方"，乾别五以居坤二，故"以慎辨物居方"也。

疏 阳为君子，故"君子谓否乾也"。艮阳小为"慎"。《说文》："辨，判也。"取判别之义，故云"辨别也"。"乾，阳物也，坤，阴物也"，《系辞下》文，"阴"下当脱"物"字。艮止为"居"，坤为静而德方为"方"。乾上别五，下居坤二，故"以慎辨物居方"，令各得其所也。以阳为主，故"乾别五"也。又《系辞上》曰"方以类聚，物以群分"，卦之类聚者，至乾、坤极矣，卦之群分者，至既、未济亦极矣。未济殿六十四卦之终，故特举类聚群分之义，以发其凡也。

《象》曰：濡其尾，亦不知极也。

案：四在五后，故称"尾"。极，中也。谓四居坎中，以"濡其尾"，是"不知极也"。

疏 初应四，四在五后，故"称尾"。《说文》："极，栋也。"《逸雅》："栋，中也，居屋之中也。"故"极"训"中"也。四居互坎之中，水濡其尾，是"不知极"，言不知陷于坎中也。

《象》曰：九二贞吉，中以行正也。

虞翻曰：谓初已正，二动成震，故"行正"。

疏 六爻当反之正。初已变正，二动成震，震足为行，故曰"中以行正也"。

《象》曰：未济征凶，位不当也。

干宝曰："吉凶者，言乎其失得也"。禄父反叛，管蔡与乱，兵连三年，诛及骨肉，故曰"未济征凶"。平克四国，以济大难，故曰"利涉大川"，坎也。以六居三，不当其位，犹周公以臣而君，故流言作矣。

疏　"吉凶者，言乎其失得也"，《系辞上》文。虞注"得正言吉，失正言凶"是也。武庚禄父叛周，管叔、蔡叔实与其乱，周公诛禄父管叔，《诗·东征》曰"自我不见，于今三年"，故云"兵连三年，诛及骨肉"，此未济所以征凶也。周公灭殷，并及三监，故云"克平四国，以济大难"。体坎为川，故"利涉大川"也。六三以阴居阳，为不当其位，犹周公居摄，以臣代君，故流言作而有东征之凶也。

案：六爻皆不当位，三言"未济"，故于此爻发之。

《象》曰：贞吉悔亡，志行也。

案：坎为"志"，震为"行"，四坎变震，故"志行也"。

疏　互坎为"志"，变震为"行"，故"志行也"。

《象》曰：君子之光，其晖吉也。

虞翻曰：动之正，乾为大明，故"其晖吉也"。

疏　五动之正成乾，《乾·象传》曰"大明终始"，故"乾为大明"。五丽乎大明，故"其晖吉也"。

《象》曰：饮酒濡首，亦不知节也。

虞翻曰：节，止也。艮为"节"。"饮酒濡首"，故"不知节"矣。

疏　"节，止也"，《杂卦》文。艮多节，故"为节"。上四易位，得正为节，四上不正，故"饮酒濡首，不知节也"。

案：初曰"不知极"，上曰"不知节"。事不过中之谓"节"，事协于中之谓"极"。初上二爻，孔子皆以"不知"责之，盖卦体两离为明，宜知极知节矣，爻皆不正，故不知也。

中華藏書

第一部 周易原典

中國書房

第三章　文言①

《文言》共两节，分别解说"乾"、"坤"两卦的意旨，故称之为"乾文言"和"坤文言"，其主要内容是在"彖传"和"象传"的基础上作出进一步的阐发与总结。

乾文言

【原典】

"元"者善之长也，"亨"者嘉之会也，"利"者义之和也，"贞"者事之干也。②君子体仁足以长人，嘉会足以合礼，利物足以和义，贞固足以干事。③君子行此四德者，故曰"乾：元、亨、利、贞。"

【精注】

①《文言》：《易传》之一。共有两篇，分别解说乾卦和坤卦的要旨精义，因此前一篇称《乾文言》，后一篇称《坤文言》。②长：尊长。嘉：美好。会：会合。义：宜。干：根本。③体仁：以仁为体。

【今译】

元始，是各种良善事物的尊长；亨通，是各种美好的事物的会合；有利，是各种适宜时机的和谐；正固，是处理各种事宜的根本。君子把仁爱之心作为行事的根本依凭，绝对可以说是众人的尊长；寻求美好事物的会合，完全符合礼仪的要求；施利给其他事物，完全符合道义的准则；坚持正固节操，完全能够妥善处理各种事务。拥有这四种美德的人堪称君子，所以才说："乾卦象征天的元始，亨通，和谐有利，贞正坚固。"

【集解】

元者，善之长也。

《九家易》曰：乾者，君卦也。六爻皆当为君，始而大通，君德会合，故"元"为"善之长也"。

疏 《说卦》曰"乾以君之"，故云"乾者，君卦也"。《大雅》曰"克长克君"，是"君"有"长"义也。《周语》："太子晋曰：'古之长民者。'"，韦昭彼注云"长犹君也"。下《传》以"长人"言"体仁"，故以"君卦"释乾"元"也。六爻皆阳，故"六爻皆当为君"。"始而大通，君德会合"，盖合嘉会以明元善也。《系辞上》曰"继之者，善也"，虞彼注云"继，统也。谓乾能统天生物，故继之者善"，是乾统万善而元为乾始。人君上体乾元，足以继天立极，故曰"元者，善之长也"。《召诰》曰"惟王位在德元"，是其义也。又自复至乾为积善，始息于子。"首出庶物"，故曰"长也"。

亨者，嘉之会也。

《九家易》曰：通者，谓阳合而为乾。众善相继，故曰"嘉之会也"。

疏 《于夏传》云："亨，通也。"《春官·大宗伯》"嘉礼"，注云"嘉，善也"。《禹贡》"滩沮会同"，郑注"雍水沮水相触而合"，是"会"训"合"也。六爻皆阳，合而为乾。乾阳为善，是众善相继而成乾。阳主开通，故曰"嘉会"。其曰"众善相继"，盖合元善以明嘉会也。又以乾通坤，嘉美所合，故曰"亨者，嘉之会也"。

利者，义之和也，

苟爽曰：阴阳相和，各得其宜，然后利矣。

疏 《中庸》曰"义者，宜也"。《荀子·王制》曰"义以分则和，和则一。故序四时，裁万物，兼利天下，无他故焉，得之分义也"。阴阳相和，各得其宜，是亦分义。义分则和，故曰"义之和也"。《说文》："利，铦也。从刀。和然后利，从和省。《易》'利者，义之和也'。"盖"利"从刀，故主分，分故能裁制事物，使各宜也，各得其宜则和矣。"利"又从禾，《说文》"禾"，二月始生，八月而熟，得时之中，是"利"有中和之义。故云"阴阳相和，各得其宜，然后利矣"。

贞者，事之干也。

荀爽曰：阴阳正而位当，则可以干举万事。

疏　《师·象传》曰："贞，正也。"六爻正，则"阴阳正而位当"矣。《大戴礼·保传篇》引《易》逸文曰"正其本，万事理"，故"可以干举万事"。薛君《韩诗章句》云"干，正也"，《诗诂》云"木旁生者为枝，正出者为干"，是"干"有"正"义，故曰"贞者，事之干也"。

君子体仁，足以长人。

何妥曰：此明圣人则天，合五常也。仁为木，木主春，故配元为四德之首。君子体仁，故有长人之义也。

疏　"圣人"谓"君子"也。五常，仁、义、礼、智、信也。五者，人之德也。元亨利贞，天之德也。此言圣人则天之元亨利贞，以合仁义礼知之德也。乾初出震，震属东方木。《说文》"木，东方之行"，《礼·月令》"某日立春，盛德在木"，凡果核中实有生气者曰"仁"，是"仁为木，木主春"也。《六书正讹》"元从二从人，仁则从人从二。在天为元，在人为仁"，故"仁配元而为四德之首"也。"体仁"谓以仁为体也，"长人"犹君人也。《襄九年·左传》曰"元者，体之长也"。"元"为首，故为"体之长"。震为仁，又为诸侯，故"君子体仁，有长人之义"。又《礼运》曰"仁者，义之本也，顺之体也，得之者尊"，故曰"体仁足以长人"也。

嘉会，足以合礼。

何妥曰：礼是交接会通之道，故以通配。五礼有吉、凶、宾、军、嘉，故以嘉合于礼也。

疏　《系辞上》曰"观其会通，以行其典礼"，是"礼为交接会通之道"，故取以配亨通也。五礼有吉、凶、宾、军、嘉。春官大宗伯"以嘉礼亲万民"，注云"嘉礼通于上下，所以别于四礼"。愚谓《春官》始于吉礼，终于嘉礼。仪礼则始于嘉礼之冠婚，而终于吉礼之有司彻。盖成民而后致力于神。故五礼独言"嘉合"者，即《仪礼》始冠婚之义也。又乾以嘉美，旁通合坤。阳称"嘉"，坤为"礼"，故曰"嘉会，足以合礼"也。

利物，足以和义。

何妥曰：利者，裁成也。君子体此利以利物，足以合于五常之义。

疏 《说文》"利"从刀训铦，故主"裁成"也。君子体此自然之利，以裁成万物，故"足以合于五常之义"也。《周语》曰"言义必及利"，韦注云"能利人，然后为义"。《吕氏春秋》曰"义之大者，莫大于利人"，故利言"利物"也。又乾"精气为物"称"物"，地静而

理曰"义"。坤来成乾，《说卦》曰"和顺于道德而理于义"，故曰"利物，足以和义"。

贞固，足以干事。

何妥曰：贞，信也。君子贞正，可以委任于事。故《论语》曰：敬事而信，故干事而配信也。

案：此释非也。夫"在天成象"者，"乾元亨利贞"也。言天运四时，以生成万物。"在地成形"者，仁、义、礼、智、信也。言君法五常，以教化于人。元为善长，故能体仁。仁主春生，东方木也。亨为嘉会，足以合礼。礼主夏养，南方火也。利为物宜，足以和义。义主秋成，西方金也。贞为事干，以配于智。智主冬藏，北方水也。故孔子曰"仁者乐山，智者乐水"；则智之明证矣。不言信者，信主土而统属于君。故中孚云"信及豚鱼"，是其义也。若"首出庶物"而"四时不忒"者，乾之象也。"厚德载物"而五行相生者，土之功也。土居中宫分王四季，亦由人君无为皇极而奄有天下。水火金木，非土不载。仁义礼智，非君不弘。信既统属于君，故先言乾而后不言信，明矣。

疏 何注：此以贞配信。言贞正可以任事，故引《论语》"敬事而信"之文，以证其义也。

案：李以贞配智，故云"此释非也"。"在天成象，谓乾元亨利贞"者，乾即天，元亨利贞即四时，故"言天运四时，以生成万物"也。"在地成形"者，谓人生而成形，即有是仁、

义、礼、智、信五常之性也。言人君当法五常之性，以教化天下之人。在天为元，在人为仁，在时为春，在五行为东方木。在天为亨，在人为礼，在时为夏，在五行为南方火。在天为利，在人为义，在时为秋，在五行为西方金。在天为贞，在人为智，在时为冬，在五行为北方水。"仁者乐山，智者乐水"，引之以明贞为智而属水也。《系辞上》曰"卦之德方以智"。贞正而固，所以为智也。《说文》："固，四塞也。从口，古声。"口，古围字。《系辞上》曰"范围天地之化而不过"，《九家》彼注云"围，周也"。又曰"智周乎万物，而道济天下"。"智周"即"贞固"，"道济天下"即"足以干事"也。不言信者，盖以乾为信也。《说卦》"乾为天，为君"，《系辞上》曰"天五"，五为土，故以"信主土而统属于君"也。《中孚·象传》曰"信及豚鱼"，又曰"中孚以利贞，乃应乎天也"，言人君信及豚鱼而上应乎天，天即乾也。即乾言信之义也。天运于上，而春夏秋冬成序，天之信也，故云"首出庶物而四时不忒，乾之象也"。土载于下，而水火金木无违，土之信也，故云"厚德载物而五行相生者，土之功也"。天数五，为戊土，居中宫。《洪范》曰"五皇极，惟皇建极"，亦居中宫。故土居中而王四季，亦犹皇极居中而运四方。水火金木，皆生于土。仁义礼智，皆备于君。信既居中而属君，故先言乾以统元亨利贞，不必复言信以终仁义礼智也。又贞者，正也。六爻正，既济定。坤为事，以乾举坤，坤"智藏往"，故以贞配智，足以干事也。

君子行此四德者，故曰乾元亨利贞。

干宝曰：夫纯阳，天之精气。四行，君之懿德。是故乾冠卦首，辞表篇目，明道义之门在于此矣，犹《春秋》之备五始也，故夫子留意焉。然则体仁正己，所以化物。观运知时，所以顺天。器用随宜，所以利民。守正一业，所以定俗也。乱则败礼，其教淫。逆则拂时，其功否。错则妨用，其事废。忘则失正，其官败。四德者，文王所由兴。四愆者，商纣所由亡。

疏 乾体纯阳，故为"天之精气"。人禀之以成四德，故

中華藏書

周易全书·最新整理珍藏版

中国书房

七五二

"四行"为"君之美德"也。《系辞上》曰:"成性存存,道义之门。"盖仁义礼智之性,出于乾之元亨利贞,故"乾冠卦首,而辞列四目",是乾之四德为道义之门,而性从此出也。《汉书》王褒《圣主得贤臣颂》:"《春秋》法五始之要。"注云:"元者,气之始。春者,四时之始。王者,受命之始。正月,政教之始。公即位者,一国之始。"是《易》首之备四德,犹《春秋》篇首之备五始也,皆圣人所留意者也。《论语》"为仁由己",故"体仁正己,所以化物",则"长人"也。"运"犹"会"也。《礼器》"礼时为大"。变通趋时,礼之亨也,故"观运知时"。《皋陶谟》"天敕五礼",所以顺天,则"合礼"也。《系辞下》十二"盖取",是"利"也,故"器用随宜"。《中庸》"义者,宜也",所以利民,则"和义"也。《师·象传》曰"贞,正也"。业,事业也,坤曰"发于事业"是也。守正一业,所以定俗,则"贞固,足以干事也"。礼,体也。乱则败仁之体,故其教必至于淫滥。逆则拂礼之时,故其功必至于否塞。错则妨义之用,故其事必至于荒废。忘则失贞之正,故其官必至于覆败。有是四德则兴,故云"四德者,文王所由兴"。反是而有四愆则亡,故云"四愆者,商纣所由亡"。是以君子终日乾乾,行此四德也。

【原典】

初九曰:"潜龙勿用",何谓也?① 子曰:"龙,德而隐者也。不易世,不成名,遁世无闷,不见是而无闷,乐则行之,忧则违之,确乎其不可拔,潜龙也。②"

九二曰"见龙在田,利见大人",何谓也?子曰:"龙德而正中者也。③ 庸言之信,庸行之谨,闲邪存其诚,善世而不伐,德博而化。④《易》曰'见龙在田,利见大人',君德也。"

九三曰"君子终日乾乾,夕惕若,厉,无咎",何谓也?子曰:"君子进德修业,忠信所以进德也,修辞立其诚,所以居业也。"⑤ 知至至之,可与言几也;知终终之,可与存义也。⑥ 是故居上位而不骄,在下位而不忧。⑦ 故乾乾因其时而惕,虽危"无咎"矣。⑧

九四曰"或跃在渊,无咎",何谓也?子曰:"上下无常,非为邪也。进退无恒，非离群也。⑨君子进德修业，欲及时也，故'无咎'。"

九五曰"飞龙在天，利见大人"，何谓也？子曰，"同声相应，同气相求。⑩水流湿，火就燥，云从龙，风从虎，圣人作而万物睹。本乎天者亲上，本乎地者亲下，则各从其类也。⑪"

上九曰："亢龙有悔"，何谓也？子曰："贵而无位，高而无民，贤人在下位而无辅，是以动而'有悔'也。⑫"

【精注】

①何谓也：这是《文言传》作者的设问之辞。下同。②不易乎世：不因不良世俗而改变节操。不成乎名：不求成名。遯世无闷：逃离世俗而不感到苦恼。遯：通"避"。不见是：不被。是，以……为是，即肯定。确：坚确，坚定。拔：动摇。③正中：指九二居下卦之中位。④庸：平常。信：诚信，即说到做到。闲：防止。善世：美好正大。世，大。伐：矜夸。化：感化。⑤居业：蓄积功业。居，积。⑥知至至之：明白了进取的目标，就努力实现。可与言几：即可与之言说幽微之事。存，保全。义，宜。⑦上位、下位：上位，指九三居下卦之上位；下位，指九三居上卦之下方。⑧因：沿，随着。时：指一天中的各个时辰。⑨上下无常：与下文"进退无恒"互文，指九四处于可上可下，可进可退，变动无常之位。⑩同声相应，同气相求：意为同类的事物相互感应，彼此求合。⑪本：出于，依存于。各从其类：各自依从其同类而发挥作用。⑫贤人在下位而无辅：贤人，指下卦九三爻。三爻、上爻为两阳，而两阳不应，所以说上九无"贤人"辅助。

【今译】

初九爻爻辞说"巨龙潜伏在深渊，暂时不宜施展才能"，这句话有什么寓意呢？孔子认为："这是比喻一种具有龙一样品德而隐居的君子。他不因世俗的污浊而改变操守，不迷恋于成就功名；远离尘世不感到烦恼，所作所为不被世人称道也不感到苦闷；称心如意的事情就付诸实施，深以为忧的事情根本不去染指，意志坚定而不可动摇，这就是潜伏的巨龙。"

九二爻爻辞说"巨龙出在田间，利于大德大才之人出世"，这句话是指什么？孔子认为："这是比喻具有龙之品德的君子已经得到中正之道了。他谈吐平凡却能说到做到，行动平常却能严谨有度；凡邪妄之事都能防微杜渐而使中正之德更加充实，为世人做善事而从不自我矜夸，其中正之德广泛传播于人世，世人无不受他感化。《易》书说'巨龙出现在田间，利于大德大才之人出世'，这句话是说大德大才之人虽然尚未居于君王之位，但是已经具备人君之德了。"

九三爻爻辞说"君子终日健行不息，时刻戒惕警惧，这样即使遇到危难也能化险为夷"，这句话是指什么？孔子认为："这是说明君子之所以终日健行不息，是在增进美德、营修功业。待人忠实守信，是增进美德的途径；想要积蓄功业，就必须做到诚心诚意。看到有发展上升的征兆，就努力上进，这种人可以跟他商讨隐微之事；看到有走向终极的危险，就及时停止，这种人可以跟他合作共事，并能把事情处理得很适宜。这样就能居于上位而不骄傲，居于下位而不忧虑。所以才能终日健行不息，时刻戒惕警惧，即使遇到危难也能化险为夷。"

九四爻爻辞说"巨龙伺机而动，有时腾跃上进，有时退处深渊，必无祸害"，这句话是指什么？孔子认为："这是比喻处在这种境地的君子，或上升或下降，都根据具体情况而决定，不去做那种徒劳无益的邪枉之事；或上进居于尊位，或退下安守本位，没有固定的态势，只是现在还没有决定离开在下的众人而上升。君子增进美德，营修功业，都是在等待时机以便及时进取，所以才说必无祸害。"

九五爻爻辞说"巨龙飞上云天，宜于发现大德大才之人"，这句话是指什么？孔子认为："俗话说：'同类对同类的声音产生共鸣，同类的气息相互求合。水向湿处流动，火向干处燃烧，浮云伴着龙吟而出，山风和着虎啸而生。圣人振作而勉力治世，则万民仰视而天下归附。'可见，依存于天者其性亲上，依存于地者其性亲下，一切事物都是各自依从其同类而发挥作用。"

上九爻爻辞说"巨龙飞升至极点，必遭困厄"，这句话是指什么？孔子认为："这是比喻某种人身份尊贵而没有实位，地位崇高民心全失，虽有贤人居于下位，但贤人不去辅助他，所以他一旦轻举妄动就有困厄。"

【集解】

初九曰：潜龙勿用。何谓也？

何妥曰：夫子假设疑问也。后五爻皆放此也。

疏 假设问答，以明经义，传体也。下五爻皆言"何谓"，放此也。

子曰：龙德而隐者也。

何妥曰：此直答言圣人有隐显之龙德，今居初九穷下之地，隐而不见，故云"勿用"矣。

疏 《说文》曰"龙，能明能幽"，是能隐能显者，龙也。圣人，

则有能隐能显之龙德者也。今居初九，则时当隐矣，隐故"勿用"也。

案：初变为巽，《系辞下》曰"巽称而隐"。言圣人有可称之龙德，隐而不见，故曰"龙德而隐者也"。

不易世。

崔憬曰：言据当潜之时，不易乎世而行者，龙之德也。

疏 赵歧《孟子注》云"易，治也"。言当潜藏不治世，而行道于时也。又王弼注云"不为世俗所移易"。虞氏《屯·象传》注云"初刚难拔"，故"不易"，即确乎不拔之意也。

愚案：震，长子，继世为"世"。初九阳伏不动，未成乎震，故"不易乎世"。

不成名。

郑玄曰：当隐之时，以从世俗，不自殊异，无所成名也。

疏 时当隐而隐，俯仰从俗，不自立异，故"无所成名"。

案：乾为善，阳成于三。"善不积，不足以成名"。《系辞下》曰"其初难知"，故"不成乎名"。

□**世无闷。**

崔憬曰：道虽不行，连理无闷也。

疏 震为"世"，震阳隐初，故曰"遁世"。然道虽不行，

而理连于心，故"无闷"。即《中庸》所谓"遯世而无闷"也。遯世承不易世而言也。

不见是而无闷。

崔憬曰：世人虽不已是，而已知不违道，故"无闷"。

疏 复、坤五阴同乱于上，一阳潜下，故"不见是"。然世人虽不已是，而自信不违乎道，故"无闷"，即《论语》所谓"人不知而不愠"也。"不见是"承"不成名"而言也。以初震为乐，故皆言"无闷"。

乐则行之，忧则违之。

虞翻曰：阳出初震，为"乐"为"行"，故"乐则行之"。坤死称"忧"。隐在坤中。"遯世无闷"，故"忧则违之"也。

疏 阳出于初，为震体复。震"为乐"者，震，东方木，于时为春，《春秋繁露》曰"春，蠢也。蠢蠢，喜乐之貌"，故"为乐"也。"为行"者，《说卦》"震，动也"，又"震为足，为作足"，韦昭《国语注》亦云"震为作足"，故"为行"。是以"乐则行之"也。"坤死称忧"者，月三十灭于坤，为既死魄，故坤为死。《左传·昭公二十六年》曰"死，恶物也"，故"坤死称忧"。阳隐坤中，"遯世无闷"，故"忧则违之"也。

确乎其不可拔，潜龙也。

虞翻曰：确，刚貌也。乾刚潜初，坤乱于上，君子弗用。隐在下位，确乎难拔，潜龙之志也。

疏 《系辞下》曰"夫乾，确然示人易矣"，以初刚言也。马氏彼注训"确"为"刚"，故云"确，刚貌也"。乾阳始动，刚伏坤初。坤反君道，乱见于上。君子隐而弗用之时也。大过"栋桡"，象曰"本末弱也"。初为本，上为末，两爻皆柔故桡，刚则难拔矣。"拔"，郑云"移也"。潜龙有至刚之志，是以"确乎其不可拔"也。

九二曰：见龙在田，利见大人。何谓也？子曰：龙德而正中者也。

虞翻曰：中下之中。二非阳位，故明言能"正中"也。

疏 二居下之中，故曰"中"。二非阳位不正，当变之正。变而得正，故曰"正中"也。

庸言之信。

荀爽曰：处和应坤，故曰"信"。

疏 《九家·说卦》曰"乾为言"。阳息至二，互震亦为"言"也。二处中和之位，上应坤五，二五相孚，故曰"信"。二体坎，坎有孚，《象》曰"行险而不失其信"，故庸言必信。

庸行之谨。

《九家易》曰：以阳居阴位，故曰"谨"也。庸，常也。谓言常以信，行常以谨矣。

疏 阳息二，互震作足为"行"。以阳居阴，位非其正。坎以一阳陷于二阴之间，举动不可不谨。《坎·象》曰"常德行"，故曰"庸行之谨"。"庸，常也"，《释诂》文。虞云"坎为常"。言常信，行常谨，皆坎象也。以坎二即乾二也。

闲邪存其诚。

宋衷曰：闲，防也。防其邪而存其诚也。二在非其位，故以"闲邪"言之。能处中和，故以"存诚"言之。

疏 《说文》："闲，阑也。从门中有木。"以木距门，有防阑之意，故云"防也"。二阳居阴，其位不正，不正则邪，故必"闲邪"。然二位得中，能处中和者也。《中庸》首言"中和"，终归"至诚"。二处中和，故以"存诚"。

善世而不伐。

《九家易》曰：阳升居五，处中居上，始以美德利天下。不言所利，即是不伐。故《老子》曰"上德不德，是以有德"，此之谓也。

疏 二有君德，上与五应，阳升则居坤五，五处上中，故能以美德利天下也。阳升始于二，故云"始以美德利天下"。"不言所利"，故"不伐"。"上德不德，是以有德"，《老子·德经》文。引之以明"善世不伐"之意。

案：乾为"善"，息二互震为"世"。兑体毁折，乾象不

中華藏書

周易全书·最新整理珍藏版

中国书店

见，故"不伐"。

德博而化。

荀爽曰：处五据坤，故"德博"。群阴顺从，故物"化"也。

疏 二升处五据坤，坤为地，地道广博，故曰"德博"。坤承乾施，化成万物，群阴顺从一阳，故能"化"也。

愚案：乾为德。二于三才为地道，《中庸》之言地道曰"博也"，故曰"德博"。阳变阴化。二动得正，以乾交坤，故"化"。

《易》曰：见龙在田，利见大人。君德也。

虞翻曰：阳始触阴，当升五为君。时舍于二，宜利天下。直方而大，德无不利，明言"君德"。地数始二，故称"《易》曰"。

疏 二为阴位，阳息至二，是"阳始触阴"也。二与五应，阳主升，故二"当升五为君"也。然时舍居于二，已有利天下之德焉。乾二旁通坤二，坤六二曰"直方大，不习无不利"，田在地表，有直方大之象。故养人之德，天下见之无不利。是二之大人，虽在下位，实有君人之德也。《系辞上》曰"天一地二"，是"地数始二"也。初阳得正不变，二阴失正当变，言变易自此爻始，故称"《易》曰"也。

九三曰：君子终日乾乾，夕惕若，厉，无咎。何谓也？
子曰：君子进德修业。

虞翻曰：乾为德，坤为业。以乾通坤，谓为"进德修业"。宋衷曰：业，事也。三为三公。君子处公位，所以"进德修业"也。

疏 虞注：阳息至三成泰，泰内乾外坤。《上系》由"乾以易知"推之，"可久则贤人之德"，由"坤以简能"推之，"可大则贤人之业"。又曰"夫《易》，圣人之所崇德而广业也。知崇体卑，崇效天，卑法地"，谓乾坤也。故云"乾为德，坤为业"。"以乾通坤"，谓天地交而为泰也。"崇效天"为"进德"，"卑法地"为"修业"。

宋注：坤"发于事业"，故"业"训"事"。"三为三公"，《乾凿度》文。以君子而处三公之位，所以贵于"进德修业"也。

忠信，所以进德也。

翟玄曰：忠于五，所以修德也。

崔憬曰：推忠于人，以信待物，改其德日新也。

疏　翟注：《乾凿度》曰"三为三公，五为天子"。云"忠于五，所以进德也"。

崔注：人能推忠于人，以信待物，则德日新。愚案：忠信在内。三终乾事而在内，故"忠信，所以进德"。三处乾上，上故"崇"，崇故德言"进"。《论语》曰"主忠信"，所以崇德也，是其义也。

又案：坤来乾二成离，离中为"忠"。乾二之坤成坎，坎孚为"信"。三与初二为离坎，此终乾之事，故曰"所以进德也"。

修辞立其诚，所以居业也。

荀爽曰："修辞"谓"终日乾乾"，"立诚"谓"夕惕若厉"，"居业"谓居三也。

翟玄曰：居三修其教令，立其诚信，民敬而从之。

疏　荀注：乾乾故言"修"，惕厉故言"诚"。郑云"三为艮爻"，虞云"艮为居"，盖艮上来自乾三，艮门阙为"居"，故"居业谓居三也"。

翟注：以"居业"为"居三"，即荀义也。外而修其教令，内而立其诚信，则民莫不敬而从之。此"居业"之事也。

愚案：三动之坤，互震声为"辞"，坎孚为"诚"，故曰"修辞立其诚"。坤为"业"，体艮止为"居"。此通坤之事，故曰"所以居业也"。

知至至之，可与言几也。

翟玄曰：知五可至而"至之"，故可与行几微之事也。

疏　阳在五为得位得中，初与三得位而不得中。三至五为得中，故"知五可至而至之"。然三始于初，故"可与行几微之事也"。

愚案：刘瓛云"至，极也"。庄氏云"极即至也"。三在下卦之上，是为至极。《系辞下》曰"知几其神乎"，虞彼注云"几谓阳也，阳在复初称几"。又曰"几者，动之微"，虞彼注云"阳见初成震，故动之微"。内体乾，乾为阳。知初阳已动，必至于三，故曰"知至至之，可与言几也"。

知终终之，可与存义也。

姚信曰：知终者可以知始。终谓三也。义者，宜也。知存知亡，君子之宜矣。

崔憬曰："君子"喻文王也。言文王进德修业，所以贻厥武王，至于九五。至于九五，可与进修意合，故言"知至至之，可与言微也"。知天下归周，三分有二以服事殷，终于臣道。终于臣道，可与进修意合，故言"知终终之，可与存义"。

疏 姚注：《系辞上》"原始反终"，故"知终可以知始"。三处乾上，故"终谓三也"。"义者，宜也"，《中庸》文。三与上应，上知存而不知亡。三知乾终于三而终之，不至于亢。"知存知亡"，合乎"君子之宜"，故曰"知终终之，可与存义"。

愚案：《系辞上》"成性存存，道义之门"，虞彼注云"知终终之，可与存义也。乾为道门，坤为义门"，又云"阳在道门，阴在义门"，《乾凿度》"地静而理曰义"，是坤为"义"也。"几"属乾而为阳在内，"义"属坤而为阴在外。乾三即泰三，出乾入坤，终应于上。以坤成乾性，乾元常存，故曰"可与存义"。即承上德业，以乾通坤之义也。

崔注：此以文王明九三爻义也。武王，飞龙也，居九五之尊，而化家为国之几，实进德修业之文王有以基之，故曰"知至至之，可与言几也"。以三承五，即翟注义也。殷纣，亢龙也，处上九之位。是时天下归周，三分有二而服事殷纣，终于臣道，不失事君之义，惟进德修业之文王有以守之，故曰"知终终之，可与存义也"。以三应上，即姚注义也。

是故居上位而不骄。

虞翻曰：天道三才，一乾而以至三乾成，故为上。"夕惕若厉"，故"不骄"也。

疏 《系辞下》曰"有天道焉，有人道焉，有地道焉"，是三爻而有三才也。一至三而乾成，有天道焉，故为"上"。"夕惕若厉"，位愈高而心愈下，故"不骄"。

在下位而不忧。

虞翻曰："下位"谓初。隐于初，"忧则违之"，故不忧。

疏 "下位谓初"，言三息自下。隐而在下。遁世无闷，不见是而无闷。时虽困而心自亨，是以"忧则违之"，故"不忧"也。

故乾乾因其时而惕，虽危无咎矣。

王弼曰：惕，怵惕也。处事之极，失时则废，懈怠则旷。故乾乾因其时而惕，虽危无咎。

疏 《书·冏命》曰"怵惕惟厉"，故云"惕，怵惕也"。"处事之极"，谓处上之极也。失时则德业废，懈怠则进修旷。"时"谓知至知终，在上在下之时。乾乾之心，各因其时而加惕，故"虽危无忧"。

九四曰：或跃在渊，无咎。何谓也？

子曰：上下无常，非为邪也。

荀爽曰：乾者，君卦。四者，臣位也。故欲上跃居五。下者，当下居坤初。得阳正位，故曰"上下无常，非为邪也"。

疏 乾为君，故"乾者，君卦"也。四为三公，故"四者，臣位也"。四近于五，故欲上跃居五。四与初应，故当下居坤初。四阳不中不正，故言"邪"。上居五得中，下居初得正，故曰"上下无常，非为邪也"。

进退无恒，非离群也。

荀爽曰：进，谓居五。退，谓居初。故"进退无恒，非离群也"。

疏 四变巽为"进退"。乾阳称"群"。《系辞上》曰"物以群分"，虞彼注云"乾物动行，故以群分"。进居五，退居初，不离乎阳，故"不离群也"。何氏云"所以进退无恒者，时使之然，非欲苟离群也"，义亦可通。"无常"、"无恒"，释

"或跃"也。

君子进德修业，欲及时也，故无咎。

崔憬曰：至公欲及时济人，故"无咎"也。

疏 三已"进德修业"矣，四言"欲及时"者，谓德业已具，至公之心，欲及时济人，故"无咎"。"或跃在渊，自试也"，故知欲及时自试也。

九五曰：飞龙在天，利见大人。何谓也？

子曰：同声相应。

虞翻曰：谓震、巽也。庖牺观变而放八卦，"雷风相薄"，故"相应"也。

张璠曰：天者，阳也。君者，阳也。雷风者，天之声。号令者，君之声。明君与天地相应，合德同化，动静不违也。

疏 虞注：《说卦》"天地定位"，虞注"谓乾坤。五贵二贱，故定位"。《传》因五与二应，故推广其义而言相应之理也。又曰"观变于阴阳而立卦"，虞彼注云"《说卦》谓'立天之道曰阴与阳'。阳变成震、坎、艮，阴变成巽、离、兑，故立卦"。震为雷，巽为风。"雷风相薄"，故"同声相应"。谓震纳庚，巽纳辛，庚辛相得而合金，故"相应"也。

张注：天与君皆阳，雷风典号令皆声。《郊特牲》曰"凡声，阳也"，故阳言声也。天人一理，故"君与天地相应"。震阳属动，巽阴属静。故"合德同化，动静不违也"。

同气相求。

虞翻曰：谓艮兑。"山泽通气"，故"相求"也。崔憬曰：方诸与月，同有阴气，相感则水生。阳燧与日，同有阳气，相感则火生也。

疏 虞注：艮为山，兑为泽。"山泽通气"，故"同气相求"。谓艮纳丙，兑纳丁，丙丁相得而合火，故"相求"也。

崔注：《周礼·秋官》司煊氏"掌以夫遂，取明火于日。以鉴，取明水于月"。注云"夫遂即阳燧也"，疏云"取火于木为木遂。以其取火于日，故名'阳遂'。以铜为之"。注云"鉴，方诸也"，疏云"鉴，镜也。可以取水。方以象地，故名

'方诸'"。注又云"日，太阳之精，故取明火焉。月，太阴之精，故取明水焉"。盖方诸阳遂与日月同有阴阳之气，阴阳相感则水火生，故引以明"同气相求"之义也。

水流湿。

荀爽曰：阳动之坤而为坎。坤者纯阴，故曰"湿"也。

疏 阳动之坤，谓乾二升坤五也。"为坎"者，谓"天一生水，地六成之"也。"坤纯阴，故曰湿"者，《说文》："湿，从水。一，所覆也。覆而有土，故湿也。"坤为土。土纯阴，坎水流坤，所以濡土而为湿。

火就燥。

荀爽曰：阴动之乾而成离，乾者纯阳，故曰"燥"也。

虞翻曰："离上而坎下"。"水火不相射"。

崔憬曰：决水先流湿，然火先就燥。

疏 荀注："阴动之乾"，谓坤五降乾二也。"为火"者，谓"地二生火，天七成之"也。"乾纯阳，故曰燥"者，《说文》："燥，乾也。"《易纬乾坤凿度》曰"乾者，乾天也"，郑彼注"古乾字，乾燥亢阳之名"。乾燥之乾从乾者，以乾纯阳，故主乾燥。离火就乾，所以炎上而为燥也。

虞注：坎为水，离为火。火动而炎上，水动而润下。射，厌也。惟不相厌，故"水流湿，火就燥"也。坎纳戊，离纳巳，戊巳相得而合土是也。

崔注："决水先流湿"者，流下湿则水易决也。"然火先就燥"者，就乾燥则火易然也。

云从龙。

荀爽曰：龙，喻王者，谓乾二之坤五为坎也。虞翻曰：乾为龙，云生天，故"从龙"也。

疏 荀注：苍龙，东方之宿也。"帝出乎震"，震为龙，故"喻王者"。阳主升，故"乾二上之坤五则为坎"。上坎为云，《需·象传》曰"云上于天"，不称水称云，故知坎为云也。《左传·昭公二十九年》曰"龙，水物也"。坎水上天为云，故曰"云从龙"。

中華藏書

第一部 周易原典

中国书店

七六三

中華藏書

周易全书·最新整理珍藏版

中国书房

七六四

虞注：《子夏传》云"龙所以象阳"，故"乾为龙"，乾为天，《内经》曰"云出天气"。故"云从龙"。

风从虎。

荀爽曰："虎"喻国君，谓坤五之乾二，为巽而从三也。三者，下体之君，故以喻国君。

虞翻曰：坤为虎，风生地，故"从虎"也。

疏 荀注：白虎，西方之宿也，《说文》："虎，西方兽。"盖虎感金气而生，金星附日而行者也，故"喻国君"，阴主降，"坤五下之乾二"。互三四成巽，故云"从三"也。三居下体之上，故"喻国君"。

虞注：京房《易传》曰"坤为虎刑"。高诱注《淮南》曰"虎，上物也"，坤为土，故"为虎"。又《月令》"仲冬之月虎始交"，《春秋考异邮》："虎七月而生。"是交于复而生于姤。姤之一阴自坤来，故"坤为虎"。姤下体巽，巽为木为风。《管辂别传》曰："虎阴精而居于阳，依木长啸，动于巽，二气相感，故能运风。"盖虎依巽木而生风，犹龙居坎水而兴云也。坎云，天气也。巽风，地气也。《洪范》曰"风"，郑彼注云"风，土气也"。《内经》曰"风生地气"。故"风从虎"。"天地定位"，故云、龙、风、虎各以类相从也。此庖牺则象观变，六位之列，所以摩刚柔也。初震二巽贞地位，故"同声相应"。五艮上兑贞天位，故"同气相求"。三贞下坎，"水流湿"也。四贞上离，"火就燥"也。"天尊"贞五，坎体成于乾，"云从龙"也。"地卑"贞二，二巽位，"风从虎"也。此参天两地之数，万物之本也。

圣人作而万物睹。

虞翻曰：睹，见也。"圣人"则庖牺。合德乾五，造作八卦。"以通神明之德，以类万物之情"。五动成离，日出照物皆相见，故曰"圣人作而万物睹"也。

陆绩曰：阳气至五，万物茂盛，故譬以圣人在天子之位。功成制作，万物咸见之矣。

疏 虞注："睹"于文从见，故云"见也"。庖牺始画八卦，故知"圣人为庖牺"。太昊以木德王天下，故知"德合乾五"。作，造也。"圣人作"即《象传》"大人造也"，即《系辞下》"始作八卦，以通神明之德，以类万物之情"是也。《九家易》云"隐藏之谓'神'，著见之谓'明'"，又云"六十四卦，凡有万一千五百二十册，册类一物"。八卦既作，则阴阳之德由是通，万物之情由是类也。五动成离，离为日，日出则万物皆见，《说卦》曰"相见乎离"是也。圣人造作八卦，则万物皆睹，即"飞龙在天，利见大人"之义也。

陆注：五为阳气正盛之时，犹圣人在天子之位。功成制礼，治定作乐，万物皆见其明备之休，故曰"圣人作而万物睹"。

本乎天者亲上。

荀爽曰：谓乾九二，本出于乾，故曰"本乎天"。而居坤五，故曰"亲上"。

疏 此以阳升阴降言也。乾九二失位当升，故出于乾二，本乾也。乾为天，故曰"本天"。升居坤五，五在上，故曰"亲上"。

本乎地者亲下。

荀爽曰：谓坤六五。本出于坤，故曰"本乎地"。降居乾二，故曰"亲下"也。

崔憬曰：谓动物亲于天之动，植物亲于地之静。

疏 荀注：坤六五失位当降，故出于坤五，本坤也。坤为地，故曰"本地"。降居乾二，二在下，故曰"亲下"。

崔注：庄氏云"天地絪缊，和合二气，共生万物。然万物之体，

有感于天气偏多者，有感于地气偏多者。故《周礼·大宗伯》有天产地产，《大司徒》云动物植物。本受气于天者，是动物含灵之属。天体运动，含灵之物亦运动，是亲附于上也。本受气于地者，是植物无识之属。地体凝滞，植物亦不移动，是亲附于下也"。此即崔氏义也。

案：震、坎、艮皆出于乾，故曰"本乎天"。而与乾亲，故曰"亲上"。巽、离、兑皆出于坤，故曰"本乎地"。而与

坤亲，故曰"亲下"。盖"乾道成男"，而三男皆亲乾父也。"坤道成女"，而三女皆亲坤母也。"天尊"故曰"上"，"地卑"故曰"下"。《表记》曰"父尊而不亲，母亲而不尊"，故有上下之别也。此本虞氏义也。

则各从其类也。

虞翻曰："方以类聚，物以群分。""乾道变化，各正性命。""触类而长"，故"各从其类"。

疏 "方以类聚，物以群分"，《系辞上》文。虞彼注云"坤方道静，故'以类聚'。乾物动行，故'以群分'。乾道变化于上，性命各正于下，各有其类矣"。"触类而长"，本《系传》文。虞彼注云"触，动也"。盖本天者，阳爻也。本地者，阴爻也。上乾下坤，五正乾道。三百八十四爻资始消息，故"各从其类也"。

上九曰：亢龙有悔。何谓也？
子曰：贵而无位。

荀爽曰：在上，故"贵"，失正，故"无位"。

疏 处六爻之上故"贵"，虞氏《系注》所谓"天尊故贵"是也。以阳居阴，失乎正矣。失正即失位，故"无位"。

高而无民。

何妥曰：既不处九五帝王之位，故"无民"也。夫"率土之滨，莫非王臣"。既非王位，则民不隶属也。

疏 穷高曰"亢"，亢故"高"也。"率土之滨，莫非王臣"，《诗·北山》文。人所归往曰王。位非九五之尊，故"无民"，《九家易》所谓"若太上皇者也"。

贤人在下位。

荀爽曰：谓上应三，三阳德正，故曰"贤人"。别体在下，故曰"在下位"。

疏 上与三敌应。三阳德居正而称"君子"，故曰"贤人"。三与上别为一体而在下，故"在下位"，上《传》云"在下位而不忧"是也。

而无辅。

荀爽曰：两阳无应，故"无辅"。

是以动而有悔也。

荀爽曰：升极当降，故"有悔"。

疏 "升极当降"，即虞《系注》"乾盈动倾，故有悔"也。又《淮南·缪称训》"动于上，不应于下，故有悔"，谓"两阳敌应"也。

【原典】

"潜龙勿用"，下也。"见龙在田"，时舍也。① "终日乾乾"，行事也。② "或跃在渊"，自试也。"飞龙在天"，上治也。③ "亢龙有悔"，穷之灾也。乾元"用九"，天下治也。

【精注】

①舍：即舒，舒展。②行事：从事某项事业。③上治：最好的局面。治，太平，指安定的局面。

【今译】

"巨龙潜伏在水中，暂时不宜施展才能"，是由于缺乏显赫的地位。"巨龙出现在田间"，是由于时势开始舒解。"终日健行不息"，是表明事业开始付诸实践。"有时腾跃上进，有时退处深渊"，是为了自我验证以使自己具有自知之明。"巨龙飞上云天"，是由于君子已成才得道，并上居尊位而治理在下之民。"巨龙飞升至极点，终将有所悔恨"，是由于处于穷极之地却不知随机变通，必有灾难。天有元始之德而"用阳刚化为阴柔的老阳之数"即九这个数，是表明天下大治是大势所趋。

【集解】

潜龙勿用，下也。

何妥曰：此第二章，以人事明之。当帝舜耕渔之日，卑贱处下，未为时用，故云"下"。

疏 此章以人事明爻义也。《史记》："舜耕历山，历山之人皆让畔。渔雷泽，雷泽之人皆让居。"身处卑下，正"潜龙勿用"之时也。

见龙在田，时舍也。

何妥曰：此夫子洙、泗之日，开张业艺，教授门徒，自非通舍，孰能如此。

虞翻曰：二非王位，时暂"舍"也。

疏 何注：《孟子》曰"孔子，圣之时者也"。道不行于天下，设教洙、泗，以开来学，时当舍而舍也。"舍"音捨，训置。"通舍"者，谓出初为"通"，对五则"舍"，言虽通而仍舍。如《南史》何点，时人称为通隐是也。故云"自非通舍，孰能如此"。

虞注：二虽得中而非正，位且不正，二阳当上升坤五。"在田"者，不过暂舍于二也。"舍"读若《月令》"命田舍东郊"，及《孟子》"出舍于郊"之"舍"。

终日乾乾，行事也。

何妥曰：此当文王为西伯之时，处人臣之极，必须事上接下，故言"行事"也。

疏 三处下卦之上，故《乾凿度》曰"三为三公"。《春官·大宗伯》曰"九命作伯"，注云"上公有功德者，加命为二伯，得征五侯九伯者"。《史记》"纣赐文王弓矢斧钺，使得专征伐，为西伯"，可谓"处人臣之极"矣。而上应亢龙之主，下临初二之阳，事上接下，所有事也，故言"行事"。泰三通坤，互震为"行"，坤为"事"，故曰"行事"。事上接下之事，无外乾惕，"进德修业"是已。

或跃在渊，自试也。

何妥曰：欲进其道，犹复疑惑。此当武王观兵之日，欲以试观物情也。

疏 《史记》："武王观兵至孟津，诸侯不期而会者八百。诸侯皆曰：'纣可伐矣。'武王曰：'女未知天命，未可也。'乃还。"盖四可进居于五，而犹有疑惑，故"观兵"，"以试观物情也"。

飞龙在天，上治也。

何妥曰：此当尧、舜冕旒之日，以圣德而居高位，在上而治民也。

疏 《系辞下》曰:"黄帝尧舜,垂衣裳而天下治。"以圣人之德而居九五之尊,在上位而治天下之象也。

亢龙有悔,穷之灾也。

案:此当桀纣失位之时,亢极骄盈,故致悔恨,穷毙之灾祸也。

疏 《史记》:"夏桀虐政荒淫,汤乃兴师伐桀。"《左传》:"商纣暴虐,鼎迁于周。"桀纣失位之事,载于《诗》、《书》者尤详。唯其亢极骄盈,故以穷灾致悔,甚言"盈不可久也"。

案:李氏于上九爻辞,以"汤有惭德"释之。谓圣人而有阳刚之德,不可过刚招悔。于《文言传》复以"桀纣失位"释之。谓非圣人而有阳刚之德,尤不可过刚致灾。言各有当,非异义也。且乾刚之德,虽亢极致悔,岂同桀纣,然穷必有灾。欲占者以是为戒,而当"知进退存亡不失其正"也。

乾元用九,天下治也。

案:此当三皇五帝礼让之时。垂拱无为,而"天下治"矣。王弼曰:此一章全以人事明之也。九,阳也。阳,刚直之物也。夫能全用刚直,放远善柔,非天下之至治,未之能也,故"乾元用九",则"天下治也"。夫识物之动,则其所以然之理,皆可知也。龙之为德,不为妄者也。潜而勿用,何乎必穷处于下也。见而在田,必以时之通舍也。以爻为人,以位为时。人不妄动,则时皆可知也。文王明夷,则主可知矣。仲尼旅人,则国可知矣。

疏 案:《春官·外史》:"掌三皇五帝之书。"注云"三皇之书,谓之三坟。五帝之书,谓之五典"。三皇五帝,说者不一。孔安国《尚书序》以伏羲、神农、黄帝之书为三坟,少吴、颛顼、高辛、唐、虞之书为五典。不必区分皇帝,而于三五之数自协也。乾,天也。元,始也。九音,阳变之数,有变化之义。三皇五帝,当天运始开之时,首出庶物,有礼让而无征诛。盖以无用为用,而天下皆化,故"垂拱而天下治矣"。

中華藏書

周易全书·最新整理珍藏版

中国书店

王注：《正义》云"'此一章全以人事明之'者，下云'阳气潜藏'，又云'乃位乎天德'，又云'乃见天则'，此一章但云'天下治'，是皆以人事说之也。""夫能全用刚直，放远善柔，非天下至理，未之能也"者，以"乾元用九"，六爻皆阳，是"全用刚直"。"放远善柔"，谓放弃善柔之人。善能柔谄，貌恭心狠，使人不知其恶，识之为难。此用九纯阳者，是全用刚直，更无余阴。善柔之人，尧尚病之，故云"非天下之至理，未之能也"。"夫识物之动，则其所以然之理，皆可知"者，此欲明在下龙潜见之义，故张氏云"识物之动，谓龙之动也"。"则其所以然之理，皆可知"者，谓识龙之所以潜、所以见，然此之理，皆可知也。"龙之为德，不为妄"者，言龙灵异于他兽，不妄举动。可潜则潜，可见则见，是不虚妄也。"见而在田，必以时之通舍"者，《经》唯云"时舍也"，注云"必以时之通舍"者，则辅嗣以"通"解"舍"，"舍"是"通"义也。初九潜藏不见，九二既见而在田，是"昨之通舍"之义也。"以爻为人，以位为时"者，爻居其位，犹若人遇其时。故"文王明夷，则主可知矣"。"主"则"时"也。谓当时无道，故明伤也。"仲尼旅人，则国可知矣"，"国"亦"时"也。若见仲尼羁旅于人，则知国君无道，今其羁旅出外。引文王明龙潜龙见之义。

愚案：《明夷·象传》："内文明而外柔顺，以蒙大难，文王以之。"故云"文王明夷"。《易纬乾坤凿度》附载"仲尼，鲁人。生不知《易》本，偶筮其命，得旅"，故云"仲尼旅人"。

【原典】

"潜龙勿用"，阳气潜藏。"见龙在田"，天下文明。[①] "终日乾乾"，与时偕行。[②] "或跃在渊"，乾道乃革。[③] "飞龙在天"，乃位乎天德。[④] "亢龙有悔"，与时偕极。[⑤] 乾元"用九"，乃见天则。

【精注】

①文明：文采灿烂。②与时偕行：追随时光向前发展。③乾道：天道。革：变化。④位：意为尊居"天位"。⑤极：尽，消亡。

【今译】

"巨龙潜伏在水中，暂不宜施展才能"，是说明阳气虽然已经生成但还未成形展示于世。"巨龙出现在田间"，是说明天下文采灿烂，前景光明。"终日健行不息"，是说明随着天时的变化而变化，不断发挥作用，从而使万物生生不息。"有时腾跃上进，有时退处深渊"，是说明天道发生变化，出现变革。"巨龙飞上云天"，则说明阳气盛旺正当天位，具备造就万物的功能，具备了天之美德。"巨龙飞升至极点，则有困厄"，是说明阳气随着时间条件的变化而达到了穷极之地，再没有发展的余地了。天有元始之德而"用阳刚化为阴柔的老阳之数"即九这个数，这是体现了大自然运行的法则。

【集解】

潜龙勿用，阳气潜藏。

何妥曰：此第三章，以天道明之。当十一月，阳气虽动，犹在地中，故曰"潜龙"也。

疏　此章以天道明爻辞也。一阳初息，为震体复。初阳贞子，十一月之卦也。震，动也。"雷在地中，复"，故云"阳气虽动，犹在地中"。震为龙而潜于地下，故曰"潜藏"。

见龙在田，天下文明。

案：阳气上达于地，故曰"见龙在田"，百草萌芽孚甲，故曰"文明"。

孔颖达曰：先儒以为九二当太簇之月，阳气见地，则九三为建辰之月，九四为建午之月，九五为建申之月，上九为建戌之月，群阴既盛，上九不得言"与时偕极"。先儒此说，于理稍乖。此乾之阳气渐生，似圣人渐进，宜据十一月之后，建巳之月已来。此九二爻，当建丑建寅之间，于时地之萌芽，物有生者，即是阳气发见之义也。但阴阳二气，共成岁功，故阴兴之时，仍有阳在，阳生之月，尚有阴气。所以六律六吕，阴阳相关，取象论义，与此不殊也。

疏　案：九二贞寅，正月之卦电。《月令》曰"孟春之月，地气上腾"，谓土中"阳气上达于地"，故有"见龙在田"之象。又曰"草木萌动"，谓"百草皆萌芽孚甲"，故有"天下文明"之象。又二变正成离，离自坤来，坤为文，离"向明"，故曰"文明"。

孔注："先儒"云云，益指郑氏爻辰也。孔氏不取其说，故据消息以驳之。云"建戌之月，群阴既盛，上九不得与时偕极"者，言九月阴盛，不得言阳气"与时偕极"。故云"先儒此说，于理稍乖"也。云"此乾之阳气渐生，似圣人渐进"者，言阳息有渐，不得爻隔一辰也。云"宜据十一月之后，建巳之月已来"者。言十一月子，一阳初生于复。由临而泰、而大壮、而夬、至四月已成乾也。据此则九二爻当丑寅之间，万物萌芽，实合阳气发见之义，故曰"见龙在田"也。但"立天之道曰阴与阳"，二气迭运，共成岁功。所以郑氏爻辰以六阳爻配六律，以六阴爻配六吕，左右相错，上下相生，而阴阳实相关也。盖消息爻辰，虽出两家，而阴阳盛衰，理实一贯，故"取象论义，与此不殊"。

终日乾乾，与时偕行。

何妥曰：此当三月，阳气浸长，万物将盛，与天之运，俱行不息也。

疏　九三贞辰，三月之卦也。《月令》："季春之月，生气方盛，阳气方泄。"即"阳气浸长，万物将盛"之谓也。天时不息，实阳气之盛，与天时俱行不息也。又外互震为"行"。故曰"与时偕行"。

或跃在渊，乾道乃革。

何妥曰：此当五月，微阴初起，阳将改变，故云"乃革"也。

疏　九四贞午，五月之卦也。五月为姤，一阴初生，乾阳改变，故云"乃革"。此以消息言也。又爻辰乾，四贞午，坤初即贞未，是阳方盛而阴即生，乾道将变，故曰"乃革"。

愚案：乾唯二四上不得正，二上已变成革，四或跃，亦将变成既济定也。革卦辞曰"元亨利贞"，与乾同德，故发其义于九四爻。以四处内外变革之际，将变未变，则乾而兼革，故曰"乾道乃革"。

飞龙在天，乃位乎天德。

何妥曰：此当七月，万物盛长，天功大成，故云"天德"也。

疏 九五贞申，七月之卦也。《淮南子》曰"春气发而百草生，正得秋而万实成"，是七月为"万物盛长，天功大成"之时，故曰"天德"也。阳至九五，乃得其位，故曰"位乎天德"。

亢龙有悔，与时偕极。

何妥曰：此当九月，阳气大衰，向将极尽，故云"偕极"也。

疏 上九贞戌，九月之卦也。戌于消息为剥，剥剩一阳在上，故云"阳气大衰，向将极尽"也。《广雅》："亢，极也。"《尔雅·释天》："月在癸曰极。"癸为十干之尽，故"极"有"尽"义。言是时阳气将尽，当"与时偕极"也。

乾元用九，乃见天则。

何妥曰：阳消，天气之常。天象法则，自然可见。

王弼曰：此一章全说庆气以明之也。九，刚直之物，唯乾体能用之。用纯刚以观天，天则可见矣。

疏 何注：《尔雅·释诂》："则，常也。"阴长则阳消，乃天气自然之常则也。然贞下有起元之义，故六爻尽变而乾元自在。乾惟体元，乃能用九。"用九"者，用其阳也。《乐记》曰"天秉阳"，故阳为"天则"。用九，故"天象法则，自然可见"。

【原典】

乾"元"者，始而亨者也。"利贞"者，性情也。乾始能以美利利天下，不言所利，大矣哉！大哉乾乎！刚健中正，纯粹精也。① 六爻发挥，旁通情也。② "时乘六龙"，以"御天"也。"云行雨施"，天下平也。

君子以成德为行，日可见之行也。③ "潜"之为言也，隐而未见，行而未成，是以君子"弗用"也。君子学以聚之，问以辩之，宽以居之，仁以行之。④ 《易》曰："见龙在田，利见大人"，君德也。九三重刚而不中，上不在天，下不在田，故乾乾因其时而惕，虽危"无咎"矣。⑤九四重刚而不中，上不在天，下不在田，中不在人，故"或"之。⑥"或"之者，疑之也，故"无咎"。夫"大人"者与天地合其德，与日月合其明，与四时合其序，与鬼神合其吉凶，先天而天弗违，后天而奉天时。⑦天且弗违，而况于人乎？况于鬼神乎？"亢"之为言也，知进而不知退，知存而不知亡，知得而不知丧。其唯圣人乎！知进退存亡而不失其正者，其唯圣人乎！

【精注】

①纯粹精：即纯粹之精。②旁通：广泛会通。③行：指行动目的。④辩：指通过论辩来辨疑决难。⑤重刚而不中：初九、九二均为阳刚之爻，九三又为阳刚之爻，所以称重；易卦每卦只有二爻、五爻居中，而九三居三位，所以称"不中"。上不在天，下不在田：易卦六爻分天、地、人三才，上、五为天，四、三为人，二、初为地，而九三居天、地之间，所以称上不在天，下不在田。⑥中不在人：九四与九三虽为人道，但人道之中，人下近于地，上远于天，而九四则下远于地，上近于天，不是人的正常处境，所以称"中不在人"。或：虚指代词，有时。⑦先天：先于天象。这里指在自然界尚未出现变化时，未雨绸缪而采取必要措施。后天：后于天象。

【今译】

乾卦中的"元始"，首创万物并使之亨通是天的美德所在。"和谐有利，贞正坚固"，则是天的本性和真情。天一开始就用美善的利物之德去施利于天下，而自己却从来不居功夸耀它所施予的美善之利，这种美德是何等的伟大啊！伟大啊，天！刚强劲健，居中守正，毫无杂念，始终不变，纯粹而又纯粹，堪称纯粹之精华。乾卦六爻一经发动，其变化就曲尽天地万物的情理；犹如顺着不同的时节驾起潜龙、现龙、惕龙、跃龙、飞龙、亢龙这六条巨龙，统御着整个天道的变化；行云降雨，万事万物尽受其泽惠，天下太平。

君子应该以成就自己的品德为目的去做事，而且所做的事是每天显现于外，人人看得见的。而初九爻爻辞所说的"潜"，意思是君子的品德虽然已经具备，但还隐藏于内而未曾显现出来，说明其行为尚不足成就其品德，所以君子此时不能轻易施展才能。君子只有通过不断的努力学习以扩大自己的知识面，置疑问难以辨别是非，平日胸怀宽广以博学深藏，并能以仁爱之心去做事。《易》书说："巨龙出现在田间，利于大德大才之人出世"，这是说有这种大德大才的人虽然身居下位，但是已经具备了人君的美德。九三爻是多重刚爻重叠而成的，居于不中之位，上不能达于高天，下不能立于地面，所以要健行不息，时刻"戒惕警惧"，万一灾难不期而遇也能"免遭祸害"。九四爻也是多重刚爻重叠而成的，居于不中之位，不仅上不能达于高天，下不能立于地面，而且中不能处于人境，所以强调"有时这样，有时那样"。强调"有时这样，有时那样"，是为了说明此时还存在诸多疑虑，需要审时度势，这样才能"免遭祸害"。九五爻爻辞所说的"大德大才之人"，其品德像天地一样化育万物，其圣明像日月一样普照万物，其行为像四时一样井然有序，其赐吉降凶相鬼神一样毫无私念。他先于天时而行动，天不背逆他；他后于天时而处事，则能尊奉天的变化规律。天尚且不背逆他，鬼神又能怎么样他呢？上九爻爻辞所说的"上升至极点"，是说明某些人只知道一味进取而不知道适时引退，只知道生存而不知道终将衰亡，只知道获得而不知道所得必失。在这方面，大概只有圣人才是明智的吧！深知进取与引退、生存与衰亡之间的关系，行为不会偏离正轨的，也只有圣人吧！

【集解】

乾元者，始而亨者也。

虞翻曰：乾始开通，以阳通阴，故始通。

疏　"大哉乾元，万物资始"。"始"即"元"也。阴阳不变，不能通气。乾始交坤，以阳通阴，故曰"始通"也。

利贞者，性情也。

干宝曰：以施化利万物之性，以纯一正万物之情。

王弼曰：不为乾元，何能通物之始。不性其情，何能久行其正。是故"始而亨"者，必"乾元"也。"利而正"者，必"性情"也。

疏 干注：《孟子》："天下之言性也，则故而已矣。故者，以利为本。"故云"以施化利万物之性"。《大壮·象辞》曰"正大而天地之情可见矣"，故云"以纯一正万物之情"。此以"利贞"分配"性情"也。要之性利情亦利，性正情斯正，故曰"利贞者，性情也"。

王注：《正义》云"乾之元气，其德广大，故能遍通诸物之始。若余卦元德，虽能始生万物，物不周普。故云'不为乾元，何能通物之始'。'性'者，天生之质而不邪。'情'者，性之欲也。言若不能以性制情，使其情如性，则不能久行其性"。

愚案：《象辞》曰"乾道变化，各正性命"，即"乾元者，始而亨者也"。"保合太和，乃利贞"，即"利贞者，性情也"。此不言"性命"者，以"始而亨"者，即"性命"也。彼不言"性情"者，以"保和太和"，即"性情"也。"性"原于"命"，故属"元亨"。"性"动为"情"，故属"利贞"。辞若相错，而义实相备。相提并论，而性之源流体用，一以贯之矣。

乾始而以美利利天下。

虞翻曰："美利"为"云行雨施，品物流形"，故"利天下"也。

疏 《系辞上》曰"乾知大始"，故称"乾始"，即"大哉乾元，万物资始"是也。《释诂》"嘉，美也"，"亨者，嘉之会"，故称"美"也。"云行雨施，晶物流形"，庄氏谓"释亨之德"。亨，通也。"变而通之以尽利"，故知"美利谓云行雨施，品物流形，所以利天下也"。

愚案：经文"而"字，从郑本也，当是"耐"字之讹。别本亦作"能"，盖古"能"字皆作"耐"。《礼运》"故圣人耐以天下为一家"，注云"'耐'，古'能'字"。《乐记》"故圣人不耐无乐，乐不耐无形。形而不为道，不耐无乱"，注云"'耐'皆读作'能'"。宋祁《汉书高帝纪注》云"古者

'能'字皆作'耐'字。后世以三足之能为'能'，故今人书'能'，无有作'耐'者"。据此则"而"字当是"耐"脱旁寸，从上文"始而亨"遂作"而"也。作"能"者，今书。作"而"者，从古本误也，当增寸作"耐"，始复古本之旧。履卦"眇而视，跛而履"，其误亦然。

不言所利，大矣哉。

虞翻曰：天何言哉！四时行焉，百物生焉，故利者大也。

疏 引《论语》文，以释"不言所利"之意。"不言所利"，则贞在其中矣。"大矣哉"赞利之大，实赞元之大也。以此章重释乾元也。

大哉乾乎！刚健中正，纯粹精也。

崔憬曰：不杂曰"纯"，不变曰"粹"。言乾是纯粹之精，故有"刚健中正"之四德也。

疏 "不杂曰纯"言其专，"不变曰粹"言其久。"纯"即诚，"粹"即不息，"精"则至诚无息。乾惟至诚而自然无息，所以能有是"刚健中正"之德也。

愚案："大哉乾乎"，承上文"大矣哉"而言也。《杂卦》曰"乾刚"，言其体也。《说卦》曰"乾，健也"，言其用也。四上不中不正，二中而不正，初、三正而不中。中而且正，其惟五乎？盖"刚健"统赞六爻，而"中正"则独赞九五。"纯不杂"者，即赞"刚"之体。"粹不变"者，即赞"健"之用。"精"则合"刚健"而归于"中正"。然则"刚健中正，纯粹精也"，非九五其孰当之？盖九五为乾卦之主，此节专释九五，而"发挥旁通"，则统论六爻也。

六爻发挥，旁通情也。

陆绩曰：乾六爻发挥变动，旁通于坤；坤来入乾，以成六十四卦，故曰"旁通情也"。

疏 《说卦》曰"发挥于刚柔而生爻"，虞彼注云"发动，挥变"，故此云"发挥变动"也。"旁通"即反对卦也。阴阳相通，如乾与坤为旁通，屯与鼎、蒙与革为旁通，推之六十四卦皆然。故曰"乾旁通于坤，坤来入乾，以成六十四卦"。

中華藏書

周易全书·最新整理珍藏版

中国书店

七七八

中国书店

扬子《法言》："或问行曰旁通厥德。"李轨注云"应万变而不失其正者，唯旁通乎"。《系辞下》曰"吉凶以情迁"。"迁"与"通"同义。唯阴阳之爻既变，而吉凶之情遂迁，故曰"旁通情也"。

时乘六龙。

《九家易》曰：谓时之元气，以王而行。履涉众爻，是"乘六龙"也。

疏 王，于况反，盛也。云"时之元气，以王而行"者，如《月令》"盛德在木则行春令，盛德在火则行夏令，盛德在金则行秋令，盛德在水即行冬令"是也。乾以纯阳之气，乘时而履涉六爻，故云"是乘六龙也"。

以御天也。

荀爽曰：御者，行也。阳升阴降，天道行也。

疏 《说文》："御，使马也。"兹训"行"者，谓驾马使行也。"立天之道，曰阴与阳"，阳主升，阴主降。"阳升阴降"，故"天道行也。"

云行雨施，天下平也。

荀爽曰：乾升于坤，曰"云行"，坤降于乾，曰"雨施"。乾、坤成两既济，阴阳和均而得其正，故曰"天下平"。

疏 既济者，泰乾二升居于坤五则为坎，上坎为云，故"乾升于坤曰云行"，坤五降居于乾二则互坎，下坎为雨，故"坤降于乾曰雨施"。乾、坤二卦旁通，则成两既济。《既济·象传》曰"刚柔正而位当"，故云"阴阳和均而得其正"也。《春秋元命苞》曰"阴阳聚为云，阴阳和为雨"。《说文》曰"雨，水从云下也"。"云从龙"，故"乘龙"。乘龙则"云行"，云行则"雨施"。"云行雨施"，泽被天下矣，故曰"天下平"。

君子以成德为行。

干宝曰：君子之行，动静可观，进退可度。动以成德，无所苟行也。

疏 "动静可观，进退可度"，语本《孝经》、《左传》而小异其辞。言君子之行所以如此者，唯以"成德为行"，故能行无所苟，如此也。盖初息震为"行"，又"震，动也"，故"动以成德，无所苟行也"。

日可见之行也。

虞翻曰：谓初。乾称"君子"，阳出成为上德。云行雨施则成离，日新之谓上德，故"日可见之行"。

疏 "谓初"者，谓初九也。"乾称君子"者，阳德，故"称君子"也。初阳为元。"元者，善之长也"。虞注《坤·文言》云"初乾为积善"，荀子《劝学篇》曰"积善成德"，是阳出坤初为善，积而成之为德，故云"阳出成为上德"。"云行雨施"，谓既济也。"则成离"者，谓既济互两离也。离为日，故"日新之谓上德"。"相见乎离"，故"日可见之行也"。

潜之为言也，隐而未见，行而未成，是以君子弗用也。

荀爽曰："隐而未见"，谓居初也。"行而未成"，谓行之坤四。阳居阴位，未成为君。乾者，君卦也。不成为君，故不用也。

疏 专释"潜"义，故曰"潜之为言"。居初，故"隐而未见"。初与四应，初行之四，四阴位，初阳爻，以阳居阴，故云"未成为君"。"乾以君之"，故云"乾者，君也"。不成为君，故君子弗用于世也。

愚案：初伏巽，"巽称而隐"，故云"隐而未见"。初息震为"行"。《春秋元命苞》曰"阳起于一，成于三"。今阳在初，故云"行而未成"。"潜龙"以象君子，故"弗用"也。

君子学以聚之，问以辩之。

虞翻曰：谓二。阳在二，兑为口；震为言，为讲论；坤为文，故"学以聚之，问以辩之"，《兑·象》："君子以朋友讲习。"

疏 谓九二也。阳息在二，成兑互震。"兑为口"，《说卦》文。震善鸣，为言。口而有言，故"为讲论"。外临坤。"坤为文"，《说卦》文。"学以聚之"者。"博学于文"也。"问以辩之"者，《兑·象》"君子以朋友讲习"是也。《中庸》

中华藏书

第一部 周易原典

中国书店

七七九

中华藏书

周易全书·最新整理珍藏版

中国书店

七八〇

孔子告哀公曰"博学之，审问之，明辩之"，故知"学问"为君德也。

宽以居之，仁以行之。

虞翻曰：震为"宽仁"，为"行"。谓居宽行仁，"德博而化"也。

疏 震，东方主春，为元，故为"宽仁"。震足，故为"行"。"居宽"谓"博"，"行仁"谓"化"，故上云"德博而化"也。《商书》仲虺称阳曰"克宽克仁"，故知"宽仁"为君德也。

《易》曰：见龙在田利见大人。君德也。

虞翻曰：重言"君德"者，大人"善世不伐"，信有君德，"后天而奉天时"，故详言之。

疏 言二有善世之德而不自矜伐，故重言"君德"以赞之。初息震，二息兑。爻始于乾初，故乾为先天。"帝出乎震"，故震为后天。二当震春兑秋，故云"后天而奉天时"。二后于初，故详言之，以明承天时而顺行也。

九三重刚而不中。

虞翻曰：以乾接乾，故"重刚"。位非二五，故"不中"也。

疏 乾刚坤柔，以内乾接外乾，故曰"重刚"。上不在乾五，下不在坤二，故"不中"。

上不在天，下不在田。

何妥曰：上不及五，故云"不在天"。下已过二，故云"不在田"。处此之时，实为危厄也。

疏 九五曰"飞龙在天"，上不及五，故"不在天"。九二曰"见龙在田"，下已过二，故"不在田"。以重刚而处不中之时，安得不危厄也。

故乾乾因其时而惕，虽危无咎矣。

何妥曰：处危惧之地，而能乾乾怀厉，至夕犹惕，乃得"无咎"矣。

疏 处危惧之地，而能因时而惕，扬子所谓"过则惕也"，惕故无咎。《法言》曰"立政鼓众，莫尚于中和"，又曰"甄陶天下，其在和乎"。龙之潜亢，不获其中矣。是以过则惕，不及中则跃，其近于中乎。盖三四有求中之心，故并言"无咎"也。

九四重刚而不中。

案：三居下卦之上，四处上卦之下，俱非得中，故曰"重刚而不中"也。

疏 四以外乾接内乾，故亦为"重刚"。四不中，与三同也。

上不在天，下不在田，中不在人。

侯果曰：案《下系》"易有天道，有地道，有人道，兼三才而两之"，谓两爻为一才也。初兼二地也，三兼四人也，五兼六天也。四是兼才非正，故言"不在人"也。

疏 此据《下系》"兼三才而两之"，以释"中不在人"之义。三四居中有人道，然三得正，四不得正，故曰"不在人"。孔疏云"三之与四，俱为人道。但人道之中，人下近于地，上远于天。九三近二，是下近于地，正是人道，故九三不云中不在人。九四则上近于天，下远于地，非人所处"，故特云"中不在人"。

故或之。或之者，疑之也。故无咎。

虞翻曰：非其位，故"疑之"也。

疏 四不得正，故"非位"。欲进跃五，而仍下应初，犹豫不定，故"疑之"。

夫大人者

《乾凿度》曰："圣明德备，曰大人也。"

疏 《乾凿度》曰："《易》有君号五，大人者，圣德明备也。"《淮南·泰族》曰："大人者，与天地合德，日月合明，鬼神合灵，四时合信。故圣人怀天气，抱天心，执中含和，不下庙堂而衍四海，变习万物，民化而迁善，若性诸己，能以神化。"所谓"执中含和"者，非九五之大人，既中且正，圣德明备，其孰能如此乎？

与天地合其德，

荀爽曰，与天合德，谓居五也。与地合德，谓居二也。

案：谓抚育无私，同天地之覆载。

疏 荀注：五为天位，故"与天合德谓居五"。二为地位，故"与地合德谓居二"。以二五俱言"大人"也。

案：即孔疏引庄氏云"谓覆载也"。《中庸》"辟如天地之无不覆帱，无不持载"是也。言大人抚育万物，如天无私覆，地无私载，故"同天地之覆载"也。

与日月合其明。

荀爽曰：谓坤五之乾二成离，离为日。乾二之坤五为坎，坎为月。

案：威恩远被，若日月之照临也。

疏 荀注：阴主降，坤五下居乾二成离。阳主升，乾二上之坤五成坎。"离为日"，"坎为月"，皆《说卦》文。《史记·历书》"日月成故明"，即《系传》"日月相推而明生"是也，故"与日月合其明"。

案：庄氏谓"照临也"，《书·泰誓》"若日月之照临"是也。大人威恩广被，无远弗届，若日月照临于四方也。

与四时合其序。

翟玄曰：乾、坤有消息，从四时来也。

案：赏罚严明，顺四时之序也。

疏 翟注：乾、坤、剥、复十二卦，阳息阴消，分值十二月，四时迭运，而十二卦以成，故云"乾、坤有消息，从四时来也"。又四时四正，坎、离、震、兑也。消息之序，剥穷于上，乾五归三，成谦体坎，阳生仲冬也。谦息履，乾三之坤初，为复出震，春也。上息成离兑，初三易位，离位先成，是离夏、兑秋相次，故"与四时合其序"也。

案：庄氏云"若赏以春夏，刑以秋冬之类也"此本《左传·襄公二十六年》文。言大人赏罚严明，不僭不滥，顺乎四时之序也。

与鬼神合其吉凶。

虞翻曰：谓乾神合吉，坤鬼合凶。以乾之坤，故"与鬼神合其吉凶"。

案：祸淫福善，叶鬼神之吉凶矣。

疏　虞注：乾阳故为"神"，坤阴故为"鬼"。阳为善故"吉"，《说文》曰"吉，善也"。阴为恶故"凶"，《释诂》曰"凶，咎也"，疏谓"咎，恶也"。乾动成坤，故"以乾之坤"。阳体伏阴，故"与鬼神合其吉凶"。

案：庄氏云"若福善祸淫也"，《商书·汤诰》曰"天道福善祸淫"是也。言大人祸淫福善，与鬼神害盈福谦，其理一也，故云"叶鬼神之吉凶"。

先天而天弗违。

虞翻曰：乾为"天"，为"先"。大人在乾五，乾五之坤五，天象在先。故"先天而天弗违"。

崔憬曰：行人事合天心也。

疏　虞注："乾为天"，《说卦》文。又为首，且居八卦之始，故为"先"。"大人在乾五"者，五为天位也。"乾五之坤五"，谓成坎也。就乾而言，四上之正成坎，就五而言，五之坤成坎。五本天位，故"天象在先"。动自乾五，故曰"先天"。应自坤五，故曰"天弗违。"

崔注：大人行人事，上合天心，故"天弗违"。

后天而奉天时。

虞翻曰：奉，承行。乾三之坤初成震，震为"后"也，震春兑秋，坎冬离夏，四时象具。故"后天而奉天时"，谓"承天时行"，顺也。

崔憬曰：奉天时布政，圣政也。

疏　虞注：《说文》："承，奉也。"故云"承行"。震为乾之长子，奉乾者，震也。消息之义，乾尽于剥上，反坤三，成艮体谦，谦三之坤初，为震体复。虞《复·象》注云"刚从艮入坤"，又云"阳不从上来反初"，又云"三复位时，离为目，

中華藏書

周易全书·最新整理珍藏版

中国书店

七八四

坎为心", 故云"乾三之坤初为震"。"帝出乎震", 一阳来自乾三, 故云"震为后",《震·象传》曰"后有则"是也。初息震为春, 二息兑为秋, 成既济定。坎为冬, 离为夏, 是四时之象皆具矣。今自初息至五, 故曰"后天而奉天时"。乾坤合德, 震为行, 坤为顺, 故"谓承天时行, 顺也"。

崔注: 奉时布政, 如《夏小正月令》, 所载诸政令是也。圣人之政, 顺乎天时, 故称"圣政"。

愚案: 九五"飞龙在天","位乎天德", 故曰"天"。"先天"谓初九也。初即乾元, 资始万物, 故曰"先天"。统天故"天弗违"。"后天"谓用九也。阳变之阴, 故曰"后天"。天德不为首, 故"奉天时"。盖"先天"者, 未动之阳也。元阳伏初, 息五成乾, 故"先天而天弗违"。"后天"者, 已动之阳也。阳动用九, 变成坎、离、震、兑, 故"后天而奉天时"。

天且弗违, 况于人乎?

荀爽曰:"人"谓三。

疏三有人道, 故"人谓三"。

况于鬼神乎?

荀爽曰:"神"谓天,"鬼"谓地也。

案: 大人"惟德动天, 无远不届", 鬼神乡德, 夷狄来宾。人神叶从, 犹风偃草, 岂有违忤哉。

疏荀注: 神阳故谓天, 鬼阴故谓地。

案:"惟德动天, 无远弗届",《大禹谟》文。"鬼神乡德", 谓鬼神弗违也。"夷狄来宾", 谓人弗违也。"人神叶从", 合人与鬼神弗违。并言也。言大人有动天之德, 故能无远不届。如此所谓,"圣人作而万物睹"也。

案:《中庸》曰"建诸天地而不悖, 质诸鬼神而无疑, 百世以俟圣人而不惑"。"质诸鬼神而无疑", 知天也。"百世以俟圣人而不惑", 知人也。郑彼注云"鬼神从天地者也,《易》曰'故知鬼神之情状, 与天地相似'。圣人则百世同道"。但不悖于天地, 斯能质鬼神, 俟后圣。由此观之, 君子之道即大人之德。君子惟能建诸天地而不悖, 故能质鬼神而俟圣人。大人惟能先天弗违，故人与鬼神幽明咸格而弗违。《易》与《中庸》，一以贯之矣。

亢之为言也，知进而不知退。

荀爽曰：阳位在五，今乃居上，故曰"知进而不知退"也。

疏 上为"进"，下为"退"。五为阳位且得中，今乃进居于上，是"知进而不知退"也。

知存而不知亡。

荀爽曰：在上当阴，今反为阳，故曰"知存而不知亡"也。

疏 阳为"存"，阴为"亡"。上位阴，故"在上当阴"。以九居之，是"今反为阳"。故曰"知存而不知亡"也。

知得而不知丧。

荀爽曰："得"谓阳，"丧"谓阴。

案：此论人君骄盈过亢，必有丧亡。若殷纣招牧野之灾，太康遘洛水之怨，即其类矣。

疏 荀注：阳为"得"，阴为"丧"。以阳居阴，是知阳之为得，而不知阴之为丧也。

案：考《周书》称"商王受弗敬上天，降灾下民"诸败德，卒至会于牧野，"前徒倒戈，血流漂杵"，故云"若殷纣招牧野之灾"。《夏书》称"太康尸位，以逸豫，灭厥德"诸荒行，卒致厥弟御母，侯于洛油，怨而作歌，故云"太康遘洛水之怨"。惟其骄淫过亢，是以有丧亡之祸。举二君，以例其余也。

其唯圣人乎？知进退存亡而不失其正者，其唯圣人乎！

荀爽曰："进"谓居五。"退"谓居二。"存"谓五，为阳位，"亡"谓上为阴位也。再出"圣人"者，上"圣人"谓五，下"圣人"谓二也。

案：此则"乾元用九，天下治也"。言大宝圣君，若能用九天德者，垂拱无为，刍狗万物，"生而不有，功成不居"，"百姓日用而不知"，岂荷生成之德者也。此则三皇五帝，乃圣

中華藏書

周易全书·最新整理珍藏版

中国书店

七八六

乃神，保合太和，而天下自治矣。今夫子《文言》再称"圣人"者，叹美用九之君，能"知进退存亡而不失其正"，故得"大明终始，万国咸宁，时乘六龙，以御天也"。斯即"有始有卒者，其唯圣人乎"，是其义也。

崔憬曰：谓失其正者，若燕哙让位于子之之类是也。

案：三王五伯揖让风颓，专恃干戈，递相征伐。失正忘退，其徒实繁，略举宏纲，断可知矣。

疏 荀注："进"谓二上居五，"退"谓五下居二。五为阳位故为"存"，上为阴位故为"亡"。"上圣人谓五"者，五得中得正，而不至于亢，故先举九五之圣人，以赞之曰"其唯圣人乎"。"下圣人谓二"者，二中而不正，进居于五则正矣，故复举九二之圣人，以赞之曰"知进退存亡而不失其正者，其唯圣人乎"。

案：（文言传）四释爻辞，前两章皆释用九，至末章复释之，以结全篇之旨，故云"此则乾元用九，天下治也"。《老子·道经》曰"天地不仁，以万物为刍狗。圣人不仁，以百姓为刍狗"，注云"刍狗，缚草为狗之形，祷雨所用也。既祷则弃之，无复有顾惜之意。天地无心于爱物，而任其自生自成，圣人无心于爱民，而任其自作自息，故以刍狗为喻"。"生而不有，功成不居"，亦《道经》文。"百姓日用而不知"，《上系》文。引之以明乾元用九，垂拱无为，民若不荷生成之德也。复称"三皇五帝，乃圣乃神，保合太和，不期治而天下自治"，以终前章"天下治"之义也。二五为大人，用九则为圣人，故再称"圣人"以叹美之。盖用九之君，合用六爻之阳，故能知进居五退居二，阳位存阴位亡，而不失其正，由是明终始以宁国，乘六龙以御天，非圣人其孰当之。"有始有卒者，其惟圣人乎"，《论语》文。元，始也。九，阳之终也。"有始有卒"，适合乾元用九之义，引乏以明赞圣人者信而有征也。

崔注：《史记·燕世家》："易王卒，子哙立。苏代与子之交。齐宣王用苏代。燕哙三年，子之相燕，贵重。苏代为齐使于燕，燕王问曰'齐王何如'？对曰'必不霸，不信其臣苏代'。欲以激燕王尊子之也。于是燕王大信子之。鹿毛寿谓燕王'不如以国让相子之。人谓尧贤者，以其让天下于许由。许由不受，有让天下之名，而实不失天下。今王以国让子之，子之必不敢受，是王与尧同行也'。燕王因属国于子之，子之南面行王事，而啥老不听政。三年，大乱，百姓怨恫。"引此以明亢阳失正之义。

案：言尧舜既往，揖让变为干戈。征伐失正，进而忘退，虽三王犹不免焉，况五伯乎。益以亢阳为害，因举圣人以为宏纲，而进退存亡不失其正之道，从可识矣。

坤文言

【原典】

坤至柔而动也刚，至静而德方①。"后得主"而有常，含万物而化光。坤道其顺乎②，承天而时行③。

积善之家必有余庆，积不善之家必有余殃。臣弑其君，子弑其父，非一朝一夕之故，其所由来者渐矣！由辨之不早辩也。《易》曰："履霜，坚冰至。"盖言顺也。

"直"其正也，"方"其义也。君子敬以直内，义以方外，敬义立而德不孤。"直方大，不习，无不利"，则不疑其所行也。

阴虽有美，"含"之以从王事，弗敢成④也。地道也，妻道也，臣道也。地道"无成"而代"有终"也。

天地变化，草木蕃；天地闭，贤人隐。《易》曰："括囊，无咎无誉。"盖言谨也。

君子"黄"中通理⑤，正位居体，美在其中，而畅于四支。发于事业，美之至也！

阴疑于阳必"战"，为其兼于阳也，故称"龙"焉⑥。犹未离其类也，故称"血"焉。夫"玄黄"者，天地之杂也，天玄而地黄⑦。

【精注】

①坤六爻皆阴，故至柔。坤变动为屯☲，有了两个阳爻，阳为刚。坤是地，所以称至静。古称天圆地方，故称德方。坤

变动而生阳，阳为主，故后得主。常为常道，即规律。②坤道其顺乎：坤道顺天道，故称顺。③承天：承奉天道。时行：依四时而运行。④弗敢成：不敢以成功自居。⑤"黄"中通理：黄为中色，为中和之色；地色黄，六五爻而居上卦中位，故称黄中。坤为体为事业，有黄中之德者，身必阔，事业必成也。⑥阴疑于阳：疑通拟。为其兼于无阳也：其"兼"字，一般作"嫌"。坤以阴兼阳位，故称龙。乾称龙，坤亦称龙，故二龙交战，未离其类，坤未离阴类，故称血。阳取象气，阴取象血，即所谓"阳气阴血。"⑦玄黄：天地相混杂之色。

【今译】

坤卦（指大地）为极阴柔，一旦变化却显得相当刚健；性情极为文静，其美德被广为流传。"大地承奉天之施予而后主持行养万物"，乃常理所在；包容孕育万物而使之运化光大。大地的德行柔顺啊，承奉天道顺依四时而运行！

修善的人家，吉庆必然很多，作恶的人家，祸殃必定缠身。臣子杀死他的君王，儿子杀死他的父亲，并非一朝一夕的缘故，这种大逆不道行为是渐渐萌生出来！所以，都是为君为父者未能及早明察真相。《坤·初六》说："天降薄霜，预示严寒将至。"这大概是说循顺着时令而渐入极至吧。

（六二爻）：地顺着天，道是直的，"直"是正确的，"方"是合宜的。君子以庄敬使内心正直，行为得宜以使对外方正，做到庄敬、行为得宜而确立的道德就不会孤独。正直、方正、广大，对不熟悉的事情处理起来也能得心应手，他的言行就无可怀疑了。

（六三爻）：阴柔在下虽具有美德，辅佐王者而不抛头露面，居功自傲，且成功却不敢居动。这就是地顺天的道德、妻从夫的道德、臣忠君的道德。地道顺天道德而没有成功，则是尽臣之职到最终有好的结果。

天地变化，草木繁盛。天地闭塞，贤人隐居。（六四爻）："束紧囊口，可以免遭灾祸，但也不会获得荣誉。"这大概说的是要小心行事吧！

（六五爻）：君子的美德比黄色，中和柔润，通达道理；身居正中而守礼，美德在内心，畅发于四肢，表现于事业，是极其美好的。

（上六爻）：阴气盛旺到类似于阳气，双方发生冲突是势在必然。《易经》的作者担心人们误解《坤》中没有阳爻，冲突不是阴阳交合，而是阴气兼并阳气，所以也称龙。而阴气盛极已类似于阳气，但还属于阴类，所以称血。"玄黄"是天地相混杂，天色玄而地色黄。

【集解】

坤至柔。

荀爽曰：纯阴至顺，故"柔"也。

疏 《杂卦》曰"乾刚坤柔"，虞彼注云"坤阴和顺，故柔"，即荀义也。

而动也刚。

《九家易》曰：坤一变而成震，阴动生阳，故"动也刚"。

疏 《说卦》曰："立地之道曰柔与刚"，地之为体柔，而其为用也刚。盖静则生阴，阴故柔，动则生阳，阳故刚。如初动则成震，二动则成坎，三动则成艮，并动则成乾，初三五动则成既济，故曰"动也刚"。

至静而德方。

荀爽曰：坤性"至静"，得阳而动，布于四方也。

疏 《系辞上》曰"夫坤，其静也翕"，故"性至静"。感阳气而动则发生，布于四方。《系》又曰"其动也辟"，虞注六二"直方大"云"方谓辟，阴开为方"，故曰"德方"。

后得主而有常。

虞翻曰：坤阴"先迷，后顺得常"。阳出初震，为"主"为"常"也。

疏 坤性阴，故"先迷"。"后顺得常"者，初阳变震，震"后有则"为"后"，"主器"为"主"，世守为"常"，故"后得主而有常"。

含万物而化光。

干宝曰：光，大也。谓坤含藏万物，顺承天施，然后"化光”也。

疏 《象传》曰“含宏光大”。“光大也”者，言“光”可以该“大”，即言“含”可以该“宏”也。《说卦》曰“坤以藏之”，故“谓坤含藏万物”，以其“静翕”也。《益·象传》曰“天施地生”，故云“顺承天施，然后化光”，以其“动辟”也。《系辞上》曰“坤化成物”，故坤言“化”，即“含宏光大，品物咸亨”之义也。

坤道其顺乎，承天而时行。

荀爽曰：承天之施，因四时而行之也。

疏 《说卦》曰“坤，顺也”。《逸雅》曰“上顺乾也”。“承天之施”者，天施而地生也。“因四时而行之也”者，《乾凿度》曰“坤贞于六月未，右行阴时六，以奉顺成其岁”，故曰“承天而时行”。

积善之家，必有余庆。

虞翻曰：谓初。乾为“积善”。以坤牝阳，灭出复震为“余庆”，谓“东北丧朋，乃终有庆也”。

疏 “谓初”者，谓初六也。《乾·文言》曰“元者，善之长”，故乾为“善”。初动为震体复，阳息于初，故“善”。震为专，专则积，故为“积善”。坤虽灭阳，阳道不息，潜孕坤中，故云“以坤牝阳”，即灭坤出震是也。以纳甲言之，乾阳灭于二十九日坤乙，三日复出于震庚，是为“余庆”，即“东北丧朋，乃终有庆”之义也。

积不善之家，必有余殃。

虞翻曰：坤积“不善”，以臣弑君。以乾通坤，极姤生巽，为“余殃”也。

案：圣人设教，理贵随宜。故夫子先论人事，则不语怪力乱神，绝四毋必。今于《易》象，阐扬天道，故曰“积善之家，必有余庆，积不善之家，必有余殃”者，以明阳生阴杀，天道必然，理国修身，积善为本。故于坤爻初六阴始生时，著此微言，永为深戒。欲使防萌杜渐，灾害不生，“开国承家”，君臣同德者也。故《系辞》云“善不积，不足以成名；恶不积，不足以灭身"，是其义也。

疏　虞注：乾阳为"善"，坤阴为"不善"。坤初消阳，为巽体姤，阴消于初为"不善"。巽为高，阳愈消则阴愈高，故为"积不善"。"以臣弑君"者，以阴消阳也。"以乾通坤，极姤生巽"者，谓乾极于上为夬，则坤通于下为姤，姤下为巽。是十六日生魄，以平旦没于巽辛，阳极阴生，是为"余殃"。

案：圣人"不语神怪"者，幽冥之事隐，于《易》复言"庆""殃"者，祸福之迹著也。圣人"绝四毋必"者，圣人无成心，于《易》决言"必有"者，善恶有定理也。阳生阴杀，必然之理，但坤初阴始，祸所由基，自非哲人，罕睹未形。故劝善之心既切，而防恶之意更深，盖"闲邪"所以"存诚"，"克己"即可"复礼"，将欲劝之，必先惩之。贾生所谓"绝恶于未萌，而起教于微渺，使民日迁善远罪而不自知"者，即此意也。理国修身者，诚知"积善"为本，则防萌杜渐，灾害不生，将"开国承家"，君臣同德，庶几"积善"以成名，而不至积恶以灭身也。"履霜坚冰"之戒，安可一日而忽诸。

臣弑其君，子弑其父，

虞翻曰：坤消至二，艮子弑父，至三成否，坤臣弑君。"上下不交，天下无邦"，故"子弑父，臣弑君"也。

疏　坤阴消阳，其几已萌，不至上消不已。《说卦》曰"乾为君、为父"，下乾为"父"。故消至二成遯，遯艮为少子，灭阳，故为"弑父"。上乾为"君"。故消至三成否，否坤臣道也，灭阳，故为"弑君"。"上下不交，天下无邦"，《否·象传》文。虞彼注云"以臣弑其君，以子弑其父，故曰匪人"。其义互备，故交引以释之。

非一朝一夕之故，其所由来者渐矣。

虞翻曰：刚爻为"朝"，柔爻为"夕"，乾为寒，坤为暑，相推而成岁焉，故非一朝一夕，所由来渐矣。

疏　《系辞上》曰"刚柔者，昼夜之象"，故"刚爻为朝，柔爻为夕"。"乾为寒"，《说卦》文。寻乾贞于十一月子，故为"寒"，坤贞于六月未，故为"暑"。"一"朝谓乾初，息三成泰，"一夕"谓坤初，消三成否。一阳始子，历六阳时而成"乾"；一阴始末，历六阴时而成坤。积朝夕而成寒暑，积寒暑而成岁，故曰"非一朝一夕之故，其由来渐矣"。《史记·太史公自叙》曰："《春秋》弑君三十六，亡国五十二，察其所以，皆失其本已。故《易》曰：'差以毫厘，缪以千里。'故曰：'臣弑君，子弑父，非一朝一夕之故，其渐久矣。'"即此爻之遗文也。又"否三之四"为渐，故坤消三成否，言"渐"也。

由辩之不早辩也。

孔颖达曰：臣子所以久包祸心，由君父不早辩明故也。此文诫君父防臣子之恶也。

疏　《正义》作"由君父欲辩明之，不早分辩故也"，文微不同。

案：《系辞下》曰"复小而辩于物"，虞彼注云"阳始见故小。乾，阳物。坤，阴物。以乾居坤，故称别物"。坤初动为复，复初九曰"不远复"，是辩之早辩者也。

《易》曰：履霜。坚冰至。盖言顺也。

荀爽曰：霜者，乾之命令，坤下有伏乾。"履霜坚冰，盖言顺也"。乾气加之，性而坚，象臣顺君命而成之。

疏　"霜者，乾之命令"，释已见前。坤成于亥而乾位居之，故云"坤下有伏乾"。由履霜至于坚冰，其势甚顺，故曰"盖言顺也"。《逸雅》："顺，循也。"《说文》："循，顺也。"是"循"与"顺"同义。"盖言顺"者，释"循致其道"也。《孟子》曰"今之君子，过则顺之"，言过不可顺也。圣人惧人顺阴之性，积恶以灭身，故结言"顺"以示戒也。"乾气加之性而坚"者，《说卦》曰，"乾为寒"，寒气加之而冰坚，言阴顺阳之性而成坚冰也。臣顺君命而成事，其象亦如之。但荀意以阴顺阳，恐非经义尔。

直其正也，方其义也。

虞翻曰：谓二。阳称"直"。"乾其静也专，其动也直"，故"直其正"。"方"谓辟，阴开为"方"。"坤其静也翕，其动也辟"，故"方其义也。"

疏 "谓二"者，谓六二也。阳息至二称"直"，以乾静专而动直也。故"直其正"者，贾谊《新书·道术篇》"方直不曲谓之正"是也。《说文》："正，从止，一以止。"注"守一以止也"，即敬止之义也。乾为敬，是"正"者，乾之德也。"方谓辟"者，《书·舜典》"辟四门"，孔传"开辟四方之门"是也。"阴开为方"者，阴感阳而开为"方"，以坤静翕而动辟也。故"方其义"者，《左传·隐公三年》"教之以义方"是也。虞《系注》云"坤为义门"，是"义"者，坤之德也。

君子敬以直内，义以方外，敬义立而德不孤。

虞翻曰：阳息在二，故"敬以直内"。坤位在外，故"义以方外"。谓阳见兑丁，"西南得朋，乃与类行"，故"德不孤"，孔子曰"必有邻"也。

疏 阳息至二，乾惕为"敬"，且动直，二为"内"，故曰"敬以直内"。坤位在外，坤为"义"，且为"方"，五为"外"，故曰"义以方外"。阳息二成兑，兑见丁，故谓"阳见兑丁"也。兑，西方，丁，南方，故即"西南得朋，乃与类行"，以明"德不孤"也。《论语》曰："德不孤，必有邻。"复引孔子曰"必有邻"者，以申"德不孤"之意也。且敬立于二，义立于五，五动二应，阴阳合德，故曰"德不孤"。

直方大，不习无不利，则不疑其所行也。

荀爽曰："直方大"，乾之唱也。"不习无不利"，坤之和也。阳唱阴和而无所不利，故"不疑其所行也"。

疏 阳动为"直"，感开为"方"，阳德为"大"，三者"乾之唱也"。坤则不待习乎直方大，而自无不利，是"坤之和也"。阳未唱而阴和之，则阳疑阴也；阳既唱而阴不和之，是阴疑阳也。唯阳唱阴和，无所不利，故"不疑其所行也"。二动变坎为疑，不变则"不疑"也。

阴虽有美，含之。以从王事，弗敢成也。

荀爽曰：六三阳位，下有伏阳。坤，阴卦也，虽有伏阳，含藏不显。以从王事，要待乾命，不敢自成也。

疏 "美"谓阳也。三数奇，为阳位，故"六下有伏阳"也。六为阴爻，虽有伏阳在下，含藏不显，虞氏所谓"以阴包阳"是也。否内卦为臣，三为三公，外乾为君，五为天子。"三与五同功"，故三从王事，必待乾命而行，美则归君，不敢以成功自居，即下"无成"之义也。

地道也，妻道也，臣道也。

翟玄曰：坤有此三者也。

疏 《说卦》曰"坤为地"，故曰"地道也"。《系辞上》曰"乾道成男，坤道成女"，以女配男，故曰"妻道也"。《说卦》曰"乾为君"，则知坤为臣，故曰"臣道也"。三者皆乾尊坤卑之道也。

地道无成而代有终也。

宋衷曰：臣子虽有才美，含藏以从其上，不敢有所成名也。地得终天功，臣得终君事，妻得终夫业，故曰"而代有终也"。

疏 《论语》曰："如有周公之才之美，使骄且吝，其余不足观也已。"况臣子之于君父，而可以才美自居乎？故必含藏其美，以从王事，善则归君，不敢有所专以成名也。《系辞上》曰"乾知大始，坤化成物"，是凡物之生，皆始于乾而终于坤，"成物"即"终"也。《周语》单襄公曰"成德之终也"，即此义也。成者，坤之功，不敢曰成，而曰"无成"。有终者，坤之事，不敢曰有终，而"代有终"，非自抑也。盖非乾资于始，则坤亦无为，凡成者，皆成乾之功，故曰"无成"。凡终者，皆终乾之事，故曰"代有终"也。由地道得终天功，推之而臣道得终君事，妇道得终夫业，其理一也。

天地变化，草木蕃。

虞翻曰：谓阳息坤成泰，天地反。以乾变坤，坤化升乾，万物出震，故"天地变化，草木蕃"矣。

疏 阳息坤三成泰，天下地上，故云"天地反"。"天地反"者，"天地交"也。阳主"变"，阴主"化"。"以乾变坤"者，阳息坤成乾也。"坤化升乾"者，坤本化乾始，升居乾上也。故曰"天地变化"。泰三互四五成震，"万物出乎震"，震为草木，"其究为蕃鲜"，故曰"草木蕃"。此言"天地交而万物通也"。

天地闭，贤人隐。

虞翻曰：谓四。泰反成否，乾称"贤人"，隐藏坤中。"以俭德避难，不荣以禄"，故"贤人隐"矣。

疏　"谓四"者，谓六四也。坤变为否自四始，故于四变为阳，知为"大往"，则否势将成。四为否、泰之交，"否、泰反其类"，四变，故"泰反成否"。汉樊毅修《西岳庙记》云"泰气推否"是也。《乾·文言》曰"贤人在下位而无辅"，故知"乾称贤人"。《说卦》曰"坤以藏之"，故知"贤人隐藏坤中"。以俭德避难，不荣以禄，《否·象传》文，引之以明"天地闭，贤人隐"之象也。此言"天地交而万物不通也"。

《易》曰：括囊无咎无誉。盖言谨也。

荀爽曰：六四阴位，迫近于五，虽有成德，当括而囊之，谨慎畏敬也。

孔颖达曰：括，结也。囊，所以贮物，以譬心藏智也。闭其智而不用，故曰"括囊"。不与物忤，故"无咎"，功名不显，故"无誉"也。

疏　荀注：六居四为得位，故"有成德"。四近五则多惧，故当"谨慎"。括而囊之，则敛慧韬光，谨慎畏敬之至也。

孔注："括，结也"，释已见前。"囊，所以贮物"者，《诗·大雅》："于橐于囊。"毛传"小曰橐，大曰囊"是也。"以譬心藏智也"者，明夷六四曰"获明夷之心，于出门庭"，是四为心位，又四变互坎为心，故曰"心藏智"。如秦以"智囊"称樗里子疾，汉以"智囊"称晁错，晋以"智囊"称桓范，以及叩囊底余智之类皆是也。"闭其智而不用，故曰括囊"者，《中庸》曰"国无道，其默足以容"是也。惟其闭智，所以"不与物忤，故无咎"。惟其不用，所以"功名不显，故无誉"。

君子黄中通理，正位居体。

虞翻曰：谓五。坤息体观，地色黄，坤为"理"。以乾通坤，故

称"通理"。五正阳位，故曰"正位"。艮为"居"，"体"谓四支也。

艮为两肱，巽为两股。故曰"黄中通理，正位居体"。

疏 "谓五"，谓六五也。"坤息体观"者，阳息阴消，坤亦言息者，息者，长也，谓阴长至四而体成观也。"坤为地"，《说卦》文。"天玄而地黄"，故云"地色黄"。《系辞上》曰"俯以察于地理"，《乾凿度》曰"地静而理曰义"，故"坤为理"。观阳自乾来，故云"以乾通坤称通理"。位中色黄，故曰"黄中通理"。《孟子》曰"立天下之正位"，赵岐注云"正位谓男子纯乾，正阳之位"，故以五阳为"正位"。《说卦》曰"艮以止之"，又为门阙，故为"居"。《中庸》曰"动乎四体"，故"体谓四支"。《说卦》曰"艮为手"，故"为两肱"。又巽为股，故"为两股"。股肱具，故"谓四支也"。观五体巽互艮，故曰"正位居体"。"黄中通理"，言其内也，"正位居体"，言其外也。

美在其中而畅于四支。

虞翻曰：阳称"美"，在五中。"四支"谓股肱。

疏 乾"美利"，故"阳称美"。观五九居阳位，故曰"美在其中"。"四支谓股肱"，释已见上。"畅于四支"，即"居体"是也。

发于事业。

《九家易》曰：天地交而万物生也。谓阳德潜藏，变则发见。若五动为比，乃事业之盛。

疏 "天地交"谓泰也。《泰·彖传》曰"天地交而万物通"，通故"生"也。"阳德潜藏"，谓伏乾也。变则乾阳发见。五动变比，《比·彖》曰"先王以建万国，亲诸侯"，故为"事业之盛"，所谓"正位"也。《系辞上》曰"崇德而广业"，虞彼注云"广业法坤"，故坤言"事业"。

美之至也。

侯果曰：六五以中和通理之德，居体于正位，故能美充于中，而旁畅于万物，形于事业，无不得宜，是"美之至也"。

疏 六五内而中和以通理，外而居体于正位。"美在其中"，即"黄中通理"也。圣人万物为一体，故"旁畅万物"，犹"畅四支"，即"居体"之谓也。形于事业，即"正位"，而成富有之大业也。内外无不得宜，故曰"美之至也"。《左传》曰"中美能黄，上美为元，下美则裳"，释六二也。二五皆中，故五亦"中美能黄"。"至哉坤元"，正位于五，是"上美为元"。五下应二，二居体于下，是"下美则裳"。三美备，故"美之至也"。美，乾阳也。坤承乾阳，故媲乾美也。

阴疑于阳必战。

孟喜曰：阴乃上薄，疑似于阳，必与阳战也。

疏 阴迫于上，变而为阳，则"疑似于阳"，故"必与阳战也"。

案：《说卦》"战乎乾，言阴阳相薄也"。坤上六兼有群阳，与乾合体，战而相薄，乃能牝震。阴不与阳同盛，不能受化也。

为其兼于阳也，故称"龙"焉。

《九家易》曰：阴阳合居，故曰"兼阳"，谓上六坤行至亥，下有伏乾。阳者变化，以喻龙焉。

疏 坤在十月亥位，乾居西北亥方。《尔雅·释天》："十月曰阳。"即此义也。《乾凿度》："乾、坤气合戌亥。"故云"阴阳合居"。阴合于阳，故曰"兼阳"。剥上变六成坤，行至十月亥，乾位在亥。故云"下有伏乾"。《九家·说卦》曰"乾为龙"，以阳气变化象龙，故称"龙"以象阳焉。

犹未离其类也，故称"血"焉。

荀爽曰：实本坤卦，故曰"未离其类也"。"血"以喻阴顺阳也。

崔憬曰：乾、坤交会，乾为大赤，伏阴柔之，故"称血焉"。

疏 荀注：阴与阳战于亥，战极则下出于子，变而从阳，然上实坤卦，犹未离其阴类，故称"血"以喻阴焉，以阴能顺阳也。

崔注：亥为乾、坤交会之地。"乾为大赤"，《说卦》文，血之色也。伏阴柔之，血之形也，"故称血焉"。盖龙本阳气，亥下伏兼乾阳，故称"龙"。血本阴象，上位未离阴类，故称"血"。

夫玄黄者，天地之杂也。

荀爽曰：消息之卦，坤位在亥，下有伏乾，阴阳相和，故言"天地之杂也"。

疏 坤于消息，其位在亥，乾位西北亦在亥，故"下有伏乾"也。惟乾、坤合居，故"阴阳相和"。《考工记》曰"天谓之玄，地谓之黄"，故曰"玄黄者，天地之杂也"。

天玄而地黄。

王凯冲曰：阴阳交战，故"血玄黄"。

荀爽曰：天者阳，始于东北，故色玄也。地者阴，始于西南，故色黄也。

疏 王注：乾阳坤阴，交战于上，阴战不胜，则退而生阳，阳生于下，即复初震也。《说卦》曰"震为玄黄"，故"血玄黄"。

荀注：《乡饮酒义》曰"天地温厚之气，始于东北"。正北坎得乾中，东北艮得乾上，正东震得乾初，乾三爻分布东北，故"天始东北"。其"色玄"者，《说文》："黑而有赤色曰玄。"《考工记》："南方谓之赤，北方谓之黑。"阳气始东北而盛东南，以北方黑兼南方赤，故"色玄"。又曰"天地严凝之气，始于西南，而盛于西北"，故云"地者阴，始于西南"。其"色黄"者，西南坤位，坤土，故"色黄"也。

第四章　系辞传①

《系辞传》分为上下两篇，主要解说经文要领，贯彻爻辞的基本义理。文中对《易经》经文作了全面的辨析与阐发，一者抒发《易》理之精微，二者示范读《易》之要例。

系辞传上篇

系辞上第一

【原典】

天尊地卑，乾坤定矣。卑高以陈，贵贱位矣。②动静有常，刚柔断矣。③方以类聚，物以群分，吉凶生矣。④在天成象，在地成形，变化见矣。⑤

是故刚柔相摩，八卦相荡。⑥

鼓之以雷霆，润之以风雨；日月运行，一寒一暑。⑦乾道成男，坤道成女。⑧

乾知大始，坤化成物。⑨

乾以易知，坤以简能。⑩

易则易知，简则易从。易知则有亲，易从则有功。有亲则可久，有功则可大。可久则贤人之德，可大则贤人之业。⑪

易简，而天下之理得矣；天下之理得，而成位乎其中矣。⑫

【精注】

①《系辞传》：《易传》之一。传文对《易经》经文的各个方面及卦象作了全面的分析和详细阐释。"系辞"二字是系属或联系之辞的意思。②以：已。陈：列。位：这里用作动词，意为各居其位。③常：指一定的规律。断：分。④方：

中華藏書

周易全书·最新整理珍藏版

道，即思想观念。物：具体事物，与"方"相对。⑤象：表象，指天上之日月星辰。形：形体，指地上之万物。见：通"现"，显现。⑥摩：迫击。荡：推动。⑦鼓：鼓动。这四句是指天上物象的阴阳变化。⑧乾道成男，坤道成女：这两句是说明地面形体的阴阳变化。⑨知：为，作。大始：即太始，最初创始。成物：生成万物。⑩易：平易。知：知晓。简：简约。能：功能。⑪易则易知，简则易从……可大则圣人之业：这八句是阐发乾坤"易"、"简"之理，最后归结于人事，说明若能按此行事，即可造就贤人的"德"、"业"。⑫成位：确定位置。中：适中。

【今译】

　　天尊贵而居高，地卑下而居低，而乾卦象征天，坤卦象征地，这样乾卦为首而坤卦为次的位序也就确定了。卑下与尊贵的位序一经排列，万物便各居其位。天的动和地的静都有它们各自的运行规律，阳刚阴柔的性质因而就一目了然。天下万事万物都以类别相同而聚合，以群体相异而区分，吉利和凶险就在这样的同与异的矛盾之中早已任定了。悬在天上的事物展现给我们的是虚空的表象，处于地面的事物呈现的是实在的形体，这样，事物的变化就能从象与形上显现出来。

　　所以刚柔才会相互冲突迫击而生成八卦，八卦又会相互推动重叠而生成六十四卦。

　　就像雷与霆相互鼓动，风与雨相互滋润；日与月相互推动，寒与暑一往一来。又如乾道运行构成男性，坤道运行构成女性。

　　乾的作为体现于万物的最原始的状态，坤的作为体现为顺承于乾的万物生成。

　　乾的作为以平易而为人所知，坤的作为以简约而显其功能。

　　平易就容易为人知晓，简约就容易使人顺从。容易知晓则容易与人亲近，容易顺从则能够建功。有人亲近则处世自然长久，建功立业则立身就能宏大。而处世长久是贤人的美德，立身宏大是贤人的事业。

懂得把世间万物的事化繁为简，就能掌握天下的道理；而掌握天下的道理，就能遵循这些道理而居处适中合宜的地位。

【集解】

天尊地卑，乾坤定矣。

虞翻曰：天贵故"尊"，地贱故"卑"，"定"谓成列。

荀爽曰：谓否卦也。否七月，万物已成，乾坤各得其位，定矣。

疏 虞注：《易纬乾凿度》曰"一者，形变之始。清轻者上为天，浊重者下为地"，又曰"乾坤相并俱生"。郑彼注云"天地开辟，乾坤卦象立焉"，孔氏云"天以刚阳而尊，地以柔阴而卑"。又云"乾健与天阳同，坤顺与地阴同，故得乾坤定矣"。"定谓成列"者，乾坤列乎上下而八卦成列，亦由是定矣。

荀注：上乾下坤为否，故"谓否卦也"。否于消息卦在七月，是时万物已成，故云"乾坤各得其位，定矣"。

案：此言乾坤之德，非以否上乾下坤为定位也。荀氏之说，未应经义。

卑高以陈，贵贱位矣。

虞翻曰：乾高贵五，坤卑贱二，"列贵贱者存乎位"也。

荀爽曰：谓泰卦也。

侯果曰：天地卑高，义既陈矣。万物贵贱，位宜差矣。

疏 虞注：下文云"崇效天，卑法地"。坤自上降，乾自下升，故先言"卑"而后言"高"也。"乾高贵谓五"者，乾二升五也。"坤卑贱谓二"者，坤五降二也。"列贵贱者存乎位"，《下传》文。乾以上为尊，故五为天位。坤以下为卑，故二为地位。乾坤正位二五，故"贵贱位矣"。

荀注：坤卑在上，乾尊在下，"天地交泰"，故"谓泰卦也"。

侯注：王氏云"天尊地卑之义既列，则涉乎万物贵贱之位，明矣"，即侯氏义也。

动静有常，刚柔断矣。

虞翻曰：断，分也。乾刚常动，坤柔常静。"分阴分阳，迭用柔刚"。

疏 《释名》"断，段也，分为异段也"，故云"断，分也"。《乾凿度》曰"天动而施曰仁，地静而理曰义"，故"乾刚常动，坤柔常静"。庖牺既定乾、坤六位，又分乾阳坤阴各为六画，然后可以"迭用柔刚"，故曰"刚柔断矣"，即《下传》所谓"刚柔者，立本者也"。

方以类聚。

《九家易》曰：谓姤卦，阳爻聚于午也。方，道也。谓阳道施生，万物各聚其所也。

疏 姤，五月午卦也。其卦五阳一阴，故云"阳爻聚于午也"。《乐记》："乐行而民乡方。"郑注"方犹道也"，故云"方，道也"。五月正万物极盛之时，阳道主施，故"谓阳道施生，万物各聚其所也"。

物以群分。

《九家易》曰：谓复卦，阴爻聚于子也。阴主成物，故曰"物"也。至于万物一成，分散天下也以周人用，故曰"物以群分"也。

疏 复，十一月子卦也。其卦五阴一阳，故云"阴爻聚于子也"。阴主成物，即《下传》："坤化成物。"故曰"物"也。万物既成，即当分散天下，以周人用，故曰"物以群分"也。

吉凶生矣。

虞翻曰：物三称群。坤方道静，故"以类聚"。乾物动行，故"以群分"。乾生故吉，坤杀故凶，则"吉凶生矣"。

疏 《诗·吉日》："或群或友。"毛传"兽三为群"，故云"物三称群"。"坤至静而德方"，故云"坤方道静"。道静则聚，故"以类聚"。"精气为物"，阳动而施，故云"乾物动行"。物动则分，故"以群分"。言乾坤各以三为六。阳生阴杀，阳吉阴凶，乾为生故吉，坤为杀故凶。乾坤各六画，有正有不正，故"吉凶生"，下注云"得正言吉，失位言凶"是也。

在天成象，在地成形，变化见矣。

虞翻曰：谓日月在天成八卦，震象出庚，兑象见丁，乾象盈甲，巽象伏辛，艮象消丙，坤象丧乙，坎象流戊，离象就己，故"在天成象"也。"在地成形"，谓震竹巽木、坎水离火、艮山兑泽、乾金坤土。在天为"变"，在地为"化"，"刚柔相推而生变化"矣。

疏　"谓日月在天成八卦"者，以纳甲言也。月三日暮出震，震纳庚，故"震象出庚"。八日见兑，兑纳丁，故"兑象见丁"。十五日盈乾，乾纳甲壬，故"乾象盈甲"。月盈则食，十六日退巽，巽纳辛，故"巽象伏辛"。二十三日消艮，艮纳丙，故"艮象消丙"。三十日灭坤，坤纳乙癸，故"坤象丧乙"。坎离，日月之本体，坎纳戊，离纳己，故"坎象流戊，离象就己"。此在天成象之义也。《九家易》云"地有八卦之形，即所谓震竹巽木、坎水离火、艮山兑泽、乾金坤土"是也。虞义盖本《说卦》也。不举震雷巽风者，雷风皆在天也。《离·象传》云"百谷草木丽乎土"，故震举竹，巽举木也。《考工记》曰"天时变"，故"在天为变"。《下传》曰"坤化成物"，故"在地为化"。引下文"刚柔相推而生变化"者，谓以乾坤为六子也。《乐记·礼乐章》引此传曰"天地之别也"，是言尊卑、贵贱、动静、类聚、群分、在天、在地之别异，先王法之以制礼，故云"天地之别也"。

是故刚柔相摩，八卦相荡。

虞翻曰：旋转称"摩"，薄也。乾以二五摩坤，成震坎艮，坤以二五摩乾，成巽离兑，故"刚柔相摩"，则"八卦相荡"也。

疏　"刚柔"谓乾、坤十二爻也。《乾凿度》曰："乾贞于十一月子，左行阳时六。坤贞于六月未，右行阴时六。"盖乾左旋，坤右转，故"旋转称摩"。《乐记》："阳阴相摩。"郑注"摩，犹迫也"。薄有迫义，故云"薄也"，谓阴阳相薄也。又巳成八卦言之，故云"二五"。乾以二五摩坤成坎，互震艮，故"成震坎艮"。坤以二五摩乾成离，互巽兑，故"成巽离兑"。盲"二五"者，举共中气也。二五相摩而成八卦，故"刚柔相摩"则"八卦相荡"。《乐记》郑注云"荡，犹动也"，虞下注云"乾坤与六子，因名八卦而小成也"。

鼓之以雷霆，润之以风雨。

虞翻曰：鼓，动。润，泽也。雷，震。霆，艮。风，巽。雨，兑也。

疏 "鼓"犹鼓动，"泽"犹润泽，故云"鼓，动；润，泽也"。《说卦》："震为雷"，故云"雷，震"。《说文》："霆，余声也。"京氏曰"霆者，雷之余气"。震，起也，艮，止也，雷起于震之初阳，止于艮之上阳，是艮为震之余气，故云"霆，艮"。又艮门阙为庭，庭与霆通，如汉楚相《孙君碑》"庭坚"作"霆坚"是也。《说卦》："巽为风。"故云"风，巽"。兑泽为雨，《祭义》云"天时雨泽"，故云"雨，兑"。风生于水，故巽坎半见于下；雨陨于云，故兑坎半见于上。风雨皆含坎象，故曰"润"也。

日月运行，一寒一暑。

虞翻曰：日，离。月，坎。寒，乾。暑，坤也。运行往来，"日月相推而明生焉，寒暑相推而岁成焉"，故"一寒一暑"也。

疏 《说卦》："离为日，坎为月。"故"日，离。月，坎"。乾一阳生于冬至寒时，故云"寒，乾"。坤一阴生于夏至暑时，故云"暑，坤"。又乾位西北亦为寒，坤位西南亦为暑也。"运行往来"者，即《下传》所谓"日月相推而明生焉，寒暑相推而岁成焉"，故曰"一寒一暑也"。此谓六子成乾坤之功也。

乾道成男，坤道成女。

荀爽曰："男"谓乾初适坤为震，二适坤为坎，三适坤为艮，以成三男也。"女"谓坤初适乾为巽，二适乾为离，三适乾为兑，以成三女也。

疏 此言乾坤统六子也。乾初适坤为震，所谓初索得男为长男；二适坤为坎，所谓再索得男为中男；三适坤为艮，所谓三索得男为少男。震、坎、艮皆阳，故云"以成三男也"。坤初敌乾为巽，所谓初索得女为长女，二适乾为离，所谓再索得女为中女；三适乾为兑，所谓三索得女为少女。巽离兑皆阴，故云"以成三女也"。八卦相摩而成者，变化之义，天之道也；相索而得者，父母之义，人之道也。

乾知大始。

《九家易》曰："始"谓乾禀元气，万物资始也。

疏 《乾凿度》曰"太初者，气之始也"，郑注"元气之所本始"，故"始谓乾禀元气"。《乾·象传》曰："大哉，乾元，万物资始。"阳称"大"，资始未来，故曰"知"。"神以知来"，故"乾知大始"。

坤化成物。

荀爽曰：物谓坤任育体，"万物资生"。

疏 《中庸》曰"发育万物"，郑注"育，生也"，故"物谓坤任育体"。《坤·象传》曰："至哉坤元，万物资生。"《大戴礼·天圆》云："曾子曰：'吐气者施而含气者化。'"阳施而阴化，故"坤称化"。"地道无成而代有终"，承乾成物，故曰"坤化成物"。《乐记》云："地气上齐，天气下降，阴阳相摩，天地相荡，鼓之以雷霆，奋之以风雨，动之以四时，暖之以日月，而万化兴焉"，盖据此《传》为言。而云"天地之和也"，先王法之以作乐，"天地欣合"，故和为天地之合也。

乾以易知，坤以简能。

虞翻曰：阳见称"易"，阴藏为"简"。简，阅也。乾息昭物，天下文明，故"以易知"，坤阅藏物，故"以简能"矣。

疏 阳见于外，故称"易"。阴藏于中，故为"简"。《左传·桓公六年》："大阅，简车马也。"是"简"、"阅"同义，故云"简，阅也"。乾为大明，阳息则能明照万物。"天下文明"，《乾·文言》文。谓乾以息阳而知大始，故曰"易知"。阅有容义，坤虚能容，《说卦》曰"坤以藏之"，故"藏物"。坤以牝阳而化成物，故曰"简能"。

愚案：《老子》曰"天得一以清"，故"乾以易知"；"地得一以宁"，故"坤以简能"。又《乐记》曰"大乐必易，大

中華藏書

周易全书·最新整理珍藏版

中国书店

八〇六

礼必简"，又曰"乐著大始，而礼居成物"，又曰"乐由天作，礼以地制"。盖乐出于自然，故象乾之易知，而曰必易，礼起于微渺，故象坤之简能，而曰必简。易，故著乎"乾知大始"之初；简，故居乎"坤化成物"之位。《记》又曰："圣人作乐以应天，制礼以配地，礼乐明备，天地官矣。"故观乎礼乐，而乾坤之易简，思过半矣。

易则易知，简则易从。

虞翻曰：乾"县象著明"，故"易知"；坤"阴阳动辟"，故"易从"。"不习无不利，地道光也"。

疏　《传》言"县象著明"，谓日月也。此云"县象"，即"天垂象"也，"著明"，即"大明终始"也。《书·泰誓》云："天有显道，厥类维彰。"故曰"易知"。坤有动静，即有阴阳，阳唱阴和，故曰"从"。坤本静翕，动而从阳则辟，故曰"易从"。"不习"言其简，"无不利"言其易从，故复引坤六二爻辞，以明地道也。

易知则有亲，易从则有功。

虞翻曰：阳道成乾为父，震坎艮为子，本乎天者亲上，故"易知则有亲"。以阳从阴，至五多功，故"易从则有功"矣。

蜀才曰：以其易知，故物亲而附之。以其易从，故物法而有功也。

疏　虞注：乾阳道，故"为父"。震坎艮皆阳，故"为子"。"本乎天者亲上"，《乾·文言》文。又曰"本乎地者亲下"。独言乾者，巽离兑阴卦皆丽阳，故震通巽，坎正离，艮伏兑，三女外成，坤无亲也。三男则本天亲上，故曰"易知则有亲"。"以阳从阴"，当作"以阴从阳"。五为阳位，五多功，泰阴至五正位，坤化则成，故"易从则有功"矣。

蜀才注：易知则无险巇，故"物皆亲而附之"。易从则无阻滞，故"物皆法而有功"。

有亲则可久，有功则可大。

荀爽曰：阴阳相亲，杂而不厌，故"可久"也。万物生息，种类繁滋，故"可大"也。

疏 "立天之道，曰阴与阳"。阴阳虽杂，亲而不厌，且乾德健，健故"可久也"。坤有生息万物之功，种类至为繁滋，盖坤德广，广故"可大"也。

案：以阳正阴，终则又始，故"有亲则可久"，坤用六"利永贞"是也。以阴牝阳，动出至五则复乾，故"有功则可大"，阳为大是也。

可久则贤人之德，可大则坚人之业。

姚信曰：贤人，乾坤也。言乾以日新为德，坤以富有为业也。

疏 《乾·文言》曰"贤人在下位而无辅"，《坤·文言》曰"天地闭，贤人隐"，故"贤人谓乾坤也"。"乾以日新为德"，即"日新之谓盛德"也。乾为德，"终日乾乾"，故"以日新为德"。"坤以富有为业"，即"富有之谓大业"也。坤为业，坤含万物，故"富有之谓大业"。《乾·文言》上九曰"贤人在下位"，谓九三也。乾上应三，"终日乾乾"，忠信进德，故曰"可久则贤人之德"。《坤·文言》曰"贤人隐"，谓六四也。四近承五，"美在其中而畅于四支，发于事业"，故曰"可大则贤人之业"。

易简而天下之理得矣。

虞翻曰：易为乾息，简为坤消。乾坤变通，穷理以尽性，故"天下之理得矣"。

疏 阳主生长，不假作为，故"易为乾息"。阴主收藏，不尚烦扰，故"简为坤消"。乾极则变而通坤，坤极则变而通乾，故云"乾坤变通"。"穷理以尽性"，《说卦》文，虞彼注云"以乾推坤，谓之穷理。以坤变乾，谓之尽性"。易知为乾之事，故曰"穷理"。简能为坤之事，故曰"尽性"。乾坤消息既正，六十四卦皆出于此，故"天下之理得矣"。

愚案："简"、"易"，一也。《老子》曰"天得一以清，地得一以宁，神得一以灵，谷得一以盈，万物得一以生，侯生得一以为天下正"，故曰"天下之理得矣"。

天下之理得，而易成位乎其中矣。

荀爽曰：阳位成于五，五为上中，阴位成于二，二为下中，故"易成位乎其中"也。

疏 五为阳位之中，故"阳成位于五"。"上中"者，既济坎五也。二为阴位之中，故"阴成位于二"。"下中"者，既济离二也。坎离，天地之心。二五，天地之中。坎五离二，成位于上下之中。天下之理，不外一中，故"易成位乎其中矣"。

系辞上第二

【原典】

圣人设卦观象系辞焉，而明吉凶。刚柔相推而生变化。是故吉凶者，失得之象也。悔吝者，忧虞之象也。变化者，进退之象也。刚柔者，昼夜之象也。六爻之动，三极之道也①。是故君子所居而安者②，《易》之象也。所变而玩者，爻之辞也。是故，君子居则观其象而玩其辞；动则观其变而玩其占③。是以自天右之，吉无不利。

【精注】

①三极：古人认为，天、地、人为宇宙万物最崇高的，故称之为三极。②安：通按，案。观察也。③占：占断，临事卜问占断其吉凶。

【今译】

圣人创立八卦及六十四卦，观察卦象爻象，把卦爻辞联系在卦爻后而来推测未来的吉凶。（分阳爻阴爻为刚柔），由刚柔的激荡而产生变化。因此卦爻辞中的吉和凶，是人事得和失的象。卦爻辞中的悔和吝，是人心忧惊的象。卦爻辞的变化，是事物旧的要离去、新的即将来的象。卦爻辞中的刚柔，是昼夜阴阳的象。六爻的变动，是天道、地道、人道的变化。因此君子平居之时而细心观察的，是《易经》的象，喜乐而揣摩的，是爻的辞。所以君子平居就观察卦象和揣摩爻辞，行动就观察它的变化揣摩它的吉凶，因此上天自然保佑他，而获得吉祥，无往而不利。

【集解】

圣人设卦。

案："圣人"谓伏羲也。始作八卦，重为六十四卦矣。

疏 《礼纬·含文嘉》："伏羲德洽上下，天应以鸟兽文章，地应以河图洛书，则而象之乃作《易》。"故"圣人为伏羲也"。仰观象于天，俯观法于地，中观万物之宜，始画八卦，卦有三爻，因而重之，为卦六十有四，故曰"设卦"。

观象系辞焉。

案：文王观六十四卦三百八十四爻之象，而系属其辞。

疏 《下传》曰："《易》之兴也，其当殷之末世，周之盛德邪，当文王与纣之事邪。"《帝王世纪》曰："文王在羑里，演六十四卦，著七八九六之爻，谓之《周易》。"《下》又曰"八卦以象告"。故云"文王观六十四卦三百八十四爻之象，而系属其辞"也。

而明吉凶。

荀爽曰：因得明吉，因失明凶也。

疏 三百八十四爻有得有失，即有吉有凶，故"因得明吉，因失明凶"。

愚案：《释文》称虞本更有"悔吝"二字，以下文"悔吝者"证之，当从虞本补入为是。

刚柔相推，而生变化。

虞翻曰：刚推柔生变，柔推刚生化也。

疏 六爻之刚柔也，一往一来曰"推"，阳称"变"，阴称"化"。阳来阴往，则刚推柔生变。阴来阳往，则柔推刚生化。刚柔相推，消息之象也，文王因之，而为九六变化。

是故吉凶者，失得之象也。

虞翻曰：吉则象得，凶则象失也。

疏 "失得"谓阴阳失位得位，言文王观象以正人事，谓

《易》辞之吉凶，象人事之失得也。

悔吝者，忧虞之象也。

荀爽曰：忧虞小疵，故悔吝也。

虞翻曰：悔则象忧，吝则象虞也。

干宝曰：悔亡则虞，有小吝则忧。忧虞未至于失得，悔吝不入于吝凶。事有小大，故辞有缓急，各象其意也。

疏　荀注：下文云"悔吝者，言乎其小疵也"，故云"忧虞小疵，故悔吝也"。

虞注：悔自内生，故象忧。忧者，思也，思其内之可愧者也。吝自外至，故象虞。虞者，度也，度其外之可羞者也。谓易辞之悔吝，象人事之忧虞也。

干注：虞，驭虞也，故"悔亡则虞，有小吝则忧"。此又以悔象虞，吝象忧也。忧近失，虞近得，故"忧虞未至于失得"。悔近吉，吝近凶，故"悔吝不入于吉凶"。吉凶，失得大而急；悔吝，忧虞小而缓。故"事有小大，则辞有缓急"，盖各象其意而属辞也。

变化者，进退之象也。

荀爽曰：春夏为"变"，秋冬为"化"，息卦为"进"，消卦为"退"也。

疏　阳称变，春夏阳，故"为变"。阴称化，秋冬阴，故"为化"。阳息而进，故"息卦为进"。阴消而退，故"消卦为退"。《乾凿度》曰"阳动而进，阴动而退"，盖阳动为变，阴动为化，故曰"变化者，进退之象也"。

刚柔者，昼夜之象也。

荀爽曰："刚"为乾，"柔"为坤。乾为"昼"，坤为"夜"，昼以喻君，夜以喻臣也。

疏　《杂卦》曰"乾刚坤柔"，故"刚谓乾，柔谓坤"。乾阳为"昼"，坤阴为"夜"。乾为君，故"昼阳以喻君"。坤臣道，故"夜阴以喻臣也"。

六爻之动。

陆绩曰：天有阴阳二气，地有刚柔二性，人有仁义二行。

六爻之动，法乎此也。

疏　《说卦》"立天之道，曰阴与阳"，故云"天有阴阳二气"。"立地之道，曰柔与刚"，故云"地有刚柔二性"。"立人之道，曰仁与义"，故云"人有仁义二行"。六爻之动，兼乎三才，故云"法乎此"。

三极之道也。

陆绩曰：此三才极至之道也：初四下极，二五中极，三上上极也。

疏　此言六爻为三才极至之道，以初四为下极，二五为中极，三上为上极。分内外为三极，不应经义。盖极者，中也。《说文》："极，栋也。"《逸雅》："栋，中也。居屋之中也"，故《洪范》"建用皇极"。《周礼》"设官分职，以为民极"，郑氏皆训"极"为"中"也。郑《易》注"三极，三才也"。《周书·小开武》曰："三极，一维天九星，二维地九州，三维人四虞。"故郑以三极为三才也。以五行言，则五六为天地之中；以姤、复言，则二至为天地之中；以四时言，则春秋为天地之中；以爻位言，则二五为天地之中也。《春秋传》曰："民受天地之中以生。"天地人，故称"三极"。六爻兼三才而两之，故曰"三极之道也"。

是故君子所居而安者，易之象也。

虞翻曰：君子谓文王。象谓乾二之坤，成坎月离日，日月为象。"君子黄中通理，正位居体"，故"居而安者，易之象也"。旧读"象"误作"厚"，或作"序"，非也。

疏　"君子谓文王"者，以其《系辞》，谓之"圣人"；以法后世，谓之"君子"。"二"当作"五"。乾五变之坤，成大有，坎伏比成离，坎为月，离为日。日月在天，成八卦象，故"日月为象"，详见"在天成象"注。因下文引大有上九爻辞，故以乾五变坤为说，举一以例其余也。"君子黄中通理，正位居体"，坤六五《文言》文。坤色"黄"，五位"中"，以乾通坤为"通理"，五正阳位为"正位"，互艮止为"居体"。引此文者，盖以乾五通坤，坤为安，互艮为居，五得正，故曰

"居而安者，易之象也"。旧读"象"作"厚"，"厚"字无说，俗本作"序"，虞亦不用，故云"非也"。盖以下文"居则观其象"，故知"序"为"象"也。

所变而玩者，爻之辞也。

虞翻曰："爻者，言乎变者也"。谓乾五之坤，坤五动则观其变，旧作"乐"，字之误。

疏 "爻"谓九六相变，故"爻者，言乎变者也"。坤五动之乾为大有，坤五之动，由乾五之坤，故"坤五动则观其变"。此玩爻之例也。"变"旧作"乐"，虞不用，故云"字之误"。盖以下"动则观其变"，故知"乐"为"变"也。

是故君子居则观其象而玩其辞。

虞翻曰：玩，弄也。谓乾五动成大有，以离之目，观天之象。兑口玩习所系之辞，故"玩其辞"。

疏 "玩，弄也"，《说文》文。乾五动之坤成大有，上离下乾，离为目，乾为天，故"以离之目，观天之象"，谓天三爻之象也。五体互兑为口，又兑以"朋友讲习"，故以"兑口玩习所系之辞"也。观象玩辞，如《左传》："蔡墨云在乾之姤"、"知庄子云在师之临"之类，是也。

动则观其变而玩其占。

虞翻曰：谓观爻动也。"以动者尚其变"，"占事知来"，故"玩其占"。

疏 乾五之坤为坤五动，故"谓观爻动也"。九六发动挥变，故"以动者尚其变"。乾以知来，乾动成离而未来之事可言，故"占事知来"。"玩其占"者，谓玩三百八十四爻之占动也。观变玩占，如"陈侯遇观之否，晋侯遇大有之睽"之类是也。

是以"自天右之，吉无不利"。

虞翻曰：谓乾五变之坤成大有，有天地日月之象。文王则庖牺，亦与天地合德，日月合明。"天道助顺，人道助信，履信思顺"，故"自天右之，吉无不利"也。

疏 乾五变之坤成大有，大有通比，大有离为日，乾为天，比坎为月，坤为地，故"有天地日月之象"。文王上则伏羲，有乾坤之德，具坎离之明，故"亦与天地合德，日月合明"。"天道助顺"以下，亦《系传》文也。前言吉凶悔吝者，圣人系辞，以著人事之常。此言"吉无不利"者，君子观变，以尽天理之正。《传》独引此爻辞者，乾之通坤，得尊位大中，自大有五爻始，而乾天所右，实在上爻，故特举以为例。虞注自"居而安者"以下，皆据乾五之坤为言，盖三百八十四爻，皆有观象观变玩辞玩占之事，故举首以例其余也。

系辞上第三

【原典】

象者①，言乎象者也。爻者②，言乎变者也。吉凶者，言乎其得失也。悔吝者，言乎其小疵也。无咎者，善补过也。是故列贵贱者，存乎位。齐小大者，存乎卦。辨吉凶者，存乎辞③。忧悔吝者，存乎介④。震无咎者，存乎悔。是故卦有小大，辞有险易，辞也者，各指其所之⑤。

【精注】

①象：此处不是指《象传》，而是指《卦辞》。②爻：《系辞》作者称辞为爻，不是指爻画。③辞：指卦爻辞。④介：《周易集辞》："虞翻曰：'介，纤也。故存乎介，谓识小疵也。'"⑤各指其所之：卦爻辞个个指示人的所住，趋吉避凶。

【今译】

卦辞是讲卦的整体的象征意义。爻辞是讲爻所显示的世间万物的变化。吉凶，是讲人们行动之后的结果。悔吝，是讲人们行为有小的偏失。无咎，是讲人们善于补过。因此排列贵贱的在于爻位，分清大小的在于卦，辨别吉凶的在于辞，忧悔吝的在于识小疵，行动而无咎的在于追悔（而惩戒）。所以卦有大小，辞有险难平易。卦辞、爻辞是各自指出（趋吉避凶）一个大的方向。

中華藏書

周易全书·最新整理珍藏版

中国书店

【集解】

《彖》者，言乎象者也。

虞翻曰："在天成象"，"八卦以象告"。《彖》说三才，故"言乎象也"。

疏 "在天成象"，未画之象也。"八卦以象告"，既画之象也。《彖》言两象，故"说三才"。《彖》兼三才而说两象，故"言乎其象也"。

爻者，言乎变者也。

虞翻曰：爻有六画，所变而玩者。爻之辞也，谓九六变化，故"言乎变者也"。

疏 六画称爻，爻皆有变，变可观辞，故"所变者，爻之辞也"。《下传》曰："道有变动，故曰爻。"爻之九六，阴阳相变，故"言乎变者也"。

吉凶者，言乎其失得也。

虞翻曰：得正言吉，失正言凶也。

疏 正，阴阳正位也。或言正，或言位，互辞也。得乎正位，则言吉，失乎正位，则言凶，故"吉凶者，言乎其失得也"。

悔吝者，言乎其小疵也。

崔憬曰：《系辞》著悔吝之言，则异凶咎。有其小病，比于凶咎，若疾病之与小疵。

疏 《说文》："疵，病也。"《系辞》但称悔吝者，异乎凶咎之甚者也。"小病比于凶咎，若疾病之与小疵"，所谓事有小大，故辞有缓急是也。

无咎者，善补过也。

虞翻曰：失位为咎。悔，变而之正，故"善补过"，孔子曰"退思补过"者也。

疏 王弼《略例》曰："凡言无咎者，本皆有咎者也。防得其道，故得无咎。"咎在阴阳失位，故云"失位为咎"。若能悔焉，变而之正，则咎者可以无咎矣。过而能改，故曰"善补过者也"。孔子曰:"退思补过"。《孝经》及《左传·宣公十二年》文。《论语》曰:"假我数年,五十以学《易》,可以无大过矣。"是《周易》为补过之书,而补过之道,在乎无咎。无咎之道,存乎能悔,悔则咎之所由无,而过之所由补者也。三百八十四爻,一言以蔽之,曰"善补过"。

是故列贵贱者,存乎位。

侯果曰:二五为功誉位,三四为凶惧位。凡爻得位则贵,失位则贱,故曰"列贵贱者,存乎位"矣。

疏 《下传》曰"二多誉,四多惧",又"三多凶,五多功,贵贱之等也",故云"二五为功誉位,三四为凶惧位"。凡爻,阴阳得位为贵,失位为贱。寻贵贱之义不一,《上传》云"卑高以陈,贵贱位矣",虞注云"乾高贵五,坤卑贱二"。谓九五贵,六二贱,此贵贱之正位也。若阳贵阴贱,则爻在下者,亦得言贵,如屯初之《传》曰"以贵下贱,大得民"是也。若阳而无德,居正亦贱,如颐初九《传》曰"观我朵颐,亦不足贵"是也。若两爻本皆阳位,则上贵下贱,如三为下体之君,对五亦为贱,即三五"贵贱之等"是也。合兹数说,其义始备,故曰"列贵贱者存乎位"。

齐小大者,存乎卦。

王肃曰:"齐"犹正也。阳卦大,阴卦小,卦列则小大分,故曰"齐小大者,存乎卦"也。

疏 《诗·小宛》:"人之齐圣。"毛传"齐,正也",故云"齐犹正也"。阳大阴小,故"阳卦大,阴卦小"。陈列卦象,有小有大,如临阳息之卦,"临者,大也",是临为大卦也。遁阴消之卦,遁"小利贞",是遁为小卦也。泰"小往大来",为大卦。否"大往小来",为小卦。又小畜、大畜、小过、大过、大有、大壮,皆以大为阳,小为阴,其卦可例推也。正其大小,截然不紊,故曰"齐小大者存乎卦"。

辨吉凶者,存乎辞。

韩康伯曰:辞,爻辞也,即"爻者,言乎变也"。言象,所以明小大,言变,所以明吉凶,故大小之义存乎卦,吉凶之

中華藏書

第一部 周易原典

中国书店

八一五

中華藏書

周易全书·最新整理珍藏版

中国书店

状见乎爻。至于悔吝无咎，其例一也。吉凶悔吝，小疵无咎，皆生乎变，事有小大，故下历言五者之差也。

疏 辞，六爻之辞也。九六变则有辞，故"即爻者，言乎变也"。象有阴阳，故"言象，所以明小大"。变有得失，故"言变，所以明吉凶"。卦统全体，故大小之义，存乎卦象。爻著一端，故吉凶之状，见乎爻辞。"至于悔吝无咎"，皆吉凶之类，故"其例一也"。吉凶悔吝，小疵无咎，其辞皆生于九六之变。"事有小大"者，孔云"大则为吉凶，小则为悔吝无咎也"。"故下历言五者之差"者，孔氏谓"吉一，凶二，悔三，吝四，无咎五"也。

愚案：京氏云"辨，明也"。虞、董诸家皆云"辨，别也"。阴阳得位则吉，失位则凶。有应则吉，无应则凶。故曰"辨吉凶者存乎辞"。

忧悔吝者，存乎介。

虞翻曰：介，纤也。"介如石焉，断可识也"，故"存乎介"，谓识小疵。

疏 《汉书·元后传》："不以往事为纤介。"故云"介，纤也"。《下传》曰"介如石焉，宁用终日，断可识矣"，盖释豫二爻辞，以明"见几而作，不俟终日"之义也。知几故微，微故"存乎介"。举豫二以为则也。王氏云"忧悔吝之时，其介不可慢也"，即"悔吝者，言乎其小疵也"。《参同契》曰"纤介不正，悔吝为贼"，故"忧悔吝者，存乎介"。

震无咎者，存乎悔。

虞翻曰：震，动也。"有不善，未尝不知之，知之，未尝复行"，"无咎者，善补过"，故"存乎悔"也。

疏 《序卦》曰"震者，动也"，复初为震，故云"震，动也"。"有不善，未尝不知，知之，未尝复行也"，《下传》文。盖复时，坤乱于上，故"有不善"。"复以自知"，故"未尝不知"。"克己复礼"，故"知之，未尝复行也"。举复初以为则也。无咎由于补过，补过由于能悔，复初爻辞曰"不远复，无祗悔，元吉"。惟能悔，斯无悔，故"震无咎者，存乎悔"。

是故卦有小大，辞有险易。辞也者，各指其所之。

虞翻曰：阳易指天，阴险指地。"圣人之情见乎辞"，故"指所之"。

疏 "齐小大者存乎卦"，故曰"卦有小大"，谓全体也。"辨吉凶者存乎辞"，故"辞有险易"，"险易"即吉凶也，谓一爻也。京氏云"易，善也，险，恶也"，乾积阳为善，故"阳易指天"，坤积阴为恶，故"阴险指地"。"圣人之情见乎辞"，《下传》文。"各指所之"者，王氏谓"之泰则其辞易，之否则其辞险"是也。

系辞上第四

【原典】

《易》与天地准，故能弥纶天地之道。仰以观于天文，俯以察于地理，是故知幽明之故；原始及终，故知死生之说；精气为物，游魂为变^①，是故知鬼神之情状。与天地相似，故不违；知周乎万物而道济天下，故不过；旁行而不流，乐天知命，故不忧；安土敦乎仁，故能爱^②。范围天化之化而不过，曲成万物而不遗，通乎昼夜之道而知，故神无方而《易》无体^③。

【精注】

①精气为物，游魂为变：精气，阴阳凝聚之气，古人认为"神"是生命赖以存在的因素，即下文所谓"神"；游魂，魂气游散所生的变异，即下文所谓"鬼"。②安土敦乎仁，故能爱：安土，犹言"安处其环境"。这是说明通《易》者有"安土"、"敦仁"之德，故能泛爱天下。③神无方而《易》无体：总结前三句并说明全文大意，以神的奥妙不泥于一方，比拟《易》的变化不定于一体，正是指明"阴阳不测"的辩证哲理。

【今译】

《周易》的象征与天地相准拟，所以天地间的道理无所不包。用《周易》的法则仰观天上日月星辰的文采，俯察地面山川原野的理致，就能知晓幽隐难见和显明可察的事理；推原事物的初始并返求事物的终结，就能明了死和生的规律；考察精气凝聚成为物形，魂体游散造成变化，就能知晓鬼神的情实和状态。（人们掌握的《周易》哲学）和天地的道理相似相通，所以行事时不违背天地自然的规律；智慧周遍于万物而道德足以匡济天下，所以动止不会偏差；权力广泛推行而不流溢淫滥，乐于天然而知其命数，所以无所忧愁；安处于自身的环境并温柔敦厚地施行仁义，所以天下百姓才能归顺。（可见《易》道之大）足以拟范周备天地的化育而不致偏失，足以曲尽细密地助成万物发展而不使遗漏，足以会通于幽明昼夜的道理而无所不知，所以说神奇奥妙的《易》旨不泥于一方而《周易》的变化不定于一体。

【集解】

易与天地准，故能弥纶天下之道。

虞翻曰：准，同也。弥，大。纶，络。谓易在天下，包络万物，"以言乎天地之间则备矣"，故"与天地准"也。

疏 京氏云"准，等也"。《曲礼》曰"见同等不起"，"等"有"同"义，故云"准，同也"。京氏云"弥，遍也"，《春官》："眡祲七曰弥。"郑注"弥者，白虹弥天也"，故云"弥，大"。王肃云"纶，缠裹也"，扬子《解难》曰"宓牺氏之作《易》也，绵络天地，经以八卦"，注"包络之也"，故云"纶，络"。《乾凿度》曰"为道德苞籥"，故"谓易在天下，包络万物"。"以言天地之间则备矣"，《下传》文。又曰"《易》之为书，广大悉备"，荀彼注云"以阴易阳谓之广，以阳易阴谓之大。易与天地准，固悉备也"，是其义也。

仰以观于天文，俯以察于地理。

荀爽曰：谓阴升之阳，则成天之文也。阳降之阴，则成地之理也。

疏 升降，谓二五也。否变未济，则阴升之阳，有仰象焉。《贲·彖传》曰"观乎天文，以察时变"，故"成天之文"。泰变既济，则阳降之阴，有俯象焉。《乾凿度》曰"地静而理曰义"，故"成地之理"。

愚案：荀《易》皆主乾升坤降。此言阴升阳降者，盖乾二《文言》曰"天下文明"，以二变阴，离为明也。二升之五，则仰观乎天文。以坤五《文言》曰"黄中通理"，以五变阳，坎为通也。五降之二，则俯察乎地理矣。离目坎耳，耳目聪明，故言"观察"。

是故知幽明之故。

荀爽曰："幽"谓天上地下，不可得睹者也，谓否卦变成未济也。"明"谓天地之间，万物陈列，著于耳目者，谓泰卦变成既济也。

疏　《说文》："幽，隐也。"谓"天上地下"者，天地不分，其象为否，故六合之外，不可得睹也。否变未济，离日坎月失位，故"幽"。《说文》："明，照也。"谓"天地之间"者，天地交，其象为泰，故"万物陈列，著于耳目"也。泰变既济，离日坎月得正，故明。既、未济皆有坎离象，日月为明，故"知幽明之故"。

案：吴君高《越纽》曰"阳动于上，以成天文，阴变于下，以成地理"，即虞氏《说卦》注云"乾三画成天文，坤三画成地理"是也。《吕氏春秋》曰"阴阳变化，一上一下，合而成章"，"章"即天文地理也，"阴阳"即幽明也。观震巽出入，则知日月之行。察五位方隅，则知山川维络之纪。乾坤代序，则知温凉寒暑之候。六位成章，则知太和保合之理。"故知幽明之故"也。

原始及终，故知死生之说。

《九家易》曰：阴阳交合，物之始也，阴阳分离，物之终也。合则生，离则死，故"原始及终，故知死生之说"矣。交合，泰时春也，分离，否时秋也。

疏　阴阳交合，其象为泰，万物发生，故云"物之始也"。阴阳分离，其象为否，万物收成，故云"物之终也"。乾坤交则互震，"万物出乎震"，故"合则生"。乾坤离则互艮成终，又为鬼门，故"离则死"。《管子·戒篇》："春出原农事之不本者。"注云"原，察也"，王氏云"死生者，始终之数"，故

中華藏書

周易全书·最新整理珍藏版

中国书店

八二〇

"原始及终，故知死生之说矣"。消息泰为正月卦，故"交合，泰时春也"。否为七月卦，故"分离，否时秋也"。

愚案：《乾·象传》曰："大哉，乾元，万物资始"，是"始"谓乾也。《坤·文言》曰"地道无成而代有终也"，是"终"谓坤也。故虞君《下传》注云"以乾原始，以坤要终，谓原始及终，以知死生之说"，又云"出阳知生，入阴惧死"，是其义也。

精气为物，游魂为变。

虞翻曰：魂，阳物，谓乾神也。变谓坤鬼。乾纯粹精，故主为物。乾流坤体，变成万物，故"游魂为变"也。

疏　《昭七年·左传》"人生始化为魄。既生魄，阳曰魂"，《说文》："魂，阳气也。"故云"魂，阳物"。《淮南子·说山训》："魄问于魂。"注云"魂，人阳神"，故"谓乾神也"。坤无魂，坤魂亦乾也。"变谓坤鬼"者，鬼亦神为之，故言"神无方"，不言鬼也。《乾·文言》曰"纯粹精也"，万物资始乾元，故"主为物"。《夏小正》曰"魂者动也"，乾之精气，流于坤体，变成万物，故"游魂为变"。《越纽录》曰"神主生气之精，魂主死气之舍"，故精气则物成其形，魂游则物变其故也。

是故知鬼神之情状。与天地相似，故不违。

虞翻曰：乾神似天，坤鬼似地。圣人与天地合德，鬼神合吉凶，故"不违"。

郑玄曰："精气"谓七八也，"游魂"谓九六也。七八木火之数。九六金水之数。木火用事而物生，故曰"精气为物"。金水用事而物变，故曰"游魂为变"。精气谓之"神"，游魂谓之"鬼"。木火生物，金水终物，二物变化，其情与天地相似，故无所差违之也。

疏　虞注：乾为"神"为"天"，故"乾神似天"。坤为"鬼"为"地"，故"坤鬼似地"。乾神坤鬼，即天地之用也，故"相似"。圣人即大人。《文言》荀氏注云"与天合德谓居五，与地合德谓居三"。虞又云"乾神合吉，坤鬼合凶，故与鬼神合其吉凶"。天且弗违而况于鬼神，故"不违"。

郑注：《乾凿度》曰"阳变七之九，阴变八之六"，七少阳，八少阴，故"精气谓七八"。九老阳，六老阴，故"魂谓九六"。天七属火，地八属木，故"七八，木火之数"。天九属金，地六属水，故"九六，金水之数"。木属春，火属夏，木火用事，生物之时，故曰"精气为物"。金属秋，水属冬，金水用事，变物之时，故曰"游魂为变:。郑氏又云"游魂，谓之鬼"，物终所归，"精气，谓之神"，物生所信也。言木火之神，生物东南，金水之鬼，终物西北。二者之情，其状与春夏生物秋冬终物相似，故云"二物变化，其情与天地相似，故无所差违之也"。

知周乎万物。

荀爽曰："二篇之册，万有一千五百二十，当万物之数"，故曰"知周乎万物"也。

疏 "二篇"谓上下经六十四卦之册。《传》以爻册当万物之数，故曰"知周乎万物"也。

而道济天下，故不过。

《九家易》曰：言乾坤道，济成天下而不过也。

王凯冲曰：知周道济，洪纤不遗，亦不过差也。

疏 《九家》注：言乾坤之道，交易成既济定，故云"济成天下而不过也"。

王注：知周万物，言其微无不入，道济天下，言其大无不包，故云"洪纤不遗，亦不过差也"。

愚按：坤为知，乾为道，皆虞义也。万物致养乎坤，故曰"知周万物"。乾为天，故曰"天下"。阳道制命，坤化成物，天地交泰，乾二升五，坤五降二，成既济定，保合太和，故"道济天下"也。六爻皆正而无过失，故"不过"。

旁行而不流。

《九家易》曰：旁行，周合。六十四卦月主五卦，爻主一日，岁既周而复始也。

侯果曰：应变旁行，周被万物而不流淫也。

疏　《九家》注：《稽览图》消息六十卦，小过、蒙、益、渐、泰属寅，需、随、晋、解、大壮属卯，豫、讼、蛊、革、夬属辰，旅、师、比、小畜、乾属巳，大有、家人、井、咸、姤属午，鼎、丰、涣、履、遯属未，恒、节、同人、损、否属坤，巽、萃、大畜、贲、观属酉，归妹、无妄、明夷、困、剥属戌，艮、既济、噬嗑、大过、坤属亥，未济、蹇、颐、中孚、复属子，屯、谦、睽、升、临属丑。坎冬、震春、离夏、兑秋为四正卦。"旁行"为"周合"者，谓由复而坤，由坎而兑，周行六十四卦也。每月五卦，卦主六日七分，是"爻主一日"也。六十而一周，六六三百六十爻，值六六三百六十日，故云"岁既周而复始也"。

侯注：旁行，旁通也。消息之卦，应变旁通，以济成乾坤，"周被万物而不流淫也"。

乐天知命，故不忧。

荀爽曰：坤建于亥，乾立于巳。阴阳孤绝，其法宜忧。坤下有伏乾为"乐天"，乾下有伏巽为"知命"。阴阳合居，故"不忧"。

疏　消息之卦，坤纯阴在十月亥。乾纯阳在四月巳。纯阴纯阳，故云"阴阳孤绝，其法宜忧"。坤下有伏乾，谓乾伏坤初为震。震为乐，初九乾也，故为天，是"乐天"也。乾下有伏巽，谓巽伏乾初。巽为命，故"知命"。消息坤在十月亥，亥居西北乾方，坤下有乾，故云"阴阳合居"。孤绝则居，合居则不忧。且坎为加忧，十二消息不见坎象，故"不忧"。

安土敦乎仁，故能爱。

荀爽曰："安土"，谓否卦，乾坤相据，故"安土"。"敦仁"，谓泰卦，天气下降，以生万物，故"敦仁"。生息万物，故谓之"爱"也。

疏　坤为安，又为地，否卦以乾据坤，故曰"安土"。坤厚为敦，乾复震为仁。泰卦内乾，故为"天气下降"。坤为万物，互震为生，故"以生万物"。以坤乘乾，故曰"敦仁"。乾仁博施，生息万物，故"能爱"也。

范围天地之化而不过。

《九家易》曰：范者，法也。围者，周也。言乾坤消息，法周天地，而不过于十二辰也。辰，日月所会之宿，谓诹訾、降娄、大梁、实沈、鹑首、鹑火、鹑尾、寿星、大火、析木、星纪、玄枵之属是也。

疏 《释诂》云"法，范，常也"，"法"、"范"同训常，故云"范，法也"。围，古文作囗，《说文》云"囗，回也"，《汉书·刘向传》"周回五百里"，"囗""周"同训回，故云"围，周也"。阳主息，阴主消，故"言乾坤消息"。历十二爻而岁一周，故云"法周天地"。十二爻爻主一辰，故"不过十二辰也"。《左传·昭公七年》"日月之会是谓辰"，故云"辰，日月所会之宿"，杜预谓"一岁日月十二会，所会谓之辰"是也。皇甫谧《帝王世纪》曰："自危十七度至奎四度曰诹訾之次。于辰在亥，谓之大渊献。斗建在寅。自奎五度至胃六度曰降娄之次。于辰在戌，谓之阉茂。斗建在卯。自胃七度至毕十一度曰大梁之次。于辰在酉，谓之作噩。斗建在辰。自毕十二度至东井十五度曰实沈之次。于辰在申，谓之涒滩。斗建在巳。自井十六度至柳八度曰鹑首之次。于辰在未，谓之协洽。斗建在午。自柳九度至张十七度曰鹑火之次。于辰在午，谓之敦牂。斗建在未。自张十八度至轸十一度曰鹑尾之次。于辰在巳，谓之大荒落。斗建在申。自轸十二度至氐四度曰寿星之次。于辰在辰，谓之执徐。斗建在酉。自氐五度至尾九度曰大火之次。于辰在卯，谓之单阏。斗建在戌。自尾十度至斗十度曰析木之次。于辰在寅，谓之摄提格。斗建在亥。自斗十一度至婺女七度曰星纪之次。于辰在丑，谓之赤奋若。斗建在子。自婺女八度至危十六度曰玄枵之次。于辰在子，谓之困敦。斗建在丑。凡天十有二次，日月之所缠。子丑等十二辰在地。诹訾等十二次在天。"此言天地之化，故举十二次也。

曲成万物而不遗。

荀爽曰：谓二篇之册，曲成万物无遗失也。侯果曰：言阴阳二气，委曲成物，不遗微细也。

疏　荀注：二篇万有一千五百二十，当万物之数，故"曲成万物无遗失也"。

侯注：万物资始于乾，资生于坤。一物之微，莫不禀受阴阳之气。《说文》曰"委，随也"，又曰"曲，象器受物之形"。言阴阳二气，随物付形，不遗微细。《中庸》言"鬼神之德，体物不遗"，是其义也。

通乎昼夜之道而知。

荀爽曰："画"者，谓乾，"夜"者，坤也。通于乾坤之道，无所不知矣。

疏　乾阳为"昼"，坤阴为"夜"，故"昼者谓乾，夜者坤也"。"通乎昼夜之道"，则于幽明死生鬼神之事，无所不知矣。

愚案：范围天地举其大，曲成万物举其细，通乎昼夜举其流行。《论语》："子在川上曰：'逝者如斯夫，不舍昼夜。'"，言其道之流行不息也。通乎道之流行，则阴阳消息，往复平陂，一以贯之矣，故曰"通乎昼夜之道而知"。

故神无方而易无体。

干宝曰：否、泰盈虚者，神也。变而周流者，易也。言神之鼓万物无常方，易之应变化无定体也。

疏　神本"阴阳不测"，故"否、泰"盈虚者，神也。易则"唯变所适"，故"变而周流者易也"。自阴阳言之谓之"神"，故"神之鼓万物无常方"。自乾坤言之谓之"易"，故"易之应变化无定体"。"神无方"故"易无体"，谓出乾入坤，"上下无常，周流六虚"者也。

系辞上第五

【原典】

一阴一阳之谓道①。继之者善也，成之者性也。仁者见之谓之仁，知者见之谓之知，百姓日用而不知，故君子之道鲜矣。显诸仁，藏诸用，鼓万物而不与圣人同忧②。盛德大业至矣哉！富有之谓大业，日新之谓盛德，生生之谓易，成象之谓乾，效法之谓坤，极数知来之谓占，通变之谓事，阴阳不测之谓神③。

【精注】

①一阴一阳之谓道：这是以阴阳变更运动释"道"的概念，揭示出事物矛盾对立、互相转化的自然规律。②鼓万物而不与圣人同忧：不与圣人同忧，意思是"与圣人之忧不同"，常人与圣人思维方式有差异。此句揭明天地之"道"化育万物，与圣人体"道"为用的区别，在于前者是自然无为，后者是有为而未免忧患，故称"不同"。③阴阳不测之谓神：这是对上文的总结，说明阴阳变化的神妙，不可测变，就是前章"神无方而《易》无体"的意思。

【今译】

一阴一阳的矛盾的变化规律就叫做"道"。传继此道发扬光大以开创万物的就是"善"，蔚成此道柔顺贞守以孕育万物的就是"性"。仁者发现"道"与仁德相通就称之为仁，智者发现"道"与智德相通就称之为智，百姓日常应用此"道"却茫然，因此君子所谕示的"易道"的全面意义就更是很少人懂得了。天地阴阳之"道"显现于仁德，潜藏于日用，在自然无为中鼓动化育万物而与圣人体"道"尚存忧患之心有所不同。然而圣人努力效法"道"的盛美德行和宏大功业也算功德无量了！大获所有而众物归附称作宏大功业，日日更新而自我完善称作盛美德行。阴阳转化以致生生不绝叫作变易，画卦形成天的象征叫做乾，画卦仿效地的法式叫做坤，穷极蓍数以预知将来叫做占筮，会通万物的变化叫做天下的事态，阴阳矛盾互转而妙不可测，这就是微妙的神。

【集解】

一阴一阳之谓道。

韩康伯曰："道"者何？无之称也。无不通也，无不由也，况之曰"道"。寂然无体，不可为象，必有之用极，而无之功显，故至乎"神无方而易无体"，而道可见矣。故穷变以尽神，因神以明道。阴阳虽殊，无一以待之。在阴为无阴，阴以之生，在阳为无阴，阳以之成，故曰"一阴一阳"也。

疏 孔疏曰：云"道者何？无之称"者，此韩氏自问其道而释之也。"道"是虚无之称，以虚无能开通于物，故称之曰"道"。云"无不通，无不由"者，若处于有，有则为物碍难，不可常通。道既虚无为体，则不为碍难，故"无不通也"。"无不由"者，言万物皆因之而通，由之而有。云"况之曰道"者，比况道路以为称也。"寂然无体，不可为象"者，谓寂然幽静而无体，不可以形象求，是"不可为象"。至如天覆地载，日照月临，冬寒夏暑，春生秋杀，万物运动，皆由道而然，岂见其所营，知其所为。是"寂然为体，不可为象"也。云"必有之用极，而无之功显"者，犹若风雨，是有之所用。当用之时，以物为心。风雨既极之后，万物赖此风雨，而得生育。是生育之功，由风雨无心而成。是"有之用极，而无之功显"。是神之发作动用，以生万物，其功成乃在于无形。应机应化，虽有功用，本其用之所以，亦在于无也。故至乎神无方而《易》无体，自然无为之道，可显见矣。当其有用之时，道未见也。云"故穷变以尽神"者，神则杳然不测，千变万化。圣人则穷此千变万化，以尽神之妙理，故云"穷变化以尽神"。云"因神以明道"者，谓尽神之理，唯在虚无。因此虚无之神，以明道之所在亦虚无，故云"因神以明道"也。"阴阳虽殊，无一以待之"者，言阴之与阳，虽有两气，恒用虚无之一以拟待之。言在阳之时，亦以为虚无，无此阳也。在阴之时，变以为虚无，无此阴也。云"在阴为无阴，阴以之生"者，谓道虽在于阴而于阴言，道所生皆无阴也。虽无于阴，阴终由道而生，故言阴以生之也。"在阳为无阳，阳以之成"者，谓道虽在阳，阳中必无道也。虽无于阳，阳必由道而成，故言阳以成之也。道虽无于阴阳，然亦不离于阴阳，阴阳虽由道成，即阴阳亦非道，故曰"一阴一阳"也。

愚案：《说卦》曰"立天之道，曰阴与阳"，《乾·象传》曰"乾道变化，各正性命，保合太和"，盖一阴一阳，相并俱生，阳称"变"，阴称"化"，故乾道变化而阴阳之理已备，三极各正，保合太和，道之所由立也。王韩以虚无言道，失其旨矣。

继之者善也，成之者性也。

虞翻曰：继，统也。谓乾能统天生物，坤合乾性，养化成之，故"继之者善，成之者性也"。

疏　《孟子》："君子创业垂统，为可继也。"《乾·象传》曰"乃统天"，《九家易》注云"乾之为德，乃统继天道"，是"统"有"继"义，故云"继，统也"。一阴一阳，皆统于乾元，即《象传》曰"大哉乾元，万物资始，乃统天"，是也。乾元善长，故曰"善也"。乾各正性命为"性"。乾非坤化，性亦不成，故云"坤合乾性，养化成之"。人得乾善之统，资坤之化以成性，故曰"继之者善，成之者性"，即《中庸》"天命之谓性，率性之谓道"，是也。

仁者见之谓之仁，知者见之谓之知。

侯果曰：仁者见道，谓道有仁。知者见道，谓道有知也。

疏　仁者偏于阳，见阳之息谓之仁，故仁者观道，谓道为仁。知者偏于阴，见阴之藏谓之知，故知者观道，谓道为知也。

百姓日用而不知。

侯果曰：用道以济，然不知其力。

疏　百姓颛蒙，日用此道以济，而不知道之功力也。

故君子之道鲜矣。

韩康伯曰：君子体道以为用。仁知则滞于所见，百姓日用而不知，体斯道者，不亦尠矣乎。故常无欲以观妙，可以语至而言极矣。

疏　君子超乎百姓，而合仁知之全，故能"体道以为用"。仁知虽贤，犹有偏见。谓仁谓知，不能遍晓，是"滞于所见"也。《诗·天保》曰"日用饮食，民之质矣"，《论语》曰"民可使由之，不可使知之"，故"日用而不知"也。仁知之偏过于道，百姓之不知不及乎道，故自君子而外，体斯道者，尠矣。"尠"与"鲜"同。《说文》"尠，是少也"。"常无欲以观妙"，《老子·道经》文。言能寂然无欲，以观此道之妙，则可以语说其至理而言其极趣矣。

中華藏書

周易全书·最新整理珍藏版

中国书店

八二八

显诸仁，藏诸用。

王凯冲曰：万物皆成，仁功著也。"不见所为，藏诸用"也。

疏 仁育万物，故"万物皆成，仁功著也"。无为而成，故"不见所为，藏诸用也"。

愚案：乾体仁为仁，《传》又曰"显道神德行"，神谓乾也，故曰"显诸仁"。坤致役为用，《说卦》曰"坤以藏之"，故曰"藏诸用"。且阳息出震，乾元显见于德为仁，是显其所藏之仁，万物之出机也。阳消入巽，乾元退于坤为仁之用，是藏其所显之用，万物之入机也。

鼓万物而不与圣人同忧。

侯果曰：圣人成务，不能无心，故有忧。神道鼓物，寂然无情，故无忧也。

疏 《论语》："尧舜其犹病诸。"《孟子》："圣人之忧民如此。"盖圣人开物成务，不能无心。有心则有迹，有迹故有忧也。若道，则物物而不物于物者也。故天地以"神道鼓物，寂然无情"。无情则无累，无累故无忧也。

案："万物出乎震"，震雷为鼓，"动万物者，莫疾乎雷"，故曰"鼓万物"。乾五为圣人，五在坎中为忧，《下传》曰"作《易》者其有忧患乎"。乾元消息，保合太和，各正性命，故"不同忧"。

盛德大业至矣哉。

荀爽曰：盛德者天，大业者地也。

疏 盛德者天，谓乾为"德"，乾易显仁，故"盛德"。大业者地，谓坤为"业"，坤简藏用，故"大业"也。

富有之谓大业，日新之谓盛德。

王凯冲曰：物无不备，故曰"富有"。变化不息，故曰"日新"。

疏 坤广生为"富"，一消一息，万汇丰殖，故"物莫不备，而曰富有"也。乾五动之坤成离，离为"日"，以乾变坤，以坤化乾，故"变化不息，而日日新"也。

生生之谓易。

荀爽曰：阴阳相易，转相生也。

疏 阳极生阴，阴极生阳，一消一息，转易相生，故谓之"易"。京氏云："八卦相荡，阳入阴，阴入阳，二气交互不停，故曰'生生之谓易'。"

成象之谓乾。

案："道生一，一生二，二生三"。三才既备，以成乾象也。

疏 "道生一，一生二，二生三"，《老子·德经》文。三才，天地人也。乾象六画，实兼三才，故云"三才既备，以成乾象也"。盖"在天成象"，八卦皆阳象也。自显至藏，乾象可见，故以立三才之象矣。

爻法之谓坤。

案："爻"谓效也。效乾三天之法而两地成坤之卦象也。

疏 《下传》曰"爻也者，效此者也"，故云"爻犹效也"。乾天三画之卦，兼三才而两之为六爻，六阴数为坤，故云"效乾三天之法，而两地成坤之卦象也"。

极数知来之谓占。

孔颖达曰：谓穷极蓍策之数，逆知将来之事，占其吉凶也。

疏 蓍策极六画之数，知来事之吉凶，故谓之"占"。

通变之谓事。

虞翻曰："事"，谓变通趋时，以尽利天下之民，谓之事业也。

疏 《下传》曰"变通者，趋时者也"。变通趋时，民不失利，故"谓之事业"。

阴阳不测之谓神。

韩康伯曰：神也者，变化之极，妙万物而为言，不可以形诘者也，故"阴阳不测"。尝试论之曰：原夫两仪之运，万物之动，岂有使之然哉。莫不独化于太虚，欻尔而自造矣。造之非我，理自玄应。化之无主，数自冥运。故不知所以然，而况之神矣。是以明两仪以太极为始，言变化而称极乎神也。夫唯知天之所为者，穷理体化，坐忘遗照。至虚而善应，则以道为称。不思而玄览，则以神为名。盖资道而同乎道，由神而冥于神者也。

疏 孔疏云："神也者，变化之极"者，言神之施为自将，变化之极，以为名也。云"妙万物而为言"者，妙谓微妙也。万物之体，有变象可寻。神则微妙于万物而为言也，谓不可寻求也。云"不可以形诘"者，杳寂不测，无形无体，不可以物之形容，所求而穷诘也。云"造之非我，理自玄应"者，此言神力也。我谓宰主之名也。言物之造作，非由我之主宰所为。其造化之理，自然玄冥相应，而自然造作也。云"是以明两仪以太极为始"者，言欲明两仪天地之体，必以太极虚无为初始。不知所以然，将何为始也。云"言变化而称极乎神"者，欲言论变化之理，不知涯际，唯称极乎神。神则不可神也。云"夫唯知天之所为者，穷理体化，坐忘遗照"者，言数能知天之所造为者，会能穷其物理，体其变化，静坐而忘其事，及遗弃所照之物。任其自然之理，不以他事系心，端然玄寂。如此者，乃能知天之所为也。言天之道亦如此也。坐忘遗照之言，事出《庄子·大宗师》篇也。云"至虚而善应，则以道为称"者，此解道之目也。言至极冥虚而善应于物，则乃目之为道，故云则以道为称。云"不思而玄览，则以神为名"者，谓不可思量而玄远览见者，乃目之为神，故云则以神为名也。云"盖资道而同乎道"者，此谓圣人设教，资取乎道。行无为之化，积化而遂同于道。内外皆无也。云"由神而冥于神也"者，言圣人谓教，法此神之不测，无体无方，以垂于教。久能积渐而冥合于神，不可测也。此皆谓圣人初时，虽法道法神以为无，体未能全无。但行之不已，遂至全无不测。故云"资道而同于道，由神而冥于神也"。

案：神者，乾元之运，出阳入阴，变化不测，易则神之所为也，故曰"阴阳不测之谓神"。

又案："富有"以下至此，所以申释前义也。上云"盛德大业"，故曰"富有之谓大业，日新之谓盛德"。"所居而安者，易之象也"，故曰"成象之谓乾"。"所变而玩者，爻之辞也"，故曰"爻法之谓坤"。"动则观其变而玩其占"，故曰"极数知来之谓占，通变之谓事"。"神无方而易无体"，故曰"生生之谓易，阴阳不测之谓神"。

系辞上第六

【原典】

夫《易》，广矣大矣，以言乎远则不御，以言乎迩则静而正，以言乎天地之间则备矣[1]。夫乾，其静也专，其动也直，是以大生焉。夫坤，其静也翕，其动也辟，是以广生焉。广大配天地，变通配四时，阴阳之义配日月，易简之善配至德。

【精注】

[1]不御：不止。正：通"证"，验证。备：全，无所不备。

【今译】

《易经》的范围广大啊！说到远处则是没有止境的，说到近处则是静止而方正的。说到天地之间的事物是完备的。乾象征天，它静时为团圆形；它动时是刚直的，因此产生了大。坤象征地，它静时为闭合收敛状；它动时是开辟的，因此可产生广。乾坤所指的范围广大与天地相配，乾坤讲的变通跟四季相配，乾坤所讲的阴阳的意义跟日月相配，乾坤所讲的平易简约的美善道理，与圣人至德是统一的。

【集解】

夫易，广矣，大矣。

虞翻曰：乾象，动直，故"大"。坤形，动辟，故"广"也。

疏 "在天成象"，故云"乾象"。"在地成形"，故云"坤形"。下论广生大生，故探以为说也。

以言乎远则不御。

虞翻曰：御，止也。"远"谓乾，天高，不御也。

中華藏書

周易全书·最新整理珍藏版

中国书店

八三二

疏 《释言》："御，禁也。""禁"有"止"义，故云"御，止也"。《左传》曰"天道远"，故"远谓乾"。天高且远，故"不御"也。

以言乎迩则静而正。

虞翻曰："迩"，谓坤。坤"至静而德方"，故"正"也。

疏 《说文》："迩，近也。"扬子《法言》："圣人之言远如天，贤人之言迩如地。"故"迩谓坤"也。"至静而德方"，《坤·文言》文。坤翕故静，德方故正。

以言乎天地之间则备矣。

虞翻曰：谓易广大悉备，有天地人道焉，故称"备"也。

疏 乾天为大，坤地为广，故云"广大悉备"。言天地之间，而人在其中矣，故"有天道焉，有地道焉，有人道焉"。易该三才，故"称备也"。

夫乾，其静也专，其动也直，是以大生焉。

宋衷曰：乾静不用事，则清静专一，含养万物矣。动而用事，则直道而行，导出万物矣。一专一直，动静有时，而物无夭瘁，是以大生也。

疏 乾奇为一，一故专，专则愈直。当其静不用事，则清静专一，专者，一之存也，故有含养万物之德。及其动而用事，则直道而行，直者，一之发也，故有导出万物之功。静专动直，皆气之至健者为之，故物无夭瘁，而乾之所以大生者在是焉。

夫坤，其静也翕，其动也辟，是以广生焉。

宋衷曰："翕"，犹闭也。坤静不用事，闭藏微伏，应育万物矣。动而用事，则开辟群蛰，敬导沈滞矣。一翕一辟，动静不失时，而物无灾害，是以广生也。

疏 《释诂》"翕，合也"，《汉书·儿宽传》："合祛于天地神明。"李奇曰"合，闭也"，合有闭义，故曰"翕，闭也"。坤偶为两，两故翕，翕则必辟。当其静不用事，闭藏微伏，翕者，两之合也，故有应育万物之德。及其动而用事，则开辟群蛰，辟者，两之分也，故有敬导沈滞之功。静翕动辟，皆体之至顺者为之，故物无灾害，而坤之所以广生者在是焉。

广大配天地。

荀爽曰：阴广阳大配天地。

疏 坤阴为"广"，配阳为"大"。"易与天地准"，故"广大配天地"。

变通配四时。

虞翻曰：变通趋时，谓十二月消息也。泰、大壮、夬配春，乾、姤、遯配夏，否、观、剥配秋，坤、复、临配冬。谓十二月消息，相变通而周于四时也。

疏 《下传》云"变通者，趋时者也"，"时"谓四时，"变通"谓乾坤通变十二消息，即十二辟卦也。泰，乾三也，大壮，乾四也，夬，乾五也，皆春时卦，故"配春"。乾，乾上也，姤，坤初也，遯，坤二也，皆夏时卦，故"配夏"。否，坤三也，观，坤四也，剥，坤五也，皆秋时卦，故"配秋"。坤，坤上也，复，乾初也，临，乾二也，皆冬时卦，故"配冬"。十二月阳息阴消，周于四时，故"变通配四时"。

阴阳之义配日月。

荀爽曰：谓乾舍于离，配日而居，坤舍于坎，配月而居之，义是也。

疏 此据鬼易。乾归合离，坤归合坎也。坤二五之乾成离，故谓"乾舍于离"。离为日，故阳配日而居。乾二五之坤成坎，故谓"坤舍于坎"。坎为月，故阴配月而居。

案：阳息称日，复"七日来复"，是也。防消称月，临"八月有凶"，是也。《诗·七月》"一之日"、"二之日"、"三之日"、"四之日"皆阳息之月，故称日。"五月斯螽动股，六月莎鸡振羽，七月在野，八月在宇"，皆阴消之月，故称月。乾阳主息，坤阴主消，故"阴阳之义配日月"。

易简之善配至德。

荀爽曰：乾德至健，坤德至顺。乾坤简易，相配于天地，故"易简之善配至德"。

疏 乾有至健之德，故"易知"，坤有至顺之德，故"简能"。《乾·象传》曰"天德不可为首也"，《坤·象传》曰"德合无疆"，乾至健，坤至顺，故曰"至德"。乾坤，天地之象，易简，天地之性，故乾坤易简，配于天地。《乾·文言》曰"元者，善之长也"。乾元称善。《坤·象传》曰"至哉坤元"，坤元即乾元，乾善即坤善，故曰"易简之善配至德"。

系辞上第七

【原典】

子曰："《易》，其至矣乎①！夫《易》，圣人所以崇德而广业也。知崇体卑②，崇效天，卑法地，天地设位③，而《易》行乎其中矣。成性存存，道义之门④。"

【精注】

①至：至善至美。②知崇礼卑：是说智慧之可贵在于崇高，礼节之可贵在于谦卑。③设：确立安排。④成性：成就本性。

【今译】

孔子曰："《易》是至善至美的啊！《易》，是圣人用来推崇道德建功立业的一部分。智慧是宝贵的，其宝贵之处在于崇高；礼仪是宝贵的，其宝贵之处在于谦卑。崇高是效法天，谦卑是效法地。天地安排定位，《易》道就运行在天地之中适当的地方了。它成就万物各自的本性，保存万物的存在，成为道义开启之门。"

【集解】

子曰：易其至矣乎。

崔憬曰：夫言"子曰"，皆是语之别端，此更美易之至极也。

疏 更端起义，故言"子曰"。易配至德，故曰"至矣乎"。

夫易，圣人之所以崇德而广业也。

虞翻曰：崇德效乾，广业法坤也。

疏 乾为"德"，坤为"业"，天高故"崇"，地博故"广"。崇德效乾，广业法坤，探下文言之也。

知崇体卑。崇效天，卑法地。

虞翻曰："知"，谓乾，效天崇，"体"，谓坤，法地卑也。

疏 乾"神以知来"，故"知谓乾"。知崇所以崇德，故"效天崇"。坤"正位居体"，故"体谓坤"。体卑所以广业，故"法地卑也"。

天地设位，而易行乎其中矣。

虞翻曰："位"，谓六画之位。乾坤各三爻，故"天地设位"。易出乾入坤，上下无常，周流六虚，故"易行乎其中"也。

疏 "位"者，天一地二，天三地四，天五地六，阴阳配合，即"六画之位"也。"乾坤各三爻"者，谓泰也，故云"天地设位"。言庖牺"参天两地"，立此六爻之位也。泰二出乾，上入坤五，坎离交易，成既济定。乾在下而二之五为在上，坤在上而五之二为在下，故"上下无常"。"六虚"谓六位，各得其正，故"周流六虚"。泰互震为"行"，二五为"中"，故"易行乎其中矣"。

成性存存，道义之门。

虞翻曰："知终终之，可与存义也"。乾为道门，坤为义门。"成性"谓"成之者性也"。阳在道门，阴在义门，"其易之门邪"。

疏 "知终终之，可与存义也"，乾九三《文言》文。三当乾终，故曰"知终终之"，乾三即泰三也，泰坤为义，故曰"可与存义"。兹引乾三《文言》者，盖此章言"崇德广业"，乾九三"子曰君子进德修业"，虞彼注云"乾为德，坤为业。以乾通坤，为进德修业"，而知终存义，即进修之事也。《下传》曰"乾坤其易之门邪"，《乾·象传》曰"乾道变化"，故出乾为道门。《乾凿度》曰"地静而理曰义"，故人坤为义门。"成之者性"，《上传》文。天地消息，乾坤相续，易以坤成乾之性，故"成性谓成之者性也"。乾性常存，道义出焉。乾为阳，故"阳在道门"。坤为阴，故"阴在义门"。"其易之门"，谓乾坤也。

系辞上第八

【原典】

圣人有以见天下之赜，而拟诸其形容，象其物宜，是故谓之象。圣人有以见天下之动，而观其会通，以行其典礼，系辞焉以断其吉凶，是故谓之爻。①

言天下之至赜，而不可恶也；言天下之至动，而不可乱也。拟之而后言，议之而后动，拟议以成其变化。②

"鸣鹤在阴，其子和之；我有好爵，吾与尔靡之。"③子曰："君子居其室，出其言善，则千里之外应之，况其迩者乎？④居其室，出其言不善，则千里之外违之，况其迩者乎？言出乎身，加乎民；行发乎迩，见乎远。言行，君子之枢机。⑤枢机之发，荣辱之主也。言行，君子之所以动天地也，可不慎乎？"

"同人，先号咷而后笑"。⑥子曰："君子之道，或出或处，或默或语，二人同心，其利断金；同心之言，其臭如兰。"⑦

"初六，藉用白茅，无咎"。⑧子曰："苟错诸地而可矣，藉之用茅，何咎之有？⑨慎之至也。夫茅之为物薄，而用可重也。慎斯术也以往，其无所失矣。"

"劳谦，君子有终，吉。"⑩子曰："劳而不伐，有功而不德，厚之至也。⑪语以其功下人者也。德言盛，礼言恭。谦也者，致恭以存其位者也。"

"亢龙有悔。"⑫子曰："贵而无位，高而无民，贤人在下位而无辅，是以动而有悔也。"

"不出户庭，无咎。"⑬子曰："乱之所生也，则言语以为阶。⑭君不密，则失臣；臣不密，则失身；几事不密，则害成。是以君子慎密而不出也。"⑮

子曰："为《易》者其知盗乎？《易》曰：'负且乘，致寇至。'⑯负也者，小人之事也；乘也者，君子之器也。小人而乘君子之器，盗思夺之矣！上慢下暴，盗思伐之矣！慢藏诲盗，冶容悔淫。⑰《易》曰：'负且乘，致寇至。'盗之招也。"

【精注】

①见：通"现"，发现。赜：通赜（zé），幽深难见，这里指深奥的道理的意义。象：形象。宜：适宜，合宜。会通：会合变通。典礼：典常，规范。典，常。②拟：即上文的"拟诸形容"。言：指言说《易》理。议：指审议物情。动：指揭示变动规律。成：实现。③鸣鹤在阴，其子和之；我有好爵，吾与尔靡之：这是中孚卦九二爻爻辞。阴：通荫，树荫。靡：食用，饮用。④迩：近处。⑤枢机：机要。枢，门轴。机，弩机。⑥同人，先号咷而后笑：这是同人卦九五爻爻辞。号咷：大哭。⑦出处：二者相对，出指出仕任职，处指隐退居家。利：锋利。金：金属。臭：气味，这里指芳香之气。⑧初六，藉用白茅，无咎：这是大过卦初六爻爻辞。藉：承设祭品。⑨错：放置。⑩劳谦，君子有终，吉：这是谦卦九三爻爻辞。劳谦：勤劳谦虚。⑪伐：矜夸。不德：不自居有德。⑫亢龙有悔：这是乾卦上九爻爻辞。悔：悔恨困厄。⑬不出户庭，无咎：这是节卦初九爻爻辞。咎：灾祸。⑭阶：阶梯，这里是导引或起因的意思。⑮几：办事之初。出：出口，即说出来。⑯负且乘，致寇至：这是解卦六三爻爻辞。⑰慢藏：轻慢地收藏。冶容：妖冶地打扮。

【今译】

圣人发现了天下深奥的道理，就模拟其复杂的形态而设卦分类，并分别采用合宜的形象表达出来，这就叫做象。圣人发现了天下万物的运动变化，就观察其散乱的阴阳会合交通之处，从万变中提炼出不变的常理规范，并以文辞的形式对其加以说明，用来论断发展变化的结局是吉是凶，这就叫做爻。

象能说明天下幽隐难见的复杂道理，有了象之后，人们就不再觉得它复杂了；爻能说明天下万物散乱的运动变化，有了爻之后，人们就认为它不散乱了。学《易》的人，也应该在模拟卦象之后才述说其中的道理，在审议爻辞之后才根据其中揭示的吉凶采取行动，通过模拟和审议来实现自己的运动变化。

中孚卦九二爻说"鹤在树荫下鸣叫，小鹤随声应和；我有

中華藏書

周易全书·最新整理珍藏版

中国书店

美酒一爵，愿与你同饮用。"孔子解释说："君子平居家中，发表言论，他的言论只要是至善至美的，就是远在千里之外的人也会闻风响应，何况近处的人呢？平居家中，发表言论，他的言论如果不美不善，就是远在千里之外的人也会违背其理，何况近处的人呢？言论是自身发出的，却能够影响百姓；行为是近处发生的，远方的人却能够看见。可见，言论和行为，犹如君子门上的门轴和弩上的扳机，功能不可小觑；门轴的旋转和扳机的振动，掌握着是降临光荣还是耻辱。言论和行为，是君子用来鼓动天地万物的手段，不慎重能行吗？"

同人卦九五爻说"与人和同亲近，起先放声大哭，尔后又放声大笑。"孔子解释说："君子处世待人的准则，是无论出门在外还是静处于家中，无论沉默不语还是夸夸其谈，都要力求两人意气投合，以形成一股锋利得可以切玉断金的力量；而意气投合的言论，其气味就像兰草那样芬芳。"

大过卦说"初六，用洁白的茅草铺地以陈放祭品，不会有灾祸。"孔子解释说："假若直接把祭品陈放在地上，也没有什么不可，现在又铺上一层洁白的茅草，还会有什么灾祸呢？这样做，简直慎之又慎。茅草这种东西，本来是微不足道的，却可以用来陈放祭品，作用极大。只要能够保持用这种慎重的态度办理所有的事情，就一定不会有什么过失。"

谦卦九三爻说"勤劳而谦虚，君子如果一如既往地保持这种美德，必获吉祥。"孔子解释说："勤劳而不自我矜夸，有功而不居德自傲，实在是敦厚。这里说的是那些有功却谦卑而甘居人下的人啊。道德讲究的是隆盛，礼节讲是恭谨。谦虚的要旨，就是通过致力恭谨而保持其地位。"

乾卦上九爻说"巨龙飞升至极顶，肯定会遭遇困厄。"孔子解释说："虽然身份尊贵，但是由于高高在上而根基不稳，使自己实际上失去了权位；虽然地位崇高，但是由于得不到下层的支持，使自己实际上失去了百姓；贤明的人由于地位低下而无法辅佐他，所以轻举妄动肯定会遭遇困厄。"

节卦初九爻说"足不出内院，没有灾祸。"孔子解释说："由于言语不慎，总是会使动乱产生。君王说话不慎守机密，就会失去臣子；臣子说话不慎守机密，就会招致杀身之祸；办事之初不慎守机密，事情就很难成功。所以君子应该慎守机密，机密千万不可泄露出去。"

孔子说："创作《易》书的人，大概对盗贼都比较了解吧？《易》书解卦六三爻说：'身背重物而乘车出行，必然招致盗贼。'身背重物，本来是身份卑贱的小人的事情；而出行乘坐的华丽的大车，是身份高贵的君子的车具。小人乘坐君子的车具，盗贼自然要思谋夺取它啊！君上傲慢暴虐，臣下骄横无礼，盗贼必然有侵占其国家的想法！不加谨慎地收藏财物，就等于引人行窃；妖冶地打扮容姿，就等于诱人淫荡。《易》书说'身背重物而乘车出行，必然招致盗贼'这句话意思是盗贼都是人们自己招引来的呀。"

【集解】

圣人有以见天下之赜，而拟诸其形容。

虞翻曰：乾称"圣人"，谓庖牺也。"赜"，谓初。自上议下称"拟"。"形容"，谓阴，"在地成形"者也。

疏 乾五《文言》曰"圣人作而万物睹"，故"乾称圣人"。庖牺以圣人而居天子之位，故"谓庖牺也"。《易》之屯，《太玄》准为《磺》，初一曰"黄纯于潜"，《测》曰"化在赜也"，范望注云"阳气潜在地下，养万物之根荄，故云化在赜"。由得言之，赜者，阳气之始生也。《乾凿度》曰"太初者，气之始也"，故"赜，谓初"。天下之赜，谓万物之初也。乾上坤下，以乾假坤，故自上议下曰"儗"。《易》之大义，《上经》终坎离，《下经》终既、未济，《上系》终"乾坤"，《下系》终六子，则上、下《经》与上、下《系》，实相表里也。《上经》象阳，《下经》法阴，复为阳初，姤为阴初。六日七分之法，阳起中孚，阴起咸，乾元坤元，天地之心，为易之本。故《上系》七爻，起于中孚"鸣鹤在阴"，《下系》十一爻，起于咸"憧憧往来"。此《传》发端，言圣人见天下之赜，谓中孚、咸也。《参同契》曰"天道甚浩广，太玄无形容"，故"形容谓阴"。以其"在地成形"，有容有可假，故

"拟诸其形容"。

象其物宜，是故谓之象。

虞翻曰："物宜"谓阳，"远取诸物"，"在天成象"，故"象其物宜"。"象"谓三才，八卦在天也。庖牺重为六画也。

疏 《春官·保章氏》："以五云之物，辨吉凶水旱，降丰荒之祲象。"《左传·桓公六年》曰"是其生也，与吾同物"，杜注"谓同日"《周语》曰"神之见也，不过其物"，《泰·象》曰"辅相天地之宜"，是天亦言宜也，故曰"物宜谓阳"，"阳"即乾也。天道远，故"远取诸物"。以其"在天成象"，故"象其物宜"也。日月在天，成八卦象，谓天三爻，故云"三才，八卦在天也"。以地两之，故谓"庖牺重为六画也"。重为六画，仍是三才之象，故六十四卦皆谓之象。

圣人有以见天下之动。

虞翻曰：重言"圣人"，谓文王也。"动"谓六爻矣。

疏 前之"圣人"谓庖牺，此言"圣人"谓文王也。"道有变动故曰爻"，知"动谓六爻"也。

而观其会通。

荀爽曰：谓三百八十四爻，阴阳动移，各有所会，各有所通。

张璠曰：会者，阴阳合会，若蒙九二也。通者，乾、坤交通，既济是也。

疏 荀注：三百八十四爻，阴阳各半，互相动移。各有所会，谓阴阳相会合也。"各有所通"，谓阴阳相变通也。合以观其统体，通以观其散殊。

张注：乾、坤，阴阳纯，屯、蒙，则阴阳交矣。易气自下生，故《象》于蒙二以阳会阴，而曰"刚柔接也"，《杂卦》曰"蒙杂而著"，故"会者，阴阳合会"之义。特举蒙二，以例其余也。乾二四上通坤，成既济，故"通者，乾坤交通"之义。特举既济，以例其余也。

以行其典礼。系辞焉以断其吉凶。

孔颖达曰：既观其会通，而行其典礼，以定一爻之通变，而有三百八十四。于此爻下，系属文辞，以断其吉凶。若会通典礼得，则为吉也。若会通典礼失，则为凶矣。

疏 夫既观其会合通变，而施行其典法礼仪，则爻之通变于是定。六爻之通变定，而三百八十四爻亦由是定矣。爻位既定，即于各爻之下，系属其辞，以断定吉凶。会通典礼得，谓阴阳得位也。失，谓失位也。得位则吉，失位则凶也。

愚案：《乐记》曰"天高地下，万物散殊，而礼制行矣"。又曰"天尊地卑，君臣定矣。卑高以陈，贵贱位矣。动静有常，小大殊矣。方以类聚，物以群分，则性命不同矣。在天成象，在地成形，如此则礼者，天地之□也"。盖"方以类聚"，即观其会也。"物以群分"，即观其通也。惟性命不同，故必观会通，以行典礼。《上传》云"方以类聚，物以群分，吉凶生矣"，故必"系辞焉以断其吉凶"而"谓之爻"也。

是故谓之爻。

孔颖达曰：谓此会通之事而为爻也。爻者，效也，效诸物之变通，故上章云"爻者，言乎变也"。

疏 前言"谓之象"者，结成卦象之义也。此言"谓之爻"者，结爻义也。

言天下之至赜，而不可恶也。

虞翻曰：至赜无情。阴阳会通，品物流宕，以乾开坤，易之至也。元善之长，故"不可恶也"。

疏 虞训"赜"为初，初隐不见，故"无情"。京氏云"赜，情也"，此云"至赜无情"，微破其义也。《乾·象》曰"云行雨施，品物流形"，虞彼注云"乾以云雨，流坤之形"，故云"阴阳会通，品物流宕，以乾开坤，易之至也"。"开"或作"辟"，字之误也。至赜，元善也。元为善长，善，故"不可恶也"。

言天下之至动，而不可乱也。

虞翻曰：以阳动阴，万物以生，故"不可乱"。"六二之动，直以方"，"动"，旧误作"赜"也。

疏 "以阳动阴"，即以阳开阴之意也。阳施阴生，故

"万物以生"。"行其典礼",故"不可乱","六二之动,直以方",坤六二《象传》文,引之证以阳动阴之义也。"动",旧作"啧",郑本也。九家本亦作"册"。皆误,故不从。

拟之而后言,议之而后动。

虞翻曰:以阳拟坤而成震,震为"言""议",为"后""动",故"拟之而后言,议之而后动"。"安其身而后动",谓当时也矣。

疏 "至啧"、"至动"皆乾元,乾元。震初也,故云"以阳拟阴而成震"。震声,故"为言为议"。震"后有则",故"为后"。震,动也,故"为动"。震为言动,乾元在先,故拟乾元而后言,既有言而后动也。时,消息之时也。坤静为安,坤形为身,乾元牝坤,当时出震,故"安其身而后动"。三百八十四爻皆言时,故"谓当时也矣"。

拟议以成其变化。

虞翻曰:议天成变,拟地成化。"天施地生,其益无方"也。

疏 议天成变,乾二五通坤也。拟地成化,坤二五息乾也。阳已出震,故天称"议"。阴方牝阳,故地称"拟"电。"天施地生,其益无方",《益·象传》文。虞彼注云"乾下之坤,震为出生一,万物出震,故'天施地生'。阳在坤初为无方"。注引《益·象》者,下说中孚成益,故本益卦言之也。

"鸣鹤在阴,其子和之。我有好爵,吾与尔靡之。"

孔颖达曰:上略明拟议而动,故引"唯鹤在阴",取"同类相应"以证之。此中孚九二爻辞也。

疏 中孚九二爻辞文。虞彼注云:"中孚,讼四之初。二在讼时,体离为鹤。在坎阴中,有鸣鹤在阴之象。二动成坤体益,五艮为子,震巽同声相应,故'其子和之'。靡,共也。吾,谓五也。离为爵。爵,位也。五利二变之正应已,故'吾与尔靡之'矣。"此下引七爻,略明拟议之变化也。

子曰:君子居其室,出其言善。

虞翻曰:君子,谓初也。二变,五来应之,艮为居。初在艮内，故"居其室"。震为出言，讼乾为善，故"出言善"。此亦成益卦也。

疏　二变体复初阳正，故"君子，谓初也"。二变得正，五来应二，三至五互艮门阙为室，为居。初在艮卦之内，故曰"居其室"。"帝出乎震"，故震为出。震善鸣为言。中孚自讼来，讼外体乾，乾元为善。二已变，初以乾体震，故"出言善"。"此亦成益卦"，谓二已变也。

则千里之外应之，况其迩者乎。

虞翻曰：谓二变，则五来应之，体益卦，坤数十。震为百里，十之，千里也。外，谓巽。震巽同声，同声者相应，故"千里之外应之"。迩，谓坤。坤为顺，二变顺初，故"况其迩者乎"。此信及豚鱼者也。

疏　二变五应，卦体成益。益互坤，坤癸数十。内体震，震惊百里，故"震为百里"。以坤乘震，十之，故"千里"。外者，在坤震之外，谓五也，其体巽。"雷风相薄"，故"震巽同声"。"同声相应"，故"千里之外应之"，谓巽应震也。《法言》曰"近如地"，故"迩谓坤"。坤，顺也，故为顺。中孚二变，成益顺初，故曰"况其迩者乎"。巽为鱼，鱼谓五。二动五应，故云"此信及豚鱼者也"。虞本"豚"作"遯"。三至上体遯，故云"信及遯鱼"。

居其室，出其言不善。

虞翻曰：谓初阳动，入阴成坤，坤为不善也。

疏　谓益初阳，既动则入阴成坤。《坤·文言》曰"积不善之家，必有余殃"，虞彼注云"坤积不善"，故知"坤为不善也"。

则千里之外违之，况其迩者乎。

虞翻曰：谓初变体剥，弑父弑君。二阳"肥遯"，则坤违之而承于五，故"千里之外违之，况其迩者乎"。

疏　谓益初已变，至五体剥。初变，姤时也。消至二阴成遯，艮子弑父。消至三阴成否，坤臣弑君。二阳已消，内不顺初，外与三四互坤，二与互坤违初而上承于五。初体本坤，与四敌应，是"千里之外"谓四也。四与互坤，承五而不应初，

中華藏書

周易全书·

最新整理珍藏版

中国书店

故"千里之外违之"。四且违初，而况二乎。盖迩谓二，坤也。

言出乎身，加乎民。

虞翻曰：震为出、为言，坤为身、为民也。

疏 帝出震为出，善鸣为言。坤形为身，坤众为民也。谓益震互坤，故"言出乎身，而加乎民"也。

行发乎迩，见乎远。

虞翻曰：震为行，坤为迩。乾为远，兑为见。谓二发应五，则千里之外，故"行发迩见远"也。

疏 益震足为行，互坤地为迩。讼乾天为远。中孚兑见为见。中孚二发为阴，上应五阳，二至四为坤，五在坤外为"行里之外"。二体坤为迩，五体乾为远，故曰"行发乎迩，见乎远"也。

言行，君子之枢机。枢机之发，荣辱之主也。

荀爽曰：艮为门，故曰"枢"。震为动，故曰"机"也。

翟玄曰：枢主开闭，机主发动。开闭有明暗，发动有中否，主于荣辱也。

疏 荀注：《说文》："枢，户枢也。"益互艮为门阙，故曰枢也。《说文》："主发谓之机。"《大学》："其机如此。"郑注"发动所由"。益内震为动，故曰机也。

翟注：郑氏云"枢，户枢也。机，弩牙也。户枢之发，或明或暗。弩牙之发，或中或否。以譬言语之发，有荣有辱"。此即翟氏所本也。

案：乾坤其《易》之门耶。乾动入坤为震，故震为枢机。乾阳息卦，乾初积善有余庆，是阳息为荣也。坤阴消卦，坤初积不善有余殃，是阴消为辱也。震为长子主器，故发动，为荣辱之主也。

言行，君子之所以动天地也，可不慎乎。

虞翻曰：二已变成益，巽四以风动天，震初以雷动地。中孚十一月，雷动地中。艮为慎，故"可不慎乎"。

疏 中孚二变成益，外体巽，四坤入乾，乾为天，巽为风，故"以风动天"。内体震，初乾入坤，坤为地，震为雷，故"以雷动地"。中孚在卦气为子十一月卦，一阳初复，故"雷动地中"。上动天，下动地，故云"动天地"。互艮阳小为慎，故曰"可不慎乎"。《易》遗文曰："正其始，万物理，君子慎始。差以毫厘，谬以千里。"又《参同契》述此义云："君子居其室，出其言善，则千里之外应之。谓万乘之主，处九重之位，发号出令，顺阴阳节。藏器俟时，勿违卦月。谨候日辰；审察消息。纤介不正，悔吝为贼。二至改度，乖错委曲。阴冬大暑，盛夏霜雪。二分纵横，不应漏刻。水旱相伐，风雨不节。蝗虫涌沸，群异旁出。"言卦气不效也，即发明此《传》之义也。

"同人先号咷而后笑"。

侯果曰：同人九五爻辞也。言九五与六二初未好合，故先号咷。而后得同心，故笑也。引者喻拟议于事，未有不应也。

疏　此同人九五爻辞也。五与二应，乃三敌四攻，所处失义，两爻不言同人，所以"初未好合而先号咷"。应在互巽，巽声，故号咷也。《爻》又曰"大师克相遇"，言二三四既克而后二五同心相遇，故后笑。同人伏震，震为后，为笑也。震巽"同声相应"，故为"同心之言"。前言中孚二动应五，即言同人二往应五，以明"千里之外应之"之义。故云"引者喻拟议于事，未有不应者也"。

子曰：君子之道，或出或处，或默或语。

虞翻曰：乾为道，故称君子也。同人反师，震为出，为语，坤为默，巽为处，故"或出或处，或默或语"也。

疏　同人伏师，师二乾爻为道，乾阳君子，故曰"君子之道"。同人反师，谓旁通师也。师在震为出，为语，师坤闭为默，同人二在巽，巽阳藏室为处，故"或出或处，或默或语"也。

二人同心，其利断金。

虞翻曰：二人，谓夫妇，师震为夫，巽为妇。坎为心，巽为同。六二震巽，俱体师坎，故"二人同心"。巽为利，乾为

中華藏書

周易全书·最新整理珍藏版

中国书房

八四六

金。以离断金，故"其利断金"。谓夫出妇处，妇默夫语，故"同心"也。

疏 二人者，夫妇之称也。师互震长男为夫，同人互巽长女为妇。师坎为心。震巽同声，故为同。同人六二，以巽伏震，而师坎具焉，故云"震巽俱体师坎"。震巽夫妇而同坎心，故曰"二人同心"。巽为近利市三倍，故为利。"乾为金"，《说卦》文。乾二爻变离则为同人，是以离火断金，故曰"其利断金"。震为出，故云"夫出"。巽为处，故云"妇处"。坤为默，故云"妇默"。震为语，故云"夫语"。夫妇阴阳相应，故曰"同心"也。

同心之言，其臭如兰。

虞翻曰：臭，气也。兰，香草。震为言，巽为兰。离日燥之，故"其臭如兰"也。

案：六二互巽，巽为臭也。断金之言，良药苦口，故香若兰矣。

疏 虞注：《说卦》曰"巽为臭"，虞彼注云"臭，气也。风至知气，巽二入艮鼻，故为臭。《系》曰'其臭如兰'"。是臭气即巽也。《说文》："兰，香草也。"震声为言。巽柔爻为草，故为兰。"燥万物者，莫熯乎火"。离日燥之，芳香发越，故"其臭如兰"也。桓谭《新论》曰"兰可焚而不可灭其馨"，义亦取诸离火也。

案：二互三四为巽，"巽为臭"，《说卦》文。《家语》曰"良药苦口利于病，忠言逆耳利于行"。故以断金之言，为良药苦口。《素问》曰"治之以兰除陈气"，是兰亦药也。故以良药为"香若兰矣"。

"初六。藉用白茅，无咎。"

孔颖达曰：欲求外物来应，必须拟议谨慎，则物来应之。故引大过"初六，藉用白茅，无咎"之事，以证谨慎之理也。

虞翻曰："其初难知"，阴又失正，故独举初六。

疏 孔注：此大过初六爻辞也。初六与九四为不义之应，须拟议谨慎，易位相应，则无咎矣。故引之以证谨慎之理也。

虞注："其初难知"，《下传》文。初隐不见，故难知。以六居初，阴又失正。虞大过初六爻辞注云"位在下称藉，巽柔白为茅，故藉用白茅。失位，咎也。承二过四，应五士夫，故无咎矣"。

愚案：中孚初阳得正，且不可不慎。大过初阴失正，愈不可不慎。故次中孚，而独举大过初六也。

于曰：苟错诸地而可矣。藉之用茅，何咎之有，慎之至也。

虞翻曰：苟，或。错，置也。颐坤为地，故"苟错诸地"。今藉以茅，故无咎也。

疏 "苟"或"皆"语辞。《楚辞·九章》："万民之生，各有所错兮。"注云"错，安也"。《玉篇》："置，安置也。"故错训置也。大过与颐旁通，颐互坤为地。地有安象，故置诸地而可矣。初阴失位，上承二阳。二应五，初应四。今过四应五，得所藉矣。故"藉之用茅，何咎之有"。五颐在艮，艮阳小为慎，故"慎之至也"。

夫茅之为物薄。

虞翻曰：阴道柔贱，故薄也。

疏 大过初，阴也。阳刚阴柔，阳贵阴贱，故"阴道柔贱"。巽柔爻为草，故初柔为茅。贱从戋，《集韵》："戋有浅小之意。"故"为物薄"也。

而用可重也。

虞翻曰：香絜可贯，故可重也。

疏 用以藉四，与四易位，则可以荐鬼神，羞王公，故"絜可贯"。颐坤为用，艮山为重，故"用可重也"。

慎斯术也以往，其无所失矣。

侯果曰：言初六柔而在下，苟能恭慎诚絜，虽置羞于地，神亦享矣。此章明但能重慎卑退，则悔吝无从而生。术，道也。

疏 《大过·初六·象传》曰"柔在下也"，故"言初六柔而在下"。巽柔有恭慎之象，巽白有诚絜之象，故虽置羞于地下，神亦来享矣。盖"重慎卑退"，即悔吝不生之道也。《说文》："术，邑中有道也。"郑注亦云"术，道"，故云"术，道也"。自内曰往。过四应五，初得所藉，故"无所失矣"。

"劳谦。君子有终，吉"。

孔颖达曰：欲求外物之应，非唯谨慎，又须谦以下人，故引谦卦九三爻辞以证之矣。

疏 谦卦九三爻辞也。此亦承"千里应之"而言。非惟藉之用茅，慎乃无咎。又必卑以下众，谦斯有终。《谦·三·象传》曰"劳谦君子，万民服也"。盖劳谦民服，即外物来应之征，故特引之，以证其义也。

子曰：劳而不伐，有功而不德，厚之至也。

虞翻曰：坎为劳，五多功。乾为德，德言至。以上之贵，下居三贱，故"劳而不伐，有功而不德"。艮为厚，坤为至，故"厚之至也"。

疏 三互坎为劳卦，故为劳。三当升五，故多功。卦自乾上来居于三，故"乾言德"。乾德入居于坤，坤为至，故"德言至"。以乾上之贵，下居坤三之贱。上降体坎，故"劳而不伐"。五为乾位，三可居而不居，故"有功而不德"。三体艮"厚终"为厚；应在坤"至哉坤元"为至，故"厚之至也"。

语以其功下人者也。

虞翻曰：震为语，五多功。下居三，故"以其功下人者也"。

疏 互震声为语，五位多功。上不居五而下居三，故曰"以其功下人者也"。

德言盛，礼言恭。

虞翻曰：谦旁通履，乾为盛德，坤为礼。"天道亏盈而益谦"，三从上来，同之盛德，故恭。震为言，故"德言盛，礼言恭"。

疏 谦与履旁通，履外体乾。《上传》曰"盛德大业"，荀彼注云"盛德者天"，故"乾为盛德"。《上传》又曰"知崇体卑，崇效天，卑法地"，故"坤为礼"。"天道亏盈而益谦"，《谦·象传》文。虞彼注云"乾盈履上，亏之坤三，故亏盈。贵处贱位，故益谦"。今三从上来同之，是上之盛德，而下于三为盛德，故恭也。震声为言，履离日新，故"德言盛"。谦以制礼，故"礼言恭"也。

谦也者，致恭以存其位者也。

虞翻曰：坎为劳，故能恭。三得位，故"以存其位者也"。

疏 三互坎为劳，"劳谦"，故能"致恭"。以九居三为得位，故曰"以存其位者也"。

"亢龙有悔"。

孔颖达曰：上既以谦得保安，此明无谦则有悔。故引乾之上九"亢龙有悔"，证骄亢不谦之义也。

疏 此乾上九爻辞也。承上文而言，谦则有终，亢则有悔。谦之九三，即乾之上九也。下于谦三，则为君子。反于乾上，则为亢龙。故引乾上爻辞，以"证骄亢不谦之义也"。

子曰：贵而无位。

虞翻曰：天尊，故贵。以阳居阴，故无位。

疏 天位乎上，其位至尊，故贵。上为阴位，以阳居之，是夫位也，故无位。

高而无民。

虞翻曰：在上，故高。无阴，故无民也。

疏 位在上，故高。坤阴为民，纯阳无民。骄亢已极，民不之与，故无民也。

贤人在下位。

虞翻曰：乾称贤人，下位，谓初也。"遁世无闷"，故贤人在下位而不忧也。

疏 乾阳君子，故"称贤人"。初在下，故"下位，谓初"。"遁世无闷"，乾初《文言》文。"在下位而不忧"，乾三《文言》文。虞彼注云"隐于初，忧则违之，故不忧"。盖上应在三，三息自下，故曰"贤人在下位"。

而无辅，是以动而有悔也。

虞翻曰：谓上无民，故"无辅"。乾盈动倾，故"有悔"。文王居三，纣亢极上，敢以为诚也。

疏 上亢无民，故"无辅"。乾盈于上，动则必倾，动而入剥，故"有悔"。"文王居三"，为"贤人在下位"。"纣亢极上"，为"无辅"。故"以动而有悔"为诚也。

"不出户庭，无咎"。

孔颖达曰：又明拟议之道，非但谦而不骄，又当谨慎周密，故引节初周密之事以明之也。

疏 此节初爻辞也。拟议以成变化，变化则拟议之道，非一端可尽。故既引谦三乾上，以明谦而不亢之义。又引"不出户庭"，以明谦性周密之事也。前言乾初，遯在下位。乾初即泰初也。节自泰来，故继论节初义。详节卦虞注。

子曰：乱之所生也，则言语以为阶。

虞翻曰：节本泰卦，坤为乱，震为生，为言语，坤称"阶"，故"乱之所生，则言语以为阶"也。

疏 泰三之五成节。泰坤阴为乱，互震为生。震善鸣，故为言语。坤土，故"称阶"。泰三互坤为震，故"乱之所生，则言语以为阶也"。

君不密则失臣，臣不密则失身。

虞翻曰：泰乾为君，坤为臣。为闭，故称密。乾三之坤五，君臣毁贼，故"君不密则失臣"。坤五之乾三，坤体毁坏，故"臣不密则失身"。坤为身也。

疏 乾坤，谓泰也。"乾为君"，《说卦》文。《坤·文言》曰"臣道也"，故为臣。"坤以藏之"，故称闭。闭则"退藏于密"，故称密。乾三之坤五，是君之臣也。乾毁坤贼，是"君不密"为"失臣"也。坤五之乾三，是臣之君也。坤体毁，乾亦坏。不言乾者，君臣之辞也。是"臣不密"而"失身"也。坤形为身，故"失身"。

几事不密则害成。

虞翻曰：几，初也。哀二已变成坤，坤为事，故"几事不密"。初利居贞，不密初动，则体剥，子弑其父，臣弑其君，故"害成"。

疏　郑注云"几，微也"。"几者，动之微"，故几谓初。二变互坤，坤"发事业"为事，故言"几事不密"。其实不密者，初也。节初阳利居贞，若不密而妄动，二已变，初至五则体剥也。遯子弑父，否臣弑君，皆初阴消阳而成，故"害成"也。

是以君子慎密而不出也。

虞翻曰：君子，谓初，二动坤为密，故"君子慎密"。体屯，"盘桓，利居贞"，故"不出也"。

疏　初阳得正，故"君子，谓初"。二动，互坤为密。互艮阳小为慎，故曰"君子慎密"。且二动本屯，屯初九曰"盘桓，利居贞"。内体震为出，外互艮为居，为止，故"不出也"。

子曰：为《易》者，其知盗乎。

虞翻曰："为《易》者"谓文王。否上之二成困，三暴慢，以阴乘阳。二变，人官为萃。五之二，夺之成解，坎为盗，故"为《易》者，其知盗乎"。

疏　将释解三爻辞也。爻变，故谓"为《易》者"为文王。六十四卦消息。萃，观上四。解，临初之四。从四阴二阳之例。此说文王爻变之例，故不从消息而从爻例也。三阴三阳之例，否上之二成困。困三不正，下暴二，上慢五，故云"三暴慢"。《困·三·象传》曰"据于蒺藜，乘刚也"，故云"以阴乘阳"。二变体萃，困三曰"入于其宫"。互艮为宫，互巽为入，故云"入宫为萃"。萃五之二，夺三成解，体坎为盗，故曰"为《易》者，其知盗乎"。

《易》曰："负且乘，致寇至"。

孔颖达曰：此又明拟议之道，当量身而行，不可以小处大，以贱贪贵，故引解六三爻辞以明之矣。

疏　此解三爻辞也。承前拟议而言，凡事当量身而行，不可小处大，贱贪贵。若以小人而居贵位，骄矜而不谨慎，必有致寇之患。故引此以明之，义详解卦虞注。

中华藏书　第一部　周易原典　中国书店

负也者，小人之事也。

虞翻曰：阴称小人，坤为事。以贱倍贵，违礼悖义，故"小人之事也"。

疏　三阴失正，故为小人。困二变入宫，成坤为事。"负"读为"倍"。三以四艮倍五，故云"以贱倍贵"。贱而倍贵，是为"违礼悖义"，故曰"小人之事也"。

乘也者，君子之器也。

虞翻曰：君子谓五。器，坤也。坤为大车，故乘"君子之器也。"

疏　否、困、萃五，皆阳爻得正，故"君子谓五"。"形而下者谓之器"，坤"在地成形"，故器谓坤也。坤为大舆，三乘其上，故"乘君子之器也"。

小人而乘君子之器，盗思夺之矣。

虞翻曰：小人谓三，既违礼倍五，复乘其车。五来之二成坎，坎为盗，思夺之矣。"为《易》者，知盗乎"，此之谓也。

疏　三阴失位，故"小人谓三"。违礼失正，上倍乎五。五乾乘坤，为"君子得车"。三复乘之，是"小人而乘君子之器"矣。萃五之二成解，体坎为盗，又为思，故"盗思夺之矣"。五之二失正，故"乘君子之器"者，盗也。"夺之"者，亦盗也。故云"为《易》者，其知盗乎，此之谓也"。

上慢下暴，盗思伐之矣。

虞翻曰：三倍五，上慢乾君而乘其器，下暴于二。二藏于坤，五来寇二，以离戈兵，故称"伐之"，坎为暴也。

疏　上谓五，下谓二。五体乾，君象也。三倍五，是"上慢乾君"也。二应五，为三所乘，是"乘其器而下暴于二"也。困二变，三入宫，互坤为藏，故"二藏于坤"。萃五之二，寇三成解，故"五来寇三"。"三"误作"二"也。折三入离，离为戈兵，以离兵劫取，故称"伐之"。坎为盗，故为暴也。

慢藏诲盗，冶容诲淫。

虞翻曰：坎心为诲，坤为藏，兑为见。藏而见，故"慢藏"。三动成乾为野，坎水为淫。二变藏坤，则五来夺之，故"慢藏悔盗，野容悔淫"。

疏 二体坎，坎心为悔。萃坤为藏，上体兑为见。藏而见，是"慢藏"也。三互离为中女，动而成乾。乾为野，故为"野容"，郑氏云"饰其容而见于外曰野"。《列女传》载："华孟姬曰'车奔'，姬坠，使侍御者舒帏以自障蔽。曰：'妾闻野处，则帏裳拥蔽，所以正心一意，自敛制也。'颂曰：孟姬好礼，执节甚公，避嫌远别，终不野容。"是其义也。坎心为欲，又为水，故云"坎水为淫"。谓五来成坎也。二变藏坤，五来夺之，谓二藏五来坎淫中也。'慢藏野容者，三也。盗淫者，五也。故曰"慢藏悔盗，野容悔淫"。

《易》曰："负且乘，致寇至"。盗之招也。

虞翻曰：五来夺三，以离兵伐之。故变寇言戎，以成三恶。二藏坤时，艮手招盗，故"盗之招"。

疏 萃五来二夺三，三互离兵伐之。《解·象传》曰"自我致戎"，故"变寇言戎"。三除为恶，故云"以成三恶"。二变藏坤，四互艮手。艮手招盗，故曰"盗之招也"。

系辞上第九

【原典】

大衍之数五十，其用四十有九[①]。分而为二以象两[②]，挂一以象三[③]，揲之以四以象四时[④]，归奇于扐以象闰[⑤]；五岁再闰，故再扐而后挂。天数五，地数五[⑥]，五位相得而各有合[⑦]。天数二十有五，地数三十，凡天地之数五十有五[⑧]。此所以成变化而行鬼神也。乾之册二百一十有六，坤之册百四十有四[⑨]，凡三百有六十，当期之日。二篇之册，万有一千五百二十[⑩]，当万物之数也。是故四营而成《易》[⑪]，十有八变而成卦[⑫]，八卦而小成[⑬]。引而伸之，触类而长之，天下之能事毕矣。显道神德行，是故可与酬酢，可与祐神矣[⑭]。子曰："知变化之道者，其知神之所为[⑮]乎！"

【精注】

①大衍之数五十，其用四十有九：大，犹"广"；衍，演绎；数，蓍数，在占筮中以蓍草之策代表。②象两：象征天地两仪。③挂一以象三：挂一，即从所分的两部分中抽取一策挂于左手小指间；三，是指天地人"三才"。④揲之以四以象四时：揲，音蛇 shé，用手四根一束地分数蓍策。这是说明演算蓍策是以四为单位揲数，象征"四季"。⑤归奇于扐以象闰：奇，指揲数至最后剩余的策数；扐，音勒 lè，夹于手指之间；闰，谓闰月。⑥天数五，地数五：指一至十的数目中，奇数象征天的数目，偶数象征地的数目。⑦五位相得而各有合：指五奇五偶相配相得。⑧凡天地之数五十有五：指五奇数相加得二十五，五偶数相加得三十，两者合为五十五。⑨乾之策二百一十有六，坤之策百四十有四：指乾卦由"老阳"爻组成，凡"老阳"爻皆从"三变"揲算过的三十六策得来，故六爻共含二百十六策；坤卦由"老阴"爻组成，凡"老阴"爻皆从"三变"揲算过的二十四策得来，故六爻共含一百四十四策。⑩二篇之策，万有一千五百二十：二篇，指上下经六十四卦。六十四卦阴阳爻各一百九十二爻，阳爻乘以三十六，阴爻乘以二十四，其和即为此数。⑪四营而成《易》：四营，即上文所言"分二"、"挂一"、"揲四"、"归奇"这四道揲蓍程序。依此营求，即可筮得《周易》卦形，故称"四营而成《易》"。⑫十有八变而成卦：即上文所叙"四营"为一变，三变得一爻；一卦六爻，故十八变成卦。⑬八卦而小成：指九变而成三画，得八卦之一。⑭可与酬酢，可与祐神矣：与，犹"以"；酬酢，应对；祐，助也。这两句以人事应对、祐助神灵，更说明《易》的作用之所在。⑮知神之所为：此处"神"字，涵有"自然规律"之意。

【今译】

广为演绎的占筮之数是用五十根蓍策表示，其中实用四十九策。把四十九策任意分为左右两份以象征天地两仪，从中取一策悬挂在左手小指间以象征天地人三才，用手四根一束地分数蓍策以象征四季，夹于手指之间以象征闰月，五年再出现闰月，于是再把右份揲算剩余的蓍策夹勒在左手中指间而后别起一挂反复揲算。天的数字象征有一、三、五、七、九这五个奇数，地的数字象征有二、四、六、八、十这五个偶数，五对奇偶数互相和谐搭配。五个天数相加为二十五，五个地数相加为三十，天地的象征数总和为五十五。这就是《周易》以数字的变化哲学而通行于阴阳鬼神之奥理的一方面特点。《乾》卦在蓍数中体现为二百十六策，《坤》卦为一百四十四策，两者之和相当于一年三百六十天。《周易》上下经六十四卦共为一万一千五百二十策，相当于世间万物。因此通过分二、挂一、揲四、归奇这"四营"过程就筮得《周易》的卦形，其中每十八次变数形成一卦，而前面九变出现的八卦之一则为小成之象。这样朝着六十四卦引申推广，遇到相应的事类就发挥扩展其象征意义，涵盖了天下所能取法的事理。《周易》的占筮能够彰显出幽隐的道理而广积德行，所以运用《易》理可以应对万物之求，可以祐助神化之功。孔子说："通晓变化道理的人，就是知道神妙的自然规律那些人吧？"

【集解】

大衍之数五十，其用四十有九。

干宝曰：衍，合也。

崔憬曰：案《说卦》云"昔者圣人之作《易》也，幽赞于神明而生蓍，参天两地而倚数"。既言"蓍数"，则是说"大衍之数"也。明倚数之法，当参天两地。参天者，谓从三始，顺数而至五七九，不取于一地。两地者，谓从二起，逆数而至十八六，不取于四也。此因天地数上以配八卦而取其数也。艮为少阳，其数三。坎为中阳，其数五。震为长阳，其数七。乾为老阳，其数九。兑为少阴，其数二。离为中阴，其数十。巽为长阴，其数八。坤为老阴，其数六。八卦之数，总有五十，故云"大衍之数五十"也。不取天数一地数四者，此数八卦之外，大衍所不管也。"其用四十有九"者，法长阳七七之数也。六十四卦既法长阴八八之数，故四十九蓍则法长阳七七之数焉。蓍圆而神象天，卦方而智象地，阴阳之别也。舍一不用者，以象太极，虚而不用也。且天地各得其数，以守其位，故太一亦为一数而守其位也。王辅嗣云"演天地之数，所赖者五十，其用四十有九，其一不用也。不用而用以之通，非数而以之成，即《易》之太极也。四十有九，数之极也"。但言所赖五十，不释其所从来，则是臆度而言，非有实据。其一不用，将为法，象太极，理纵可通，以为非数而成，义则未允。何则？不可以有对无，五称五十也。孔疏释"赖五十"，以为"万物之策，凡有万一千五百二十，其用此策，大推演天地之数，唯用五十策也"。又释"其用四十九，则有其一不用"，以为"策中其所撰蓍者，唯四十有九。其一不用，以其虚无，非所用也。故不数矣"。又引顾欢同王弼所说，而顾欢云"立此五十数以数神，神虽非数，因数而著，故虚其一数，以明不可言之义"也。

案：崔氏《探玄》，病诸先达，及乎自料，未免小疵。既将八卦阴阳，以配五十之数，余其天一地四，无所禀承，而云"八卦之外，在衍之所不管"者，斯乃谈何容易哉。且圣人之言，连环可解，约文申义，须穷指归。即此章云"天数五，地数五，五位相得而各有合。天数二十有五，地数三十，凡天地之数五十有五。此所以成变化而行鬼神"。是结大衍之前义也。既云"五位相得而各有合"，既将五合之数配属五行也。故云"大衍之数五十"也。"其用四十有九"者，更减一以并五，备设六爻之位，著卦两兼终极天地五十五之数也。自然穷理尽性，神妙无方，藏往知来，以前民用斯之谓矣。

疏 干注：《说文》曰"衍，水朝宗于海也"。"衍"于文为水行，水行归海，合之象也，故云"衍，合也"。言合天地之数而用之，即《下经》所谓"五位相得而各有合"也。又郑氏云"衍，演也"。王真、蜀才皆云"衍，广也"。盖惟合天地之数而后可以推演而广大之也。

崔注：此据《下经》"参天两地"，以说"大衍之数"。谓艮三，坎五，震七，乾九，兑二，离十，巽八，坤六，合之得五十，故曰"大衍之数五十"也。合之天数一、地数四，为五十有五。以一四不在八卦之列，止有五十，故云"此八卦之外，大衍所不管也"。蓍圆象天，故法震长阳七七之数，而为四十有九。卦方象地，故法巽长阴八八之数，而为六十四也。蓍数取乎阳，卦数取乎阴，故云"阴阳之别也"。舍一不用，"以太极虚而不用"者，太极，理之始，故不用也。"天地各得其数，以守其位"者，谓天一地四，守其位不用也。太极，理之始，故"虚而不用"。太一，数之始，故亦守其位而不用也。王注"所赖五十"，出于臆度。孔疏所释，以"万物之策，唯用五十"，又谓"其一虚无非所用"，并引顾说，以神超乎数，故虚一不用，皆无确据。然崔氏所论，亦未协经旨。故李氏复申其说也。

案：崔氏著有《周易探玄》，故云"崔氏《探玄》"。既病崔氏未免小疵，即据《下经》"五位相得而各有合"，以释"大衍之数五十"。其云"将五合之数，配属五行"者，即郑氏旧义也。郑注云"天一生水于北，地二生火于南，天三生木于东，地四生金于西，天五生土于中。阳无耦，阴无配，未得相成。地六成水于北，与天一并。天七成火于南，与地二并。地八成木于东，与天三并。天九成金于西，与地四并。地十成土于中，与天五并。大衍之数五十有五"。又《明堂·月令》曰"春，其数八。夏，其数七。秋，其数九。冬，其数六。中央土其数五。一水二火三木四金五土。水火木金，得土而成。故一二三四，得五，为六七八九。土生数五，成数五，五五为十，故有地十"。扬子《太玄》曰"一六为水，二七为火，三八为木，四九为金，五五为土"。天地之数，五十有五，而五在地之中，故"大衍之数五十"，五为虚也。其用四十有九，更灭以一，并五，备设六爻之位者，天地之数五十有五，用四十有九，则减五十之一，以并五十所余之五，而为六爻之位。故云"蓍卦两兼终极天地之五十五之数也"，此本姚信、董遇所云。天地之数五十有五者，其六以象六画之数，故减之而用四十九。然不如郑注，尤为明确。郑氏云大衍之数五十有五。五行各气并，气并而减五，惟有五十。以五十之数，不可以为七八九六。卜筮之占以用之，更减其一，故四十九也。

愚案：《说文》曰"惟初大始，道立于一，造分天地，成化万物"。盖一者，道之始。即《老子·德经》所谓"道生一，一生三，二生三，三生万物"。《三统历》所谓"太极元气，含三为一"，是也。盖天一生水于北，北为空虚无用之地。一即乾元，藏于复始，虚而不用，实道之主。荀君云"乾初九，潜龙勿用"，故用四十九得其解矣。"天地之数五十有五"，"大衍之数五十"者，虚其中不用也。"大衍之数五十其用四十有九"者，虚其始不用也。虚其中，所以四达而不悖。虚其始，所以百变而不穷。

分为二，以象两。

崔憬曰：四十九数，合而未分，是象太极也。今分而为二，以象两仪矣。

疏 衍，合也，故云"四十九数，合而未分"。太极含三为一，故云"是象太极也"。两，两仪也。谓天地分而为二，值左右两仪，左象天，右象地，故"以象两仪矣"。

挂一，以象三。

孔颖达曰：就两仪之中，分挂其一于最小指间，而配两仪，以象三才。

疏 三，三才，谓天地人也。就两仪之间，于天数中，分挂其一于小指间以象人，所以配两仪而象三才也。虞氏下注云"扐并合挂左手之小指"，则此挂一，不在左手，当在右手小指也。

揲之以四，以象四时。

崔憬曰：分揲其著，皆以四为数。一策一时，故四策"以象四时"也。

疏 天有四时，地有四方，人有四德。故"分揲其著，皆以四为数"。《乾凿度》所谓"文王推爻，四乃术数"，是也。以一策象一时，故"分四策以象四时也"。

归奇于扐，以象闰。

虞翻曰：奇，所挂一策。扐，所揲之余。不一则二，不三则四也。取奇以归扐，扐并合挂左手之小指为一扐，则"以闰月定四时成岁"，故"归奇于扐，以象闰"者也。

疏 奇，所挂之一策，以象三才者也。《王制》曰"祭用数之扐”，又曰“丧用三年之扐”，《考工记》：“以其围之阞捎其薮。”皆数之余也。扐者，左右手四揲之余也。既数四，四之后必有余数，或一或二或三或四，故“不一则二，不三则四也”。取两手所挂之奇，以归于所揲之扐，并合两揲之余，挂左手小指为一扐。“以闰月定四时成岁”，《尧典》文。孔传“岁十二月，月三十日，正三百六十日。除小月为六日，是为一岁有余十二日。未盈三岁，是得一月，则置闰焉。以定四时之气节，成一岁之历象”。《左传·文公元年》曰“履端于始，举正于中，归余于终”。归奇于扐，即归余于终也。盖以揲四象四时，以扐象岁，以归奇象闰。故“以闰月定四时成岁”，而“归奇于扐，以象闰”也。

五岁再闰，故再扐而后挂。

虞翻曰：谓已一扐，复分挂，如初揲之归奇于初扐。并挂左手次小指间为再扐，则再闰也。又分挂揲之如初，而挂左手第三指间成一变，则布挂之一爻，谓已二扐，又加一为三，并重合前二扐为五岁，故“五岁再闰，再扐而后挂”，此“参五以变”。据此为三扐，不言三闰者，闰岁余十日，五岁闰六十日尽矣。后扐闰余分，不得言三扐二闰，故从言“再扐而后挂”者也。

疏　《经》文“后挂”，《乾凿度》、《说文》引作“再扐而后挂”。京氏曰“再扐而后布挂”，是“挂”当作“卦”。虞注“布挂之一爻”，以及“再扐后挂”，寻其文义，亦当作“卦”。作“挂”者，皆传抄之误也。“谓已一扐复分卦”者，取前过揲之策，复分二挂一也。“如初揲之归奇于初扐”者，省文也。先并所揲之余之初扐，乃取奇归之，故云“归奇于初扐”也。初挂一在右手，令则并挂于左手次小指间为再扐，以象再闰也。又分挂揲之，如初揲仪，而并所揲之余卦左手第三指间为成一变，则布卦之一爻，如七八九六是也。谓前已二扐，又加一为三扐，并重合前二扐为五岁，盖一扐，一岁也。归奇，一闰。再扐，二岁也。合初扐，三岁也。归奇，再闰也。三扐，四岁也。合再扐，五岁也。不归奇，故“五岁再

中华藏书

周易全书·最新整理珍藏版

中国书店

八六○

闰"。"五岁再闰，故再扐而后卦"也。以三为五而成一变，故云"此参五以变"也。据此为三扐当言三闰，不言者，以闰岁尚余十日也。《素问》曰"日行一度，月行十三度而有奇焉，故大小月三百六十五日而成岁，积气余而盈闰矣"。谓三百六十五度四分度之一，积三十日为一月。气盈五日有奇，朔虚五日有奇，故月大小常差六日。约其大数，岁余十日也。五岁余五十日，再闰六十日已侵下余分，故云"五岁闰六十日，尽矣"。又云"后扐闰余分"者，闰月不能恰尽，必有余分，故虚三扐象之。然则四时终而计余，余分定乃成岁。并扐象计余成岁，归奇则象闰也。不得言三扐二闰者，若言三扐，则似有三归奇也，故从言"再扐而后卦"。

天数五，地数五。

虞翻曰：天数五，谓一三五七九。地数五，谓二四六八十也。

疏 即《下传》"天一、地二、天三、地四、天五、地六、天七、地八、天九、地十"也。五奇为阳，故曰"天数"。五耦为阴，故曰"地数"。

五位相得而各有合。

虞翻曰：五位，谓五行之位。甲乾乙坤，相得合木，谓"天地定位"也。丙艮丁兑，相得合火，"山泽通气"也。戊坎己离，相得合土，"水火相逮"也。庚震辛巽，相得合金，"雷风相薄"也。天壬地癸，相得合水，言阴阳相薄而战于乾，故"五位相得而各有合"。或以一六合水，二七合火，三八合木，四九合金，五十合土也。

疏 郑氏云"天地之气，各有五行"，故"五位谓五行之位"。乾纳甲，坤纳乙，甲一乙二相得则合木。乾为天，坤为地，故谓"天地定位也"。艮纳丙，兑纳丁，丙三丁四相得而合火。艮为山，兑为泽，故"山泽通气也"。坎纳戊，离纳己，坎五离六相得而合土。坎为水，离为火，故"水火相逮也"。震纳庚，巽纳辛，震七巽八相得而合金。震为雷，巽为风，故"雷风相薄也"。乾天纳壬，坤地纳癸，壬九癸十相得而合水。

天阳地阴，故"阴阳相薄而战于乾"也。故曰"五位相得而各有合"。此以纳甲言之也。"或以"云云者，五行生成之数也。《太玄》曰"一与六共宗，二与七共朋，三与八成友，四与九同道，五与五相守"。一六为水，二七为火，三八为木，四九为金，五五为土是也。五五则十也。"相得"谓一得五为六，二得五为七，三得五为八，四得五为九，五得五为十。《左传·昭公八年》"妃以五成"，皇侃以为"金木水火得土而成"是也。"有合"者，郑氏云"五行之次，一曰水，天数也。二曰火，地数也。三曰木，天数也。四曰金，地数也。五曰土，天数也。此五者，阴无匹，阳无耦，故又合之。地六为天一匹也，天七为地二耦也，地八为天三匹也。天九为地四耦也．地十为天五匹也。二五阴阳各有合，然后气相得，施化行"，是也。此五行相合天地之数，即大衍之数也。

天数二十有五。

虞翻曰：一三五七九，故二十五也。

疏 一三五七九，五奇数合而为二十五。

地数三十。

虞翻曰：二四六八十，故三十也。

疏 二四六八十，五耦数合而为三十。

凡天地之数五十有五。

虞翻曰：天二十五，地三十，故五十有五。天地数见于此，故大衍之数，略有其五而言五十也。

疏 合天地奇耦之数，故五十有五。"天地之数见于此，大衍之数略奇五而言五十"者，《太玄》曰"五与五相守"。地之十仍是五，故略之也。

此所以成变化而行鬼神也。

荀爽曰：在天为变，在地为化。在地为鬼，在天为神。

姚信曰：此天地之数，五十有五，分为父者，故能成就乾坤之变化，能知鬼神之所为也。

侯果曰：未通变化，行鬼神，莫近于数。故老聃谓子曰

中华藏书

周易全书·最新整理珍藏版

中国书店

八六二

"汝何求道"？对曰"吾求诸数"，明数之妙，通于鬼神矣。

疏 荀注：在天为变，阳也。在地为化，阴也。在地为鬼，阴也。在天为神，阳也。

姚注：分为七八九六之爻，一合六，二合七，三合八，四合九，五合十为十五，共为五十有五。由七八九六，而乾坤之变化以成，鬼神之情状可知。

侯注：通天地之变化，行天地之鬼神，总不外乎天地之数。故复引孔子"吾求诸数"之言，以明数之为用，变而无穷，神而莫测。《上传》言"极数知来之谓占"，即继以"通变之谓事"，"阴阳不测之谓神"，是其义也。

乾之册，二百一十有六。

荀爽曰：阳爻之册三十有六，乾六爻皆阳，三六一百八十，六六三十六，合二百一十有六也。阳爻九合四时，四九三十六，是其义也。

疏 老阳之册以九起数，四九故三十有六。乾之六爻皆阳也。一爻三十六，以三六一百八十，乘六六三十六，合之为二百一十有六也。阳爻九，四九三十六，合之为四时。若少阳以七起数，一爻二十八册，六爻则有一百六十八册也。

坤之册，百四十有四。

荀爽曰：阴爻之册二十有四，坤六爻皆阴，二六一百二十，四六二十四，合一百四十有四也。阴爻六，合二十四气，四六二百四十也。

疏 老阴之册以六起数，四六故二十有四。坤之六爻皆阴也。一爻二十四，以二六一百二十，乘四六二十四，合之为一百四十有四也。阴爻六，四六二十四，合之为二十四气焉。气，中气也。若少阴以八起数，一爻三十二，六爻则有一百九十二册也。

凡三百有六十，当期之日。

陆绩曰：日月十二交会，积三百五十四日有奇为一会。今云"三百六十当期"，则八十三月六日也。十二月为一期，故云"当期之日"也。

疏　日月合朔为交会。每岁有十二交会。除小尽六日，积三百五十四日有奇为一会；《尧典》曰"期三百有六旬有六日"，故云"三百六十当期积之八十三月六日所以生闰。"《书》孔传"四时日期"。四时十二月，故"十二月为一期"。册数与日数相当，故曰"当期之日"。

案：《乾凿度》云"二卦十二爻而期一岁"，故云"当期之日"。又云"历以三百六十五日四分度之一为一岁，《易》以三百六十材当期之日，此历律数也。五岁再闰，故再扐而后卦，以应历律之数"。

二篇之册，万有一千五百二十，当万物之数也。

侯果曰："二篇"，谓上下经也。共六十四卦，合三百八十四爻。阴阳各半，则阳爻一百九十二。每爻三十六册，合六千九百一十二册。阴爻亦一百九十二。每爻二十四册，合四千六百八册。则二篇之册，合万一千五百二十，当万物之数也。

疏　《乾凿度》："孔子曰：阳三阴四，位之正也。故《易》卦六十四，分而为上下。阳道纯而奇，故上篇三十。阴道不纯而偶，故下篇三十四。乾、坤，阴阳之本始，故为上篇之始。坎、离，始终万物，故为上篇之终也。咸、恒者，男女之始，故为下篇之始。既济、未济为最终。"故知"二篇，谓上下经也"。合二篇阴阳三百八十四爻，其册有万一千五百二十。《下传》云"庖牺始作八卦，以类万物之情"，《九家》注云"六十四卦，凡有万一千五百二十册，册类一物，类万物之情"，故"当万物之数"。《说苑》："孔子曰：察变之动，莫著于五星。天之五星，运气于五行。其初犹发于阴阳，而化极于万一千五百二十。盖万物之精，上为列星，故天有万一千五百二十星，地有万一千五百二十物。"圣人仰观俯察，"幽赞于神明而生蓍，观变于阴阳而立卦，发挥于刚柔而生爻"。故卦爻之册，亦万有一千五百二十。乾元"万物资始"，坤元"万物资生"。乾为天，坤为地，艮为人。艮主星，星主斗，斗合于人，统三才之义。天之五星，运气于五行，而化极于万一千五百二十。大衍之数五十，三才五行之合，得有此数也。

中華藏書

周易全书·最新整理珍藏版

中国书店

是故四营而成《易》。

荀爽曰：营者，谓七八九六也。

陆绩曰："分而为二以象两"，一营也。"挂一以象三"，二营也。"揲之以四以象四时"，三营也。"归奇于扐以象闰"，四营也。谓四度营为，方成《易》之一爻者也。

疏 荀注：营之而少阳少阴成老阳老阴，故"营者，谓七八九六也"。

陆注：此翻四营成《易》一爻之义也。《乾凿度》曰"《易》变而为一，一变而为七，七变而为九。九者，气变之究也。乃复变而为一"。此一即太极，《易》也。"四营"者，四变也。又曰"阴阳相并俱生，阳动而进，阴动而退"。八丽于七，六依于九，九六七八，故成《易》也。

十有八变而成卦。

荀爽曰：二揲册，挂左手一指间。三指间满而成一爻。卦六爻，三六十八，故"十有八变而成卦"也。

疏 二揲之册，挂左手一指间。三扐满，然后成一爻。六爻，然后成一卦。六爻则三六一十八变，故"十有八变而成卦也"。

八卦而小成。

侯果曰：谓三画成天地、雷风、日月、山泽之象。此八卦未尽万物情理，故曰"小成"也。

疏 谓三画已成，则乾天坤地，震雷巽风，离日坎月，艮山兑泽之象著。然此八卦，未尝引伸触类而重之，则未尽万物之情理，故曰"八卦小成"也。

引而信之，触类而长之。

虞翻曰：引谓庖牺引信三才，兼而两之以六画。触，动也。谓六画以成六十四卦。放"引而信之，触类而长之"。"其取类也木"，则"发挥刚柔而生爻"也。

疏 "引谓庖牺引信三才"者，上五为天位，四三为人位，二初为地位是也。"兼而两之以六画"者，"因而重之"，兼三才为六画，如八纯卦是也。触，动。谓六爻变动，以成六十四卦。是"引伸",谓重为八卦,"触类",谓变动为六十四卦也。"称名也小",虞彼注云谓"小成"。明取类六十四卦为大成也。发,动。挥,变。变刚生柔爻,变柔生刚爻。八纯卦变为六十四卦,是"发挥于刚柔而生爻也"。

天下之能事毕矣。

虞翻曰:谓"乾以简能","能说诸心,能研诸侯之虑",故"能事毕"。

疏 "乾"当作"坤","蓍之德圆而神",乾道也,"卦之德方以知",坤道也,故言"坤以简能"。"能说诸心,能研诸侯之虑",《下传》文。虞彼注云"乾五之坤,坎为心,兑为说,故能说诸心"。"坎心为虑,乾初之坤为震,为诸侯,故能研诸侯之虑"。诸侯则通乎天下,故"天下之能事毕矣"。

愚案:"天地设位,圣人成能"。"天下之能事毕";即"言乎迩则不御,言乎远则不御,言乎天地之间则备矣",是也。

显道神德行。

虞翻曰:显道神德行,乾二五之坤,成离日坎月,日月在天,运行照物,故"显道神德行"。"默而成,不言而信,存于德行"者也。

疏 乾二五之坤,乾成离,坤成坎,故云"成离日坎月"。日月丽天,运行不息,照临万物,故曰"显道"。"默而成,不言而信,存乎德行",《上传》文。《九家》彼注云"默而成,谓阴阳相处也。不言而信,谓阴阳相应也。德者,有实。行者,相应也"。言德行皆阴阳之所为,故曰"神德行"也。

愚案:乾为道,故曰道。又为德,震为行,故曰"德行"。盖道,至隐也。《易》则"八卦以象告",故曰"显道"。德行,至常也。《易》则"成变化而行鬼神",故曰"神德行"。显则微者使著,神则著者使微,皆《易》之所为也。

是故可与酬酢,可与祐神矣。

《九家易》曰:阳往为酬,阴来为酢。阴阳相配,谓之祐神也。孔子言"大衍"以下,至于"能事毕矣"。此足以显明

《易》道，又神《易》德行。可与《经》义相斟酌也，故喻以宾主酬酢之礼。所以助前圣，发见于神，秘矣。《礼·饮酒》：主人酌宾为献，宾酌主人为酢。主人饮之，又酌宾为酬也。先举为酢，答报为酬，酬取其报。以象阳唱阴和，变化相配。是助天地，明其鬼神者也。

疏　道生一，一生二，是阳为主而阴为客也。《仓颉篇》："主答客曰酬。"故"阳往为酬"。又曰"客报主人曰酢"，故"阴来为酢"。

阴阳皆神之所为。马氏云"祐，配也"。故"阴阳相配，谓之祐神也"。自"大衍"至"能事毕"，皆足以显明《易》道，而神其德行。可与六十四卦经义相斟酌，故"喻以宾主酬酢之礼"，而曰"可与酬酢"矣。"祐"与"佑"通。佑者，助也。所以助前圣，发见《易》道，于神尤秘，故曰"可与祐神矣"。《仪礼·乡饮酒》"主人坐取爵，实之。宾之席前，西北面献宾"，故云"主人酌宾为献"也。又曰"宾实爵。主人之席前，东南面酢主人"，故云"宾酌主人为酢"。又曰"卒洗，揖让升。宾西阶上疑立，主人实觯酬宾"，故曰"主人又酌宾为酬也"。论酬酢之义，则宾先酢而主后酬，酬所以报酢。论饮酒之义，则始于主人献宾，而后宾酢，故"以象阳唱阴和"。宾既酢而主人又酬，故云"变化相配"。阳为天、为神，阴为地、为鬼。阳往阴来，"是助天地，明其鬼神"也。

愚案：显，"故可与酬酢"，因其著而著之也。神，"故可与祐神"，因其微而微之也。《中庸》曰"莫显乎微"，是微者，显之基也。故下言"神之所为"。

子曰：知变化之道者，其知神之所为乎。

虞翻曰：在阳称变，乾二之坤。在阴称化，坤五之乾。"阴阳不测之谓神"，"知变化之道者"，故"知神之所为"。诸儒皆上"子曰"为章首，而荀、马又从之，甚非者矣。

疏　荀前注云"在天为变"，故云"在阳称变"。阳变，故"乾二之坤"。又云"在地为化"，故云"在阴称化"。阴化，故"坤五之乾"。"阴阳不测之谓神"，《上传》文。韩彼注称神为"变化之极"是也。"变化之道"，即九六消息之道。一阴一阳，变化不测。知阴阳变化之道，故"知神之所为"。盖大衍之数，成变化而行鬼神，故知变化之道者，即知神之所为。诸儒皆以此节为下章之首，而荀爽、马融从之，故虞君以为甚非。虞君《别传》云"仲翔奏上《易注》曰经之大者，莫过于《易》。自汉以来，其读《易》者，解之率少。至孝灵之际，颖川荀谞，号为知《易》。臣得其注，有愈俗儒。至所谓'西南得朋，东北丧朋'，颠倒反覆，了不可知。孔子叹《易》曰'知变化之道，其知神之所为乎'，以美大衍四象之作，而上为章首，尤可怪笑。又南郡太守马融，名有俊才。其所解，复不及谞。孔子曰'可与共学，未可与适道'，岂不其然"。是其事也。谞，一名爽。

系辞上第十

【原典】

《易》有圣人之道四焉：以言者尚其辞，以动者尚其变，以制器者尚其象，以卜筮者尚其占①。是以君子将有为也，将有行也，问焉而以言。其受命也如响。无有远近幽深，遂知来物②。非天下之至精，其孰能与于此。参五以变，错综其数③。通其变④，遂成天地之文；极其数，遂定天下之象⑤。非天下之至变，其孰能与于此。《易》无思也，无为也，寂然不动，感而遂通天下之故⑥。非天下之至神，其孰能与于此。夫《易》，圣人之所以极深而研几也⑦。唯深也，故能通天下之志；唯几也，故能成天下之务；唯神也，故不疾而速，不行而至⑧。子曰："《易》有圣人之道四焉"者，此之谓也。

【精注】

①言：言论。尚：看重。辞：卦爻辞。变：卦爻辞的变化，用卦爻辞来决定行动。象：卦象，参考卦象来制造器物。占：用蓍草的演算来问吉凶。②来物：未来的事。③参伍以变，错综其数：参，三也，多也；伍，五数之也。错，交而互之。综，总而挈之。此亦皆谓揲蓍求卦之事，盖通三揲两手之

中華藏書

周易全书·最新整理珍藏版

中国书店

策，以成阴阳老少之画，究七八九六之数，以定卦爻动静之象也。④通其变：通晓它的变化。⑤天下之文：指卦爻辞，是说明天下事物吉凶的文辞。天下之象：指卦象，用来说明天下事物的变化的。⑥卦爻辞本身是无思无为的，是人去占卜问它，人的诚信感动它，就能通天下事物的凶吉。⑦研几：研究事物显现以前的微露苗头，"几者动之微，吉凶之先见者也。"⑧神：神妙，指先见，事物还没出现，已经看到，所以"不疾而速，不行而至"，实际是没出现，但已看到苗头。

【今译】

《易》有圣人之道四个：用它来谈论要看重其爻辞。用它来行动要看重它的变化，用它来制造器物而看重它的卦象。用它来卜占吉凶而看重它的占问。因为君子将有所作为和行动，用言语来问它。它接受问题，它的回报像回响。不论远的、近的、暗的、深的，未来的事尽在掌握之中。不是天下的极精，谁还能达到这样。六爻中有三数或五数的变化，有交错综合的爻位次数。通晓它的变化，遂即成为反映天下事的吉凶的文辞；极尽卦爻的位数，遂即确定天下事物的变化。不是天下的最善变化的，谁能达到这样。《易》本来是无思无为的，人去占卜问它，人的诚信感动它，就能通天下事物的凶吉。不是天下顶神机妙算的，谁能达到这样。《易》是圣人的所以极深入而研究事物显现以前的微露苗头。只因深奥，所以能够贯通天下人的意志；只是微妙，所以能够成就天下的事务；只是神妙，所以不急而快，不行动而能达到的。孔子说："《易》有圣人之道四项"，说得就是这样。

【集解】

易有圣人之道四焉。

崔憬曰：圣人德合天地，智周万物，故能用此易道，大略有四，谓尚辞、尚变、尚象、尚占也。

疏 "范围天地之化而不过"，故"德合天地"。"曲成万物而不遗"，故"智周万物"。圣人仰观天文，俯察地理，中取物象，故"能用此《易》道，大略有四"。即下文尚辞、尚变、尚象、尚占是也。

以言者尚其辞。

虞翻曰："圣人之情见于辞"，《系辞》焉以尽言也。

疏 "圣人之情见乎辞"者，盖诚于中，形于外，即《春秋传》所谓"言以足志也"。"系辞"，谓爻象之辞。"书不尽言"，故系辞以尽其言，所谓"文以足言也"。拟之后言，故"尚其辞"。

愚案：《说文》："辞，说也。"《玉篇》："说，言也。"是辞即言也。辞有险易，各指所之。拟之后言，则无辞惭、辞枝、辞多、辞游、辞屈之患，故"以言者尚其辞"。

以动者尚其变。

陆绩曰：变谓爻之变化，当"议之而后勤"矣。

疏 "变动不居"，动，即变也。爻者言乎其变，故"变为爻之变化"。动则观变，是议之后动，动罔不臧矣，故"以动者尚其变"。

以制器者尚其象。

荀爽曰：结绳为网罟，盖取诸离，此类是也。

疏 象其物宜，言器皆有象，郑氏谓"存乎器象"是也。十二"盖取"，皆观象以造器。荀举罔罟取离，以类其余也，故"以制器者尚其象"。

以卜筮者尚其占。

虞翻曰：乾蓍称筮，动离为龟，龟称卜。动则玩其占，故"尚其占"者也。

疏 《白虎通》引《礼·杂记》曰"蓍，阳之老也"。蓍数百，乾为百。蓍所以筮者，故"乾蓍为筮"。乾二五动为离，离为龟。龟所以卜，故"龟称卜"。古者卜筮皆出于《易》，而所以占异。《祭义》曰"《易》抱龟前南面"。郑注《周礼》云"龟知生数一二三四五之神，蓍知成数六七八九十之神"，是卜筮皆不外大衍之数也。《洪范》曰"立时人作卜筮，三人占"，是卜筮即占也。"占事知来"，动则玩其占，故"以卜筮者尚其占"也。

是故君子将有为也，将有行也，问焉而以言。

虞翻曰："有为"，谓"建侯"，"有行"，谓"行师"也。乾二五之坤，成震有师象，震为行、为言、问，故有为、有行？凡应九筮之法则筮之。谓问于蓍龟，以言其吉凶。爻象动内，吉凶见外。蓍德圆神，卦德方智。故史拟神智，以断吉凶也。

疏 "有为谓建侯"者，屯震也。"有行谓行师"者，师坎也。乾元动震，二动坎互震，故就震言之，举例也。又乾二五之坤，成坎互震，有师象，而震侯在其中。震足为行，震声为言、问。有为有行，谓凡为与行皆震象，故震神尽知之。《春官》："筮人掌三易，以辨九筮之名。一曰筮更，二曰筮咸，三曰筮式，四曰筮目，五曰筮易，六曰筮比，七曰筮祠，八曰筮参，九曰筮环。"应此九筮之法，则加之筮也。"问"，谓问于蓍龟，"言"，谓言其吉凶。阳吉阴凶，阳动则吉，阴动则凶，故"爻象动内，吉凶见外"。卦由蓍而成，故言"蓍德圆神"，并及"卦德方智"。"史"，谓筮史。史拟蓍卦之神智，以断其吉凶也。

其受命也如响。

虞翻曰：言神不疾而速，不行而至，不言善应。乾二五之坤成震巽，巽为命，震为向，故"受命"。同声相应，故"如向"也。

疏 "知几其神"，故"不疾而速，不行而至"。蓍龟不言，而示以吉凶，故"不言善应"。乾二五之坤成震，则坤二五之乾成巽，故震巽常相应。巽申命为命，震善鸣故为向。"向"本或作"响"，古字通也。"命"谓命蓍命龟之辞。巽为命，故"受命"。震巽同声相应，故"受命如响"也。

无有远近幽深，遂知来物。

虞翻曰：远谓天，近谓地。幽谓阴，深谓阳。"来物"谓乾神。"神以知来"，"感而遂通"，谓"幽赞神明而生蓍"也。

疏 《左传》"天道远"，故"远谓天"。《法言》"近如地"，故"近谓地"。《说文》："幽，隐也。阴，暗也。"阴暗，故"幽谓阴"。《释言》:"潜,深也。""阳气潜藏",故"深谓阳"。"来物谓乾神"者,乾神知来,故"知来物"。"感而遂通",故"遂知来物"。所以知者,知以著也。乾为著,故谓"幽赞神明而生著也"。

非天下之至精,其孰能与于此。

虞翻曰:"至精"谓乾,纯粹精也。

疏 乾本纯粹至精,故"至精谓乾,纯粹精也"。《左传·昭公七年》:"是以有精爽,至于神明。"盖惟精,故明。"受命如向","遂知来物",可谓神明之至矣。故曰"非天下之至精,其孰能与手斯"。

参五以变,错综其数。

虞翻曰:逆上称错。综,理也。谓"五岁再闰,再劫而后挂",以成一爻之变,而倚六画之数。卦从下升,故"错综其数",则"三天两地而倚数"者也。

疏 说卦曰"《易》,逆数也",故"错称逆上"。刘向《列女传》:"推而往,引而来,综也。"综有文理,《易》顺性命之理,有阴阳往来之义,故云"综,理也"。参,三也。一挂两揲两扐为"五岁再闰"。"挂"当为"卦"。"再劫而后卦",凡三变而成一爻,是三其五以成一爻之变,故曰"参五以变"。倚,立也。一爻之变,七九八六也。《易》始于一,壮于七,究于九,故三画而成乾。阴并阳生,一而二,七而八,九而六,故"参天两地",以立六画之数也。《易》气从下生,以下爻为始,故云"卦从下升",即所谓"逆上称错"也。错为六画,综为参两,故"参天两地而倚数"也。

通其变,遂成天地之文。

虞翻曰:变而通之,观变阴阳始立卦。乾坤相亲,故"成天地之文"。"物相杂,故曰文"。

疏 "《易》穷则变,变则通",故"通其变",谓"变而通之"也。卦谓"八卦而小成"也。乾阳变而成震坎艮,坤阴变而成巽离兑,故"观变阴阳始立卦"也。独阳不生,独阴不生,故乾坤不亲则文不生。乾坤相亲则阴阳杂,故"成天地之

中国书房

文"也。"物相杂，故曰文"，《下传》文。虞彼注云"乾，阳物。坤，阴物。纯乾纯坤之时，未有文章。阳物人坤，阴物人乾，更相杂，成六十四卦，乃有文章，故曰文"。

极其数，遂定天下之象。

虞翻曰：数，六画之数。"六爻之动，三极之道"，故定天下吉凶之象也。

疏　言六画之数，而三百八十四爻皆在其中。"兼三才而两之，故六"。三极，三才也。故"六爻之动，三极之道也"。爻有阴阳，阳吉阴凶，故"定天下吉凶之象也"。

非天下之至变，其孰能与于此。

虞翻曰：谓"参五以变"，故能成六爻之义，"六爻之义易以贡"也。

疏　参其五，以成一爻之变，故变谓"参五以变"。"兼三才而两之"，故"能成六爻之义"。"引而伸之，触类而长之"，为六十四卦，则六爻变易，告以吉凶，故曰"非天下之至变，其孰能与于斯"。

易无思也，无为也。

虞翻曰："天下何思何虑，同归而殊涂，一致而百虑"。故无所为，谓"其静也专"。

疏　此引《下传》文，以释"无思无为也"。乾伏坤初，何思何虑，故"无思"。涂虽殊而归则同，虑难百而致则一，故"无为"。盖乾元未动，"潜龙勿用"，故"无思无为也"。阳奇故一，一故专。"阳气潜藏"，故"其静也专"。

寂然不动。

虞翻曰：谓隐藏坤初，机息矣。专，故"不动"者也。

疏　乾元隐藏·坤初，寂然无为，其机息矣。"其静也专"，故"不动"也。

感而遂通天下之故。

虞翻曰：感，动也。以阳变阴，通天下之故，谓"发挥刚柔而生爻"者也。

疏　《乾凿度》曰"虚无感动"，郑氏谓"虚无也，故能感天下之动"。乾动坤初，以阳变阴。变则通，故能"通天下之故"。虞注《说卦传》云"发，动。挥，变。变刚生柔爻，变柔生刚爻，以三为六"。故谓"发挥刚柔而生爻"也。

非天下之至神，其孰能与于此。

虞翻曰：至神谓易，隐初人微，"知几其神乎"。

韩康伯曰：非忘象者，则无以制象。非遗数者，则无以极数。至精者，无筹策而不可乱。至变者，体一而无不周。至神者，寂然而无不应。斯盖功用之母，象数所由立，故曰"非至精、至变、至神，则不能与于此也"。

疏　虞注：乾元隐初人微，"几者动之微"，君子知微，故曰"知几其神"。易以至无含至有，神则"妙万物而为言者也"，故"非天下之至神，其孰能与于斯"。

韩注：孔氏《正义》曰"云夫'非忘象者则无以制象'者，凡自有形象者，不可制他物之形象。犹若海不能制山之形象，山不能制海之形象。遗忘己象者，乃能制众物之形象也。'非遗数者无以极数'者，若以数数物，则不能极其物数。犹若以万而数，则不能苞亿。以一亿而数，则不能苞千亿万亿。遗去数名者，则无所不苞。是非遗去其数，无以极尽于数也。言'至精者，无筹策而不可乱'者，以其心之至精，理在玄通，无不记忆，虽无筹策而不可乱也。言'至变者，体一而无不周'者，言至极晓达变理者，能体于纯一之理，其变通无不周遍。言虽万类之变，同归于一变也。'斯盖功用之母，象数所由立'者，言至精、至变、至神三者，是物之功用之母。物之功用，象之与数。由此至精、至变、至神所由来，故云'象数所由立'也。"言象之所以有象者，岂由象而来，由太虚自然而有象也。数之所以有数者，岂由数而来，由太虚自然而有数也。是太虚之象，太虚之数，是其至精，至变也。由其至精，故能制数。由其至变，故能制象。若非至精、至变、至神，则不得参与妙极之主理也。

夫易，圣人之所以极深而研几也。

荀爽曰：谓伏羲画卦，穷极易幽深。文王系辞，研尽易几微者也。

疏 伏羲画六十四卦，穷极《易》之幽深。文王系爻象之辞，研尽《易》之几微。故曰"圣人之所以极深而研几也"。

案：王注"极未形之理则曰深，适动微之会则曰几"。孔疏"极深"者，则前《经》初一节云"君子将有为，将有行问焉而以言。其受命如响，无有远近幽深"，是"极深"也。"研几"者，《上经》次节云"参伍以变，错综其数。通其变，遂成天地之文。极其数，遂定天下之象"，是"研几也"。

唯深也，故能通天下之志。

虞翻曰：深，谓"幽赞神明"。"无有远近幽深，遂知来物"，故"通天下之志"，谓蓍也。

疏 深，渭"幽赞于神明而生蓍"也。蓍圆而神，神以知来，故无有远近幽深，遂知来物。志藏于深，故"唯深，能通天下之志"。蓍由圣人幽赞而生，故深"谓蓍也"。此所谓至精也。

唯几也，故能成天下之务。

虞翻曰：务，事也。谓《易》研几开物，故"成天下之务"，谓卦者也。

疏 《说文》："务，趣也。从力，矛声。"训事者，谓趣赴此事也。"夫《易》，开物成务"，虞彼注云"以阳辟坤，谓之开物。以阴翕乾，谓之成务"。盖几者动之微，乾阳研几，故能开物。务则由微而著矣。坤阴成乾，故成天下之务。卦方以知，知以藏往，其几隐矣。故几"谓卦也"。此所谓至变也。

唯神也，故不疾而速，不行而至。

虞翻曰：神，谓易也，谓日月斗在天。日行一度，月行十三度，从天西转，故"不疾而速"。星"寂然不动"，随天右周，"感而遂通"，故"不行而至"者也。

疏 "神，谓易也"者，阴阳不测，是乃《易》也。《易》有天道焉，有地道焉，有人道焉。日合于天统，月合于地统，斗合于人统。"六爻之动，三极之道"，故举"日月斗在天"，以言神之用也。贾逵《论历》曰"五纪论日月循黄道，南至牵牛，北至东井，率日，日行一度，月行十三度十九分度七也"。《周书·武顺》曰"天道尚左,日月西移",故"从天西转"。《续汉书·律历志》曰"天之动也,一昼一夜而运过周。日之所行与运周。日月相推,日舒月速"。

案:汉法天一日一夜过周一度。日亦一日一夜起度端,终度端。月又速于日,故"不疾而速"也。星寂然不动,谓斗也。《太玄》曰"斗振天而进",范望注云"振,动也。斗冲随天左同,故言进"。又曰"斗之南,左行而右还",故"随天右周"也。《汉书·天文志》曰"斗为帝车,运于中央,临制四海,分阴阳,建四时;均五行,移节度,定诸纪,皆系于斗",故"感而遂通,不行而至也"。又日月者,六十四卦消息所出。斗与日月相会,正建十二次,卦气消息出焉。历家以斗为阴气,皆神之可见者也。上注"寂然不动,感而遂通",谓阳隐藏坤中,以阳动阴,发挥刚柔,是言乾元,非言星也。以斗随天,故以斗为天之消息耳。乾道复子姤午,也震人兑,唯斗可见,故言之也。北辰在斗,是天之太极也。

子曰:易有圣人之道四焉者,此之谓也。

侯果曰:言易唯深,唯神,蕴此四道。因圣人以章,故曰"圣人之道"矣。

疏 言此以结《上经》尚辞、尚变、尚象、尚占之道也。不言"唯几",当是脱文。言唯深、唯几、唯神,故能蕴此四道。四道因圣人之至精、至变、至神以章,故曰"圣人之道"。

系辞上第十一

【原典】

子曰:"夫《易》何为而作也?夫《易》开物成务①,冒天下之道,如斯而已者也②。"是故圣人以通天下之志,以定天下之业,以断天下之疑。是故蓍之德圆而神,卦之德方以知,六爻之义易以贡③。圣人以此先心,退藏于密,吉凶与民同患④。神以知来,知以藏往,其孰能于此哉⑤!古之聪明睿知神武而不杀者夫⑥!是以明于天之道,而察于民之故,是兴神物以前民用⑦。

圣人以此齐戒，以神明其德夫。是故阖户谓之坤，辟户谓之乾，一阖一辟谓之变，往来不穷谓之通，见乃谓之象，形乃谓之器，制而用之谓之法，利用出入，民咸用之谓之神⑧。

是故《易》有太极，是生两仪⑨，两仪生四象⑩，四象生八卦，八卦定吉凶⑪，吉凶生大业。是故法象莫大乎天地，变通莫大乎四时，县象著明莫大乎日月，崇高莫大乎富贵，备物致用、立成器以为天下利莫大乎圣人，探赜索隐、钩深致远以定天下之吉凶、成天下之娓娓者莫善乎蓍龟⑫。是故天生神物，圣人则之；天地变化，圣人效之；天垂象，见吉凶，圣人象之；河出图，洛出书，圣人则之。《易》有四象，所以示也；系辞焉，所以告也；定之以吉凶，所以断也。

【精注】

①开物成务，开创事物的内在机能，成功了就是成务。②冒天下之道：包括天下万事万物的变化规律。③蓍之德圆而神：用蓍草占吉凶，或吉或凶没有一定，所以是圆满而神妙。卦之德方以知：卦辞有一定，所以是方正而智慧，跟蓍占不定不同。德：德性。圆而神：圆通而神妙。贡：告之，告人。④洗:通"先"。退藏于密：即从卦爻辞是到启发后，先保密，不加宣扬。吉凶与民同患。指导人民趋吉避凶。同患，同忧乐，凶同忧，吉同乐，这里当省"乐"字。⑤知以藏往：用智慧来记住过去。⑥睿（ruì 瑞）知：智慧而有远见。杀：残暴。⑦以前民用：做为人民行动的先导。⑧阖户谓之坤：指地的静而闭藏。辟户谓之乾：指天的春雷惊蛰等。一阖一辟谓之变：指卦爻辞反映自然和人事的变化。往来不穷谓之通：指这种开阖变化是无穷尽的，懂得它才通。见乃谓之象：事物出现了用卦来表示叫象，如用乾来表示天。器：有具体形象的叫器。制而用之谓之法：如根据涣卦来制造舟楫即是。利用出入：指在制作时有改进。⑨"易有太极"二句：太极，宇宙本原，为无形的物质性实体，在筮法中指未分之前的四十九根蓍草；两仪，天地、阴阳。⑩"两仪生四象"二句：四象，指太阳⚌、太阴⚏、少阳⚎、少阴⚍，分别为两仪即阴－－、阳—各重叠以阴阳而成；八卦，即八个三画卦，由四象再重叠以阴、阳画而

成。⑪八卦定吉凶：八卦不能定吉凶，本句是说八卦演变为六十四卦即可定吉凶。⑫钩深致远：具备众物以供民众使用。成天下之娓娓：助成天下民众有为的神通。

【今译】

孔子说："《易》书是做什么用的呢？《易》是开创事物内在机能而成就事务，包括天下万事万物的变化规律，如此而已。"因此圣人用来通晓天下人的意志，来确定天下的事业，来决断天下人的怀疑。所以蓍草占问的好处是圆满而神妙，卦辞的好处是方正而智慧，六爻的意义用变化来告人。圣人用它来启发自己的心，得到启发后，先保密，不加宣扬，吉和凶与民同乐同忧。（用蓍的）神妙来知道未来，（用卦的）智慧来记住过去。谁能达到这样啊！古代的智慧而又有远见而不残暴的人吧！因此明白天道，细察民情，用蓍占神物来做为人民行动的先导。圣人也对它表示虔敬之意，来表示它具有神妙明智的德行。因此闭藏的叫做坤，开辟的叫做乾，一闭一开叫做变化，（开闭出入）往来不停叫做通达，出现的物叫做象，具有形体的叫做器。制裁象和器来利它叫做效法，利用它时或出或入有所改动，人民都用神妙来称谓它。

《易》书有这样的思想：宇宙之间最先有太极，太极变化产生八卦，八卦断定吉凶，吉凶既定而趋吉避凶盛大的事业即可成就。可以取象效法的东西，没有比天地更大的；能够变化会通的东西，没有比四季更大的；能够显示光辉普照万物的，没有比日月更大的；尊崇高尚，没有比富有显贵更大的；具备众物以供民众使用，创成器具以便利天下民众的功业，没有比圣人更大的；探研求索深藏于事物之后的哲理，钩取搜罗深处、远方之物，用来断定天下的吉凶，助成天下民众勤勉有为的神通，没有比蓍占与龟卜更大的。所以，上天才生出神奇的蓍草和灵龟，供圣人取法，创立占卦；天地出现四季变化，供圣人仿效，制定历法；天空垂悬天象，显示吉凶的征兆，供圣人模拟，制造天象仪器；黄河出现龙图，洛水出现龟书，供圣人取法，创立八卦。《易》书有四象，是可以显示变化规律的；在卦爻之下写出文辞，是用来报告吉凶的；文辞中拟出吉凶的占辞，得失判断的标准。

【集解】

子曰：夫易，何为而作也？

虞翻曰：问易何为取天地之数也。

疏 设问以起义也。天地之数，即七八九六之数。

夫易，开物成务。

陆绩曰：开物，谓庖牺引伸八卦，重以为六十四，触长爻册，至于万一千五百二十，以当万物之数，故曰"开物"。圣人观象而制网罟耒耜之属，以成天下之务，故曰"成务"也。

疏 引伸，卦变也，故为六十四卦。触长，爻变也，故爻册至于万一千五百二十，以当万物之数。以爻册当物，故曰"开物"。"以制器者尚其象"，故圣人观象而制网罟之屑，即十二"盖取"是也。天下之务皆由此成，故曰"成务"。

冒天下之道，如斯而已者也。

虞翻曰：以阳辟坤，谓之"开物"。以阴翕乾，谓之"成务"。冒，触也。"触类而长之"，如此也。

疏 "夫乾，其动也辟"，以乾辟坤，故曰"开物"。"夫坤，其静也翕"，以坤翕乾，故曰"成务"。《周语》曰"宜触冒人"，故云"冒，触也"。"触类而长之"，以成六十四卦，"天下之能事毕矣"，故曰"冒天下之道，如斯而已者也"。又以阳辟坤，息出而震，震在庚，其数七，是阳象数也。以阴翕乾，消而退巽，巽在辛，其数八，是阴象数也。息变而进七之九，消变而退八之六。九六相变，所以触类而长。《易》变而为一，一变而为七，七变而为九。阴并阳一而二，七而八，九而六。七八九六而天地之数备。一三五，九也。二四，六也。五，九也。十，六也。故曰"如斯而已者也"。

是故圣人以通天下之志。

《九家易》曰：凡言"是故"者，承上之辞也。谓"以动者尚其变"。变而通之，"以通天下之志"也。

疏 "是故"，为承上之辞，释其凡也。承上文"以动者尚其变"也。变而通之，故能"通天下之志"。

案：虞上"通天下之志"，注云"谓蓍也"。圣人"幽赞于神明而生蓍"，故能开物，而通天下之志，所谓"深"也。

以定天下之业。

《九家易》曰：谓"以制器者尚其象"也。凡事业之未立，以《易》道决之，故言"以定天下之业"。

疏　承上文"以制器者尚其象"也。"立成器以为天下利"，故凡事业未立，则取象于《易》以决之。决则定矣，故"以定天下之业"。

案：虞注"成天下之务"，"谓卦也"。务，事务，即事业也。"八卦生吉凶，吉凶生大业"。故能成务，以定天下之业，所谓"几"也。

以断天下之疑。

《九家易》曰：谓"卜筮者尚其占"也。"占事知来"，故"断天下之疑"。

疏　承上文"以卜筮者尚其占"也。"占事知来"则无疑。故"断天下之疑"。"断"或作定者，误也。

案：虞"冒天下之道"注云"冒，触也"。触类而长，以成六十四卦，三百八十四爻，故能触类旁通，"以断天下之疑"，所谓"神"也。

是故蓍之德圆而神，卦之德方以知。

崔憬曰：蓍之数，七七四十九，象阳圆。其为用也，变通不定，因之以知来物，是"蓍之德圆而神"也。卦之数，八八六十四，象阴方。其为用也，爻位有分，因之以藏往知事，是"卦之德方以知"也。

疏　"大衍之数五十，其用四十有九"，是蓍之数七也。七七四十九，阳数也，乾为圆，故象阳之圆也。蓍之用，变通无定，"无有远近幽深，遂知来物"，是"蓍之德圆而神"，即下文所谓"神以知来"是也。"四营而成《易》，十有八变而成卦，八卦而小成"，是卦之数八也。八八六十四，阴数也，坤为方，故象阴之方也。卦之用，位列爻分，以定天下吉凶之

中華藏書

周易全书·最新整理珍藏版

中国书店

八八〇

中国书店

象，是"卦之德方以知"，即下文"知以藏往"，是也。

六爻之义易以贡。

韩康伯曰：贡，告也。六爻之变易，以告吉凶也。

疏 "八卦以象告"，故云"贡，告也"。著七卦八，"爻者，言乎变者也"。六爻之义，九六相变易，则吉凶自见，故曰"易以贡"。

圣人以此先心。

韩康伯曰：洗濯万物之心者也。

疏 "先"，刘瓛、王肃、韩康伯本作"洗"，故云"洗濯万物之心"。寻古洗濯字皆作"洒"，无作"洗"者，蔡邕《石经》及京、荀、虞、董遇、张璠、蜀才皆作"先"，今从之。下云"神以知来"，《祭义》曰"昔者圣人建阴阳天地之情，立以为《易》。《易》抱龟南面，天子卷冕北面。虽有明知之心，必进断其志焉，示不敢专，以尊天也"。是"圣人此先心"之义也。

退藏于密。

陆绩曰：受著龟之报应，决而退藏之于心也。

疏 圣人以吉凶命著龟，而著龟报应之，圣人则受而"退藏于密"。"密"，即"心"也，故云"决而退藏之于心也"。此两节以虞义为长，说具下。

吉凶与民同患。

虞翻曰："圣人"谓庖牺。以著神知来，故以先心。阳动人巽，巽为退伏，坤为闭户，故"藏密"。谓齐于巽以神明其德。阳吉阴凶，坤为民，故"吉凶与民同患"，谓"作《易》者，其有忧患"也。

疏 画卦始于庖牺，故"圣人谓庖牺"。下云"神以知来"，故云"以著神知来"。乾为著。复之一阳，即乾初也。复见天地之心，乾神知来，故"以此先心"。乾阳初动，人阴成巽。《杂卦》曰"兑见而巽伏"，又巽象退辛，故为退伏。由巽人坤，"阖户谓之坤"，故为闭户。退伏为藏，闭户为密，故"退藏于密"。《说卦》曰"齐乎巽。齐也者，言万物之絜齐也"。巽阳藏室，神明在内，故"齐于巽以神明其德"，谓以卦德藏往，巽八之智也。乾阳为吉，坤阴为凶，坤众为民。表吉凶之象，以同民所忧患之事。盖作《易》者本有忧患，故即九六变易，以定吉凶，与民同患也。盖无心则无思，藏密则无为，"吉凶与民同患"，则"感而遂通天下之故"也。

神以知来，知以藏往。

虞翻曰：乾神知来，坤知藏往，"来"，谓先心。"往"，谓藏密也。

疏 "乾神知来"，谓"著之德圆而神"也。"坤知藏往"谓"卦之德方以知"也。圣人取七八九六之数，知来而藏往。未来者以此知之，故"来谓先心"。已往者以此藏之，故"往谓藏密"。盖《易》例，以未来者属乾，已往者属坤也。

其孰能与于此哉？

虞翻曰：谁乎能为此哉？谓古聪明睿知之君也。

疏 孰，谁也。言谁能为此者，以起下文"古之聪明睿知"之义也。

古之聪明睿知，神武而不杀者夫。

虞翻曰：谓大人也。庖牺在乾五，动而之坤，与天地合聪明。在坎则聪，在离则明。神武谓乾，睿知谓坤。乾坤坎离，反复不衰，故"而不杀者夫"。

疏 "大人"，谓九五大人也。乾"利见大人"，虞彼注云"谓若庖牺观象于天，造作八卦"，又下注云"文王书《经》，系庖牺于乾五"，故云"庖牺在乾五"。乾五动之坤，即坤五动之乾。乾为天，坤为地。故"与天地合聪明"者，乾五之坤，成坎体比，故"在坎则聪"。坤五之乾，成离体大有，故"在离则明"。乾阳为神，乾刚为武，故"神武谓乾"。《洪范》曰"思曰睿"，思于五行属土，坤地为土，坤知藏往，故"睿知谓坤"。"杀"读为衰。《士冠礼》曰"以官爵人，德之杀也"，郑彼注云"杀犹衰也"。反覆不衰之卦有八：乾、坤、颐、大过、坎、离、中孚、小过。今乾、坤动成坎、离，故云"乾坤坎离，反复不衰"。"杀"，马、郑、王肃读所戒反，义与虞同。陆续、韩康伯读如字者，误也。

是以明于天之道，而察于民之故。

虞翻曰：乾五之坤，以离日照天，故"明天之道"。以坎月照坤，故"察民之故"。坤为民。

疏 "乾五之坤"，离上乾下，故"以离日照天"。乾为天为道，故"明天之道"。坤五之乾，坎上坤下，故"以坎月照坤"。坤为民，故"察民之故"。《下传》曰"又明于忧患与故"，虞彼注云"知以藏往，故知事故"，而称"民之故"也。

是兴神物，以前民用。

陆续曰：神物，著也。圣人兴著，以别吉凶，先民而用之，民皆从焉，故曰"以前民用"也。

疏 乾为神、为物，又为著，故"神物谓著也"。兴神物，谓"幽赞于神明而生著"也。《管子》曰"能存能亡者，著龟与龙也。为万物先，为祸福正"，"为祸福正"，即"别吉凶"也，"为万物先"，即"先民用而皆从也"。乾伏坤，坤为民为用，坤为民为用，乾在坤先，故曰"以前民用"。

圣人以此齐戒。

韩康伯曰：洗心曰齐，防患曰戒。

疏 此亦取乾坤坎离之义也。坤初四之乾成巽，巽絜齐相见，故曰齐。坎离相合成既济，既济"思患豫防"，故曰戒。

以神明其德夫。

陆续曰：圣人以著能逆知吉凶，除害就利，清洁其身，故曰"以此齐戒"也。吉而后行，举不违失。其德富盛，见称神明，故曰"神明其德"也。

疏 圣以著神知来，趋吉避凶，即以此絜齐其身，故曰"以此齐戒"也。惟其吉而后行，故"举无违失"。所以"其德富盛，见称神明"，谓为神明所歆享，故曰"神明其德"。

案：乾为神、为大明，故曰神明。"圣人幽赞于神明而生著"，"始作八卦，以通神明之德"，故曰"神明其德夫"。

又案："前民用"，即"以此先心"。"齐戒"、"神明"，即"退藏于密"也。

是故阖户谓之坤。

虞翻曰：阖，闭翕也。谓从巽之坤。坤柔象夜，故以闭户者也。

疏 《说文》："阖，闭也。""坤其静也翕"，故云"阖，闭翕也"。"从巽之坤"，谓从午至亥。刚柔者，昼夜之道，故"坤阴柔象夜"。"乾坤，易之门"，"故以闭户"。此少阴八，不变者也。

辟户谓之乾。

虞翻曰：辟，开也。谓从震之乾。乾刚象昼，故以开户也。

疏 "辟，开也"，《说文》文。"从震之乾"，谓从子至巳。乾阳刚象昼，"故以开户"。此少阳七，不变者也。

一阖一辟谓之变。

虞翻曰：阳变阖阴，阴变辟阳。"刚柔相推，而生变化"也。

疏 "阳"，谓老阳，九也。阳变为阴，故阖。"阴"，谓老阴，六也。阴变为阳，故辟。阳主变，阴生化。刚推柔生变，柔推刚生化。故"刚柔相推，而生变化也"。

往来不穷谓之通。

荀爽曰：谓一冬一夏，阴阳相变易也。十二消息，阴阳往来无穷已，故通也。

疏 阴常居大冬，然一阳生于冬至。阳常居大夏，然一阴生于夏至。故云"一冬一夏，阴阳相变易也"。"十二消息"者，复、临、泰、大壮、央、乾，阳息之卦也。姤、遯、否、观、剥、坤，阴消之卦也。乾、坤十二画，一往一来，循环无已，阳息阴消，推而行之，故"谓之通"也。

见乃谓之象，形乃谓之器。

荀爽曰：谓日月星辰，光见在天而成象也。万物生长，在地成形，可以为器用者也。

疏 日月星辰，光见于天，是"在天而成象"也。"天垂象，见吉凶"，故"见乃谓之象"。万物生长，皆在于地，是"在地成形"，可为器用者也。坤为器，"形而下者谓之器"，故"形乃谓之器"。

制而用之谓之法。

荀爽曰：谓观象于天，观形于地。制而用之，可以为法。

疏　法莫大乎规矩。观象于天，取其大规在上也。观形于地，取其大矩在下也。因其规矩，制为方圆而用之，故"可以为法"。"法象莫大乎天地"，故"谓之法"也。

利用出入，民咸用之，谓之神。

陆绩曰：圣人制器以周民用，用之不遗，故曰"利用出入"也。民皆用之而不知所由来，故"谓之神"也。

疏　"立成器以为天下利"，"制器以周民用"，即"立成器"也。用之不遗，故"利用出入"，即"以为天下利"也。乾为美利，故曰利。坤为用，故曰用。出乾为复，入坤为垢。乾、坤出入，其用无穷，故曰"利用出入"。"民皆用之而不知所由来"，即"百姓日用而不知"，故"谓之神"也。

是故易有太极，是生两仪。

干宝曰：发初言，"是故"，总众篇之义也。

虞翻曰：太极，太一。分为天地，故"生两仪"也。

疏　干注：总众篇之义，故以"是故"发端，释凡例也。

虞注：马氏云"易有太极，谓北辰也"。"太极，太一"者，《乾凿度》曰"太一取七八九六之数，以行九宫。四正四维，皆合于十五"。郑彼注云"太一者，北辰之神名也。居其所，曰太一。常行于八卦日辰之间，曰天一"。又引《星经》曰"天一，太一，主气之神"。然则太一即乾元也。在天为北辰，在《易》为神。虞注"斗，寂然不动，感而遂通"，即指此也。太一者，极大曰太，未分曰一，郑氏所谓"未分之道"是也。太极者，《说文》："极，栋也。"《逸雅》："栋，中也。居屋之中也。"是极者，中也。未分曰一，故谓之太一。未发为中，故谓之太极。在人为皇极，即郑氏所谓"极中之道"是也。《释诂》曰"仪，匹也"，天地相配，故称"两仪"。《礼运》曰"夫礼，必本于太一，分为两仪"。《吕氏春秋》曰"太一出两仪"，即分为天地，故生两仪之义也。郑氏又云"太极函三为一，相并俱生"，是太极生两仪而三才已具矣。

两仪生四象。

虞翻曰：四象，四时也。"两仪"，谓乾坤也。乾二五之坤，成坎离震兑。震春兑秋，坎冬离夏，故"两仪生四象"。归妹卦备，故《彖》独称"天地之大义也"。

疏 "四象，四时也"者，谓日月之行，春甲乙，夏丙丁，秋庚辛，冬壬癸，四时之间戊己。甲丙戊庚壬，阳也，为天象。乙丁己辛癸，阴也，为地象。《月令》："春其日甲乙，夏其日丙丁，秋其日庚辛，冬其日壬癸，中央其日戊己。"郑彼注云"日之行春，东从青道，发生万物。月为之佐。时万物皆解孚甲，自抽轧而出，故名甲乙。日之行夏，南从赤道，长育万物。月为之佐。时万物皆炳然著见而强大，故名丙丁。日之行四时之间，从黄道。月为之佐。至此万物皆枝叶茂盛，其含秀者，抑屈而起，故名戊己。日之行秋，西从白道，成熟万物。月为之佐。万物皆肃然改更，秀实新成，故名庚辛。日之行冬，北从黑道，闭藏万物。月为之佐。时万物怀壬于下，揆然萌芽，故名壬癸"。此四时之象也。又言"两仪谓乾、坤也"者，谓庖牺观天象以画卦，幽赞神明以拟太极，乃立乾坤以象天地。以太极之一七九为乾坤之三画，是亦太极生两仪也。此与天地四时之文不属，每句各具二义耳。云"乾二五之坤"者，遂言庖牺四象也。二五中气即太极，非爻名也。云"成坎离震兑"者，太极乾元，一施为坎，再施为离。一息为震，再息为兑也。云"震春、兑秋、坎冬、离夏者"，此庖牺所定，以则四象也。离以象日，昼中正南，故为夏。坎以象月，夜中正北，故为冬。震阳出以象雷，故为春。兑阳成以象雨，故为秋也。故"两仪生四象"者，言有乾、坤，然后生震兑坎离四象也。《归妹·彖》曰"归妹，天地之大义也"。归妹自泰来，备震兑坎离四象，故引以明之。虞彼注云"乾天坤地，三之四，天地交"。又云"震东、兑西、离南、坎北，六十四卦，此象最备四时正卦，故天地之大义也"。

四象生八卦。

虞翻曰：乾二五之坤，则生震坎艮。坤二五之乾，则生巽离兑。故"四象生八卦"乾坤生春，艮兑生夏，震巽生秋，坎离生冬者也。

疏 此言乾生震坎艮，坤生巽离兑者，蒙上注义，先言庖牺八卦也。既象乾之息，乃复象其消，反兑为巽以象风，反震为艮以象霆。消息既备，则乾退而就坎，坤进而就离，故分震坎艮属天，巽离兑属地。三索交乾坤，以成六子之爻。十五日，乾象西北，西北坎前。坤阴所积，乾就坤以交阴，则生三男也。坤不位东南者，阳先阴后，不改敌阳，故位离后西南。震兑之间，阳盛之位。坤亦就乾以交阳，则生三女也。艮在甲癸之间，故位东北。震巽相薄，阳动人巽，故位乎东南以受震。此乾坤生六子之义也。云"故四象生八卦"者，《下传》注云"乾坤与六子，俱名八卦而小成"，谓此也。云"乾坤生春"者，此乃言在天八卦，生于四时也。"生春"犹言生乎春也。月行至甲乙，而乾坤象见，是乾坤生乎春也。云"艮兑生夏"者，月行至丙丁，艮兑象见也。云"震巽生秋"者，月行至庚辛，震巽象见也。云"坎离生冬"者，坎离在中不可象，日月会于壬癸，而坎离象见，故生乎冬也。

八卦定吉凶。

虞翻曰：阳生，则吉，阴生，则凶。谓"方以类聚，物以群分，吉凶生矣"。已言于上，故不言"生"而独言"定吉凶"也。

疏 "阳生，则吉"者，阳主息，故吉也。"阴生，则凶"者，阴主消，故凶也。引《上传》文以明吉凶者，八卦六位有正有不正，故吉凶生。虞上注云"得正言吉，失正言凶"是也。云"已言于上"者，已言《系》初也。前既言"生"，故此独言"定"也。

吉凶生大业。

荀爽曰：一消一息，万物丰殖，"富有之谓大业"。

疏 春夏生物，秋冬成物，故"一消一息，万物丰殖"。乾主施，坤主生，"坤化成物"，故"富有之谓大业"。吉凶相推，万物成化，若独类而长，备六十四卦，三百八十四爻之义也。

是故法象莫大乎天地。

翟玄曰：见象立法，莫过天地也。

疏 "成象之谓乾，效法之谓坤"，乾言象，坤言法，故"见象立法，莫过于天地"，所谓"太极生两仪"也。

变通莫大乎四时。

荀爽曰：四时相变，终而复始也。

疏 "变通者，趋时者也"，故配四时。"穷则变，变则通"，四序推迁，终而复始，故"变通莫大乎四时"，所谓"两仪生四象"也。

县象著明，莫大乎日月。

虞翻曰：谓日月县天，成八卦象。三日莫，震象出庚，八日，兑象见丁，十五日，乾象盈甲，十七日旦，巽象退辛，二十三日，艮象消丙，三十日，坤象灭乙，晦夕朔旦，坎象流戊，日中则离，离象就己，戊己土位，象见于中。日月相推而明生焉，故"县象著明，莫大乎日月"者也。

疏 此以纳甲言之也。日月之晦朔弦望有八卦象，故"谓日月县天，成八卦象"也。震纳庚，月三日哉生明，故"震象出庚"。兑纳丁，月八日上弦，故"兑象见丁"。乾纳甲，月十五日望，故"乾象盈甲"。皆在暮也。巽纳辛，月十七日哉生魄，故"巽象退辛"。艮纳丙，月二十三日下弦，故"艮象消丙"。坤纳乙，月三十日晦，故"坤象灭乙"。皆在旦也。此云"三十日"，以大分言之。《文言注》作"二十九日"是也。二十九日、三十日为晦夕，一日为朔旦，故"坎象流戊"。昼为日中，故"日中则离，离象就己"。戊己中央土位，故"象见于中"。《参同契》所谓"晦朔之间，合符行中"。此天地杂，保太和，日月战，阴阳合德之时也。"明两作"，"日月相推而明生焉"，故"县象著明，莫大乎日月"，所谓"四象生八卦"也。

崇高莫大乎富贵。

虞翻曰：谓乾正位于五，五贵坤富。以乾通坤，故"崇高莫大乎富贵"也。

疏　乾正位于五，五位天子，坤为富，故"五贵坤富"。乾五，即太极之神也。"探赜索隐"，则为乾初。正位则为乾五。变化消息，皆乾五所为。以乾之贵，据坤之富，为"以乾通坤"。山在地上称崇，是崇谓坤。谓天盖高，是高谓乾。《释诂》："崇，重也。"坤为重。郑《仪礼注》"崇，充也"，谓相充实也。崇言富，高言贵，故"崇高莫大乎富贵"。此下皆言"吉凶生大业"也。

备物致用，立成器以为天下利，莫大乎圣人。

虞翻曰：神农黄帝尧舜也。民多否闭，取乾之坤，谓之备物。以坤之乾，谓之致用。乾为物，坤为器用。否四之初，耕稼之利。否五之初，市井之利。否四之二，舟楫之利。否上之初，牛马之利。谓十二"盖取"，以利天下。通其变，使民不倦。神而化之，使民宜之。圣人作而万物睹，故曰"莫大乎圣人"者也。

疏　古者庖牺氏始作八卦，包牺氏没，神农氏作，神农氏没，黄帝尧舜氏作，故圣人谓神农以下也。中古之世，草昧初开，民多否闭。乾为物，取乾之坤为"备物"。坤为用，以坤之乾为"致用"。乾为物者，"精气为物"也。坤为器用者，形下为器，致役为用也。天地不交，其象为否，故制器尚象，多用否来。否四之初为益，"利用大作"，故云"耕稼之利"。否五之初为噬嗑，"日中为市"，故云"市井之利"。《风俗通》曰"古者二十五亩为一井，因为市"，交易，故称市井也。否四之二为涣，"刳木为舟，剡木为楫"，故云"舟楫之利"。否上之初为随，"服牛乘马"，故云"牛马之利"。十二"盖取"，谓自离以下也。自否变而外，总不外乎乾坤六位往来也。十二卦皆利天下之事，故云"以利天下"。阳穷变阴，阴穷变阳，通乾坤之变，故"使民不倦"。乾为神，坤为化，乾神之坤，坤化万物，故"使民宜之"。神农以下，皆圣人有制作，而为天下所利见者也。故曰"圣人作而万物睹"。乾五大人，圣人而在天子之位者也。故"莫大乎圣人"。

探赜索隐，钩深致远，以定天下之吉凶，成天下之娓娓者，莫善乎蓍龟。

虞翻曰：探，取。赜，初也。初隐未见，故"探赜索隐"，则"幽赞神明而生蓍"。初深，故曰钩深。致远谓乾。乾为蓍。乾五之坤，大有离为龟。乾生知吉，坤杀知凶，故"定天下之吉凶，莫善于蓍龟"也。

侯果曰：亹，勉也。夫幽隐深远之情，吉凶未兆之事，物皆勉勉然愿知之，然不能也。及蓍成卦，龟成兆也，虽神道之幽密，未然之吉凶，坐可观也。是蓍龟成天下勉勉之圣也。

疏 虞注："探，取"，《释诂》文。"赜，初也"，详前"见天下之赜"注，谓乾初也。"索"亦取也。乾初隐于坤下，伏而未见，故必探其赜，索其隐。乾为神明、为蓍，乾伏坤初，故"幽赞于神明而生蓍"。乾初九曰"潜龙勿用"，《释言》："潜，深也。"初深故曰"钩深"。《说文》："钩，曲也。"曲以取之，故曰钩深也。天道远，故远。谓乾致远，谓阳息也。《杂记》曰"蓍，阳之老也"，故"乾为蓍"。乾五之坤体大有，外卦离，离为龟。乾阳生物，故"知吉"。坤阴杀物，故"知凶"。所以"定天下之吉凶，莫大乎蓍龟也"。

侯注："娓娓"，诸本皆作"亹亹"。虞君章末注云"娓娓，进也"。是虞本原作"娓娓"。陆氏《释文》，亦未详也。《释诂》："亹亹，蠠没，勉也。"故云"亹，勉也"。言未来之事，人皆勉勉然愿知之，必蓍成卦，龟成兆，然后幽远难窥、吉凶未著者，可坐而观也。故趋吉避凶，勉勉为善，优人于圣域而无难，是蓍龟能成天下勉勉之圣也。《白虎通》曰"圣人独见先睹，必问蓍龟何？或曰清微无端绪，非圣人所及，圣人亦疑之"，《洪范》曰"七稽疑，汝有则大疑，谋及卜筮"，皆成天下娓娓之事也。娓，《说文》"美也"，义亦可通。前皆言大，此独言善者，蓍龟皆始于乾坤之元。"元者善之长"，故曰"莫善乎蓍龟"。

是故天生神物，圣人则之。

孔颖达曰：谓生蓍龟，圣人法则之，以为卜筮者也。

疏 "神物"，蓍龟也。法龟以为卜，法蓍以为筮。神物，天之所生。法物，实法天也。

天地变化，圣人效之。

陆绩曰：天有昼夜四时变化之道，圣人设三百八十四爻以效之矣。

疏 "刚柔者，昼夜之象也"，故云"天有昼夜"。"变通配四时"，故云"四时"。昼阳为"变"，夜阳为"化"，春夏为"变"，秋冬为"化"，故云"昼夜四时变化之道"。刚柔变化，而后有爻，"爻者也，效此者也"。故云"圣人设三百八十四爻以效之矣"。

天垂象，见吉凶，圣人象之。

荀爽曰：谓"在旋机玉衡，以齐七政"也。

宋衷曰：天垂阴阳之象，以见吉凶，谓日月薄蚀，五星乱行。圣人象之，亦著见九六爻位，得失示人，所以有吉凶之占也。

疏 荀注：《虞书》："在璇玑玉衡，以齐七政。"孔传"在，察也。璇，美玉。机衡，正天文之器，可转运者。七政，日月五星各异政"。五星异政，是"天垂象，见吉凶"也。作机衡以齐七政，是"圣人象之"也。

宋注：《春官·保章氏》："掌天星，以志星辰日月之变动，以观天下之迁，辨其吉凶。"盖阳生为吉，阴杀为凶，故"天垂阴阳之象，以见吉凶"。吉谓日月合璧，五星联珠。凶即"日月薄蚀，五星乱行"。圣人法天之象，著为"九六爻位"。阴阳变化，得正则吉，失正则凶，故"得失示人，所以有吉凶之占也"。

案："天垂象"，即天有八卦之象也。"八卦定吉凶"，故曰"见吉凶"。圣人则之，谓阴阳消息，刚柔变化，而成六十四卦也。

河出《图》，洛出《书》，圣人则之。

郑玄曰：《春秋纬》云"河以通乾出天苞，洛以流坤吐地符"。河龙《图》发，洛龟《书》成。《河图》有九篇，《洛书》有六篇也。

孔安国曰：《河图》，则八卦也。《洛书》，则九畴也。

侯果曰：圣人法《河图》、《洛书》，制历象以示天下也。

疏 郑注："河以通乾出天苞"，所谓天不爱其道也。"洛以流坤吐地符"，所谓地不爱其实也。《乾凿度》曰"《河图》龙出，《洛书》龟予"。兹云"河龙《图》发"，即"河出《图》"也。"洛龟《书》成"，即"洛出《书》"也。《河图》、《洛书》者，王者受命之符，圣人据之以立《易》轨，故曰"圣人则之"。《河图》九篇，《洛书》六篇，纬书之数。

孔注：《河图》者，一六居北为水，二七居南为火，三八居东为木，四九居西为金，五十居中为土。此即大衍之数五十，其用四十有九，分挂揲归以成八卦，故云"《河图》，则八卦也"。《洛书》者，戴九履一，左三右七，二四为肩，六八为足，五居中。此即《乾凿度》太乙下行九宫之法，而箕子据之以衍《洪范》，故云"《洛书》，则九畴也"。

侯注："天数五，地数五，五位相得而各有合"者，《河图》也。变之而纵横皆十五，所谓"参伍以变"，即"太乙下行九宫法"者，《洛书》也。其实《洛书》即从《河图》变出，皆不外天地奇耦之数。由天地奇耦之数，揲之而为爻，而历象具焉。《乾凿度》曰"历以三百六十五日四分度之一为一岁，《易》以三百六十析当期之日，此律历数也"。故云"圣人法《河图》、《洛书》，制历象以示天下也"。

愚案：万物生于天，故生神物者，天也。天交于地，而变化生焉。天变于上，则见吉凶，地化于下，则出《图》、《书》。变化，承神物言之。吉凶《图》、《书》，又承变化言之也。

易有四象，所以示也。

侯果曰："四象"，谓上"神物"也，"变化"也，"垂象"也，"图书"也。四者治人之洪范，《易》有此象，所以示人也。

疏 何氏云"四象谓'天生神物，圣人则之'，一也。'天地变化，圣人效之'，二也。'天垂象，见吉凶，圣人象之'。三也。'河出《图》，洛出《书》，圣人则之'，四也"。

中華藏書 第一部 周易原典 中国书店

中国书店

此与侯氏义同。四者皆治人之大法，故即此象以示人也。

案：郑氏曰"布六于北方以象水，布八于东方以象木，布九于西方以象金，布七于南方以象火"。孔氏谓"诸儒有以四象为七八九六"者，此也。

又案：大衍之数分二象两，挂一象三，揲四象时，归奇象闰，是谓四象。谓七八九六四营而成一变，十有八变而成卦。卦者，挂也。《乾凿度》："挂示万物。"故曰"所以示也"。盖言大衍四象，而七八九六在其中矣。

系辞焉，所以告也。

虞翻曰：谓系《彖》、《象》之辞，"八卦以象告"也。

疏 "《系辞》"者，谓文王所作《彖辞》、《象辞》也。"八卦以象告"，《下传》文。虞彼注云"在天成象，乾二五之坤，则八卦象成。兑口震言，故以象告也"。

定之以吉凶，所以断也。

虞翻曰："系辞焉以断其吉凶"，"八卦定吉凶"，"以断天下之疑"也。

疏 象爻之辞，皆有吉有凶。辨吉凶者存乎辞，故"系辞焉断其吉凶"。七八九六得正吉，失正凶，故"八卦定吉凶"。易"以断天下之疑"，故"所以断也"。

系辞上第十二

【原典】

《易》曰："自天右之，吉无不利①。"子曰："右者，助也。天之所助者，顺也②；人之所助者，信也。履信思乎顺，有以尚贤也，是以'自天右之，吉无不利'也。"子曰："书不尽言，言不尽意。"然则圣人之意其不可见乎？子曰："圣人立象以尽意，设卦以尽情伪③，系辞焉以尽其言，变而通之以尽利，鼓之舞之以尽神。"乾坤，其《易》之缊邪④？乾坤成列，而《易》立乎其中矣；乾坤毁，则无以见《易》；《易》不可见，则乾坤或几乎息矣⑤。是故形而上者谓之道，形而下者谓之器⑥，化而财之谓之变，推而行之谓之通，举而措之天下之民谓之事业。是故夫象，圣人有以见天下之赜⑦，而拟诸其形容，象其物宜，是故谓之象。圣人有以见天下之动，而观其会通，以行其典礼，系辞焉以断其吉凶，是故谓之爻⑧。极天下之赜者存乎卦；鼓天下之动者存乎辞；化而财之存乎变⑨；推而行之存乎通；神而明之存乎其人；默而成，不言而信，存乎德行⑩。

【精注】

①自天祐之，吉无不利：这是《大有》卦上九爻辞，下引孔子语，先释"祐"字之义，然后以"信"、"顺"、"尚贤"阐发爻旨。②履信思乎顺：能够履践诚信而考虑着顺从正道。③立象以尽意，设卦以尽情伪：情伪，指真情与虚伪。这两句说明《周易》的象征可以表达语言所不能尽述的深意，可以揭示事物的内在情态。④缊邪：精蕴之所在，精髓之处。⑤乾坤毁，则无以见《易》；《易》不可见，则乾坤或几乎息矣：几，接近；息，止息。这四句以循环论证法，说明《周易》的变化之道与乾坤的化育之功相依赖而为用的关系，进一步揭示前文"乾坤为《易》之蕴"的论点。⑥形而上者谓之道，形而下者谓之器：形，事物的形态；道，指主导形体运动的精神因素，如《周易》的阴阳变化之理；器，指表现形体的物质状态，如六十四卦、三百八十四爻的构成形式。这两句提出"道"、"器"范畴，说明居"形"之上的为抽象的"道"，居"形"以下（含"形"在内）的为具体的"器"，目的在于阐述"道"指导"器"、"器"以"道"为用的辩证关系，故下文申言"化裁"生"变"、"推行"致"通"。⑦赜：通赜，幽深难见的道理。⑧是故谓之爻：从"圣人有以见天下之赜"至此九句，与第八章之文重复，重出的原因，前人或认为呼应前文。⑨化而裁之：相互感化而互为裁节。⑩默而成之，不言而信，存乎德行：这是说明学《易》者若能立足于美好的"德行"，必能"默"而有成，"不言"而自可取信于人。

【今译】

《周易》的大有卦上九爻辞说："从上天降下祐助，吉祥而无所不利。"孔子的解释是："祐助，就是帮助的意思。天所帮助的，是顺从正道者；人所帮助的，是笃守诚信者。能够践履诚信而时刻考虑着顺从正道，又能尊尚贤人，所以就获得'从上天降下祐助，吉祥而无所不利'。"孔子说："文字难以完全表达人的语言，语言难以完全表达人的思想。"那么，圣人的思想是不是无法传承？孔子指出："圣人创立象征形象来全面阐述他的思想，设置六十四卦来全面反映物情的真实与伪诈，在卦下撰系文辞来全面表述他的语言，又变化会通三百八十四爻来全面施利于万物，于是就能鼓励推动天下人来全面发挥《周易》的神奇道理。"乾坤两卦，应该是《周易》的精蕴吧？乾坤分列上下，《周易》哲理就确立于其中了；要是乾坤的象征毁灭，就不可能出现《周易》哲学；如果《周易》哲学不能出现，乾坤化育的道理或许差不多无人知晓而要止息了。因此我们把形体之上的精神因素叫做"道"，处于形体以下的物质状态叫做"器"，两者相互作用而引发事物交感化育并互为裁节叫做"变"，顺沿变化规律推广而旁行叫做"通"，将这些道理交给天下百姓使用叫做"事业"。因此我们讲的"象"，是圣人发现天下存在幽深难见的道理，就把它譬拟成具体的形态容貌，用来象征特定事物适宜的意义，所以称作"象"。圣人发现天下万物具有运动不息的规律，就观察其中的会合变通，以利于施行典法礼仪，并在六十四卦下撰系文辞来判断事物变动的吉凶，所以称作"爻"。足以穷极天下幽深难见道理的在于《周易》卦形的象征；足以鼓舞天下百姓奋动振作的在于卦爻辞的精义；足以促使万物交相感化而互为裁节的在于各爻的变动；足以让万物顺沿变化规律推广旁行的在于各卦的会通；足以使《周易》的道理显得神奇而又明畅的，在于运用《周易》的人；学《易经》的人能够默然潜修而有所成就，不需凭借花言巧语便能取信于人，这是因为他们有美好的道德品行。

【集解】

《易》曰："自天右之，吉无不利"。

侯果曰：此引大有上九爻辞以证之义也。大有上九，"履信思顺"，"自天右之"。言人能依四象所示，《系辞》所告，又能思顺，则天及人皆共右之，"吉无不利"者也。

疏 章首言"天生神物"，故又引大有上九爻辞，以证则天之义也。惟其"履信思顺"，是以"自天右之"。言人能依四象所示，《系辞》所告，则为履信而不疑矣。又能思顺乎天，则天及人共右，吉且无不利，又何凶之有焉。

子曰：右者，助也。

虞翻曰：大有兑为口，口助称右。

疏 大有五承上九，互兑为口。《说文》曰"右，手口相助也"。故云"口助称右"。

天之所助者，顺也。

虞翻曰：大有五以阴顺上，故为"天所助者，顺也"。

疏 大有本乾，上于三才为天位。五自坤来，坤为顺，故"以阴顺上"。五虽失位，而为上所助者，以其顺也。又下注云"比坤为顺"，则此谓大有通比。五本比坤二，顺上而乾应之为兑，故曰"天所助者，顺也"。

人所助者，信也。

虞翻曰：信，谓二也。乾谓人、为信，"庸言之信"也。

疏 "信，谓二也"者，以二体乾也。乾阳生为人。天行至信为信，故乾九二曰"庸言之信"。证乾九二，谓二应乎五，而三与之成兑，故曰"人之所助者，信也"。

履信思乎顺，有以尚贤也。

虞翻曰：大有五应二而顺上，故"履信思顺"。比坤为顺，坎为思。乾为贤人，坤伏乾下，故"有以尚贤"者也。

疏 大有二五相应以顺上。大有与比旁通，坤为履乾。"比坤为顺"，比内体坤为顺。外体坎，坎心，故为思。乾上九曰"贤人在下位"，谓乾三也，故"乾为贤人"。大有成比，故"坤伏乾下"。"有"读为"又"，别本亦作"又"。以乾在坤上，故"又以尚贤也"。

是以"自天右之，吉无不利"也。

崔憬曰：言上九履五"厥孚"，履人事以信也。比五而不应三，思天道之顺也。崇四"匪彭"，"明辩"？于五，"又以尚贤也"。以"自天右之，吉无不利"，重引《易》文，以证成其义。

疏 大有六五"厥孚交如"，虞彼注云"孚，信也"。上九下履五孚，是"履人事以信也"。阴与阳比，故"比五"。上与三为敌应，故"不应三"。五阴为顺而承阳，是"思天道之顺也"。九四"匪其彭无咎"，《象》曰"明辩哲也"。彭，三也。四不比三为"匪彭"。由四至上体离为"明辩"。故云"崇四匪彭，明辩于五"。四承五明，上来比之，故"又以尚贤也"。乘五孚为"履信"，比五阴为"思顺"，崇五明为"尚贤"。盖"大有柔得尊位大中，而上下应之"，五为卦主故也。此章始言"天生神物"，终言"天右"，则天之圣，故重引《易》文"自天右之，吉无不利"，以证成其义也。《系》上下凡三引大有上九爻辞，以见列圣用《易》，皆获天人之助，致既济之功，是所谓易之道也。

子曰：书不尽言，言不尽意。

虞翻曰：谓书《易》之动，九六之变，不足以尽《易》之所言。言之，则不足以尽庖牺之意也。

疏 《下传》云"《易》之为书也"，故"书"谓《易》。乾阳六爻，动而成六十四卦，故云"书《易》之动"。书有尽而言无尽，故"九六之变，不足以尽《易》之所言"。言有尽而意无尽，故"言之，不足以尽庖牺之意也"。

然则圣人之意，其不可见乎？

侯果曰：设疑而问也。欲明立象可以尽圣人言意也。

疏 欲明立象以尽言尽意之义，故设疑问以发端也。

子曰：圣人立象以尽意。

崔憬曰：言伏羲仰观俯察，而立八卦之象，以尽其意。

疏 伏羲仰观天文，俯察地理，立为八卦之象。阴阳变化在其中。而圣人之意，尽于象矣，故曰"立象以尽意"。

设卦以尽情伪。

崔憬曰："设卦"，谓"因而重之"为六十四。卦之情伪，尽在其中矣。

疏 "设卦"，谓因八卦董之为六十四卦。虞《下传》注云"情，阳，伪，阴也"。三百八十四爻阴阳变化，而易之情伪，尽在其中，故曰"设卦以尽情伪"。

系辞焉以尽其言。

崔憬曰：文王作卦爻之辞，以系伏羲立卦之象。象既尽意，故辞亦尽言也。

疏 立卦象者，伏羲也。因卦象而系《象》、《爻》之辞者，文王也。阴阳变化，无所不备，故立象足以尽意。吉凶悔吝，无所不有，故《系辞》亦足以尽言也。

变而通之以尽利。

陆绩曰：变三百八十四爻，使相交通，以尽天下之利。

疏 因八卦四十八爻，变而为三百八十四爻。九六之变，使相交通，所谓"六爻发挥，旁通情也"，"变通者，趋时者也"，又"《易》穷则变，变则通，通则久"，故"变通以尽利"也。

鼓之舞之以尽神。

虞翻曰：神，易也。阳息震为鼓，阴消巽为舞，故"鼓之舞之以尽神"。

荀爽曰：鼓者，动也。舞者，行也。谓三百八十四爻，动行相反其卦，所以尽易之神也。

疏 虞注："易无思也，无为也，寂然不动，感而遂通天下之故，非天下之至神，其孰能与于斯"，故云"神，易也"。扬子曰"鼓舞万物者，其风雷乎"。阳初息震，震为雷，雷声动万物，故言为鼓。阴初消巽，巽为风，风散动万物，故言为舞也。鼓舞者，消息也。消息明则言意尽，言意尽则神尽，故曰"鼓之舞之以尽神"。

荀注：《上传》曰"鼓天下之动者存乎辞"，故云"鼓者，动也"。《左传·隐公五年》曰"夫舞，所以节八音而行八风"，故云"舞者，行也"。"三百八十四爻，动行相反其卦"者，如"否、泰反其类"是也。六十四卦皆有反卦，言卦及反卦，始尽《易》之神也。

乾坤，其易之缊邪？

虞翻曰：缊，藏也。 《易》丽乾茂坤，故为"易之缊"也。

疏 《论语》"韫匮而藏诸"，马注云"韫，藏也"。"韫"与"缊"古今字，故云"缊，藏也"。易，交易也。乾坤易则成坎离，离丽乾，坎藏坤。坎离为乾坤二用，故为"易之缊"。此下言尽神在乾坤，故言乾坤为《易》组，以起其端也。

乾坤成列，而易立乎其中矣。

侯果曰：组，渊隩也。六子因之而生，故云"立乎其中矣"。

疏 王注亦云"组，渊奥也"。孔疏谓为"易之川府奥藏"是也。乾坤成列而六子因之以生，六子生而六十四卦定，故曰"《易》立乎其中"。又"成列"谓乾坤各三爻，"天尊地卑，乾坤定矣"。中，正也。一阴一阳，各正性命，故"易立乎其中"也。

乾坤毁，则无以见易。

荀爽曰：毁乾坤之体，则无以见阴阳之交易也。

疏 阴阳交则易立。若乾坤体毁，则阴阳不交，故"无以见易"也。谓分阴分阳，重为六爻。乾成则坤毁，坤成则乾毁，六位不皆正，则易道不见也。

易不可见，则乾坤或几乎息矣。

侯果曰：乾坤者，动用之物也。物既动用，则不能无毁息矣。夫动极复静，静极复动。虽天地至此，不违变化也。

疏 "乾，阳物也。坤，阴物也"。"夫乾，其动也专"，"坤，其动也辟"。故云"乾坤者，动用之物也"。物有动而无静，则阴阳不交，而乾坤或几乎息绝。盖动极复静，静极复动。故天地至此，不能违乎变化。此九六变化，所以为"《易》之缊"也。

是故形而上者谓之道，形而下者谓之器。

崔憬曰：此结上文，兼明《易》之形器，变通之事业也。

凡天地万物，皆有形质。就形质之中，有体有用。体者，即形质也。用者，即形质上之妙用也。言有妙理之用，以扶其体，则是道也。其体比用，若器之于物。则是体为形之下，谓之为器也。假令天地圆盖方轸，为体为器，以万物资始资生，为用为道。动物以形躯为体为器，以灵识为用为道。植物以枝干为器为体，以生性为道为用。

疏　经言"是故"，故云"此结上文"。"《易》之形器"，即下文"变通事业"所由始，故言"兼明《易》之形器，变通之事业也"。天地万物有形质，即有体用。体用有二，以本末言，则体为本而用为末。以顽灵言，则体为顽而用为灵。今云"体者即形质"，其顽然者也。"用者即形质上之妙用"，其灵然者也。妙理，即道也。故"言有妙理之用，以扶其质，则是道也"。其体之比用，犹器之于物。故体为形之下，而谓之器也。天地方圆，动植之形躯枝干，为体为器，皆形而下者也。天地之资始资生，动植之灵识生性，皆形而上者也。形而上者，无形者也，故谓之道。形而下者，有形者也，故谓之器。

案：乾为道，天成位于上，垂象为道，故"形而上者谓之道"。坤为形为器，地成位于下，五行之用为器，故"形而下者谓之器"。

化而财之谓之变。

翟玄曰：化变刚柔而财之，故谓之变也。

疏　"财"与裁通。阳变阴化，阳刚阴柔，故云"化变刚柔"。财，财成也。"天地交泰，后以财成天地之道"，泰坤女主，故称后。阴化承阳之变，以财成其道，故"化而财之谓之变"。此承上文形上之道，寓乎形下之器，是乾坤交矣。坤为形，故言化以成变也。

推而行之谓之通。

翟玄曰：推行阴阳，故谓之通也。

疏　泰者，通也。伏艮手为推，互震足为行。乾阳坤阴，故推行阴阳谓之通也。

举而措之天下之民，谓之事业。

陆绩曰：变通尽利，观象制器，举而措之于天下。民咸用之，以为事业。

《九家易》曰：谓圣人画卦为万民事业之象，故天下之民尊之，得为事业矣。

疏 陆注：变通以尽利，观象以制器，立成器以为天下利，故曰"举而措之天下"。坤为民、为用、为事业，故"民咸用之，以为事业"。所谓"通变之谓事"也。盖当泰交之时，地平天成，事业丕著，财成乎后，左右乎民。故终言事业，以结章首形器之义。而形上之道，即寓其中矣。

《九家》注："谓圣人画卦为万民事业之象"者，即"太极生两仪，两仪生四象，四象生八卦"是也。故"天下之民尊之，得为事业"者，即"八卦定吉凶，吉凶生大业"是也。

是故夫象，圣人有以见天下之赜。

崔憬曰：此重明《易》之缊，更引《易》象及辞以释之。言伏羲见天下之深赜，即《易》之缊者也。

疏 此重明乾坤为《易》之缊，更引《易》象及爻卦与辞以释其义也。虞训"赜"为"初"。在初为深，故云"深赜"。盖乾伏坤初，为《易》之缊，故"言伏羲见天下之深赜，即《易》之缊也"。

而拟诸其形容，象其物宜，是故谓之象。

陆绩曰：此明说立象尽意，设卦尽情伪之意也。

疏 赜，至深也。形容物宜，至显也。"圣人见天下之赜，而拟诸形容，象其物宜"，则无微不显矣，"是故谓之象"。故云"此明说立象尽意，设卦尽情伪之意也"。

圣人有以见天下之动，而观其会通，以行其典礼。

侯果曰：典礼有时而用，有时而去，故曰"观其会通"也。

疏 《乐记》曰"三王异世，不相袭礼"，故"典礼有时而用，有时而去"。非"见天下之动而观其会通"者，不能行也。

系辞焉以断其吉凶，是故谓之爻。

崔憬曰：言文王见天下之动，所以系象而为其辞，谓之为爻。

疏 画卦象之圣人，伏羲也。系爻辞之圣人，文王也。"爻也者，效天下之动者也"，故文王见天下之动，因其象而系之辞也。"辨吉凶者存乎辞"，故"《系辞》以断其吉凶"而谓之爻也。

极天下之赜者，存乎卦。

陆绩曰：言卦象极尽天下之深情也。

疏 京氏云"赜，情也"，在初，故为"深情"。咸、恒、萃《彖传》言"观其所感、所恒、所聚，而天地万物之情可见矣"。《大壮·彖传》曰"正大而天地之情可见矣"。是"卦象极天下之深情也"。故曰"极天下之赜者，存乎卦"，所谓"设卦以尽情伪"也。

鼓天下之动者，存乎辞。

宋衷曰：欲知天下之动者，在于六爻之辞也。

疏 "吉凶悔吝，生乎动"，三百八十四爻，吉凶悔吝之辞，皆所谓鼓天下之至动也。故"欲知天下之动者，在于六爻之辞"，所谓"系辞以尽言"也。

化而财之存乎变，推而行之存乎通。

崔憬曰：言《易》道陈阴阳变化之事，而裁成之，存乎其变。推理达本而行之，在乎其通。

疏 阳变阴化，言"化"以该变也。而财成，则存乎变。推阴阳之理，以达变化之本，而行之，则存乎通。所谓"鼓之舞之以尽神"也。

神而明之，存乎其人。

荀爽曰："苟非其人，道不虚行"也。

崔憬曰：言《易》神无不通，明无不照。能达此理者，"存乎其人"，谓文王，述《易》之圣人。

疏 荀注："苟非其人，道不虚行"，《下传》文，虞彼注云"其人，谓乾为贤人。神而明之，存乎其人。不言而信，谓之德行，故不虚行也"。

崔注：乾为神，故"神无不通"。又为大明，故"明无不照"。能达此作《易》之理者，常"存乎其人"。"其人"谓谁？谓文王，《系辞》为述《易》之圣人也。

案："圣人之作《易》也，幽赞于神明，而生蓍"。《管子》曰"独则明，明则神"。由明而神，即《中庸》所谓"自明诚"。贤人之学，反之者也。"神而明之"，即《中庸》所谓"自诚明"，圣人之德，性之者也。"存乎其人"，谓"待其人而后行"也。

默而成，不言而信，存乎德行。

《九家易》曰："默而成"，谓阴阳相处也。"不言而信"，谓阴阳相应也。德者有实。行者相应也。

崔憬曰：言伏羲成六十四卦，不有言述，而以卦象明之。而人信之，在乎合天地之德，圣人之行也。

疏　《九家》注："默而成，谓阴阳相处也"者，董子曰"阳常居大夏，阴常居大冬"是也。"不言而信，谓阴阳相应也"者，《乾凿度》曰"动于地之下，则应于天之下。动于地之中，则应于天之中。动于地之上，则应于天之上。初以四，二以五，三以上，此之谓应"是也。"阴阳相处"，言其德也，故"德者有实"。"阴阳相应"，言其行也，故"行者相应也"。

崔注：言伏羲仰观俯察，成六十四卦，未有言述，是"默而成"也。但示以六十四卦之象，而人皆信之，是"不言而信"也。合乎圣人之德，天地之行。圣人而与天地参，故能如此，是"存乎德行"也。

案：乾伏坤初，坤为默。乾"在天成象"，坤"在地成形"，故为成。乾初震，震为言，乾为信。又为德，震为行。乾元伏于坤初，寂然不动，乾体自正。故"默而成，不言而信，存乎德行"也。

系辞传下篇

系辞下第一

【原典】

八卦成列，象在其中矣，因而重之，爻在其中矣①。刚柔相推，变在其中矣，系辞焉而命之，动在其中矣②。吉凶悔吝者生乎动者也。刚柔者立本者也，变通者趣时者也③。吉凶者贞胜者也。天下之道贞观者也④。日月之道贞明者也。天下之动贞夫一者也。

夫乾确然示人易矣⑤。夫坤隤然示人简矣⑥。爻也者，效此者也⑦，象也者，象此者也⑧。爻象动乎内，吉凶见乎外⑨。功业见乎变，圣人之情见乎辞⑩。

天地之大德曰生。圣人之大宝曰位。何以守位曰仁。何以聚人曰财。理财正辞⑪，禁民为非曰义。

【精注】

①以上四句是互文，本来应该是："八卦成列，因而重之，象爻在其中矣。"②以上四句是互文，本来应该是："刚柔相推，系辞焉而命之，变动在其中矣。"③趣时：顺应着占筮之时。趣：同趋，本义是疾行，这里引申为顺应。④观：昭示。⑤确然：刚劲的样子。⑥隤（kuī）然：柔顺的样子。⑦效：表现。⑧像：表现。⑨见：同现，表现。⑩辞：指卦辞爻辞。⑪辞：文辞，这里指法律。

【今译】

八卦的排列重叠，形成卦象和爻象。阳刚之爻和阴柔之爻相互推移，于是变动就体现在各个卦当中了。吉凶悔吝产生于卦和爻的变动。阳刚之爻和阴柔之爻是所要建立的根本，爻的变化则应顺应着占筮时的要求。人事的或吉或凶要由卦象和爻

中華藏書

第一部　周易原典

象所表现出来的正确与否来推断。天地之道是以正确昭示于人。日月之道是以正确产生光明。天下事物的变动是以正确达成一致。

乾卦刚劲地示人以平易，坤卦柔顺地示人以简约。爻象展示的是这些，卦象也一样，爻象和卦象在一卦之内变动，吉和凶就在外面表现出来。人们所建立的功业由变爻变卦表现，圣人的情感、情操由卦辞和爻辞大致可以看出一二。

上天有好生之德。圣人认为伟大宝物在于摆正自己的位置。仁厚可以守住坚持的东西。用什么方法把人聚集起来，只有凭财物。理顺财物，端正法律，禁止人民行不义之事就是义。

【集解】

八卦成列，象在其中矣。

虞翻曰："象"谓三才，成八卦之象。乾坤列东，艮兑列南，震巽列西，坎离在中，故八卦成列，则象在其中。"天垂象，见吉凶，圣人象之"是也。

疏 三才谓三画象，一七九，以成八卦之象。乾纳甲，坤纳乙，甲乙东方木，故"乾坤列东"。艮纳丙，兑纳丁，丙丁南方火，故"艮兑列南"。震纳庚，巽纳辛，庚辛西方金，故"震巽列西"。坎纳戊，离纳己，戊己中央土，故"坎离在中"。乾天坤地，艮山兑泽，震雷巽风，坎月离日，故"八卦成列，象在其中"。"天垂象"者，震象出庚，兑象见丁，乾象盈甲，巽象伏辛，艮象消丙，坤象丧乙，坎象流戊，离象就己也。"见吉凶"者，阳生，则吉，阴灭，则凶也。"圣人象之"者，谓作八卦，以定吉凶也。

因而重之，爻在其中矣。

虞翻曰：谓参重三才为六爻。发挥刚柔，则爻在其中。六画称爻。"六爻之动，三极之道也"。

疏 "兼三才而两之，故六"，故"谓参重三才为六爻"，而成六十四卦也。"发挥于刚柔，而生爻"，故"发挥刚柔，则爻在其中"，而成三百八十四爻也。以三为六，故"六画称爻"。六爻兼乎三才，故"六爻之动，三极之道也"。

刚柔相推，变在其中矣。

虞翻曰：谓十二消息，九六相变。刚柔相推，而生变化，故"变在其中矣"。

疏 乾阳六爻，自复至乾，为息。坤阴六爻，自姤至坤，为消。故"谓十二消息"。老阳变阴，老阴变阳，故谓"九六相变"。一往一来曰推。刚推柔生变，柔推刚生化，故"刚柔相推，而生变化"。"爻也者，言乎其变者也"，故"变在其中矣"。

系辞焉而命之，动在其中矣。

虞翻曰：谓系《彖》、《象》九六之辞，故"动在其中"。"鼓天下之动者，存乎辞"者也。

疏 谓文王系六十四卦《彖辞》，三百八十四爻《象辞》。《周书·召诰》曰"命吉凶"，系辞有吉有凶，故"系辞焉而命之"。下云"吉凶悔吝，生乎动者也"。动，然后系之辞，故"动在其中矣"。乾初动震为鼓、为言辞，故"鼓天下之动者，存乎辞者也"。

吉凶悔吝者，生乎动者也。

虞翻曰：动谓爻也。爻者，效天下之动者也。爻象动内，吉凶见外。吉凶生而悔吝著，故"生乎动"也。

疏 "道有变动，故曰爻"，故"动谓爻也"。"发挥于刚柔而生爻"，发，动也。故"爻也者，效天下之动者也"。八卦定吉凶，故"爻象动内，吉凶见外"也。悔则吉，吝则凶，故"吉凶生而悔吝著"也。不动则吉凶悔吝无由见，故"吉凶悔吝，生乎动者也"。

刚柔者，立本者也。

虞翻曰："乾刚坤柔"，为六子父母。乾天称父，坤地称母。本天亲上，本地亲下，故"立本者也"。

疏 "乾刚坤柔"，《杂卦》文。虞彼注云"乾阳金坚故刚，坤阴和顺故柔"。六子索于乾坤，故"为六子父母"也。乾阳为天，故"称父"，坤阴为地，故"称母"也。震坎艮皆出乎乾，而与乾亲，故曰"本天者亲上"。巽离兑皆出乎坤，而与坤亲，故曰"本地者亲下"。乾坤立六子之本，故曰"刚柔者，立本者也"。

变通者，趣时者也。

虞翻曰："变通配四时"，故"趣时者也"。

疏　"变通"，谓消息十二卦也。泰、大壮、夬配春，乾、垢、遯配夏，否、观、剥配秋，坤、复、临配冬。阳息阴消，变通周乎四时，故曰"趣时者也"。

吉凶者，贞胜者也。

虞翻曰："贞，正也"。胜，灭也。阳生则吉，阴消则凶者也。

疏　"贞，正也"，《师·象传》文。"灭"从水从火，水胜火，则火灭，故云"胜，灭也"。阳生主吉，阴消主凶。阴生灭阳，阳动正，之正，则吉胜乎凶，故曰"吉凶者，贞胜者也"。

按：姚本作"贞称"。《考工记》曰"角不胜干，干不胜筋，谓之不参"，注云"故书胜，或作称"，《晋语》曰"中不胜貌"，韦注云"胜当为称"，是古文通也。《释言》："称，好也。"注云"物称人意亦为好"。阳吉阴凶，各称其常。《管子·论著龟》曰"为万物先，为祸福正"，吉凶以贞为"称"，故"贞称者也"。《孟子》曰"莫非命也，顺受其正"，曾子曰"吾得正而毙焉，斯已矣"，"知进退存亡而不失其正"，是贞称之义也。

天地之道，贞观者也。

陆绩曰：言天地正，可以观瞻为道也。

疏　言天地正位，可以观瞻为道。盖"天尊地卑"，天正位于地正位于二。"中正，以观天下"，故"贞观者也"。

日月之道，贞明者也。

苟爽曰：离为日。日中之时，正当离位，然后明也。月者，坎也。坎正位冲离，冲为十五日，月当日冲，正值坎位，亦大圆明。故曰"日月之道，贞明者也"。言日月正当其位，乃大明也。

陆绩曰：言日月正，以明照为道矣。

疏 荀注："离为日"，《说卦》文。日中，正当南方离位，其明正盛，故云"正当离位，然后明也"。坎为月，故云"月者，坎也"。坎正冲离，十五日也。月当日冲，其明正盈。故云"正值坎位，亦大圆明"也。"日月之道，贞明"者，日月正当坎离之位，乃大明也。《参同契》曰"十五乾体就，盛满甲东方，蟾蜍与月兔，日月气双明"，是贞明之义也。

陆注：谓日月之道，以明照为正也。

天下之动，贞夫一者也。

虞翻曰："一"谓乾元。万物之动，各资天一阳气以生，故"天下之动，贞夫一者也"。

疏 "一谓乾元"者，即天一也。"万物之动，各资天一阳气以生"者，天一即大乙也。《乾凿度》曰"太一取其数，以行九宫"，郑注"太一，北辰之神名也。居其所，曰太一，常行于八卦日辰之间曰天一"。《星经》曰"天一，太一，主气之神"。以其居中不动，故云正也。盖"大哉乾元，万物资始"，"至哉坤元，万物资生"。坤元即乾元，故万物皆资天一阳气以生也。三百八十四爻，皆以乾元消息，故"天下之动，贞夫一者也"。

夫乾，确然示人易矣。

虞翻曰：阳在初，弗用，确然无为，潜龙时也。不易世，不成名，故"示人易"者也。

疏 乾初九曰"潜龙勿用"，故云"阳在初弗用"也。《文言》曰"确乎其不可拔，潜龙也"，故云"确然无为，潜龙时也"。坤乱于上，故"不易世"。行而未成，故"不成名"。是"示人易者也"。

案：乾以易知，不在震初，而在潜龙。"示人易"者，所谓乾元也。

夫坤，隤然示人简矣。

虞翻曰：隤，安。简，阅也。"坤以简能"，阅内万物，故

中華藏書

周易全书·最新整理珍藏版

中国书店

九〇八

"示人简"者也。

疏 "隤"从阜，《释地》："大陆曰阜。"《释名》："土山曰阜"、"安土敦乎仁"，故"隤"训为"安"。《左传·桓公六年》："大阅，简车马也。"故云"简，阅也"。"坤以简能"，不在动辟，而在静翕，故"阅内万物，示人以简"，所谓坤元也。"阅内万物"者，《诗·卫风》："我躬不阅。"毛传"阅，容也"。"内"读若"纳"。"坤以藏之"，言坤能容纳万物也。

爻也者，效此者也。

虞翻曰："效法之谓坤"，谓效三才，以为六画。

疏 "效法之谓坤"，《上传》文。谓效乾三天之法，而两地成坤之卦象也。"兼三才而两之，故六"。六，阴数也。故谓"效三才以为六画"也。此谓乾元也。坤凝乾元，相并俱生，故效乾而参两也。由两地而有效，故主坤言也。

象也者，象此者也。

虞翻曰："成象之谓乾"，谓圣人则天之象，分为三才也。

疏 "成象之谓乾"，《上传》文。谓"道生一，一生二，二生三"。三才既备，以成乾象，故曰"圣人，则天之象，分为三才也"。此亦谓乾元也。日月之象，皆示乾元，故"圣人则之"。象者三才，故主乾言也。

爻象动乎内，吉凶见乎外。

虞翻曰：内，初。外，上也。阳象动内，则吉见外。阴爻动内，则凶见外也。

疏 内谓初，外谓上也。"其初难知，其上易知"，以动内，则见外也。阳生吉，故"阳动内，则吉见外"。阴灭凶，故"阴动内，则凶见外也"。

案：内外，谓内外卦也。《乾凿度》曰"三画以下为地，四画以上为天。易气从下生，动于地之下，则应于天之下。动于地之中，则应于天之中。动于地之上，则应于天之上。初以四，二以五，三以上，此之谓应"是也。

功业见乎变。

荀爽曰：阴阳相变，功业乃成者也。

疏　上言吉凶，此言功业，是"吉凶，生大业"也。言人建功立业，必"谋及卜筮"。变者，动也。阴阳动内，吉凶见外。趋吉避凶，遂生大业。是"阴阳相变，功业乃成"，故曰"功业见乎变"也。

圣人之情见乎辞。

崔憬曰：言文王作卦爻之辞，所以明圣人之情，陈于易象。

疏　全卦为象，故有象辞。析卦为爻，故有爻辞。皆文王所作。"圣人"谓文王，是圣人之情，见于易象之辞矣。盖"爻象以情言"，"辞也者，各指其所之"。《系辞》尽言，故"情见乎辞"也。

天地之大德曰生。

孔颖达曰：自此以下，欲明圣人同天地之德，广生万物之意也。言天地之盛德，常生万物，而不有生，是其大德也。

疏　以上皆言天地、爻象、吉凶，而终以"圣人之情见乎辞"。以下欲明圣人同天地之德，广生万物之意。故先言天地盛德，常生万物，而不有其生，是为大德也。盖乾坤合元以生万物，故"大德曰生"。

圣人之大宝曰位。

崔憬曰：言圣人行易之道，当须法天地之大德，宝万乘之天位。谓以道济天下，为宝，而不有位，是其大宝也。

疏　"言圣人行易之道，当须法天地之大德，宝万乘之天位"者，盖非大德，则易之道不立。非天位，则易之道不行。故上言"大德曰生"，即继言"大宝曰位"也。"谓以道济天下为宝"者，所谓"崇高莫大乎富贵"是也。"而不有位"者，即"巍巍乎舜禹之有天下也，而不与焉"是也。志在道济，而不在有位，故云"是其大宝也"。

案：乾为圣人。位在九五，乾为金、为玉，故"大宝曰位"。

何以守位？曰仁。

宋衷曰：守位当得士、大夫、公、侯，有其仁贤，兼济天下。

 疏 五位天子，初为元士，二为大夫，三为侯，四为公。盖五守天子之位，必得士、大夫、公、侯之仁贤，然后可以兼济天下也。

 案：乾初动，震体复，震出守，为守，复初为仁。乾五出坤自震始，故"守位曰仁"也。

 何以聚人？曰财。

 陆绩曰：人非财不聚，故圣人观象制器，备物尽利，以业万民，而聚之也。盖取聚人之本矣。

 疏 《大学》曰"财散则民聚"，故云"人非财不聚"。《中庸》曰"来百工则财用足"，故"圣人观象制器，备物尽利，以业万民而聚之"。此下十二传"盖取"，所以为"聚人之本矣"。

 案：坤"富有之谓大业"，故为财。乾人生于震，初乾入，坤出震，故"聚人曰财"。

 理财正辞，禁民为非，曰义。

 荀爽曰：尊卑贵贱，衣食有差，谓之"理财"。名实相应，万事得正，谓之"正辞"。咸得其宜，故谓之义也。

 崔憬曰：夫财货，人所贪爱。不以义理之，则必有败也。言辞，人之枢要。不以义正之，则必有辱也。百姓有非，不以义禁之，则必不改也。此三者皆资于义。以此行之，得其宜也。故知仁义与财，圣人宝位之所要也。

 疏 荀注："尊卑贵贱，衣食有差"，则用之有节矣，故谓之"理财"。"名实相应，万事得正"，则言无不信矣，故谓之"正辞"。义者，宜也。"咸得其宜，故谓之义也"。

 崔注：货财，人所贪爱，必见利不亏其义。若不以义理之，则财必败。言辞，人之枢要，必使信近于义。若不以义正之，则言必辱。百姓有非，由于不畏不义。若不以义禁之，则过不改。财也，辞也，民也，皆资于义。以义行之则三者得其宜矣。"仁义与财，宝位所要"，总结通章之义。

 案：坤为财，以乾通坤为"理财"。乾为言，以坤禽乾，为"正辞"。坤为民，阴为非，以乾制坤，为"禁民为非"。谓消息旁通，终成既济，"美利利天下"，"利物足以和义"，故曰义也。

系辞下第二

【原典】

古者包牺氏①之王天下也，仰则观象于天，俯则观法于地，观鸟兽之文，与地之宜，近取诸身，远取诸物，于是始作八卦，以通神明之德，以类万物之情。作结绳而为罔罟，以田以渔②，盖取诸《离》③。包牺氏没，神农氏④作，斫木为耜，揉木为耒，耒耨之利，以教天下，盖取诸《益》⑤。日中为市，致天下之民，聚天下之货，交易而退，各得其所，盖取诸《噬嗑》⑥。神农氏没，黄帝、尧、舜氏⑦作，通其变，使民不倦；神而化之，使民宜之。《易》穷则变，变则通，通则久，是以"自天右之，吉无不利"⑧也。黄帝、尧、舜垂衣裳而天下治，盖取诸《乾》、《坤》⑨。刳⑩木为舟，剡⑪木为楫，舟楫之利，以济不通，致远以利天下，盖取诸《涣》⑫。服牛乘马，引重致远，以利天下，盖取诸《随》⑬。重门击柝⑭，以待暴客，盖取诸《豫》⑮。断木为杵，掘地为臼，臼杵之利，万民以济，盖取诸《小过》⑯。弦木为弧，剡木为矢，弧矢之利，以威天下，盖取诸《睽》⑰。上古穴居而野处，后世圣人易之以宫室，上栋下宇，以待风雨，盖取诸《大壮》⑱。古之葬者，厚衣之以薪，葬之中野，不封不树⑲，丧期无数，后世圣人易之以棺椁，盖取诸《大过》⑳。上古结绳而治，后世圣人易之以书契，百官以治，万民以察，盖取诸《夬》㉑。

【精注】

①包牺氏：就是平常所说"伏羲"，传说中原始社会早期的领袖人物。②以田以渔：田，指田猎；渔，捕鱼。③盖取诸《离》：《离》，六十四卦之一，上下卦均"离"，象征"附着"。④神农氏：传说中原始社会的领袖人物，也有人说是"炎帝"。⑤盖取诸《益》：《益》，六十四卦之一，下震上巽，象征"增

中華藏書

周易全书·最新整理珍藏版

中国书店

九一二

益"。⑥盖取诸《噬嗑》：《噬嗑》，六十四卦之一，下震上离，象征"咬合"。⑦黄帝、尧、舜氏：三人都是传说中原始社会的领袖人物，尧、舜已当父系氏族后期。⑧自天右之，吉无不利：《大有》卦上九爻辞，此处引以说明黄帝、尧、舜能运用《周易》的"变通"之理，故无所不利。⑨盖取诸《乾》、《坤》：《乾》、《坤》，六十四卦的开首两卦，各以"乾"、"坤"重叠而成，象征"天"、"地"。⑩挎：音枯 kū，剖开而挖空。⑪掞：音眼 yǎn，削也。⑫盖取诸《涣》：《涣》，六十四卦之一，下坎上巽，象征"涣散"。⑬盖取诸《随》：《随》，六十四卦之一，下震上兑，象征"随从"。下震为"动"，上兑为"悦"，就像马牛在下奔驰，乘驾者居上而欣悦，故文中推测黄帝、尧、舜取此象征以发明"服牛乘马"之事。⑭柝：音拓 tuò，古代巡夜者用来敲击报更的木梆。⑮盖取诸《豫》：《豫》，六十四卦之一，下坤上震，象征"愉乐"。⑯盖取诸《小过》：《小过》，六十四卦之一，下艮上震，象征"小有过越"。⑰盖取诸《睽》：《睽》，六十四卦之一，下兑上离，象征"乖背睽违"。⑱盖取诸《大壮》：《大壮》，六十四卦之一，下乾上震，象征"大为强盛"。⑲不封不树：封，堆土为坟；树，植树。此句说明上古葬俗既不堆坟墓，也不植树为标记。⑳盖取诸《大过》：《大过》，六十四卦之一，下巽上兑，象征"大为过甚"。㉑盖取诸《夬》：《夬》，六十四卦之一，下乾上兑，象征"决断"。由于《夬》卦有"断事明决"的象征意义，而"书契"文字的兴起正为了明于治事，所以文中推测黄帝、尧、舜取此象征以制"书契"，使"百官以治、万民以察"。

【今译】

古时候伏羲氏治理天下，他抬头观察天上的表象，俯身观察大地的形状，观察飞禽走兽身上的纹理，以及合宜存在于地上的种种事物，从近处拟取人体自身作象征，从远处拟取各类物形作象征，于是创作了八卦，用来揭示大自然神奇光明的德性，用来描述天下万物的情态。伏羲氏发明编结绳子的方法以制造罗网，用来围猎捕鱼，大概是接受了《离》卦网目相连而物能附着的象征启迪吧。伏羲氏去世，神农氏继起，他砍削树木制成耒耜的头，揉弯木杆制成耒耜的曲柄，这种翻土农具的好处在于可用来教导天下百姓耕作，这大概是接受了《益》卦木体能入而下动的象征启迪吧。他又规定中午作为墟市时间，以便招致天下的百姓，聚集天下的货物，进行交换贸易然后归去，各人都获得所需的物品，这大概是接受了《噬嗑》卦上光明下兴动而交往相合的象征启迪吧。神农氏去世，黄帝、尧、舜先后继起，他们会改变前代的器物、制度，使百姓进取不懈；在实践中神奇地更革优化，使百姓应用适宜。《周易》之理在于阐明事物发展穷极就出现变化，有变化就会开拓畅通，畅通就可以长久生存，所以能够导致《大有》卦上九爻辞所说的"从上天降下祐助，吉祥而无所不利。"黄帝、尧、舜改革服装让人们穿着长垂的衣裳而天下大治，这大概是接受了《乾》、《坤》两卦上衣下裳的象征启迪吧。他们把树身挖空成为船只，削制木板成为桨楫，船只和桨楫的好处在于可用来济渡难以通行的江河，可以使人行走远方而便利天下，这大概是接受了《涣》卦木在水上而流行如风的象征启迪吧。他们发明驾牛乘马的器具，用来拖运重物而驰向远处，以施利于天下百姓，这应该是接受了《随》卦下能运动而上者欣悦的象征启迪吧。他们设置多重屋门而夜间敲梆警戒，以防暴徒强寇，这大概是接受了《豫》卦设双门、敲小木而为预备的象征启迪吧。他们斫断木头作为捣杵，挖掘地面作为捣臼，捣臼和捣杵的好处，在于使万民用来舂米为食，这大概是接受了《小过》卦上动下止的象征启迪吧。他们弯曲木条并在两端安上弦绳作为弓弧，削尖木枝作为箭矢，弓箭的好处，在于可用来威服天下，这大概是接受了《睽》卦事物乖睽而用威制服的象征启迪吧。远古的人居住在洞穴而散处在野外，后代圣人建造房屋改变了过去的居住方式，于是上有栋梁下有檐宇，可以用来防备风雨侵袭，这大概是接受了《大壮》卦上动下健而大为壮固的象征启迪吧。古时候丧葬的办法，只用柴草层层裹缠死者的遗体，埋在荒野之间，不堆坟墓也不植树木，没有限定的居丧期数，后代圣人发明棺椁改变了过去的丧葬习俗，这大概是接受了

中華藏書

周易全书·最新整理珍藏版

中国书房

《大过》卦处事不妨过于厚盛的象征启迪吧。远古的人们系结绳子作标记来处理各种事务，后代圣人发明契刻文字改变了过去的结绳记事的方式，百官可以用它治理政务，万民可以用它稽查琐事，这大概是接受了《夬》卦断事明决的象征启示吧。

【集解】

古者庖牺氏之王天下也。

虞翻曰：庖牺太昊氏以木德王天下，位乎乾五，五动见离，离生于木，故知火花。炮啖牺牲，号庖牺氏也。

疏 三皇始于庖牺太昊氏，象日月之明，故曰太昊。昊亦作嗥，取元气嗥嗥之义也。云"以木德王天下"者，《家语》曰"太嗥配木"。又曰"五行用事，先起于木。木，东方，万物之初，皆出焉。是故王者则之而首以木德王天下"，所谓"帝出乎震"是也。"位乎乾五"者，虞别注"谓文王书《经》，系庖牺于乾五"是也。乾五动，成离，"相见乎离"，故"五动见离"。帝木德，离火生于木，故"知火化"。《礼运》曰"古者先王未有火化，食草木之实，鸟兽之肉。饮其血，茹其毛。后圣有作，然后修火之利，以炮以燔，以亨以炙，以为醴酪"，故云"炮啖牺牲，号庖牺也"。

愚案：庖牺之说不一。作"庖牺"者，《世纪》谓"取牺牲以充庖厨"也。又作"包牺"，郑氏云"包，取也。鸟兽全具，曰牺"是也。又作"伏牺"，谓服牛。乘马，因号伏牺也。又《礼纬含文嘉》曰"伏，别也。羲，献也"。又作"伏戏"，孟喜京房并云"伏，服也。戏，化也"。谓天下服而化之。此说近正。又"伏"亦作"宓""虙"。

仰则观象于天。

荀爽曰：震巽为雷风，离坎为日月也。

疏 谓雷风日月在天，故"观象于天"。然"在天成象"，不独此也。天有八卦之象，如"震象出庚，兑象见丁，乾象盈甲"之类，是也。

俯则观法于地。

《九家易》曰：艮兑为山泽也。地有水火五行，八卦之形者也。

疏　山泽在地，故取法于地。又地有五行，为八卦之行。如震巽木，离火，坤艮土，兑乾金，坎水，是也。然"在地成形"，不独此也。如震竹巽木之类，皆是"法象莫大乎天地"。"成象之谓乾，效法之谓坤"，故天称象，地称法也。

观鸟兽之文。

荀爽曰："乾为马，坤为牛，震为龙，巽为鸡"之属，是也。

陆绩曰：谓朱鸟、白虎、苍龙、玄武四方二十八宿经纬之文。

疏　荀注：皆《说卦》文。举此以例其余也。

陆注：南方，朱鸟七宿，西方，白虎七宿，东方，苍龙七宿，北方，玄武七宿。分主春秋冬夏，故"四方二十八宿"。五星为经，二十八宿为纬，故云"经纬之文"。

与地之宜。

《九家易》曰：谓四方四维，八卦之位，山泽高卑，五土之宜也。

疏　"四方"谓坎离震兑，"四维"谓乾坤艮巽，故云"八卦之位"。"山泽"谓山林川泽，"高卑"谓丘陵坟衍原隰。《地官·大司徒》："以土会之法，辨五地之物生。一曰山林。其动物，宜毛物，其植物，宜皂物。二曰川泽。其动物宜鳞物，其植物宜膏物。三曰丘陵。其动物宜羽物，其植物宜核物。四曰坟衍。其动物宜介物，其植物宜荚物。五曰原隰。其动物宜裸物，其植物．宜丛物。"故云"五土之宜也"。

近取诸身。

荀爽曰：乾为首，坤为腹，震为足，巽为股也。

疏　皆《说卦》文。

远取诸物。

荀爽曰：乾为金玉，坤为布釜之类，是也。

疏　《说卦》备焉。举四者，以例其余也。

于是始作八卦。

虞翻曰：谓庖牺观鸟兽之文，则天八卦效之。"《易》有太极，是生两仪，两仪生四象，四象生八卦"。八卦乃四象所生，非庖牺之所造也，故曰"象者，象此者也"。则大人造爻象以象天，卦可知也。而读《易》者，咸以为庖牺之时，天未有八卦，恐失之矣。"天垂象，示吉凶，圣人象之"，则天已有八卦之象。

疏 独言"庖牺观鸟兽之文"者，史称太昊造甲子，作旋盖，箸躔舍。《隋志》云"盖天者，周髀是也。本庖牺氏立周天度，其传则周公受之于商，周人制之，谓之周髀"。盖天本无度，圣人以日行天三百六十五度有奇而一周，故分天度，以为之数，以记日之所行。既分天度，乃假物以志之。二十八宿列布四方，故以是为当度之星，是二十八宿始于庖牺，故特言"鸟兽之文"也。又《礼纬含文嘉》曰"伏牺德洽上下，天应以鸟兽文章，地应以《河图》、《洛书》，则而象之乃作《易》"，故云"观鸟兽之文，则天八卦效之"也。复引"《易》有太极"云云者，言"八卦乃四象所生"，四象即二十八宿，列于四方者，是也。八卦生于四象，明非庖牺所臆造也。"象者，象此"，谓象二十八宿鸟兽之文也。天本有卦，大人特造爻象以象之。而读《易》者以为庖牺时，天未有八卦者，非也。"天垂象"，即垂八卦之象，圣人特象而画之也。天有八卦之象，即震春、兑秋、坎冬、离夏四象生八卦是也。庖牺重六十四卦，言八卦者，本其象于天也。

以通神明之德。

荀爽曰：乾坤为天地，离坎为日月，巽震为雷风，艮兑为山泽。此皆神明之德也。

疏 此以八卦取象于日月天地雷风山泽，为"通神明之德"也。

案：庖牺始作八卦，"幽赞于神明，而生著"，是"通神明之德"也。

以类万物之情。

《九家易》曰："六十四卦，凡有万一千五百二十册"。"册""类"一物，故曰"类万物之情"。以此，庖牺重为六十四卦，明矣。

疏 六十四卦有万一千五百二十册。二篇之册，当万物之数。《九家》又云"圣人有以见天下之册，而拟诸其形容，象其物宜"，故云"册类一物"，而曰"类万物之情"。前言始作八卦，由类万物之情推之，则知庖牺已重为六十四卦矣。

愚案："通神明之德"，达诸幽也。"类万物之情"，宣诸显也。"类情"，故"可与酬酢"。"通德"，故"可与右神"。所谓"显道神德行"也。《汉书赞》曰"《易》本隐以之显"，张揖注云"作八卦，以通神明之德，是本隐也。有天道焉，有地道焉，有人道焉，以类万物之情，是之显也"。得其解矣。

作结绳而为罟，以田以鱼，盖取诸离。

虞翻曰：离为目，巽为绳。目之重者唯罟，故"结绳为罟"。坤二五之乾，成离，巽为鱼。坤二称田，以罟取兽，曰田，故"取诸离"也。

疏 以下十二"盖取"，皆制器尚象之事。《上传》云"备物致用，立成器为天下利，莫大乎圣人"，"圣人"谓庖牺以下也。体离为目，互巽为绳。"罟"读为"网古"，古文二字并，故误也。钟鼎文皆然。说文云"罟，网也"。罟多目，故云"目之重者唯罟"。以巽绳结，为离目，故"结绳为罟"。坤二五之乾，体离互巽，震为龙，郭璞谓"巽，震之馀气也"，故为鱼。乾九二，称田，在坤二也，故"坤二称田"。"田"读为畋。"鱼"读为渔。马氏云"取兽曰畋，取鱼曰渔"。"取诸离"者，"离，丽也"。取离目巽绳，而兽鱼丽于网古也。

庖牺氏没，神农氏作。

虞翻曰：没，终，作，起也。神农以火德，绳庖牺王。火生土，故知土，则利民播种，号神农氏也。

疏 "没"本作物，《说文》："物，终也。"经传通用"没"，《大学》曰"没世而不忘"是也。《书·尧典》："平秩东作。"孔传"岁起于东",故云"作,起也",谓兴起也。《家语》曰"炎帝配火",炎帝神农氏也。庖牺以木德王,故云"神农以火德,继包牺"也。火能生土,故"知土"。土生万物,故"利民播种"而教之树艺,"号为神农氏也"。

斫木为耜,揉木为耒。耒耨之利,以教天下,盖取诸益。

虞翻曰:否四之初也。巽为木,为入,艮为手,乾为金。手持金,以入木,故"斫木为耜"。耜止所跆,因名曰耜。艮为小木,手以挠之,故"揉木为耒"。耒耜,籽器也。巽为号令,乾为天,故"以教天下"。坤为地,巽为股、进退。震足动耜,艮手持耒,进退田中,耕之象也。益万物者,莫若雷风,故法风雷,而作耒耜。

疏 否上之初成益,"四"字误。外体巽为木。"巽,入也",故为入。互艮为手。否乾为金。《考工记》:"匠人曰耜广五寸,二耜为耦。"郑彼注云"古者耜一金,两人并发之"。京氏云"耜,耒下籽也"。《三仓》云"耒,头铁也"。盖耜为耒金,金广五寸。耒面谓之庇,郑氏读棘刺之刺。刺,耒下前曲接耜者。《说文》"相,从木"。以艮手持乾金入巽木,是"斫木为耜"之象也。庇随耜入地。《考工记》:"车人曰车人为耒,庇长尺有一寸。自其疵,缘其外,以至于首,以弦其内,六尺有六寸,与步相中。"步六尺,耒与步相中,亦六尺,故云"耜止所逾,因名曰耜"。耒有直者,有句者。中地之耒,倨句磬折。京氏云"耒,耜上句木也"。皆须揉木为之。艮为小石,其于木也,为坚多节,故小木。又艮为手,以挠之,故有"揉木为耒"之象也。《诗·大田》:"或芸或籽。"亦作"芓"。班固谓"芓附根,每耨辄附根,皆用耒耜为之",故曰"耒耜,薅器也"。巽申命为号令,否乾为天,坤为下,故"以教天下"也。互坤为田。巽为股,又为进退。内体震为足,又动也。故震足动耜,互艮手持耒,进退坤田,耕之象也。《益·象传》曰"天施地生,其益无方",故云"益万物者,莫若雷风"。震巽东方,木旺之时。平秩东作,故"法风雷而作耒耜"。上之初,"利用为大作",虞彼注云"大作谓耕播,故耒耨之利取诸此也。"又由否之益象，一推，由益而损象，再推，由损而泰象，三推，则耕时也。所谓"三之日于耜"也。天子耕籍，有祈谷之祭，故益之二遂曰"王用享于帝"也。

日中为市，致天下之民，聚天下之货。交易而退，各得其所，盖取诸噬嗑。

虞翻曰：否五之初也。离象正上，故称"日中"也。震为足，艮为径路，震又为大涂，否乾为天，坤为民，致天下民之象也。坎水艮山，群珍所出，聚天下货之象也。震升坎降，交易而退，各得其所。"噬嗑，食也"。市井交易，饮食之道，故取诸此也。

疏 否五之初成噬嗑。离日正，居上中，散称"日中"。否巽为近市利三倍，故曰"日中为市"。互艮为径路。内震为足，又为大涂。否乾为天。坤驯致其道为致。故有"致天下民之象也"。《中庸》曰"今夫山，及其广大，宝藏兴焉。今夫水，及其不测，货财殖焉"。故云"坎水艮山，群珍所出"。坤西南方以类聚，坤化成物。古"货"字作"化"，《皋陶谟》"懋迁有无化居"是也。故有"聚天下货之象也"。震雷主升，坎雨主降。否天地不通，五之初，交易，雷雨满形，故"各得其所"。

愚案："日中为市"，市在外离。三往交四，四退于三，五往交上，上退于五，故曰"交易而退"。六爻皆正，成既济，定，故曰"各得其所"。噬嗑"颐中有物"，故曰"食也"。市井交易，皆为饮食，故"取诸噬嗑"。又王氏云"噬嗑，合也。市人之所聚，异方之所合，设法以合物，噬嗑之义也"。说亦可通。《孟子》称许行为神农之言，有并耕一价之说，知耕市皆始神农，宋氏谓祝融为市者非也。

神农氏没，黄帝尧舜氏作。通其变，使民不倦。

虞翻曰："变而通之以尽利"，谓作舟楫，服牛乘马之类，故"使民不倦"也。

疏 继神农而王天下者，黄帝尧舜也。"变而通之以尽利"，故曰"通其变"也。作舟楫，服牛乘马，通物之变，故民乐其器用，自不解倦也。

愚案：乾变坤化，"通变"谓通乾也。如"治历明时"，与民变革。乾健不息，故使民事趋功，自不倦也。

神而化之，使民宜之。

虞翻曰：神谓乾。乾动之坤，化成万物，以利天下。坤为民也。"象其物宜"，故"使民宜之"也。

疏 乾阳为神，故"神谓乾"也。乾五动之坤，谓大有也。"坤化成物"，故"化成万物，以利天下"也。坤众为民。此言"象其物宜"者，谓五土之物，宜也，故曰"使民宜之"。

，愚案：上言"通其变"，坤通变乾也，此言"神而化"，乾神化坤也，盖探下文"取诸乾、坤"以立言也。坤为义，义者，宜也，故"使民宜之"。

易穷则变，变则通，通则久，是以"自天右之，吉无不利"也。

陆绩曰：阴穷则变为阳，阳穷则变为阴，天之道也。庖牺作网罟，教民取禽兽，以充民食。民众兽少，其道穷，则神农教播殖以变之。此穷变之大要也。"穷则变，变则通"，与天终始，故"可久"。民得其用，故无所不利也。

疏 阴穷则变为阳，阳穷则变为阴。剥极必复，复极必剥。皆天道自然之运也。庖牺教民取禽兽，民众兽少，其道易穷。神农则教民播殖，以养其生。是血食穷，则变而为谷食，此穷变之大要也。"化而裁之存乎变"，故"穷则变"。"推而行之存乎通"，故"变则通"。《蛊·象传》曰"终则有始，天行也"。与天终始则可久，故"通则久"。穷变通久，"民得其用，故无所不利也"。

案：黄帝尧舜，亦位乾五，五动之坤为大有，故"自天右之，吉无不利"。

黄帝尧舜，垂衣裳而天下治，盖取诸乾、坤。

《九家易》曰：黄帝以上，羽皮革木，以御寒暑。至乎黄帝，始制衣裳，垂示天下。衣取象乾，居上覆物。裳取象坤，在下含物也。

虞翻曰：乾为治，在上为衣。坤下为裳。乾坤，万物之组，故以象衣裳。乾为明君，坤为顺臣。百官以治，万民以察，故天下治，盖取诸此也。

疏　《九家》注：郑氏云"金天高阳高辛，遵黄帝之道，无所改作，故不述"。此申黄帝而下，即继以尧舜之义也。黄帝以上，草昧初开，民皆羽皮革木，以御寒暑。至黄帝有熊氏作，始去羽毛，法乾坤，以正衣裳，垂示天下。衣取乎乾，居上覆物之象。裳取乎坤，在下含物之象。郑氏云"其服皆玄上纁下，托位南方。南方色亦，黄而兼赤，故为纁也"。衣裳所在，而凶恶不起，盖法乾坤易简，故"垂衣裳而天下治"也。

虞注："乾元用九，天下治也"，故"乾为治"。乾在上为衣，坤在下为裳。"乾坤，其易之组耶"，故为"万物之组，以象衣裳"。乾为大明、为君，故为"明君"。坤，顺也，臣道也，故为"顺臣"。王注所谓"垂衣裳，以辨贵贱，乾尊坤卑之义也"。坤由夬人乾，故取书契。百官以治，万民以察，为天下治之象。取诸夬，盖取诸乾、坤也。

案：《九家说卦》曰"乾为衣，坤为裳"。《世本》曰"伯余作衣裳"，宋衷彼注云"黄帝臣也"。扬子《法言》曰"法始于伏羲，成于尧舜。黄帝作衣裳，衣裳之制，取诸乾、坤"。《书·皋陶谟》曰"予欲观古人之象。日月星辰，出龙华虫，作会。宗彝藻火粉米，黼黻絺绣，以五采章，施于五色，作服。女明"。象，即易象也。乾衣坤裳，乾、坤各六画，衣用会，裳用绣，亦各六。乾、坤十二爻，衣裳说十二章。是取象乾、坤之义也。

刳木为舟，剡木为楫。舟楫之利，以济不通，

致远以利天下，盖取诸涣。

《九家易》曰：木在水上，流行若风，舟楫之象也。此本否卦，九四之二。刳，除也。巽为长、为木，艮为手，乾为金。艮手持金，故"刳木为舟，剡木为楫"也。乾为远、天，故"济不通，致远以利天下"矣。法涣，而作舟楫，盖取斯义也。

疏 涣巽木在坎水之上，互震为行，巽之为风，故"流行若凡舟楫之象也"。否卦九四之二，成涣。"捁"亦作"刳"。《说文》："刳，判也。"今云"捁，除也"者，《小雅》："何福不除。"毛传"除，开也"。开亦判分之义，是"除"即判也。《字林》："掞，锐也，亦作剡。"外巽为长、为高，互艮为手，否乾为金。以艮手，持乾金，故有"捁木为舟，掞木为楫"之象也。卦辞曰"利涉大川"，故曰"舟楫之利"。否时天地闭塞，故不通。四来二，通坤成坎，坎为通，故"济不通"。乾为天、为远，又为利，故"致远以利天下"。"利涉大川，乘木有功"，故"法涣而作舟楫，盖取斯义也"。

服牛乘马，引重致远，以利天下，盖取诸随。

虞翻曰：否上之初也。否乾为马、为远，坤为牛、为重。坤初之上，为"引重"，乾上之初，为"致远"。艮为背，巽为股。在马上，故"乘马"。巽为绳。绳束缚物，在牛背上，故"服牛"。出否之随，"引重致远，以利天下"，故取诸随。

疏 否上之初成随。否乾为马，天道为远。坤为牛，地道为重。坤重在下，初在上是"引重"也。乾远在上，上之初，即初之上也，故为"致远"。互艮为背，互巽为股，初乾为马。股在马上为"乘马"。又巽为绳，二三本坤牛。以绳缚物，加于牛背，为"服牛"。否上之初，故云"出否之随"。牛马循服，皆随人意，故"引重致远，以利天下"，取诸此也。

案：乾马坤牛。变乾上为初，变坤初为上，制而御之之妙也。制御之法，不过拘之、系之，维之而已。拘系者，控之于前。维者，周之于后。初之一爻，在牛为轭，在马为衡，故"服牛乘马"，取诸随也。

重门击柝，以待暴客。

干宝曰：卒暴之客，为奸寇也。

疏 "卒暴之客"，谓卒急凶暴。互坎为盗，故"为奸寇也"。

盖取诸豫。

《九家易》曰：下有艮象。从外示之，震复为艮。两艮对合，重门之象也。柝者，两木相击，以行夜也。艮为手、为小木，又为上持。震为足，又为木、为行。坤为夜。即手持柝木夜行，击门之象也。坎为盗。暴水暴长无常，故"以待暴客"。既有不虞之备，故取诸豫矣。

疏　复初之坤四为豫，互体艮。外体震，震反，艮也，故云"从外示之，震复为艮"。"示"古"视"字也。艮为门阙，故云"两艮对合，重门之象也"。马氏亦云"柝者，两木相击以行夜"。互艮为手，又为小木，艮阳在上为上持。体震为足，又东方为木，为足故为行。坤阴为夜。艮小木，又震木，两木之象。艮手持之，震又为声，击柝之象。震行坤夜，故为"两木上击行夜"之象。坎为盗，又为水，水暴长无常，故为"暴客"。坤为阖户，震为行人，为开户，艮止，为待，故"以待暴客"。其卦为豫，豫备不虞，击柝为手备警戒，故取诸豫也。

断木为杵，阙地为臼。臼杵之利，万民以济，盖取诸小过。

虞翻曰：晋上之三也。艮为小木。上来之三断艮，故"断木为杵"。坤为地。艮手持木，以阙坤三，故"阙地为臼"。艮止于下，臼之象也。震动而上，杵之象也。震出巽人。艮手持杵，出入臼中，舂之象也，故取诸小过。本无乾象，故不言"以利天下"也。

疏　晋上之三，成小过，内艮为小木。晋上来之三互兑，兑西方金，以金断艮，故曰"断木为杵"。晋坤为地，小过艮为手。"掘"从手。艮手持木，以掘坤土，故曰"掘地为臼"。《世本》曰"雍父作臼"，宋衷云"黄帝臣"。《说文》曰"古者掘地为臼，其后穿木石。象形，中象米"。臼象坤土在下，而止，故云"艮止于下，臼之象也"。杵象震木在上而动，故云"震动而上，杵之象也"。体震为出，互巽为人。艮手持震木，出入臼中，舂之象也。坤为万民，故曰万民。"有过物者必济"，故曰"万民以济"。以小用而济物，故取诸小过也。乾"以美利利天下"，小过无乾象，故不云"以利天下也"。

弦木为弧，剡木为矢。弧矢之利，以威天下，盖取诸睽。

虞翻曰：无妄五之二也。巽为绳、为木，坎为弧，离为

中華藏書

周易全书·最新整理珍藏版

中国书店

矢，故"弦木为弧"。乾为金，艮为小木。五之二，以金刌艮，故"刌木为矢"。乾为威，五之二，故"以威天下"。弓发矢应，而坎雨集，故"取诸睽"也。

疏　无妄五之二成睽。无妄互巽为绳、为木。睽互坎为弓，故为弧。体离为矢。《说文》："弧，木弓也。"故"弦木为弧"。无妄互艮为小木，乾为金。乾五之艮二，以乾金刌艮木，故"刌木为矢"。乾刚为威，乾五之二，故"以威天下"。坎弓发，离矢应。"而"古通"如"，坎为雨，故如雨集。"睽，乖也"。物乖，则争兴，弧矢以威乖争，故"取诸睽也"。

上古穴居而野处。后世圣人，易之以宫室。上栋下宇，以待风雨，盖取诸大壮。

虞翻曰：无妄两象易也。无妄乾在上，故称"上古"。艮为穴居，乾为野，巽为处，无妄乾人在路，故"穴居野处"。震为"后世"，乾为"圣人"。"后世圣人"，谓黄帝也。艮为"宫室"，变成大壮，乾人人宫，故"易以宫室"。艮为待，巽为风，兑为雨。乾为高。巽为长木，反在上，为栋。震阳动起为"上栋"。宇，谓屋边也。兑泽动下为"下宇"。无妄之大壮，巽风不见，兑雨隔震，与乾绝体，故"上栋下宇，以待风雨，盖取诸大壮"者也。

疏　震下乾上，为无妄，乾下震上，为大壮，故云"两象易也"。先言"上古"，下言"易之"，故取两象易例也。无妄乾在上，乾为天，《周书·周祝》曰"天为古"，《尚书·尧典》："曰若稽古帝尧。"郑彼注云"稽，同也。古天也。言能顺天而行，与之同功"，是乾为古，在上，故称"上古"。艮山下开为穴，又为居，故为"穴居"。乾位西北为野。巽阳藏室为伏，故为处。无妄震大涂，为路，乾阳生，为人，故"乾人在路"。是"穴居野处"之象也。震长子继世为"后世"，乾五圣人作为"圣人"。前言"黄帝尧舜氏作"，故知"后世圣人，谓黄帝也"。艮为门阙，故为"宫室"。无妄上下相易，变成大壮。无妄体艮变，大壮乾体在下，是乾人人宫之象。乾在上则为穴居，乾入居则为宫室，故日"易以宫室"。无妄互艮止为待，无妄互巽为风，大壮互兑为雨。《说卦》："巽为高。"虞彼注云"乾阳在上，长故高"。又《诗》曰"谓天盖高"。故为高。巽为长木，大壮外象震，震反巽也，故"反在上为栋"。震，起也。无妄震阳在下，动起，成大壮，故为"上栋"。"宇，屋边也"，《说文》文。大壮互兑，兑泽动而下，故为"下宇"。无妄体巽，变之大壮，故"巽风不见"。大壮五互兑，四体震，乾别体在下，象乾人伏栋下，故"兑雨隔震，与乾绝体"。宫室壮大于穴居，故"上栋下宇，以待风雨，取诸大壮也。"

古之葬者，厚衣之以薪，葬之中野，不封不树，丧期无数。后世圣人，易之以棺椁，盖取诸大过。

虞翻曰：中孚上下易象也。本无乾象，故不言"上古"。大过乾在中，故但言古者。巽为薪，艮为厚，乾为衣、为野。乾象在中，故"厚衣之以薪，葬之中野"。穿土称封，"封"古"窆"字也。聚土为树。中孚无坤坎象，故"不封不树"。坤为丧。期，谓从斩衰至缌麻，日月之期数。无坎离日月，坤象，故"丧期无数"。巽为木、为入处，兑为口，乾为人。木而有口，乾人入处，棺奴之象。中孚艮为山丘，巽木在里，棺藏山陵，椁之象也。故取诸大过。

疏 兑下巽上为中孚，巽下兑上为大过，是上下两象易也。中孚本无乾象，故不言"上古"。大过互乾在中，乾为古，故"但言古者"。巽柔，爻为草，故为薪。艮"敦艮之吉，以厚终也"，故为厚。"乾为衣"，《九家说卦》文。乾又为野。乾象在大过中。又中孚之卦，遁阴未至三，而大壮阳已至四，是乾已在中孚中。故"厚衣之薪，葬之中野"。《周礼·冢人》曰"以爵等为丘封之度，与其树数"，郑彼注云"王公曰丘，诸臣曰封"。《檀弓》曰"悬棺而封"，郑彼注云"封尝为窆。窆，下棺也"。《遂人》曰"及窆陈役"，先郑云"窆，谓下棺时"。《春秋传》曰"乾而堋"，《说文》："堋，葬下土也。"《春秋》谓之"堋"，《礼记》谓之"封"，《周官》谓之

"窆"，是"封"与"窆"同物，故云"穿土称封，封古窆字也"。《檀弓》曰"衣足以饰身，棺周于衣，椁周于棺，土周于椁，反壤树之哉"，故云"聚土为树"。必知非聚土，为封者，以殷人尚墓，而不坎，不必上古也。坎为穿土，坤为聚土。中孚无坤坎象，故"不封不树"。坤丧于乙为丧。丧服斩衰、齐衰、大功、小功、缌麻为五服。其期数斩衰三年。齐衰有三年、有期、有三月者。其大功以下，则九月、五月、三月为数也。日谓三日而敛，三日而食粥，及祥禫之日也。月谓三月而沐，期十三月而练冠，三年而祥，中月而禫之月数也。坤为丧，坎为月，离为日。"无坎离日月坤象，故丧期无数"。中孚上下相易，变成大过，巽在下为木、为入、为处，兑在上为口，乾人在中，巽木而有兑.口，乾人入处其中，是棺敛之象也。中孚艮为山，半山称丘。荀注中孚曰"两巽对合"，故"巽木在里"。汉时天子所葬，曰山陵，故曰"棺藏山陵，椁之象也"。中孚变为大过，故"易之以棺椁，取诸大过者，取其过厚也。

上古结绳而治。后世圣人，易之以书契。官以治，万民以察，盖取诸夬。

《九家易》曰：古者无文字，其有约誓之事，事大大其绳，事小小其绳。结之多少，随物众寡，各执以相考，亦足以相治也。夬本坤世，下有伏坤，书之象也。上又见乾，契之象也。以乾照坤，察之象也。夬者，决也。取百官以书治职，万民以契明其事。契，刻也。大壮进，而成夬，金决竹木，为书契象，故法夬而作书契矣。

虞翻曰：履上下象易也。乾象在上，故复言"上古"。巽为绳，离为罟，乾为治，故"结绳以治"。"后世圣人"，谓黄帝尧舜也。夬旁通剥，剥坤为书，兑为契，故"易之以书契"。乾为百，剥艮为官。坤为众臣、为万民；为迷暗。乾为治。夬反剥，以乾照坤，故"百官以治，万民以察"。故取诸夬。大壮、大过、夬此三"盖取"，直两象上下相易，故俱言"易之"。大壮本无妄，夬本履卦，乾象俱在上，故言"上古"。中孚本无乾象，大过乾不在上，故但言"古者"。大过亦言"后世圣人易之"，明上古，时也。

疏 《九家》注：古者未有文字，凡有约誓之事，事大，大结其绳，事小，小结其绳。所结多少，随物众寡为准，彼此各执以相考合，上古风淳事简，故亦足以相治也。夬本坤，宫五世卦，阳爻之下，伏有全坤。"坤为文"，书之象也。下有坤，上见乾金刻木，契之象也。乾大明，坤先迷，故"以乾照坤，察之象也"。"夬，决也"，《象传》文。百官在上，则以书治其职，谓典礼之类。万民在下，则以契明其事，谓约信之类。列子曰"宋人有游于道，得人遗契者，密数其齿"，张湛注云"刻处似齿"，故云"契，刻也"。大壮阳进成夬，乾为金，大壮震为竹木，故"金决竹木为书契象"。"法夬而作书契者"，以夬善决也。

虞注：兑下乾上为履，乾下兑上为夬，为上下两象易也。乾为古，乾象在上，与无妄同，故"复言上古"。履互巽为绳，互离为网罟。"乾元用九，天下治也"，为治。故"结绳以治"。前言"黄帝尧舜作"，故"后世圣人谓黄帝尧舜也"。夬旁通剥，剥坤文，为书，夬兑金，为契，故"易之以书契"。乾三爻之册，皆三十六，略其奇，就盈数为百。剥艮贤人为官。坤为众，又臣道，故"为众臣"。坤为民，又为众，故"为万民"。坤先迷，又为冥、为晦，故"为迷暗"。"乾元用九"，故"为治"。夫内乾，剥内坤，故"以乾照坤"。乾，故"百官治"。照，故"万民察"也。书契所以断决万事，故"取诸夬也"。大壮、大过、夬俱言"易之"，故取两象上下相易，以明之。或称"上古"，或称"古者"，义俱详前，不再释也。

系辞下第三

【原典】

是故《易》者，象也；象也者，象也。彖者，材也[①]；爻也者，效天下之动者也。是故吉凶生而悔吝著也。

【精注】

①象者，材也：彖，卦辞；材，材德。此指卦辞总说一卦之材德。

【今译】

所以《周易》一书，就是象征的著作；象征，就是模拟外物来喻指含义。彖辞，是总说一卦的材德；六爻，是仿效天下万物的变动情状。因此行动有得有失就产生"吉"、"凶"，行动不适就出现"悔"、"吝"。

【集解】

是故易者，象也。

干宝曰：言"是故"，又总结上义也。

虞翻曰："易"谓日月在天，成八卦象。"县象著明，莫大日月"是也。

疏　干注：结上文爻象，吉凶悔吝，而并及《彖辞》也。

虞注："日月在天，成八卦象"者，即震出庚，兑见丁，乾盈甲之类，故曰"县象著明，莫大日月"是也。

象也者，象也。

崔憬曰：上明取象，以制器之义，故以此重释于象。言《易》者，象于万物。象者，形象之象也。

疏　上言圣人观象制器，故重释所以言象之义。言十二盖取，皆象于万物。故象者，即"在天成象，在地成形"之象也。

案：虞云"日月为易"，故上言"易"即日月之象。此言八卦之象，即在天之象。盖圣人造爻象，以象天，故曰"象者，象也"。

彖者，材也。

虞翻曰：彖说三才，则三分天象，以为三才，谓天地人道也。

疏　"材"当读为"才"，即三才也。彖言乎象，卦有两象，兼三才而两之；彖说两象，是说三才也，故云"彖说三才"。三才皆本于天象，故云"三分天象，以为三才"。《下传》云飞易之为书也，广大悉备。有天道焉，有人道焉，有地道焉，故"谓天地人道也"。

爻也者，效天下之动者也。

虞翻曰：动，发也。谓两三才为六画，则"发挥刚柔而生爻"也。

疏 虞训"发挥"之"发"为"动"，故此训，"动"为"发也"。"兼三才而两之，故六"，故"谓两三才为六画"也。"因而重之，爻在其中"。刚爻变柔，柔爻变刚，故"发挥于刚柔，而生爻也"。

是故吉凶生，而悔吝著也。

虞翻曰：爻象动内，则吉凶见外。吉凶悔吝者，生乎动者也，故曰著。

疏 释已见前。

系辞下第四

【原典】

阳卦多阴，阴卦多阳。其故何也？阳卦奇，阴卦耦①。其德行何也？阳一君而二民②，君子之道也；阴二君而一民③，小人之道也。

【精注】

①阳卦奇，阴卦耦：阳卦一阳为"君主"，故"奇"；阴卦二阳为"君主"，故"耦"。②阳一君而二民：君，指阳画；民，指阴画。此谓阳卦一阳二阴，如比一位君主被两位百姓拥戴，上下协心，故为"君子之道"。③阴二君而一民：阴卦二阳一阴，好比两位君主争夺一位百姓、一位臣子侍俸两位君主，故为"小人之道"。

【今译】

八卦的阳卦中阴画居多，阴卦中阳画居多。是什么原因呢？因为阳卦以一阳为主所以阳少阴多，阴卦以二阳为主所以阴少阳多。两者各自说明什么德性品行呢？阳卦一个君主两个百姓说明君主受到百姓拥戴而上下协心，这是君子之道；阴卦两个君主一个百姓说明君主相互倾轧而百姓二心其主，这是小人之道。

【集解】

阳卦多阴，阴卦多阳，其故何也？

崔憬曰：此明卦象阴阳与德行也。"阳卦多阴"，谓震坎艮，一阳而二阴。"阴卦多阳"，谓巽离兑，一阴而二阳也。

疏 此明卦象阴阳德行之事。震坎艮，皆自乾来，故曰"阳卦"。皆一阳而二阴，故曰"多阴"。巽离兑，皆自坤来，故曰"阴卦"。皆一阴而二阳，故曰"多阳"。设问以起下意，故曰"其故何也"。

阳卦奇，阴卦耦。其德行何也？

虞翻曰：阳卦一阳，故奇。阴卦二阴，故耦。谓德行何者可也。

疏 震坎艮皆一阳，故曰"阳卦奇"。巽离兑，皆二阴，故曰"阴卦耦"。阳主善，阴主恶，故问德行何者为可也。

阳一君而二民，君子之道也。阴二君而一民，小人之道也。

韩康伯曰：阳，君道也。阴，臣道也。君以无为统众，无为则一也。臣以有事代终，有事则二也。故阳爻画一，以明君道必一。阴爻画两，以明臣体必二。斯阴阳之数，君臣之辩也。以一为君，君之德也。二居君位，非其道也。故阳卦曰"君子之道也"，阴卦曰"小人之道也"。

疏 乾为君，故"阳，君道也"。坤臣道，故"阴，臣道也"。《论语》曰"为政以德，譬如北辰，居其所，而众星共之"。是"君以无为统众"。无为，则静专，专则一也。"地道无成而代有终"，是"臣以有事代终"。有事则动辟，辟则二也。阳爻画一，明君道必一，故曰"阳一君"。阴爻画两，以明臣体必二，故曰"阴二民"。"阴阳之数"谓一二，"君臣之辩"谓君民也。《上传》曰"天下之动贞夫一"，《老子》曰"侯王得一，以为天下正"，故"以一为君，君之德也"。《荀子》曰"权出于一者，强，权出于二者，弱"，故"二居君位，非其道也。"泰"内阳而外阴，君子道长，小人道消也"。否"内阴而外阳，小人道长，君子道消也"。故"阳卦曰君子之道也，阴卦曰小人之道也"。

案：乾为君，坤为民，二民共事一君，是纯臣之义，君子之道也。一民兼事二君，是怀二心于君者，小人之道也。《左传·昭公十三年》："子服惠伯曰：'谚曰臣一主二。'"彼谓主不能抚其臣，故有是语，实非事君之正也。

系辞下第五

【原典】

《易》曰："憧憧往来，朋从尔思。"①

子曰："天下何思何虑？天下同归而殊途，一致而百虑，天下何思何虑！②

"日往则月来，月往则日来，日月相推而明生焉。寒往则暑来，暑往则寒来，寒暑相推而岁成焉。往者诎也，来者信也，诎信相感而利生焉。

"尺蠖之诎，以求信也；龙蛇之蛰，以存身也。③精义入神，以致用也；利用安身，以崇德也。④过此以往，未之或知也；穷神知化，德之盛也。"

《易》曰："困于石，据于蒺藜，入于其宫，不见其妻，凶。"⑤

子曰："非所困而困焉，名必辱；非所据而据焉，身必危。既辱且危，死其将至，妻其可得见邪？"

《易》曰："公用射隼于高庸之上，获之，无不利。"⑥

子曰："隼者禽也，弓矢者器也，射之者人也。君子藏器于身，待时而动，何不利之有？动而不括，是以出而有获，语成器而动者也。"⑦

子曰："小人不耻不仁，不畏不义，不见利不动，不威不征。小征而大诫，此小人之福也。⑧《易》曰'履校灭趾，无咎'，此之谓也。⑨"

"善不积，不足以成名；恶不积，不足以灭身。小人以小善为无益，而弗为也，以小恶为无伤，而弗去也。故恶积而不可弇，罪大而不可解。《易》曰：'何校灭耳，凶。'"

子曰："'危者，安其位者也；亡者，保其存者也；乱者，有其治者也。⑩是故君子安而不忘危，存而不忘亡，治而不忘乱。是以身安而国家可保也。《易》曰：'其亡其亡，系于包桑。'⑪"

子曰："德薄而位尊，知小而谋大，力小而任重，鲜不及矣。《易》曰'鼎折足，覆公𫗧，其形渥，凶'，⑫言不胜其任也。"

子曰："知几其神乎⑬？君子上交不谄，下交不渎。其知几乎？几者，动之微，吉之先见者也。君子见几而作，不俟终日。《易》曰'介于石，不终日，贞吉'，⑭介如石焉，宁用终日？⑮断可误矣！君子知微知章，知柔知刚，万夫之望。"

子曰："颜氏之子，其殆庶几乎？⑯有不善，未尝不知；知之，未尝复行也。"《易》曰'不远复，无祗悔，元吉。'⑰

"天地壹壹，万物化醇；男女构精，万物化生。⑱《易》曰'三人行，则损一人；一人行，则得其友'，⑲言致一也。"

子曰："君子安其身而后动，易其心而后语，定其交而后求；君子修此三者，故全也。⑳危以动，则民不与也；惧以语，则民不应也；无交而求，则民不与也：莫之与，则伤之者至矣。㉑《易》曰'莫益之，或击之，立心勿恒，凶。'"

【精注】

①憧憧往来，朋从尔思：这是咸卦九四爻爻辞。②涂：通"途"。③迟蠖（huò）：昆虫名，中国北方所谓的步曲。信：通"伸"。蛰（zhé）：动物冬眠时潜伏土中或藏于穴中不食不动的状态。④精义：精研道义。⑤这句是困卦六三爻爻辞。⑥这句是解卦上六爻爻辞。⑦括：阻塞。语：说。成器：具备现成的器物。⑧小惩而大诫：受到轻微的惩罚而获得重大的训诫。⑨履校灭趾，无咎：这是噬嗑卦上九爻爻辞。⑩危者，安其位者：今日之倾危，来自往日之安乐于位。这是讲今"危"与昔"安"的关系。⑪其亡其亡，系于苞桑：这是否卦九五爻爻辞。⑫鼎折足，覆公𫗧，其形渥，凶：这是鼎卦九四爻爻

辞。⑬知几：看事物变化的苗头。⑭介于石，不终日，贞吉：这是豫卦六二爻爻辞。⑮宁：岂。⑯殆：大概。庶几：接近于，差不多。⑰不远复，无祗悔，元吉：这是复卦初九爻爻辞。⑱天地壹壹，万物化醇：天地阴阳二气交融密结，化成万物的形体。醇，凝厚。男女：阴阳两性。构：交合。精：精气。⑲三人行，则损一人；一人行，则得其友：这是损卦六三爻爻辞。⑳易：平和。交：交谊。求：求助。全：人己两全。㉑与：协同；给予。"危以动，则民不与也"中的"与"是协同的意思，"无交而求，则民不与也"中的"与"是给予的意思，"莫之与"中的"与"兼以上二义。

【今译】

《易》一书中咸卦"九四"爻说："心意不定，思绪不绝，友朋最终会顺依你的想法。"

孔子说："天下的事物何须如此深入思考，何须如此多方谋虑呢？天下的事物虽然千千万万，沿着不同道路运动变化，但是终究都会归向于一个共同的目标；人们的思考谋虑虽然千条万条，但是终究都要归结为一个统一的观念。天下的事物何须如此深入思考，何须如此多方谋虑啊！

"举个例子：有太阳向西方落下就有月亮从东方升起，有月亮向西落下就有太阳从东方升起，正是由于太阳和月亮如此交互推移光明才得以产生；有寒冷季节归去就有炎热季节到来，有炎热季节归去就有寒冷季节到来，正是由于寒冷季节和炎热季节如此交互推移年岁才得以形成。它们之间的关系是有一往就有一来，有一来就有一往。而所谓"往"，就是屈而退缩；所谓"来"，就是伸而进展。正是由于有退缩和进展的交互感应，万事万物的惠泽才得以常生。

"尺蠖小虫退缩它的身体，是为了求得进展；巨龙长蛇的冬眠潜伏，是为了保存它自己。众人精研事物的义理而进到神妙的境地，是为了践行运用；便利施用，安处身心，是为了增益美德。超过这种境界再向前发展，或许就不知道该为何行动了；但是却知道穷极神妙的义理，通晓奇异的变化，是美德的最为隆盛的境界。"

中华藏书

第一部 周易原典

中国书局

九三三

中国书局

《易》书困卦"六三"爻说："被乱石阻挡而道路困穷不通，居位在蒺藜之上；退回自己家里又不能见婚配之日，会有凶险。"

孔子说："在不应当困穷的地方遭遇困穷，其名声一定会遭到耻辱。在不应当居住的地方而居住，人身必然会遭到危害。名声既蒙受耻辱，人身又遭到危害，死亡便即将到来，还哪有可能见到婚配之日呢？"

《易》书解卦"上六"爻说："王公用利箭射杀高城上的大雕，一箭射中，没有什么不利的。"

孔子说："大雕是飞禽；弓箭是兵器；用箭射杀大雕的是人。君子身上预先藏着利器，等到一有合适时机就采取行动，哪会有什么不利呢？采取行动而灵便自如，所以外出必有收获。这说明，无论干什么，都是具备现成的器物然后再采取行动。"

孔子曾说："小人不知羞耻、不讲仁义，不畏真理、不行道义，不看到实际利益就不勤勉做事，不看到刑威就不戒惕过失。对于小人来说，给点轻微的惩罚就是告诫他不要犯重大过失，这等于是赐福给他。因此，《易》书噬嗑卦'初九'爻才说：'脚上戴上木枷伤了脚趾，不会有什么灾祸'，这番话说的就是这个意思。"

"不积累善行，就不足以成就美名；不积累恶行，也不足以断送其身。小人认为行小善得不到什么好处因而不屑于去做，认为行小恶无伤大体而不愿意戒除，因此，恶行越积越多而无法掩盖，罪过越积越重而难以解救。《易》书噬嗑卦'上九'爻才说：'肩上戴上木枷枷伤了耳朵，会有凶险。'"

孔子曾说："凡是出现倾危之象的，都曾经无所事事安居其位；凡是招致灭亡的，都曾经自以为能永保长存；凡是产生祸乱的，都曾经自觉得太平。因此，君子安居而不忘倾危，生存而不忘灭亡，太平而不忘祸乱，这样，自身才能够久安而国家才可以永存。因此《易》书否卦'九五'爻才说，'将要灭亡啊，将要灭亡！但是如果把自己拴在根扎得很深的桑树上，那么就会安然无恙。'"

孔子曾说："才德粗疏而居高位，见识短浅而谋大事，力量微弱而担当大任，这样很少有不招致祸乱的。因此《易》书鼎卦'九四'爻才说：'鼎承受不了压力而损毁，把王公的美食都倾倒了，沾到了鼎身上，必有凶险。'这里说的正是力不胜任的情状。"

孔子曾说："察觉事物出现的某种苗头，就能预知神妙的变化啊！君子与尊上者交往不阿谀奉承，与卑下者交往不高傲轻慢，就可以预知事物出现的苗头了吧？所谓苗头，乃是事物变化的微小征候，吉凶祸福隐约显现出来的先兆。君子发现事物出现的苗头就立即行动，决不等到明天。因此《易》书豫卦'六二'才说：'德性坚贞超过磐石，不等一天终了就悟出过分欢乐之患，占卜的结果是吉利的。'既然具有超过磐石的坚贞德性，何须等一天终了才能悟出事理呢！当时就能立即悟出。君子察觉隐微的苗头就能知道明显的结局，知道阴柔的功能也知道阳刚的效用，这才是万人所仰望的杰出人物啊！"

孔子曾说："颜渊这位贤弟子，他的德性大概接近完美了吧？一旦出现不善的苗头，没有不察觉的；一旦察觉到不善，就不会犯第二次。这就是《易》书复卦'初九'爻所说的：'行而不远就适时复返，没有造成大的悔恨，大吉大利。'"

"天地的阴阳二气缠绵交密，万物化育醇厚；男女两性交合精华，万物化育出生。因此，《易》书损卦'六三'爻才说：'三人同行，由于难于同心协力必将有一人离去；一人出行，由于专一求合，则可得到友朋。'这里说的正是阴阳相求必须专注致一。"

孔子曾说："君子先安定自身然后才有所行动，先平和内心然后才发表言论，先确定交往对象然后才求益于人；君子由于能够修养成这三种美德，因此才会于人于己都有增益。自身尚且处于危乱的境地却又行动急迫，百姓就不追随他；内心具有疑虑和恐惧，却还要发表言论，百姓就不响应他；没有交往对象而有求于人，百姓就不援助他，而一旦没有人援助他，那么伤害他的人就会到来。因此《易》书益卦'上九'爻才说：'没有人增益他，就会有人攻击他，再加自己立身不恒，会有

中华藏书　第一部　周易原典　中国书店

中華藏書

周易全书·最新整理珍藏版

中国书房

凶险。'"

【集解】

《易》曰："憧憧往来，朋从尔思"。

翟玄曰：此咸之九四辞也。咸之为卦，三君三民，四独远阴，思虑之爻也。

韩康伯曰：天下之动，必归于一。思以求朋未能寂，寂以感物，不思而至也。

疏 翟注：此咸九四爻辞也。咸之为卦，艮下兑上，三阳三阴，故"三君三民"。五阳承上阴，三阳乘初二，皆阴，四乘承皆刚，故"独远阴"。虞咸四注云"欲感上隔五，感初隔三，故憧憧往来矣"。远阴则思，故"思虑之爻也"。

韩注："天下之动贞夫一"，故"天下之动，必归于一"。"思以求朋"则未能虚寂以纯一。若能寂以感物，财不思，而自至矣。虞注云"兑为朋。艮初变之四，坎心为思。故朋从尔思也"。

案：《上系》七爻首中孚，《下系》十一爻首咸，皆复、姤时也。

子曰：天下何思何虑。天下同归而殊途，一致而百虑。

韩康伯曰：夫"少则得，多则惑"。途虽殊，其归则同。虑虽百，其致不二。苟识其要，不在博求。一以贯之，百虑而尽矣。

疏 《老子》曰"少则得，多则惑。是以圣人抱一为天子式'"王弼注"一，少之极也"。引之以明圣人贵守一也。故始虽殊其涂，其归则同。人虽百其虑，其致不二。《论语》曰"赐也，女以予为多学而识之者与"。又曰"非也，予一以贯之"。殊途百虑，是多学而识也。故"苟识其要，不在博求"。知"天下之动贞夫一"，则"一以贯之，不虑而尽"，所谓不思，而得是也。"百虑而尽"，当从孔本作"不虑"。

天下何思何虑。

虞翻曰：《易》无思也。既济定，六位得正，故"何思何虑"。

疏 乾为易，隐藏坤初，"其静也专"，故"无思也"。四不得正，故"朋从尔思"，殊涂百虑矣。下应于初，则往来得正，同归一致矣。虞《咸·象传》注云"初四易位在既济"，故"既济定"。六位刚柔正，而位当，故"得正"。"乾元用九，而天下治"，故"何思何虑"。

日往则月来。

虞翻曰：谓咸初往之四，与五成离，故"日往"。与二成坎，故"月来"。之外日往，在内月来，此就爻之正者也。

疏 初四易位，成既济，定，故"谓咸初往之四"。与五成离，离为日，故"日往"。四与二互成坎，坎为月，故曰"月来"。在外曰往，故"日往"。在内曰来，故"月来"。"此就爻之正者"，言所谓既济，体两难坎也。又"月来"谓震也。三日月出震在庚，八月兑见丁，皆于暮见之。日暮而月生，故"日往则月来"也。

月往则日来。

虞翻曰：初变之四，与上成坎，故"月往"。四变之初，与三成离，故"日来"者也。

疏 初上之四，与上成坎，体自内往，故曰"月往"。四下之初，与三成离，体自外来，故曰"日来"。又"月往"谓巽也。十六日，巽退辛，二十三日，艮消丙，皆在旦，故"月往则日来"。

日月相推，而明生焉。

虞翻曰：既济体两离坎象，故"明生"也。

疏何休云"一往一来日推"。初四互易成既济，既济当望，有两离坎象。日月双明，故"明生焉"。

寒往则暑来。

虞翻曰：乾为寒，坤为暑。谓阴息阳消，从垢至否，故"寒往暑来"也。

疏 冬至复初九，乾也，故"为寒"。夏至姤初六，坤也，故"为暑"。《稽览图》曰"冬至之后三十日，极寒，夏至之后三十日，极暑"，故"乾为寒，坤为暑"。阴息阳消，从姤至否，故"寒往则暑来"也。

案：卦变咸从否来，坤三之上，乾上之三。卦气咸在媾前，夏至六日，七分卦也。故于咸明阴阳消长之义。《上系》七爻首中孚，中孚冬至六日，七分卦也。与此十一爻首咸，皆消息自然之序。阳息于复，至泰反否。阴消于姤，至否反泰。咸，否天地交，反泰之始也。

暑往则寒来。

虞翻曰：阴离阳信，从复至泰，故"暑往寒来"也。

疏 阴消为诎，阳息为信。从复至泰，故"暑往则寒来"也。否为"暑往"，成乾下三，为"寒来"，即媾、复之义也。

寒暑相推，而岁成焉。

崔憬曰：言日月寒暑，往来虽多，而明生岁成。相推则一，何思何虑于其间哉。

疏 言日月寒暑，循环之序，往来虽多，而明生岁成。自然之理，相推则一，何容思虑于其间哉。

案：复、姤为阴阳始，泰、否为阴阳中，春秋冬夏于是具矣，故"寒暑相推，而岁成焉"。

往者诎也。

荀爽曰：阴气往，则万物诎者也。

疏 "阴气往，则万物诎"者，阴主消，消故诎也。

来者信也。

荀爽曰：阳气来，则万物信者也。

疏 "阳气来，则万物信"者，阳主息，息故信也。

诎信相感而利生焉。

虞翻曰：感，咸象，故"相感"也。"天地感而万物化生，圣人感人心，而天下和平"，故"利生"。"利生"谓阳出震，阴伏藏也。

疏 咸，感也，故"相感"。"天地感而万物化生"者，卦自否来，有天地象。荀彼注云"乾下感坤，故万物化生于山泽"。"圣人感人心而天下和平"者，虞彼注云"乾为圣人。

初四易位，成既济，坎为心、为平。故'圣人感人心而天下和平'。此'保合太和'，'品物流形'也"。"故利生"者，《咸·卦辞》曰"咸亨利贞"，四《象》曰"未感害也"。"未感害"，故"利生"也。《象传注》云"成既济"，此云"阳出震，阴伏藏"者，既济"六位时成"，乾元至正，自然阳出震，阴伏藏，所谓"复见天地之心"者也。又云"阳常主动，阴常主静"，故谓"阳出阴藏"。又云"阳常主吉，阴常主凶"。阳出阴藏，故利生焉。

尺蠖之诎，以求信也。

荀爽曰：以喻阴阳气，屈以求信也。

疏 阴诎阳信，故"喻阴阳气，诎以求信也"。

案：《说文》："尺蠖，诎信虫出。"《说卦》："巽为风。"《大戴礼·易本命》曰"风主虫"。王充《论衡》曰"夫虫，风气所生，仓颉知之，故凡虫为风之字，取气于风"。此下皆言阳出震，阴伏藏媚，媚初巽，巽为风，风主虫，是巽虫为尺蠖也。阴未遇媚，巽体未成，不曰蛇，而曰尺蠖，咸封，时也。咸时尺蠖诎，至娠则信。又巽为进退，似尺蠖之诎信，故曰"尺蠖之诎，以求信也"。

龙蛇之蛰，以存身也。

虞翻曰：蛰，潜藏也。龙潜而蛇藏。阴息初，巽为蛇。阳息初，震为龙。十月坤成，十月复生。姤巽在下，龙蛇具蛰。初坤为身，故"龙蛇之蛰，以存身也"。

侯果曰：不诎则不信，不蛰则无存。则屈蛰相感，而后利生矣。以况无思得一，则万物归思矣。《庄子》："古之畜天下者，其治一也。《记》曰：'通于一，万事毕。无心得，鬼神服。'"此之谓矣。蠖，诎行虫。郭璞云"蚵蟵"也。

疏 虞注：浑言之，则曰"蛰，潜藏也"。分言之，则曰"龙潜而蛇藏"。《月令》"孟春日其虫鳞"，郑氏谓"龙蛇之属"。又曰"蛰虫始振"，则十一月时，龙蛇皆蛰，至正月而始振也。《说文》"蛰，藏也"，《乾·文言》曰"潜龙勿用，阳气潜藏"，龙亦得，称藏。今言"龙潜而蛇藏"者，《说卦》

曰"坤以藏之",《上传》曰"藏诸用",谓巽阳藏室,故阳言潜,阴言藏也。巽四月卦值巳,《说文》曰"四月阳气已出,阴气已藏,万物见成文章,故巳为蛇,象形"。巽阴息初,故为蛇。《说卦》"震为龙"。震阳息初,故为龙。阴终于亥,故"十一月坤成"。阳息于子,故"十一月复生"。复时,震初动,巽即伏震,阴阳相并具生,故"娠巽在复下"。龙蛰震初,蛇蛰巽初,故"龙蛇俱蛰",初复体坤,媚初坤,坤形为身,阳息为存,故"龙蛇之蛰,以存身也"。

侯注:诎者信之几,蛰者存之本,故"不诎则不信,不蛰则无存"也。信与存,利也。然非诎蛰,则利不生。故必"诎蛰相感,而后利生矣"。况,比也。以比无思,则心得其一,得一则万物归思之。故复引《庄子》之言以明之也。《庄子·天地》曰"万物虽多,其治一也"。又曰"古之畜天下者,无欲而天下足,无为而万物化,渊静而百姓定。《记》曰'通于一而万事毕,无心得而鬼神服'"。郭注云"一无为而群理都举。《记》,书名也。云老子所作"。今撮其辞,以明得一之旨,故云"此之谓矣"。尺蠖屈信而行,故云"蠖,屈行虫"。《释虫》:"蠖,尺蠖。"郭璞注云"蜬蝓"。又扬子《方言》:"蜬蝓谓之尺蠖。"

精义入神,以致用也。

姚信曰:阳称精,阴为义,人在初也。阴阳在初,深不可测,故谓之神。变为媚、复,故曰"致用也"。

韩康伯曰:精义,物理之微者也。神寂然不动,感而遂通者也。理人寂一,则精义斯得,乃用无极也。

干宝曰:能精义理之微,以得未然之事,是以涉于神道,而逆祸福也。

疏 姚注:乾纯粹精,故"阳称精"。《周书》:"地道曰义。"《乾凿度》曰"地静而理曰义",故"阴为义"。阳息初巽,阴息初震,故云"人在初也"。"阴阳在初,深不可测",所谓乾元也。"阴阳不测之谓神",故"在初谓之神"也。阴初动,为媚,阳初动,为复。坤为致、为用。六日七分,咸时至垢。媚坤阴初动，故曰"致用也"。

韩注：《荀子·赋》云"精微而无形"，故精义为物理之微。"寂然不动，感而遂通"者，神也。神谓隐初入微，知几其神也。"理人寂一，则精义斯得"，所谓"寂然不动"。"乃用无极"，所谓"感而遂通"也。

干注：《管子》曰"独则明，明则神"，故"能精义理之微，以得未然之事"，"神以知来"，"是以涉于神道，而逆祸福也"。

利用安身，以崇德也。

《九家易》曰：利用，阴道用也，谓垢时也。阴升上究，则乾伏坤中，诎以求信。阳当复升，安身嘿处也。时既潜藏，故利用安身，以崇其德。崇德，体卑而德高也。

韩康伯曰：利用之道，皆"安其身而后动"也。精义，由于入神以致其用，利用，由于安身以崇其德。理必由乎其宗，事各本乎其根。归根则宁，天下之理得也。若役其思虑，以求动用，忘其安身，以殉功美，则偏弥多而理愈失，名弥美而累愈彰矣。

疏 《九家》注：咸至姤六日七分，坤为用，故云"利用，阴道用也，谓垢时也"。《乾凿度》"物有始、有壮、有究"。阴至上，故云"阴升上究"。阴究成坤，则"乾伏坤中"。剥极则复，诎极则信，故云"诎以求信"。复震成乾，故云"阳当复升"也。坤为安、为身、为嘿，故"安身嘿处也"。"时既潜藏"，谓乾伏坤初。其时，潜德勿用，惟"利用安身"而已。《文言》曰"龙德而隐者也"，故言"以崇其德"。《上传》曰"夫《易》，圣人之所以崇德而广业也。知崇体卑，崇效天，卑法也"。阳伏坤中，坤身为体，故"体卑"。灭出复震，故德崇。此因媚初消乾而究言之，故云"体卑而德高也"。

韩注："危以动，则民不与"，故"利用之道皆由安其身而后动也"。精义者，由于入神以致用，故"理必由乎其宗"。利用者，由于安身以崇德，故"事各本乎其根"。根，本也。《左传》曰"绝其本根"是也。宁，安也。《书·康诰》"裕乃以民宁"，孔传"行宽政，乃以民安"，是也。《大学》曰"壹是皆以修身为本"，是身者，天下国家之本。《易》逸文曰"正其本，万物理"，故云"归根则宁，天下之理得也"。若役思求动，必伪弥多而理愈失。忘身殉功，必名弥美而累愈彰矣。

案：致用崇德，皆承龙蛇蛰初，言之也。乾为精，为神，坤为义、为致、为用。乾藏坤中，以阳动阴，是"精义入神"，所以致坤之用也。乾为利、为崇、为德，坤为用、为安、为身。巽伏乾下，以阴牝阳，是"利用安身"，所以崇乾之德也。上言"致用"，下言"利用"。以咸将至媚，媚阴体坤，故再言坤用，以明其旨也。

过此以往，未之或知也。

荀爽曰：出乾之外，无有知之。

疏 "出乾之外"，谓初已动也。则阴阳消息，变化不一，故"无有知之"。

穷神知化，德之盛也。

虞翻曰：以坤变乾，谓之"穷神"。以乾通坤，谓之"知化"，乾为盛德，故"德之盛"。

侯果曰：夫精义入神，利用崇德，亦一致之道极矣。过斯以往，则未之能知也。若穷于神理，通于变化，则德之盛者能矣。

疏 虞注：乾为坤，故"以坤变乾，谓之穷神"，即消卦也。坤为化，故"以乾通坤，谓之知化"，即息卦也。乾为盛为德，故曰"德之盛也"。消息变化，所谓"未之或知"。一消一息，成"既济定"。乾元盛德，则"殊途同归，百虑一致，天下何思何虑"也。

侯注："入神"则神一，"安身"则身一。一致之道，至斯极矣。斯二者，人也。过斯二者，则天矣，故"未之或知也"。若"穷神"则无声，"知化"则无臭。"上天之载，无声无臭，致矣"。非天下之盛德，其孰能与于斯。

《易》曰:"困于石,据于蒺藜,入于其宫,不能见其妻,凶。"

孔颖达曰:上章先言利用安身,可以崇德。若身危辱,何崇之有,此章引困之六三,履非其位。欲上于四,四自应初,不纳于己,是困于九四之石也。三又乘二,二是刚物,非己所乘,是据于九二之蒺藜也。又有"入于其宫,不见其妻,凶"之象也。

疏　此困六三爻辞也。上言利用安身,可以崇德。若自危辱,则德不可崇。故引此,以明之也。以六居三,为"履非其位"。三欲上四,四与初应,不纳于三。困自否来,否四互艮为小石,是"困九四之石也"。三下乘二,二在坎中为刚物,非己所乘。《九家易说卦》曰"坎为蒺藜",是"困于九二之蒺藜也"。否艮为宫,体互巽为人。互离目为见,中女为妻,坎为中男。不正当变,变则离毁,故"不见其妻,凶"也。

子曰:非所困而困焉,名必辱。

虞翻曰:困本咸,咸三入宫,以阳之阴,则二制坤,故以次咸。为四所困,四失位,恶人,故"非所困而困焉"。阳称名,阴为辱。以阳之阴下,故"名必辱"也。

疏　虞注困卦,谓"否二之上"。今云"困本咸",盖咸、困皆自否来,而《系》引此爻,又承咸四言之也。咸下体艮为宫,咸三之二互巽人,故"咸三入宫"。以咸九三入六二成困,故云"以阳之阴"。咸三变阳,则二制为坎。崔咽《达旨》"阴阳始分,天地始制",故云"制坎"也。"坤"当作"坎"。咸艮变坎,成困,故以次咸。虞《上传》注云"否上之二成困,三暴慢,以阴乘阳。二变,入宫为萃。五之二,夺之成解",亦为此困、解相次而言。皆非正义也。二之三,"为四所困"。四失位困,恶人者。暌初九曰"见恶人",虞彼注云"恶人谓四",以暌四失正也。故困四失位,亦为恶人。咸三得位,非四所困。今之二失位,故"非所困而困焉"。"善不积,不足以成名"。阳为善,故"阳称名"。阴贼为辱。三之二是"阳之阴下","名必辱"也。此以咸变为义,故不与经注同训。

非所据而据焉，身必危。

虞翻曰：谓据二。二失位，故"非所据而据焉"。二变时，坤为身。二折坤体，故"身必危"。

疏 阳据阴，阴承阳，《易》之大义也。三失位据二，二亦失位，以阳据阴，故"非所据而据焉"。二变入宫，为萃，萃下体坤，坤腹为身。二困时，折坤体，故"身必危"。

既辱且危，死其将至，妻其可得见邪？

陆绩曰：六三从困辱之家，变之大过，为棺椁死丧之象，故曰"死其将至"，妻不可得见。

疏 三失正，变大过，故云"三困辱之家，变之大过"也。棺椁取诸大过，有死丧之象，故曰"死其将至"。坎中男，离中女。三变，则离女不见，故曰"妻其可得见邪"。

《易》曰："公用射隼于高庸之上，获之，无不利。"

孔颖达曰：前章先须安身，可以崇德，故此明藏器于身，待时而动，是有利也。故引解之上六以证之矣。

疏 此解上六爻辞也。前言安身可以崇德，次言"非所据而据焉，身必危"，故必"藏器于身，待时而动"，自无不利。故复引此，以证之也。

子曰：隼者，禽也。

虞翻曰：离为"隼"，故称"禽"。言其行野容，如禽兽焉。

疏 解上应三，三体互离，离为飞鸟，故"为隼"。《释鸟》曰"二足而羽谓之禽"，故"隼称禽"焉。《上传》曰"野容诲淫"，谓解三也，"野容"义详彼注。《管子》："道路无行禽。"三有鸟兽行，故"言其行野容，如禽兽焉"。

弓矢者，器也。

虞翻曰：离为矢，坎为弓，坎为器。

疏 解互离为矢，互坎为弓。解自临来，临上体坤，故"坤为器"。《射礼》有射器，谓弓矢，决拾旌中筹福丰，故曰"弓矢者，器也"。

射之者，人也。

虞翻曰：人，贤人也。谓乾三伏阳，出而成乾，故曰"射之者人"。人则公。三应上，故上令三出，而射隼也。

疏 人，贤人，谓乾也。乾阳伏于三下，出而互上四成乾。乾为人，故曰"射之者人"。三为三公，出而成人，则公。三与上应，故上令三阳出而射隼也。

君子藏器于身，待时而动，何不利之有。

虞翻曰：三伏阳为君子。二变时，坤为身为藏器，为藏弓矢以待射隼。艮为待，为时。三待五来之二，弓张矢发，动出成乾，贯隼，人大过死，两坎象坏，故"何不利之有"。《象》曰"以解悖"。三阴小人乘君子器，故上观三出，射去隼也。

疏 阳为君子，故"三伏阳为君子"。二变时体坤，所谓"二变，人官为萃"是也。坤形为身，"坤以藏之"为藏，形下为器，故谓"藏弓矢以待射隼"也。艮止为待，"时止则止"为时，爻以时动，故"待时而动"。五失位，当之二，故"三待五来之二"。二动之五，体坎弓张，互离矢发。五得正，三动阳出，成乾，离鸟体坏，故贯隼体，人大过棺椁死象。体有两坎，三动，则两象俱坏，故"何不利之有"。坎心为悖，两坎象坏，故《象》曰"以解悖也"。六体阴，小人象也。三位阳，君子器也。以六乘三，是"小人乘君子之器"。上以三为象，故云"观三出，射去隼也"。《乾凿》度曰"二阴之精射三阳，当卦是扫"。知阴阳动出，皆为射也。

动而不括，是以出而有获，语成器而动者也。

虞翻曰：括，作也。震为语。乾五之坤二，成坎弓离矢。动以贯隼，故"语成器而动者也"。

疏 待时而动，不见作为，故云"括，作也"。动而无作，是以阳出射隼，而有获也。解震为语，困五下二则震成，故"语成器"。困二变，人官为萃。萃五之二，夺之成解。是"萃乾五之坤二，而成坎弓离矢"。三动贯隼，故"语成器而动者也"。

中華藏書

周易全书·最新整理珍藏版

中国书店

九四六

子曰：小人不耻不仁，不畏不义。

虞翻曰：谓否也。以坤灭乾，为"不仁"，"不义"。坤为耻、为义，乾为仁，为畏者也。

疏 下引噬嗑爻辞。噬嗑自否来，故云"谓否也"。否"小人道长"，故曰"小人"。否以坤阴，灭乾阳，为"不仁"、"不义"。坤辱为耻，阴为义。乾阳为仁，惕为畏。乾为仁，坤阴灭乾，是不仁也。不以灭阳为不仁，是"不耻不仁"也。坤为义，乾阳灭于坤，是不义也。不以灭阳为不义，是"不畏不义"也。

不见利不动，不威不征。

虞翻曰：否乾为威、为利，巽为近利。谓否五之初，成噬嗑市。离日见乾，为见利，震为动，故"不见利不动"。五之初，以乾威坤，故"不威不征"，震为征也。

疏 乾君威严，故为威。乾"以美利利天下"，故为利。巽"近利市三倍"，故为近利。"日中为市，取诸噬嗑"，故"否五之初，成噬嗑市"。噬嗑离为日，"相见乎离"，乾变成离，故"离日见乾为见利"。《说卦》："震，动也。动万物者，莫疾乎雷。"《乐纬·动声仪》曰"风雨动鱼龙，仁义动君子，财色动小人"，故"不见利不动"。乾五之坤初，是"以乾威坤"也。五不之初，则离不成日，震不成动，乾不威坤，震不成征，故"不见利不动，不威不征"。"征"古文"惩"。震恐惧虩虩，故为征也。

小征而大戒，此小人之福也。

虞翻曰：艮为小，乾为大。五下威初，坤杀不行。震惧虩虩，故"小惩大戒"。坤为小人，乾为福。以阳下阴，"民说无疆"，故"小人之福也"。

疏 否艮小石，故为小。乾阳为大。乾五下威坤初，则"坤弑不行"。"杀"读为"弑"，谓否坤臣弑君也。虩虩，郑云"恐惧貌"。否五之初，初上应四，四艮小，故"小征"。初乾大，故"大诫"也。否坤阴，为小人，乾善为福。以乾阳于下坤阴，坤为民，为无疆，兑象半见，故"民说无疆"。震

“恐致福”，是“小人之福也”。

《易》曰：“屦校灭趾，无咎。”此之谓也。

《九家易》曰：噬嗑六五，本先在初，处非其位，小人者也。故历说小人所以为罪，终以致害，虽欲为恶，能止不行，则“无咎”。

侯果曰：噬嗑初九爻辞也。校者，以木夹足止，行也。此明小人因小刑而大戒，乃福也。

疏　《九家》注：噬嗑六五，本在否初。初不得位，处五亦非其位。阴本小人，又不得位，始终小人者也。故历说小人不耻、不畏、不动、不征，所以为罪，终以致害之故。然虽欲为恶，能“小征大诫”，止而不行，则亦“无咎”矣。

侯注：孔氏云“此亦证前章安身之事，故引《易》噬嗑初九，以证之”。《说文》：“校，木囚也。”震东方木，为足、为行，应艮为止，故“以木夹足止行也”。校为小刑。初阳得正，若因小刑，顾震知惧，是“小征大诫”，“小人之福也”。

善不积，不足以成名。恶不积，不足以灭身。

虞翻曰：乾为积善，阳称名。坤为积恶、为身。以乾灭坤，故“灭身”者也。

疏　噬嗑自否来。否阴消阳，弑父弑君。噬嗑曰“明罚敕法”。五来灭初，小征大诫，以辨之早辨也。上六“迷复”，罪大恶极，故发其义于噬嗑上九也。乾元为善，自复至乾，为“积善”。初不成名，阳成于三为“成名”。坤阴为恶，自姤至坤，为“积恶”。坤形为身。坤消至上，穷上反下，乾来灭坤，故“灭身”也。

小人以小善为无益，而弗为也。

虞翻曰：小善谓复初。

疏　乾阳息于复初，善端犹微，故“小善谓复初”。

以小恶为无伤，而弗去也。

虞翻曰：小恶谓姤初。

疏　坤阴消，自姤初，恶念始萌，故“小恶谓姤初”。《淮南·缪称》曰“君子不谓小善不足为也而舍之，小善积而为大善。不谓小不善为无伤也而为之，小不善积而为大不善。是故积羽沈舟，群轻折轴，故君子禁于微"。《礼·经解》曰："礼之教化也微，其止邪也于未形，使人日徒善远，罪而不自知也。《易》曰'君子慎始，差以毫厘，谬以千里'，此之谓也。"小人惟不知此，故"以小善为无益而弗为，以小恶为无伤，而弗去也"。

故恶积而不可弇。

虞翻曰：谓阴息姤至遯，子弑其父，故"恶积而不可弇"。

疏　阴生亦称息。阴生媾初，至二成遯。艮为少子，乾为父。以艮阴消乾阳，故为"子弑其父"。姤阴始动，"其初难知"。阴消至二，则"恶积而不可弇"也。

罪大而不可解。

虞翻曰：阴息遯成否，以臣弑君，故"罪大而不可解"也。

疏　阴息至三，消遯成否。否坤为臣，乾为君。以坤阴消乾阳，故为"臣弑其君"。"否之匪人"，故"罪大，而不可解也"。

《易》曰："何校灭耳，凶。"

《九家易》曰：噬嗑上九爻辞也。阴自初升五，所在失正，积恶而罪大，故为上所灭。"善不积"，斥五阴爻也。"聪不明"者，闻善不听，闻戒不改，故凶也。

疏　孔氏云"此结前章不能安身之事，故引噬嗑上九之义，以证之"。否阴自初升五，在初失正，在五亦失正，故"所在失正"。五积恶而罪大，故"为上所灭"也。五阴积恶，故知"善不积，指五阴爻也"。坎耳不正，故"聪不明"。闻善不听，则不能迁善。闻戒不改，则不能远罪。所以有"何校灭耳"之凶。

案：否阴既成，上九当下之初，成益反泰。上九安于不正，恶积罪大，故五之初，小征大戒以救之。五下，则坎为校、为耳。否乾为首，坎成，横贯其中，故"何校灭耳，凶"也。

子曰：危者，安其位者也。

崔憬曰：言有危之虑，则能安其位不失也。

疏 孔氏云"以上章有安身之事，故此节恒须谨慎，可以安身。故引否之九五以证之"。否上以阳居阴，体乾亢龙，"盈不可久"，故危。内坤为安。言上能虑其危，"则能安其位，不失也"。

亡者，保其存者也。

崔憬曰：言有亡之虑，则能"保其存者也"。

疏 坤阴为亡，乾阳为存。《文言》曰"知进退存亡，而不失其正者，其唯圣人乎"。言能虑其亡，则能长保其存也。

乱者，有其治者也。

崔憬曰：言有防乱之虑，则能"有其治者也"。

疏 坤为乱乾为治。言虑乱，能防，则能有其治也。

是故君子安而不忘危。

虞翻曰：君子，大人，谓否五也。否坤为安，危谓上也。

翟玄曰：在安，而虑危。

疏 虞注：否九五曰"休否，大人吉"，故知"君子，大人，谓否五也"。坤静为安。上亢则危，故"危谓上也"。五在否家，常自危惧，是不忘之义也。

翟注："在安，而能虑危"，即保邦于未危也。

存而不忘亡。

荀爽曰：谓"除戎器，戒不虞"也。

翟玄曰：在存而虑亡。

疏 荀注："除戎器，戒不虞"，《萃·象辞》也。萃自观来，观为阴消卦，故"戒不虞"。否卦，亦阴消阳也。阳息则存，阴消则亡，故引《萃·象辞》以证之。

翟注："在存而虑亡"，则不至如乾之过亢，"知存而不知亡"也。

治而不忘乱。

荀爽曰：谓思患而逆防之。翟玄曰：在治而虑乱。

中華藏書

周易全书·最新整理珍藏版

疏 荀注："思患而逆防之"，即《既济·象辞》"思患而豫防之"也。上亢下初，成益，否则反泰。泰二五易位，成"既济定"。当既济之时，治不忘乱，谓不忘否上，故引《既济·象辞》证之。

翟注："在治而虑乱"，即制治于未乱也。

是以身安而国家可保也。

虞翻曰：坤为身。谓否反成泰，君位定于内，而臣忠于外，故"身安而国家可保也"。

疏 坤为身，又为安，故曰"身安"。"否终则倾"，成益反泰，乾君在内，是君位于内，而国可保也。坤臣在外，是臣忠于外，而家可保也。

《易》曰：其亡其亡。

荀爽曰：存不忘亡也。

疏 否阴消阳，由四渐及于五。"存不忘亡"，故曰"其亡其亡"。

系于包桑。

荀爽曰：桑者，上玄下黄。乾坤相包以正，故不可忘也。

陆绩曰：自此以上，皆谓否阴灭阳之卦。五在否家，虽得中正，常自惧以危亡之事者也。

疏 荀注："桑者，上元下黄"，色有乾坤。天位乎上，地位乎下，故"乾坤相包以正"。荀否五注云"乾职在上，坤体在下，虽欲消乾，系其本体，不能亡也"，故"不可忘"。

陆注：自此以上，盖谓"危者，安其位者也"。以下非总上困、解、噬嗑而言也。否阴消阳之卦，特举之以示慎始之义。否五虽得中得正，然时当否闭，必常以危亡为惧，则位可安，而存可保也。

子曰：德薄而位尊。

虞翻曰：鼎四也。则离九四凶恶小人，故"德薄"。四在乾位，故"位尊"。

疏 释下鼎四爻辞，故云"鼎四也"。鼎外体离，鼎四即离四。离四"突如"玉容，故云"凶恶小人"。四互乾上，乾为德，乾位尊。四在乾体，失正，故"德薄而位尊"也。

知少而谋大。

虞翻曰：兑为少知，乾为大谋。四在乾体，故"谋大"矣。

疏 互兑为少女，故为"少知"。互乾阳为大，故为"大谋"。四居兑乾之间，故"知少而谋大"。

力少而任重。

虞翻曰：五至初体大过，"本末弱"，故"力少"也。乾为仁，故"任重"。"以为已任，不变重乎"。

疏 五至初体大过象。《大过·象》曰"本末弱也"，故"力少也"。乾元为仁。《论语》曰"仁以为已任，不亦重乎"。《礼·表记》曰"仁之为器重，举者莫能胜也"。乾，能任重，非鼎四能任仁也。

鲜不及矣。

虞翻曰：鲜，少也。及及于刑矣。

疏 "鲜"亦作"尟"。《释诂》曰"尠，寡也"，郭注云"谓少"，故云"少也"。刑即"其刑渥"也。谓四不得正，鲜不及于刑也。

《易》曰："鼎折足，覆公𫗧，其刑渥，凶。"言不胜其任也。

孔颖达曰：言不能安身，智小谋大，而遇祸也。故引鼎九四，以证之矣。

疏 言不能安身，则智小谋大，必遇刑祸，故引鼎九四爻辞证之。虞彼注云"四变时，震为足。足折人兑，故'鼎折足'。兑为刑。渥，大刑也。鼎折足则公悚覆，言不胜任。象人大过死凶，故'鼎折足，覆公悚，其刑渥，凶'"。

子曰：知几，其神乎？

虞翻曰："几"谓阳也，阳在复初称"几"。此谓豫四也。恶鼎四折足，故以此次。言豫四知几而反复初也。

疏 "几谓阳也"者，谓微阳初动也。一阳动震，复见天心，故"阳在复初称几"。下释豫六二爻辞，云"此谓豫四

第
一
部
周
易
原
典

也"者，二欲四复初，故"谓豫四"。四与初应。鼎四不知几，故折足。豫四知几而反初，故以此次之。复初之四，成豫，豫四反复初，通小畜。《上传》云"寂然不动，感而遂通天下之故。非天下之至神，其孰能与于此"。阳伏坤初，其几息矣，故"寂然不动"。变而成震，其几生矣，故"感而遂通"。隐初人微为"至神"，故"知几其神乎"。

君子上交不谄，下交不渎。

虞翻曰：豫二谓四也。四失位谄渎。上谓交五。五贵，震为笑言。笑且言，谄也。故"上交不谄"。下谓交三，坎为渎，故"下交不渎"。欲其复初，得正，元吉，故"其知几乎"。

疏 虞豫六二注云"欲四急复初，已得休之"，故"豫二谓四也"。四失正位，有谄渎之象。四承五，故"上谓交五"也。五位天子，故贵。震善鸣，故"为笑言"。《论语》曰"巧言令色足恭"，《孟子》曰"胁肩谄笑"。笑而且言，是为谄也。二欲四复初，初上四得正，"二与四同功"，是"上交不谄"也。四乘三，故"下谓交三"。互坎为沟渎，故"为渎"。初得正，二乘之，故"下交不渎"也。复初九曰"不远复，无祇悔，元吉"，故二欲四之复初，得正，元吉。下云"几者，动之微，吉之先见者也"，故曰"其知几乎"。

其知几乎？

侯果曰：上谓王侯，下谓凡庶。君子，上交不至谄媚，下交不至渎慢，悔吝无从而生，岂非知微者乎。

疏 上贵，故"谓王侯"。下贱，故"谓凡庶"。六二中正，故为"君子"。得中得正，故"上交不谄，下交不渎"。悔吝之生，由于谄渎。不谄不渎，故"悔吝无从而生"。此非知微之君子不能也。

几者，动之微，吉之先见者也。

虞翻曰：阳见初成震，故"动之微"。复初元吉，"吉之先见者也"。

韩康伯曰：几者，去无人有，理而未形者。不可以名寻，不可以形睹也。唯神也，不疾而速，感而遂通，故能玄照，鉴于未形也。合抱之木，起于毫末。吉凶之彰，始乎微兆。故言"吉之先见"。

疏 虞注：一阳初动成震。震，动也。初动，故曰"动之微"。复初九曰"元吉"。初阳得正，故曰"吉之先见者也"。

韩注：已著，则有形，未动，则无迹，皆不得谓之"几"。故几者，去无入有，有其理而无其形：虽名为"几"，而究不可以名寻。虽形为动，而究不可以形睹也。几动于此，即形见于彼，知几其神。故"唯神也，则不疾而速，感而遂通"。故能朗然玄照，鉴于未形。《太玄》曰"天以不见为玄，地以不形为玄，人以心腹为玄。天奥西北，郁化精也。地奥黄泉，隐魄荣也。人奥思虑，含至精也"。故玄照朗然，能鉴未形也。观合抱之木，起于毫末。知吉凶之彰，始于微兆。故君子慎微。《虞书》曰"道心惟微"。《道经》曰"道心之微"。微者，道心之动也。道心动则吉，故曰"吉之先见者也"。他本"吉"下有"凶字者，误也"。

君子见几而作，不俟终日。《易》曰："介于石，不终日，贞吉。"介如石焉，宁用终日，断可识矣。

孔颖达曰：前章言"精义入神"，此明知几入神之事，故引豫之六二以证之。

崔憬曰：此爻得位居中，于豫之时，能"顺以动"而防于豫。如石之耿介，守志不移，虽暂豫乐，以其见微，而不终日，则能贞吉，断可知矣。

疏 孔注：前言"精义入神"，此言"知几其神"。盖知几为人神之事，故引豫六二爻辞以证之。

崔注：《豫·六二·象》曰"以中正也"。以六居二，故"得位居中"。豫下体坤顺，上体震动，是"于豫之时，能顺以动"。得正无应，乐不可极。故"防之于豫"。二与四互艮，艮为小石，故"如石之耿介"。应坎为志，应震为守，故守志不移也。乐可暂而不可极，惟知几者，能见其微也。故，虽暂豫乐而不终日，则正而获吉，"断可识矣"。

案：虞注云"介，纤也。二互艮，艮为石，故'介于石'。

与小畜通，应在五，终变成离，离为日。得位，欲四急复初，已得休之，故'不终日，贞吉'"。寻四在艮，则知当复初，不待终变也。小畜离相见为见，震作足为作，艮待为俟，故"见几而作，不俟终日"。坤为用。终变成离，离为日。"忧悔吝者存乎介"，能识小疵。故"介如石焉，宁用终日，断可识矣"。

君子知微知章，知柔知刚。

姚信曰：此豫二也。二下交初，故曰"知微"。上交于三，故曰"知章"。体坤处和，故曰"知柔"。与四同功，故曰"知刚"。

疏 二乘初，故"下交初"。动于初为微，故曰"知微"。二承三，故"上交三"。成于三为章，故曰"知章"。二处坤体中和得柔之正，故曰"知柔"。与四同功，四体阳刚，故曰"知刚"。

万夫之望。

苟爽曰："圣人作而万物睹"。

干宝曰：言君子，苟达于此，则"万夫之望"矣。周公闻齐鲁之政，知后世强弱之势。辛有见被发而祭，则知为戎狄之居。凡若此类，可谓"知几"也，皆称"君子"。君子则以得几，不必圣者也。

疏 苟注："圣人作，而万物睹"，《乾·文言》文。"万物"即"万夫"，"睹"即"望"，故曰"万夫之望"。

案：坤为万，震为夫，离目为望。小畜以离畜阳，故"万夫之望"。

干注：言君子于微章刚柔，无所不达，则为"万夫之望"。《史记·鲁世家》："伯禽之鲁，三年而后报政。周公曰：'何迟也?'伯禽曰：'变其俗，革其礼，故迟。'太公封于齐，五月而报政。周公曰：'何疾也?'曰：'吾简其君臣礼，从其俗为也。'周公叹曰：'鲁后世其北面事齐矣!'"此周公闻齐鲁之政，知后世强弱之势也。《左传·僖公二十二年》："初，平王之东迁也，辛有适伊川，见被发而祭于野者。曰：'不及百年，此其戎乎，其礼先亡矣。'秋，晋迁陆浑之戎于伊川。"此辛有见，被发而祭，则知为戎狄之居也。此皆知几之类也。"皆称君子"者，以君子亦能得几，不必圣者也。

子曰：颜氏之子，其殆庶几乎！

虞翻曰：几者，神妙也。颜子知微，故"殆庶几"。孔子曰"回也，其庶几乎"！

疏 上曰"知几其神乎"，《说卦》曰"神也者，妙万物而为言者也"，故云"几者，神妙也"。《荀子·解蔽篇》曰"《道经》曰'人心之危，道心之微'，危微之几，惟明君子而后能知之"。颜子惟知危，故"殆庶几"。《论语》曰"回也，其庶乎"，无"几"字，盖虞所见本异也。

有不善，未尝不知。

虞翻曰："复以自知"，老子曰"自知者，明"。蔬复本纯坤，坤积不善。"复亨"，则"穷上反下"，知不善面反于善，故"复以自知"。坤为自。复初，乾也，"乾知大始"，故曰"自知"。"自知者明"，老子《道经》文。乾为知、为大明，故"自知者明"也。

知之，未尝复行也。

虞翻曰：谓"颜向，不迁怒，不贰过"。"克已复礼，天下归仁"。

疏 皆《论语》文。怒也、过也、已也，皆不善也。不迁、不贰、克已而复乎礼，皆"未尝复行"之事也。震为行。剥上反初成震行，反初得位，故，不善未尝复行也。《复·象》曰"复亨"，"亨者，嘉之会。嘉会足以合礼"，故曰"复礼"。复初曰"元吉"，"元者，善之长。君子体仁，足以长人"，故曰"天下归仁"。《左传·昭公十二年》："仲尼曰：'古也有志，克已复礼，仁也。'"则古有是语。"天下归仁"，为仁之效也。皆引之，以证颜子知几之事。

《易》曰："不远复，无祇悔，元吉。"

侯果曰：复初九爻辞。殆，近也。庶，冀也。此明知微之难，则知微者，唯圣人耳。颜子亚圣，但冀近于知微，面未得也。在微则昧，理章而悟，失在未形。故有不善，知则速改，

中華藏書
第一部 周易原典
中国书店

故无大过。

疏 此复初九爻辞也。《诗·小雅》“无小人殆”，郑笺“言无与小人近”，故云“殆，近也”。《释言》：“庶，幸也。”“冀”与“觊”同音。《说文》“觊”作“乞”，“乞，幸也”。是同音同物，故云“庶，冀也”。知微，最难，唯圣人能之。颜子亚圣，次也，谓次于圣人。但冀近于知微而未得，扬子谓“未达一间”是也。“在微则昧，理彰而悟”，人之恒情，唯颜子能知。“失在未形”，故几有不善，知则速改，所以无大过而获元吉也。

案：“七日来复”，故“不远复”。坎为悔，“出入无疾”，故“无祇悔”。乾元，故“元吉”。

天地壹壹，万物化醇。

虞翻曰：谓泰上也。先说否，否反成泰，故不说泰。天地交，万物通，故“化醇”。

孔颖达曰：以前章“利冈安身，以崇德也”。安身之道，在于得一。若己能得一，则可以安身。故此章明得一之事也。壹壹，气附著之义。言，天地无心，自然得一。唯二气捆组，共相和会，感应变化，而有精醇之生，万物白化。若天地有心为一，则不能使万物化醇者也。

疏 虞注：此明所说，十一爻之序也。此章主论阳吉阴凶，故明媢、复、否、泰之几。阴生于媢，成乎否。阳生于复，成乎泰。泰反否，非娠而有姤道。否反泰，非复而有复道。咸者，媢前卦也。前说咸不说姤，此说损不说泰，互见也。咸、困、噬嗑皆否来，解自临来，鼎自大壮来，此引则皆为否消也。咸三人官，上慢下暴，则乾三伏阳出射之。其本由否不反泰，故，五降为噬嗑以救之。否五知存亡，故损上益下，而反泰也。鼎，息卦也。阳新之时，五爻皆吉，唯四以不正处高位独凶，故次否五，以起豫四也。豫四反复道，息泰成，故说损也。损、泰交坤，将又反否，故更以益终焉。皆“穷神知化”之事也。损本泰初之上，故“谓泰上也”。上说否五，故“先说否”。“否反成泰”，“否、泰反其类也”，故

中華藏書

第一部 周易原典

中国书店

"不说泰"，而说损也。《广雅》："壹壹，元气也"。《说文》："壹从壶，吉声。"又云"壹，壹壹也。从凶从壶"。是盖天阳主吉，地阴主凶。壶壹吉凶，已藏于内。泰本阴阳交通之卦，损又初上易位，是阴阳再交而为"天地壹壹"也。"泰者，通也"。泰，初之上，乾，交于坤，是"天地交而万物通"，故曰"化醇"也。

孔注：前章言"利用安身，以崇德"。盖安身之事，在于得一。《老子·德经》曰"天得一以清，地得一以宁，神得一以灵，谷得一以盈，万物得一以生，侯王得一，以为天下贞"。《吕览·论人》曰"知神之谓得一。凡彼万形，得一后成"，故曰"若已得一，则可以安身"。下云"言致一也"，故云"此章明得一之事也"。"氤氲"亦作"絪缊"，《玉篇》："元气也。"《集韵》："天地合气也。"元气会合，故云"气附著之义"。《三统历》："太极元气，含三为一。"《后汉书》郅恽曰"含元包一"。故云"天地无心，自然得一"。《老子·德经》曰"一生二"。故"唯二气氤氲，共相和会"。又曰"二生三，三生万物"，故"感应变化，而有精醇之生，万物自化"。此乃天地自然之气，一其化端。若"有心为一，则不能使万物化醇"矣。"有心为一"，疏本作"为二"，误。

男女构精，万物化生。

虞翻曰：谓泰初之上，成损。艮乾为精。损反成益，万物出震，故"万物化生"也。

干宝曰：男女，犹阴阳也，故"万物化生"。不言阴阳而言男女者，以指释损卦六三之辞，主于人事也。

疏 虞注：泰初之上成损。损外艮为男，内兑为女，二少相合，故曰"男女构精"。乾"纯粹精"，故为精。损与益反，故"损反成益"。此亦以卦次为义，非经旨也。益初为震，"万物出乎震"，故曰"万物化生也"。

干注：下言万物，故言阴阳。"乾道成男，坤道成女"，故云"男女，犹阴阳也"。《淮南·天文》曰"道曰规，始于一。一而不生，故分而为阴阳。阴阳合和，而万物生"，故曰"万物化生"也。"不言阴阳言男女"者，以损六三爻辞，言人事也。

愚案："醇"与"纯"通。《梅福传》："一色成体谓之醇。"言醇一也。壹壹者，元气也。元气无形，故"化醇"。醇则不杂而一也。构精者，精气也。精气有象，故"化生"。生则有醇有杂而不一也。化醇者，即"形而一亡者谓之道"。化生者，即"形而下者谓之器"。故下言"物情相感，当法壹壹化醇，致一之道"也。

《易》曰："三人行，则损一人。一人行，则得其友。"言致一也。

侯果曰：损六三爻辞也。《象》云"一人行，三则疑"，是众不如寡，三不及一。此明物情相感，当上法氤氲化醇，致一之道，则无患累者也。

疏 此损六三爻辞也。虞彼注云"泰乾三爻为三人，震为行，故三人行。损初之上，故则损一人。一人谓泰初之上。损刚益柔，故一人行。兑为友。初之上，据坤应兑，则得其友"。《象》曰"一人行，三则疑也"，虞彼注云"坎为疑。上益三成坎，故三则疑"，是以"众不如寡，三不及一"也。盖化生有形、有醇、有杂，故"物情相感，当上法氤氲化醇，致一之道"。"天下之动贞夫一"，故"无患累"。言少则得，不至多则惑也。

子曰：君子安其身而后动。

虞翻曰：谓"反损成益"。君子，益初也。坤为安身，震为后动。崔憬曰：君子将动有所为，必自揣安危之理，在于己身，然后动也。

疏 虞注：上言损，此言益。益与损反，故"谓反损成益"。初阳得正为君子，故"君子谓益初也"。互坤为安、为身，体震为后、为动，故曰"安其身而后动"。

崔注：震，动也。君子将动而有为，自揣安危之理，必使安在于己，然后动，则动有益也。

易其心而后语。

虞翻曰：乾为易，益初体复心，震，为后语。

崔憬曰：君子恕己及物。若于事，心难不可出语，必和易其心而后言。

疏　虞注：益自否来，否乾易知为易。益初至四体复，"复见天地之心"，故云"体复心"也。震为后、为语，故"易其心而后语"。

崔注："恕己及物"，谓推己及物也。若于应事之际，心有所难，不可出语，必和易其心而后言，则言有益也。

定其交而后求。

虞翻曰：震专为定、为后，交谓刚柔始交，艮为求也。

崔憬曰：先"定其交"，知其才行，若好施与否，然后可以事求之。

疏　虞注：《说卦》曰"震为专"，故为定。又为后。震初刚始交柔，故"交谓刚柔始交"。艮兑"同气相求"，互艮为求。故"定其交而后求"也。

崔注：先定其交，知其人之，才行，或施与否，然后可以事求之，则求有益也。

君子修此三者，故全也。

虞翻曰：谓否上之初。"损上益下，其道大光。自上下下，民说无疆"，"故全也"。

疏　谓否上反初成益。"损上益下"以下，皆《益·象传》文。

危以动，则民不与也。

虞翻曰：谓否"上九"。"高而无位"，故危。坤民否闭，故弗与也。

疏　否"上九"即乾"上九"也。阳亢失位，故"高而无位"，与乾上同义。《孝经》曰"高而不危"。《说文》曰"危，在高而惧也"。上九"高而五位"，故危。否坤为民，"天地不交"为闭。无民，故"民不与也"。

中華藏書

第一部 周易原典

中国书店

九五九

惧以语，则民不应也。

虞翻曰：否上穷灾，故惧。不下之初，成益，故"民不应"。坤为民，震为应也。

疏 乾上九《文言》曰"亢龙有悔，穷之灾也"。否上同乾，故惧。上不之初，则不能"损上益下"。不能"损上益下"，则不能"民说无疆"，故"民不应也"。否坤为民，盖震巽"同声相应"为应。不成震，故不应也。

无交而求，则民不与也。

虞翻曰：上来之初，故交。坤民否闭，故"不与"。震为交。

疏 上之初为交。否上不之坤初，四互艮求，是"无交而求也"。坤民否闭，刚柔不交，是"坤民不与"。震为交也。

莫之与，则伤之者至矣。

虞翻曰：上不之初，否消灭乾，则体剥伤，臣弑君，子弑父，故"伤之至矣"。

疏 益自否来。上不之初，则否阴消灭乾阳。至五体剥，剥烂则体伤。上与三应，三在否为坤臣弑君，三在遯为艮子弑父。"莫益之"，故"莫之与"。"或击之"，故"伤之者至矣"。

《易》曰："莫益之，或击之，立心勿恒，凶。"

侯果曰：益上九爻辞也。此明先安身易心，则群善自应。若危动惧语，则物所不与，故凶也。

疏 此益上九爻辞也。言"安身易心"，而定交在其中矣，故云"群善自应"。言"危动惧语"，而妄求在其中矣，故云"物所不与"。物不与，故"凶"也。虞《经注》云"自非上无益初者，唯上当无应，故莫益之。上不益初，则以剥灭乾，艮为手，故或击之。上体巽为进退，故勿恒。动成坎心，以阴乘阳，故立心勿恒凶矣"。盖益上九，即否九五也。言当"益初"者，益道反泰，三阳以次下初则泰成。故益上九象，以否上为说也。